国家社会科学基金课题成果

# 人民团体参与协商民主建设制度化研究

康晓强 ◎ 著

中国社会科学出版社

# 图书在版编目(CIP)数据

人民团体参与协商民主建设制度化研究／康晓强著 .—北京：中国社会科学出版社，2018.10
ISBN 978-7-5203-3428-0

Ⅰ.①人… Ⅱ.①康… Ⅲ.①民主协商-制度建设-研究-中国 Ⅳ.①D621

中国版本图书馆 CIP 数据核字(2018)第 242927 号

| | |
|---|---|
| 出 版 人 | 赵剑英 |
| 责任编辑 | 任　明 |
| 责任校对 | 朱妍洁 |
| 责任印制 | 李寡寡 |

| | |
|---|---|
| 出　　版 | 中国社会科学出版社 |
| 社　　址 | 北京鼓楼西大街甲 158 号 |
| 邮　　编 | 100720 |
| 网　　址 | http：//www.csspw.cn |
| 发 行 部 | 010-84083685 |
| 门 市 部 | 010-84029450 |
| 经　　销 | 新华书店及其他书店 |
| 印刷装订 | 北京君升印刷有限公司 |
| 版　　次 | 2018 年 10 月第 1 版 |
| 印　　次 | 2018 年 10 月第 1 次印刷 |
| 开　　本 | 710×1000　1/16 |
| 印　　张 | 20.5 |
| 插　　页 | 2 |
| 字　　数 | 355 千字 |
| 定　　价 | 95.00 元 |

凡购买中国社会科学出版社图书，如有质量问题请与本社营销中心联系调换
电话：010-84083683
版权所有　侵权必究

# 目　录

**第一章　导论：研究目的、述评与框架结构** …………………… (1)
　第一节　研究目的与意义 …………………………………………… (2)
　第二节　研究现状评述 ……………………………………………… (5)
　　一　国外研究评述 ………………………………………………… (6)
　　二　国内研究评述 ………………………………………………… (19)
　第三节　理论视角的采择 …………………………………………… (23)
　　一　国家治理的两个理解维度 …………………………………… (24)
　　二　运用国家治理视角的适用性分析 …………………………… (28)
　第四节　本书的主要框架 …………………………………………… (34)
　第五节　本书的创新之处 …………………………………………… (36)

**第二章　人民团体：中国协商民主体系建构独特的主体结构** ……… (39)
　第一节　人民团体：独具中国特色的社会组织 …………………… (39)
　　一　人民团体：中国语境下的一个独特概念工具 ……………… (40)
　　二　人民团体与群众团体 ………………………………………… (44)
　　三　人民团体的主要类型 ………………………………………… (49)
　第二节　协商民主：中国社会主义民主的特有形式 ……………… (52)
　　一　民主协商与协商民主 ………………………………………… (52)
　　二　协商民主与选举民主 ………………………………………… (55)
　　三　协商民主：基于中国自身逻辑生长起来的民主形态 ……… (59)
　　四　协商民主：作为整体性存在形态的制度体系 ……………… (61)
　第三节　人民团体的介入：丰富中国协商民主的形态 …………… (62)
　　一　拓展协商民主的主体结构 …………………………………… (63)
　　二　深化协商民主的内容 ………………………………………… (67)

三　规范协商民主的过程 …………………………………………（68）
　第四节　本章小结 …………………………………………………（69）

## 第三章　人民团体参与协商民主：主要类型及其功能 ……………（71）
　第一节　经济利益型人民团体与劳资矛盾协商
　　　　——以工会参与集体协商为例 ……………………………（72）
　　一　劳资矛盾的新特点和新趋向 ………………………………（73）
　　二　工会开展集体协商的主要类型 ……………………………（76）
　　三　工会在集体协商中的功能及其限度 ………………………（80）
　　四　结论与讨论 …………………………………………………（84）
　第二节　政治使命型人民团体与协商民主
　　　　——以共青团引导青年社会组织为例 ……………………（87）
　　一　共青团：作为政治使命型的人民团体 ……………………（87）
　　二　青年社会组织生长的基本特征 ……………………………（90）
　　三　联系→服务→引领：共青团引导青年社会组织的
　　　　行动逻辑 ……………………………………………………（94）
　　四　结论与讨论 ………………………………………………（101）
　第三节　社会服务型人民团体与立法协商
　　　　——以全国妇联参与《反家暴法》立法为例 …………（102）
　　一　问题的提出 ………………………………………………（102）
　　二　立法协商：协商民主在法治领域的运用和运行 ………（105）
　　三　全国妇联参与《反家暴法》制定的过程 ………………（109）
　　四　全国妇联在《反家暴法》制定中的功能结构 …………（114）
　　五　结论与讨论 ………………………………………………（117）
　第四节　本章小结 …………………………………………………（119）

## 第四章　人民团体参与协商民主呈现三大独特优势 ………………（121）
　第一节　双重"嵌入"结构 ………………………………………（122）
　　一　"双重嵌入"的网络体系 …………………………………（122）
　　二　双重"嵌入"结构对协商民主建构的效应 ……………（129）
　第二节　本质属性的内在耦合 ……………………………………（139）
　　一　人民：人民团体的主人 …………………………………（139）
　　二　人民：协商民主的主体 …………………………………（142）
　　三　基于人民：人民团体参与协商民主的共同基石 ………（148）

第三节　双重共同体的有机融合 …………………………（152）
　　　一　现实的人：作为个体形态存在的人与作为共同体形态
　　　　　存在的人 ……………………………………………（152）
　　　二　人民团体：作为政治共同体和社会共同体双重共同体的
　　　　　存在形态 ……………………………………………（157）
　　　三　作为双重共同体的人民团体：协商民主建设的重要
　　　　　平台和渠道 …………………………………………（158）
　　第四节　本章小结 …………………………………………（171）
第五章　人民团体参与协商民主：制度环境及其特征 ………（173）
　　第一节　制度化 ……………………………………………（174）
　　　一　制度：规制人类行为的规范 …………………………（175）
　　　二　制度化的三重向度 ……………………………………（177）
　　　三　制度化是国家治理现代化的根本要素 ………………（179）
　　第二节　人民团体参与协商民主的制度环境的基本特征 …（181）
　　　一　强制性制度变迁是根本动力源 ………………………（182）
　　　二　制度结构的缺失化 ……………………………………（191）
　　　三　制度供给的单向度 ……………………………………（195）
　　　四　制度运行的"工具主义"逻辑 ………………………（197）
　　　五　制度执行的"软政权化" ……………………………（198）
　　　六　制度文化：非正式制度安排的掣肘 …………………（200）
　　第三节　本章小结 …………………………………………（205）
第六章　阻滞人民团体参与协商民主制度变迁的主要症结 …（206）
　　第一节　代表的"泛化" …………………………………（206）
　　　一　人民团体如何代表不同形态的社会个体 ……………（207）
　　　二　人民团体如何满足相关领域社会组织的预期 ………（210）
　　第二节　"层累"的"积淀"逻辑 ………………………（218）
　　　一　"科层制"组织结构的掣肘 …………………………（219）
　　　二　行政化的运行逻辑 ……………………………………（222）
　　第三节　角色定位的"错置" ……………………………（225）
　　　一　对人民团体之角色结构的认知偏差 …………………（225）
　　　二　社会角色发挥不充分 …………………………………（227）
　　第四节　制度供给的"时滞" ……………………………（231）

一　制度要素生成的非同步性 …………………………………（233）
　　二　协商有余而民主不足 ……………………………………（233）
　　三　不适当的制度转化 ………………………………………（234）
　第五节　本章小结 ………………………………………………（235）
第七章　推进人民团体深度参与协商民主：发展战略与
　　　　生长路径 ……………………………………………………（237）
　第一节　形态转型：重构人民团体自身的组织体系 …………（238）
　　一　主体方位矫正：从"偏上"调整到"中间" …………（239）
　　二　组织网络重塑："扁平化"结构密织基层组织 ………（241）
　第二节　结构转型：以统合主义型构"人民团体—社会组织"
　　　　　共同体 ……………………………………………………（246）
　　一　社会组织的成长：积极抑或消极 ………………………（248）
　　二　建构社会组织共同体 ……………………………………（251）
　　三　搭建以人民团体为轴心的社会协商平台 ………………（255）
　第三节　角色转型：促进人民团体角色衡平 …………………（258）
　　一　既要"顶天"也要"立地" ……………………………（261）
　　二　既要"服务"也要"引导" ……………………………（264）
　　三　既要"公转"也要"自转" ……………………………（264）
　第四节　运行机制转型：强化社会化取向 ……………………（267）
　　一　参与社会化：创设鼓励群众参与的有效机制 …………（267）
　　二　激励约束社会化：建构"群众说了算"的机制 ………（269）
　　三　资源汲取社会化：善于吸纳和整合资源 ………………（271）
　第五节　制度转型：优化协商制度环境 ………………………（272）
　　一　拓展协商渠道 ……………………………………………（273）
　　二　搭建人民团体之间的制度化协商平台 …………………（275）
　　三　强化人民团体内部的协商民主 …………………………（277）
　　四　注重人民团体协商成果的转化 …………………………（278）
　　五　优化协商保障机制 ………………………………………（279）
　　六　涵养协商文化 ……………………………………………（282）
　第六节　本章小结 ………………………………………………（289）
附录 …………………………………………………………………（292）
　一　深度访谈对象清单 …………………………………………（292）

二　部分访谈记录 …………………………………………（293）
　　访谈记录一 ……………………………………………（293）
　　访谈记录二 ……………………………………………（295）
　　访谈记录三 ……………………………………………（299）
**主要参考文献** ………………………………………………（302）

# 图表目录

| 表 1-1 | 国家治理的历史演展逻辑 | (31) |
| 图 1-1 | 本书的主要框架 | (35) |
| 表 2-1 | 中国群众团体的主要类型 | (46) |
| 表 2-2 | 群众团体的"8+15"框架结构体系 | (49) |
| 表 3-1 | 中国劳动争议涉及人数 | (74) |
| 表 3-2 | 中国劳动争议的主要缘由 | (75) |
| 表 3-3 | 国家三方协商机制的相关制度安排 | (78) |
| 表 4-1 | 中共十八大以来对人民团体改革愈加重视 | (128) |
| 图 4-1 | 人民团体的双重"嵌入"体系 | (130) |
| 表 4-2 | 中国八大人民团体的会员、基层组织数量 | (135) |
| 表 4-3 | 国家统合主义和社会统合主义的界分 | (136) |
| 图 5-1 | 制度化的过程体系 | (179) |
| 表 5-1 | 改革开放以来历次全国党代会关于工青妇的功能定位表述 | (185) |
| 表 5-2 | 劳动部颁布的相关规章 | (188) |
| 表 5-3 | 相关部门联合颁布的相关规章 | (188) |
| 表 5-4 | 工会参与集体协商的制度规范 | (190) |
| 图 6-1 | 人民团体的政治逻辑与群体逻辑 | (226) |
| 表 6-1 | L县对妇联的年度履职考核项目 | (228) |
| 图 7-1 | 人民团体主体方位与协商民主效能的变动关系 | (239) |

# 第一章

# 导论：研究目的、述评与框架结构

民主与专制在根本上相对立：重视人的价值，以人为基点，把人当人看，视人为目的。马克思曾对专制制度的弊害作了鞭辟入里的分析，得出深刻透彻的结论："专制制度的惟一思想就是轻视人，使人非人化，而这一思想比其他许多思想好的地方，就在于它也是事实……君主政体的原则总的说来就是轻视人，蔑视人，使人非人化……在那里就根本不存在人。"① 只有在民主制中，人才能成为真正意义上的人，人民才能成为国家制度生存和发展的决定性力量，人类才能获得彻底解放和自由发展。② 质言之，能否彰显并体现人的主体性，能否把实现个体解放与自由作为价值追求，是民主与专制的"分水岭"。作为民主的一种样态和实现形式，协商民主须臾不能偏移、偏离民主的内在本质和规定性，自然而然要把人当作主体、出发点、目的、归宿，使"民有、民治、民享"③真正成为一种现实图景。从某种意义上说，协商民主决定于人民的广泛且充分参与，决定于参与主体的多元化结构及其有效互动、有序商谈、良性共治。

现代社会与传统社会的最大差别在于：公民政治参与的空间的延伸、场域的拓宽、深度的拓展、广度的延展。④ 在传统社会形态之中，公民参与的区间在乡村共同体、"熟人社会"中可能还较为广泛且深入，但在超越传统共同体的边界、疆域则只局限于社会中的极少数人。在现代社会，利益分殊化、诉求多维化、偏好多极化、预期多向化，这急需一定的制度化空间、组织化形态予以满足、吸纳、"消化"、吸收，才能确保社会能

---

① 《马克思恩格斯全集》第47卷，人民出版社2004年版，第58—59页。
② 《马克思恩格斯全集》第1卷，人民出版社1956年版，第281页。
③ [美] 亚伯拉罕·林肯：《林肯选集》，朱曾汶译，商务印书馆1983年版，第240页。
④ [美] 科恩：《论民主》，聂崇信、朱秀贤译，商务印书馆1988年版，第12—31页。

够正常地"呼""吸"以实现"新陈代谢"。面对现代社会多元主体、多样组织结构共生共存的情景，如何建构"变化社会中的政治秩序"？亨廷顿开出的"药方"是：通过政党及其"外围组织"等政治机构对民间社会组织进行组织、整合。这不仅可以调动社会成员参政的积极性，而且能使公民政治参与的平台得以激活，因而是在现代化进程中推动社会有序运行进而实现社会有机整合的必由之路。正如其所言："政治现代化最基本的方面就是要使全社会性的社团得以参政，并且还需要形成诸如政党一类的政治机构来组织这种参政，以便使人民参政能超越村落和城镇范围。"[①]作为中国共产党"外围组织"的人民团体，因应社会现代化的结构性变迁趋向，逐渐进入中国社会主义协商民主的主体结构之中，并在立法、公共事务、公共决策、社会矛盾消解诸方面日益发挥着积极效应，为中国政治现代化成长贡献出一份独特的力量和资源。

## 第一节　研究目的与意义

虽历经几百年的政治思辨，关于民主的理论建构仍难以让人满意和信服。[②]但有一点可以肯定和确证：民主以全体人民真正当家做主为根本取向，以人民的广泛且充分的参与为现实基础。离开了人民这个主体以及参与这个过程，任何民主都是徒有虚表的形式逻辑。因而，假若社会主义背离了人民民主的定位与取向，就会失去根、失去魂，也会失去存在的价值和"立足之地"。1940年2月20日，毛泽东在延安各界宪政促进会成立大会上明确指出中国最缺的两件东西是独立与民主，缺一不可。在当时的历史条件下，赢得民族解放、国家独立是首要的政治使命，但要实现独立，则必须坚持民主。毛泽东对独立与民主的内在逻辑把握得非常辩证和深刻，进而指出："把独立和民主合起来，就是民主的抗日，或叫抗日的民主。没有民主，抗日是要失败的。没有民主，抗日就抗不下去。有了民主，则抗他十年八年，我们也一定会胜利。"[③]无论在战争、革命时期抑

---

[①] [美]塞缪尔·P.亨廷顿：《变化社会中的政治秩序》，王冠华、刘为等译，上海人民出版社2008年版，第28页。

[②] [美]罗伯特·达尔：《民主理论的前言》，顾昕译，东方出版社2009年版，"导言"第1页。

[③] 《毛泽东选集》第2卷，人民出版社1991年版，第731—732页。

或和平、建设时期，民主都是弥足珍贵的价值与取向。

然而，民主是历史的、具体的，有其时空结构：从时间维度看，一个历史时期认为是民主的形态，在另一个时期却可能是非民主的；从空间维度看，一个社会所体认的民主，在另一个社会可能却被定性为非民主的。同时，实践民主的形式是多姿多彩、丰富多样的。世界上尚无一成不变的民主成长路径，也无普适有效的民主建构范式。因而，要想创造一个适用于任何时空的民主模式既不可能也不可欲。①

对于经济文化落后的发展中大国迈向现代化强国的征程而言，吸纳、吸收、吸取他国有益元素充实补给自身成长所需，是必要的，也是必须的。比如，对于市场经济这个外生要素的引介、引入，对于激活公有制经济形态的活力、创造力，起到了良性促动作用。然而，对于中国而言，协商民主则具有内生性，是从中国土壤生发出来并逐渐成长、成熟的一种民主形态，并非源自西方。党的十八大首次在党代会报告中正式提出和使用"协商民主"这个概念并从理论、制度层面确定协商民主之性质、形态、定位、取向。② 党的十八大以来，中国共产党对协商民主的中国逻辑的理解越来越精准，对协商民主的社会主义规定性的把握越来越深刻，主要体现为以下五个重要命题的建构：

第一个命题是"协商民主是我国社会主义民主政治的特有形式和独特优势"。这个命题于2013年11月党的十八届三中全会首次明确提出。③ 这一重要判断的两个"特"字，明确表明协商民主并非"舶来品"，深刻揭示协商民主之社会主义定向、人民取向、中国方位，使得协商民主的中国特质、中国品格、中国空间充分彰显。

第二个命题是协商民主是"中国共产党执政和决策的重要方式"④。这个命题是2014年元月习近平同志在同各民主党派中央、全国工商联负责人和无党派人士共迎新春大会上首次提出的。这表明，协商民主不仅具有国家属性、制度属性，也具有政党属性、权力属性，是党执政和领导不可或缺的必要环节，是社会主义中国举足轻重的政治治理机制和实践

---

① ［澳］约翰·S.德雷泽克：《协商民主及其超越：自由与批判的视角》，丁开杰等译，中央编译出版社2006年版，第21页。
② 《十八大以来重要文献选编》（上），中央文献出版社2014年版，第21页。
③ 同上书，第527页。
④ 《人民日报》2014年1月24日，第1版。

形态。

第三个命题是"发展独具特色的社会主义协商民主"①。这是2014年9月5日习近平同志在庆祝全国人民代表大会成立60周年大会的重要讲话所强调的。在社会主义协商民主之前专门加了"独具特色"四个字，这个特色即意味着中国特色，表明协商民主具有深刻的中国元素和中国逻辑。

第四个命题是社会主义协商民主的来源之五个"源自"②。这是习近平同志在2014年9月21日全国政协65周年讲话首次提出。③ 这表明，协商民主的实践及其运行在中国有悠久的文化传统、扎实的实践基础、厚重的理论支撑、严密的制度逻辑，有深刻的中国品格、情怀、格调、标识、印记。

第五个命题是社会主义协商民主在中国"有根、有源、有生命力"④。这个命题是习近平同志在2014年10月27日主持召开中央全面深化改革领导小组第六次会议的讲话中首次提出的。这意味着，中国协商民主的根脉在中国，根基在中国的传统、文化、历史，并非西方协商民主的"翻版"和复制。

由上可以得出这样一个结论，社会主义协商民主，不仅具有作为协商民主形态所共享的一般属性，而且呈现独到、独特、独有、独享的个别属性。⑤ 协商民主作为一种现代社会的治理形态，其最扎实的现实基础是

---

① 《人民日报》2014年9月6日，第2版。

② 即"源自中华民族长期形成的天下为公、兼容并蓄、求同存异等优秀政治文化，源自近代以后中国政治发展的现实进程，源自中国共产党领导人民进行革命、建设、改革的长期实践，源自新中国成立后各党派、各团体、各民族、各阶层、各界人士在政治制度上共同实现的伟大创造，源自改革开放以来中国在政治体制上的不断创新"。参见《人民日报》2014年9月22日，第2版。

③ 这个讲话全文共9155字，关于协商民主的论述就有4155字，占了近一半的篇幅，对协商民主着墨之多、篇幅之大、论述之精到精辟、阐释之全面深刻，前所未有，深化了对其内在本质规定性的理解和把握。在这次重要讲话中，习近平同志还两次提及社会主义协商民主是中国社会主义民主政治的"特有形式和独特优势"。

④ 他强调，社会主义协商民主是中国共产党人和中国人民的伟大创造，是中国社会主义民主政治的特有形式和独特优势，是党的群众路线在政治领域的重要体现。对这个基本定性，我们要深刻理解，进一步凝聚共识，更好推进这项制度建设。参见《人民日报》2014年10月28日，第1版。

⑤ "特有形式""独特优势""独具特色""独特的、独有的、独到的民主形式""有根、有源、有生命力"诸类表述，无一例外都共同导向协商民主之空间方位以及中国逻辑。

公民个体的主动积极参与以及由此生发、衍生的形色各异的社会网络。因而，人民团体理所当然成为协商民主建构和建设的一个现实运行空间和日常实践"场域"。人民团体的参与，为中国民主政治生活注入协商的"活力因子"。

本书立基于中国实际情势和具体民情，运用马克思主义的立场、观点和方法，在全面梳理、辩证分析当代西方协商民主理论、政治社团、市民社会理论的基础上，以人民团体为行动主体、切入点探讨协商民主在中国的行动逻辑和推进路径，具有重要的理论价值和现实意义，主要体现在以下四个方面：

其一，有助于深化对社会主义协商民主的理解和把握，对包括其内涵、本质属性、构成要素、主体、结构形态、功能形态、实现路径等基本理论问题和基础性命题会有新的拓展。

其二，有助于为深化人民团体管理体制改革提供理论支持和现实根据，从而有序引导其健康发展并有效发挥其在协商民主建构中"应然"的功能结构。

其三，有助于提高公共决策的科学化、民主化水平和有效性、正当性。人民团体在某些领域、某些方面具有一定的群体代表性，把听取人民团体之建议、意见吸纳为公共决策的必经环节、必要过程，不仅吸纳绝大多数社会成员的共同期冀而集思广益，而且不排斥社会少数成员的个别偏好以及合理化诉求、预期以补苴罅漏。实践表明，经由充分的商谈、通过对相关议题的擘肌分理，有利于提升公共决策的科学化水准，使公共政策具有更强的正当性和更大的合法性。

其四，有助于最大限度包容、"消化"、整合、协调、衡平公民的多样化利益企求，让多元利益矛盾经由沟通而达成一定程度的共识，从而更好地优化社会关系、规范社会行为、软化社会心理、畅通社会循环、纾缓社会纠纷。

## 第二节　研究现状评述

人民团体是否有助于、能否有利于增促和促推协商民主的开展和施行？如果没有，依据缘何？如果有，体现在何处、哪些"场域"？有何功能限度？国内外学者在这些方面作了一些理性省思，值得参考和扬弃。因而，系统爬梳国内外学术场域在这些方面的研究成果，对于更好地推进这一领域研究以及推动实践的拓展，定将大有裨益。

## 一 国外研究评述

国外学术文献没有与"人民团体"对应的词汇。在国外，与之对应的主要是"利益集团""市民社会组织""非政府组织""非营利组织""志愿组织"等表述。在西方国家，这些组织形态是协商民主运行的重要社会空间，基本意涵大同小异。为了叙述方便起见，本节统一用"社会组织"这个概念指涉这些组织形态。本节对国外学术文献的梳理主要基于这些组织与协商民主关系建构的相关文献。主要资料来源有以下几个渠道：①国家图书馆外文文献阅览室、基藏外文图书室、海外中国问题研究资料中心、国际组织和外国政府出版物阅览室、外文报刊室等纸质文本资料；②相关外文中译专著、论文等文献；③JSTOR 电子期刊全文数据库、SAGE 全文电子期刊数据库、Wiley – Blackwell 在线期刊、Social Science Premium 等电子数据资源检索相关文献；④朋友、同学国外访学期间搜索到的相关英文文献。通过对这些文献的研读发现：社会组织是否真正有助于协商民主的有效开发和开展，是国外社会科学领域近年来讨论热烈的重要议题。赞成者有之，反对者亦不少。[①] 主要有以下三个核心视点。

### （一）"增促论"：社会组织增促协商民主何以可能

在西方占据主流、具有一定权威性和影响力的政治学理论看来，社会组织和协商民主之间存在深刻的线性因果关联逻辑，即社会组织能够促进协商民主的有效发展。比如，金里卡认为，为了克服"以投票为中心"的民主制的先天性缺陷，民主理论家们愈益聚焦投票之前的协商过

---

[①] Mansbridge, J., "A Deliberative Perspective in Neocorporatism", *Politics and Society*, 1992, 20 (4), pp. 493-505; Fung, A., "Association and Democracy: Between Theories, Hopes and Realities", *Annual Review of Sociology*, 2003, 29, pp. 515-539; Hendriks, C. M., "Integrated Deliberation: Reconciling Civil Society's Dual Role in Deliberative Democracy", *Political Studies*, 2006, 54, pp. 486-508; Elstub, S., "Overcoming Complexity: Institutionalising Deliberative Democracy through Secondary Associations", *Good Society*, 2007, 16 (1), pp. 14-22; Dodge, J., "Tension in Deliberative Practice: A View from Civil Society", *Critical Policy Studies*, 2010, 4 (4), pp. 384-404.

程和公共舆论的生成逻辑,并把关注焦点由选票站的投票行为转向社会组织场域的公共协商过程。① 也就是说,民主从聚焦投票转向关怀协商,希冀通过引入协商机制提升现代社会民主成长的品位、品质、品格,从而使民主从追求表面的"外壳"形态趋向探寻深层本质结构的内在维度。

从思想史的演展逻辑来看,社会组织增促协商民主的发展这一思想主张肇始于托克维尔19世纪30年代访美后所著的《论美国的民主》这部经典著作之中。在托克维尔看来,结社自由是美国精神的固有"基因"和内在构成性要素。② 自托克维尔之后,不少学者围绕社会组织增促协商民主何以可能这个核心关切作了深入探讨,其探讨的关键议题是:社会组织在协商民主建构和建设中有何独特价值,这种独特价值的彰显何以可能。综合学者们的观点,这种独特价值主要体现在主体建构价值、核心功能价值和内在取向价值三个维度。

从主体建构价值维度来看,社会组织是增促协商民主的重要行动主体。社会组织的发育与发展是现代社会成长的重要表征,同时,现代社会的成长也给社会组织的发育与发展提供了宽广的际遇与空间。历史与现实表明,这个发展空间既可以是经济场域、文化领域的,也可以是民主政治方面的。随着20世纪80年代以来民主的形态由选举向协商的转型以及由此促生的协商民主范式的复兴,社会组织的发展空间在协商民主场域中也得以充分彰显并不断开拓。无论是哈贝马斯、吉登斯这些以规范性理论建构为轴心取向的"第一代"协商民主理论家,抑或古特曼、汤普森、本哈比、科恩等以实证性经验分析为轴心取向的"第二代"协商民主理论家,大都强调在公共领域、公共空间、公共场域开展社会协商的深刻战略价值,认为适合协商的"场域"不只政党这个政治空间,还包括立法机构、行政机关、司法系统以及非政府的社会领域。③ 受"第一代""第二

---

① [加拿大]威尔·金里卡:《当代政治哲学》,刘莘译,上海三联书店2004年版,第524页。

② 托克维尔由此得出这样一个具有深远影响力的判断:"要是人类打算文明下去或走向文明,那就要使结社的艺术随着身分平等的扩大而正比地发展和完善。"参见[法]托克维尔《论美国的民主》(下),董果良译,商务印书馆1998年版,第640页。

③ [加拿大]弗兰克·坎宁安:《民主理论导论》,谈火生等译,吉林出版集团有限责任公司2010年版,第219页。

代"协商民主理论家的影响,不少学者认同他们的这种观点。比如,亨德里克斯强调,应从"话语"交流的领域、空间、边界对协商民主进行清晰框定,活跃于市民社会等公共空间的社会组织是关键性的参与主体。① 与不少民主理论家把国家视为协商民主进程的单一化主体相反,德雷泽克基于民主化的历史演展逻辑旗帜鲜明地指出,社会组织是协商民主进程的"主要行动体",如果说以前主要集中于劳资矛盾协商领域的话,那么,近年来则逐渐转向一般性的社会服务、政策倡导领域。② 在他们看来,社会组织之于协商民主的主体建构价值主要在于:遍布城乡各地、横纵交错的众多社会组织在自主、独立的公民个体生活与统治者所实施的政治控制之间扮演了"缓冲地带"的不可替代的角色,从而为现代协商民主的有效运行提供了最基本、最现实的社会基础。③ 社会组织日益成为运行协商民主不可或缺的主体资源。

从核心功能价值维度来看,社会组织参与协商民主建设的重要使命在于有效规制公共权力的运行边界。在洛克看来,公共政治权力的主要目的是为了保护公民的财产、平等、自由、安全等权利,其终极价值是为了公众福利。④ 由此可见,人类社会之所以需要建构公共权力,不是为了政治权力而建构政治权力,其根源和根据在于公共权力能给公民提供最基本的幸福保障。舍此之外,政治权力要么异化、变异,要么走向衰亡,因而,"政府是必要的邪恶"⑤。难怪亨廷顿发出如此深刻的感叹:"信奉洛克哲学的美国人骨子里便抱有如此强烈的反政府倾向,以至于将政府本身和限

---

① Carolyn M. Hendriks, "Integrated Deliberation: Reconciling Civil Society's Dual Role in Deliberative Democracy", *Political Studies*, 54 (3), 2006, pp. 427-443.

② [澳] 约翰·S. 德雷泽克:《协商民主及其超越:自由与批判的视角》,丁开杰等译,中央编译出版社 2006 年版,第 78—92 页。

③ [美] 安东尼·奥罗姆:《政治社会学导论》,张华青、何俊志、张嘉明等译,上海人民出版社 2006 年版,第 107 页。

④ 在《政府论》下篇第一章末尾,他深刻阐述了政治权力的核心使命:"政治权力就是为了规定和保护财产而制定法律的权利,判处死刑和一切较轻处分的权利,以及使用共同体的力量来执行这些法律和保卫国家不受外来侵害的权利;而这一切都只是为了公众福利。"参见 [英] 洛克《政府论下篇——论政府的真正起源、范围和目的》,叶启芳、瞿菊农译,商务印书馆 1964 年版,第 2 页。

⑤ [法] 卢梭:《社会契约论》,何兆武译,商务印书馆 1980 年版,第 24 页。

制政府混为一谈。"① 在西方国家，社会组织提供了政党和选举运动以外的参与渠道，在监督和限制对公共权力的潜在滥用方面具有一定功效。② 如果说选举民主重点解决的是权力的来源、以"授权"为取向的话，那么，协商民主重点规范的是权力的运行、以"限权"为取向。"限权"主要有两种路径：一是以公共权力制约公共权力，二是以社会权利制约公共权力。其中，以形色各异、品类多样的社会组织的积极作为监督国家公权即是"以权利制约权力"的突出表现。碎片化的、零散化的、个性化的公民个体经由市民社会场域之中的多样化组织建构而积聚成强大的力量，对公共权力的运行构成压力，从而规避公共权力的"任性"和恣意妄为。基恩指出，社会组织在创新权力监督方面的创新性价值是麦迪逊"自由政体定律"的体现：在一定的政治制度框架下，如果政府所管治的社会没有能力控制公共权力，就不是一个自由的政体。③ 可以认为，社会组织为开发协商民主注入了"活力因子"。正是在这个意义上，达伦多夫认为，社会组织是一切独裁权力的"眼中钉、肉中刺"，因而，社会组织"也许是能够有效反对专制和极权统治的源泉"④。在这些学者看来，没有社会组织的成长及其对公共政治权力的有效监督，协商民主将可遇不可求。

从内在取向价值维度来看，社会组织是民主巩固不可或缺的内在要素。建构民主不易，巩固民主则更难，因为民主巩固需要诸多必要要素的有效支撑。协商民主建构中引入社会组织这一主体，从其内在取向、旨向来看，正是为了凝结、积聚、固化民主实践进程的行动逻辑和制度精华。因而，在很多学者的眼里，若要实现一定的"民主巩固"，社会组织的主体功能不可"缺席"，因为自由活跃的社会组织能够对国家构成有效的监

---

① 当一个美国人在考虑政府建设问题时，其出发点是如何限制权威、分散权力，而非创造权威、集中权力。如果要他设计一个政府，会立即想到要制定一部成文宪法、权利法案以及实现三权分立、联邦制、定期选举、党派竞争等一整套限制政府的绝妙手段。参见［美］塞缪尔·P.亨廷顿《变化社会中的政治秩序》，王冠华、刘为等译，上海人民出版社2008年版，第6页。

② ［美］拉里·戴蒙德：《民主的精神》，张大军译，群言出版社2013年版，第176页。

③ ［澳］约翰·基恩：《生死民主》（下），安雯译，中央编译出版社2016年版，第608—609页。

④ ［英］拉尔夫·达伦多夫：《现代社会冲突》，林荣远译，中国人民大学出版社2016年版，第56—59页。

督,从而促进政治社会的自律与自觉生长。① 比如,戴门特认为,活跃且健康的社会组织结构,对于民主巩固而言比民主启动时更加举足轻重。② 社会组织在民主巩固中的积极效应,至少表现在以下几个方面:①在动员公民参与政治生活、有序表达诉求偏好方面有其特殊重要的功能;②可以发挥公民教育的功能,使公众信守民主的基本信条和核心理念,提升其对国家与社会的效能感、认同感;③协助监督公共权力的实际运行,最大限度减少社会公共权力的滥用,从而使政府更具责任性、回应性、透明性、公共性。③ 基于这样的认知,戴蒙德尤其强调了社会组织的独特禀赋和价值,认为其发育、发展不仅提升了公民参与的"责任性"和义务意识,更重要的在于,强化了现代政治的代表性维度和活力的提升。④ 从这个视野看,社会组织是巩固民主成果的"推进器""蓄水池",是协商民主发展的环境要素,其基本表征主要体现在:公民在其自组织的社会组织内行使相应的权利和使命,自觉参与协商民主的各项活动。实际上,不仅在民主巩固阶段,在民主化进程的所有阶段,有活力、独立的社会组织空间的价值都是无可估量的。⑤ 通过在社会公共空间的交往、交流,使协商民主的复兴具备广泛的社会基础。经由在公共场域中不同社会组织之间的充分讨论和平等协商,为建立跨领域的、跨区间的、具有整合性的网络结构体系提供了平台和空间,有助于实现分化社会的再整合、再组织化、再团结。⑥

社会组织增促协商民主的这种线性因果逻辑,暗合某些历史事实与现

---

① 比如,胡安·林茨和艾弗德·史蒂潘主张,民主巩固需要五个条件:①相对自主的政治社会;②法治;③国家官僚机构;④制度化的经济社会;⑤自由活跃的社会组织。转引自[日]辻中丰编著《比较视野中的中国社会团体与地方治理》,黄媚译,社会科学文献出版社2016年版,第30页。

② Larry Diamond, "Rethinking Civil Society: Toward Democratic Consolidation", *Journal of Democracy*, 5 (3), 1994, pp. 4-17.

③ Larry Diamond, *Development Democracy: Toward Consolidation*, Baltimore: Johns Hopkins University Press, 1999, pp. 239-244.

④ [美]托里·戴蒙德:《民主政治的三个悖论》,载刘军宁主编《民主与民主化》,商务印书馆1999年版,第130页。

⑤ [日]猪口孝等:《变动中的民主》,林猛等译,吉林人民出版1999年版,第61页。

⑥ Ian O'Flynn, *Deliberative Democracy and Divided Society*, Edinburgh: Edinburgh University Press, 2006, p. 141.

实实践。根据这种研究逻辑，只要大力培育更多、更好、更优质的社会组织并使其广泛、充分参与协商民主，现代社会的民主化就指日可待。这种乐观的假设与取向不仅在西方学术市场上有不少鼓吹者、旁观者，而且在社会价值的权威性分配、公共政策场域享有很大的"话语权"，对中国知识界也产生了一定影响。

**（二）"条件论"：社会组织也有可能破坏协商民主的合法性**

从理论逻辑上分析，社会组织具有增促协商民主的可能性，然而，二者之间并非简单的、单纯的"正向"因果线性逻辑，有时甚至是"逆向""反向"的关系。① 正如姆拉维提所指出的，社会组织并非天生就是民主的伴生物，其与民主的逻辑关系非常复杂多样。② 从一定意义上看，社会组织也有可能破坏协商民主的合法性，原因主要有三：

第一，从社会组织的内在发展结构来看，社会组织内部异质性因素的生长使其有可能成为反协商民主的力量。在特定的社会组织中，人们在政治意识形态方面总是存在广泛的分歧。虽然受性别、种族型团体成员在消减歧视、消除非人性的东西方面存在共同利益，但这样的关怀太过抽象，无法构建战略目标。而在更具体的层次上，这些团体的成员经常表现出分歧甚至相互冲突的具象化的具体利益。③ 共同体的利益顶多是边沁所说的"组成共同体的诸成员的利益的总和"，并不能汇聚成一种一致的公共利益。④ 从一定意义上说，社会组织充其量只是代表一定社会群体的利益，其正当性、代表性值得质疑。⑤ 在"团体极化"法则的指引下，强大的或

---

① 达尔认为，从本质维度上看，虽然社会组织并非民主的充分条件，但却是"大规模"民主的必要条件：既是大规模民主良性运行的先决条件，也是大规模民主不可避免的制度化结果。参见［美］罗伯特·A. 达尔《多元主义民主的困境——自治与控制》，周军华译，吉林人民出版社2011年版，第30页。

② ［英］彼得·姆拉维提：《公民社会与民主》，载何增科、包雅钧主编《公民社会与治理》，社会科学文献出版社2011年版，第128页。

③ ［美］爱丽丝·马里恩·扬：《作为民主交往资源的差异》，载［美］詹姆斯·博曼、威廉·雷吉主编《协商民主：论理性与政治》，陈家刚等译，中央编译出版社2006年版，第288页。

④ ［英］安德鲁·海伍德：《政治的常识》，李智译，中国人民大学出版社2014年版，第230页。

⑤ ［德］克里斯托夫·默勒斯：《民主：苛求与承诺》，赵真译，清华大学出版社2017年版，第42—43页。

"有影响力"的社团能够在平等的条件下施展不平等的力量,能够对形成舆论产生更大的能量。① 同时,社会组织是个鱼龙混杂的复合体,既包括捍卫人权的组织和保护弱势群体的社会运动,也包括"基要主义者""新纳粹主义者""种族主义者""黑手党"和有组织犯罪集团等。因而,社会组织中既存在协商民主的助推力量,也存在极权主义的价值观和反协商民主的力量。②

第二,从基于的理性的属性、特质来看,社会组织的个体理性、群体理性甚于公共理性,在一定程度上会消解其社会公信力、协调力。达尔指出:正如个人一样,对于社会组织而言,独立或自治也创造了作恶的机会。社会组织可能利用这样的机会增加或维持不公正而非减少不公正,也可能损害更广泛的公共利益来满足其成员狭隘的利己主义,甚至有可能削弱或摧毁民主这个目的本身。③ 社会组织主要代表的是特定社会群体的利益,以"众意"为取向、以个体理性为准则,与以"公意"为取向、以公共理性为准则的组织结构自然而然存在内在的张力和鸿沟。④ 有的学者基于泰国的实证经验发现了这样一种现象:某些社会组织只有在有利可图的情势下才选择支持协商民主的理念,而在无利可图的情况下则选择不支持协商民主的倾向,这暴露出其根深蒂固的"利己主义"取向和私人理性的本质。⑤

第三,从协商体制建构的平等性程度来看,由于形色各异的社会组织在目标取向、运行逻辑、文化传统、社会适应能力等方面的状况不尽相同,因此参与协商民主建设的广度、深度、程度也千差万别。即使在发达

---

① [德]克里斯托夫·默勒斯:《民主:苛求与承诺》,赵真译,清华大学出版社 2017 年版,第 46 页。

② [墨西哥]贝利亚·塞西莉亚·博贝斯:《从革命到动员——拉丁美洲公民社会与民主的汇合》,范蕾译,《拉丁美洲研究》2011 年第 5 期。

③ [美]罗伯特·A. 达尔:《多元主义民主的困境——自治与控制》,周军华译,吉林人民出版社 2011 年版,第 1 页。

④ 里布认为,公民社团——从宗教团体到保龄球协会——都仅仅需要基于个体私人理性。参见[美]伊森·里布《美国民主的未来:一个设立公众部门的方案》,朱昔群、李定文、余艳红译,中央编译出版社 2009 年版,第 152 页。

⑤ [加拿大]埃里克·马丁内兹·库恩塔、艾姆·辛朋:《泰国民主的倒退:公民社会与政治体制的矛盾角色》,姚健、邓丽娜译,《南洋资料译丛》2015 年第 4 期。

的民主政治体制中，公共政治空间也并非对每个个体、每个社会组织平等开放。① 福山认为，高度发达的社会组织也可能成为协商民主的危险性因素，甚至导致政治衰败，主要原因在于：基于种族的或民族的"沙文主义"群体会散播极端化的偏见，同时利益群体会痴迷于"零和博弈"游戏，社会冲突与经济冲突的极度政治化将会使整个社会陷于瘫痪状态并破坏协商民主制度的合法性基础。② 代表性不足或代表性的平等性基础不够充分，在很大程度上使社会组织参与协商民主面临合法性式微、正当性降低的风险。

协商民主是现代多元社会在异质中凝练共识、在分化中推进整合的一种民主机制、民主形式，得到大众的广泛认可和充分认同，成为现代民主的一种可欲的理想化形态。但是，理想不等于现实。现实的协商民主建构需要完善的制度构建、优化的制度设计和扎实的制度运行。

基于上述三个动因，社会组织促推协商民主充其量仅是理论层面的一种可能性和理想层面的一种愿景与期盼。这种理论、理想的可能性之实现，一定要有完备的要素、资源的充分满足、有力支撑、有效支持。综合学者们的观点，概言之，这些条件主要包括以下四个方面：①公开化。协商民主的实际开展尽可能广泛、充分吸纳实在的以及各种潜在的利益相关者，在公开透明的环境下参与讨论、辩论、审议。密闭空间或隐蔽的场域不利于协商民主的顺利开展。②在协商过程中，参与主体不能为所欲为、随心所欲，应秉承公共理性而非群体理性、个体理性，应深思熟虑、认真考量其他社会组织的意见，而非只注重自身组织狭隘的、部门化的、地方化的利益诉求。恩格斯曾指出："每个社会集团都有它自己的荣辱观。"③ 在协商民主过程中，社会组织应超越私人理性、个体理性、"小圈子"文化的内在局限性，注重倾听"他者"的声音和期盼，善于从"他者"的立场看待问题、修正偏好，达成妥协，最终形成反映大多数人利益"最大公约数"的折中方案，从而促成社会公共利益的实现。③参与主体的平等性、广泛性。参与的主体不能仅限于专家、咨询顾问、职业"政治

---

① John A. Guidry and Mark Q. Sawyer, "Contentious Pluralism: The Public Sphere and Democracy", Perspectives on Politics, Vol. 1, No. 2, 2003, pp. 273-289.
② ［美］弗朗西斯·福山：《政治秩序的起源：从前人类时代到法国大革命》，毛俊杰译，广西师范大学出版社2014年版，第427页。
③ 《马克思恩格斯全集》第39卷，人民出版社1974年版，第251页。

家",还应该广泛吸纳普通公民参与到决策结构之中,对不同意见、不同取向的社会力量能够有充分的包容性,使其能够相对不受拘束地参与立法、决策、社会焦点话题讨论等。诚如博曼所言,协商民主的建构对公民、各类社会组织公开表达自己的理性意见和理性思考"他者"的立场、观点要求极高,这"意味着一种苛刻的平等理想"①。④参与主体在公共"场域"协商过程中不仅要有效表达诉求、偏好,而且要心怀尊重地倾听"他者"的意见并认真审查、检视自己意见的不足。换句话说,听与说同等重要。②上述这四个条件,既是开启社会组织协商民主实践的现实前提,也应贯穿于社会组织协商民主全过程、各方面。否则,协商民主建构与建设就会出现结构性障碍甚至危机。

**(三)"场域论":社会组织在协商民主建构中角色定位的两大脉络**

围绕社会组织在协商民主中扮演什么角色、如何扮演角色这个焦点议题,学术界形成了微观与宏观两个截然不同的思想脉络。③ 这两种思想脉络的侧重点各不相同:微观脉络倡导社会组织有意愿、有能力参与结构化的协商论坛,积极参与协商民主生活,以影响公共决策制定和走向为取向;宏观脉络强调公共协商的非正式化、非结构化的属性,主张社会组织在国家之外并与国家相分化的非正式"场域"中体现功能、彰显价值,以生成公众舆论为目标。④

微观脉络以科恩、埃尔斯特等为代表,集中探讨协商程序的理想化要素、构成性条件以及协商主体的抉择、如何公开运用理性等问题。在他们看来,协商民主的核心原则在于:只有经由协商的程序开启的集体决策模式方有正当性和合法性基础。⑤ 科恩认为,协商民主理念主要源于直观化

---

① [美]詹姆斯·博曼:《协商民主与有效社会自由:能力、资源和机会》,载陈家刚选编《协商民主》,生活·读书·新知三联书店 2004 年版,第 143 页。

② Per Ola Öberg and Torsten Svenssonpp, "Civil Society and Deliberative Democracy: Have Voluntary Organisations Faded from National Public Politics?" *Scandinavian Political Studies*, 35 (3), 2012, pp. 246-272.

③ 陈家刚:《多元主义、公民社会与理性:协商民主要素分析》,《天津行政学院学报》2008 年第 4 期。

④ Carolyn M. Hendriks, "Integrated Deliberation: Reconciling Civil Society's Dual Role in Deliberative Democracy", Political Studies, 54 (3), 2006, pp. 427-443.

⑤ [美]伊森·里布:《美国民主的未来:一个设立公众部门的方案》,朱昔群、李定文、余艳红译,中央编译出版社 2009 年版,第 1 页。

的民主社团的美好愿景之中,其合法性来自社团成员的集体决策,这需要理想的协商程序予以有效保障。① 在这种社团中,其条件和状态的正当性通过平等公民之间的公开讨论、推理而实现。正式的协商民主概念具备5个方面的表征:①协商民主是一个正在生成的、自主的社团,其成员期望这个社团能够延伸到不确定的未来;②社团成员认为,恰当的社团条件为成员之间的协商提供了基本框架结构,会员之间平等的协商是协商民主的合法性基础;③协商民主是一个多元的社团,其成员在偏好、信念、理想、行为选择等方面具有不同的特点;④社团成员将协商程序视为协商民主合法性的来源;⑤社团成员认为彼此都具备运用公共理性并基于公共理性的推理结果进行行动所具有的协商能力。② 将协商民主与社团共同体勾连起来,主要原因在于支持政治权力行使的理由要求平等的"成员资格",这种"成员资格"是授权行使这种权力负责的主权实体中的所有人都必须具备的,并且这一要求确立了社团共同体的共同意志与共同理性。③

宏观脉络以哈贝马斯、博曼等为代表,认为协商应在区分化、分隔化的政治结构中渐次增量加以推进。因此,他们关注的焦点集中于:在正式公共决策制度之外的社会空间生发的非结构化的、非正式的、非封闭化的公共协商形式。根据哈贝马斯的基本观点,协商民主是超越和扬弃自由主义民主和共和主义民主、旨在对人类社会的政治生活作出结构性变革的第三种民主制度范式。④ 在20世纪六七十年代,社会组织与协商民主还是两个没有太多关联的概念。从20世纪80年代初开始,哈贝马斯修改了"公共空间"的意涵和范式,不再把主要精力放在公共空间里的即兴沟通,而是着眼于在法治民主国家制度框架下如何将公共舆论表达制度化这个核心议题。可以说,协商民主从议会里的政治论辩拓展到公共空间中的

---

① [美]乔舒亚·科恩:《协商民主中的程序与实质》,载[美]塞拉·本哈比主编《民主与差异:挑战政治的边界》,黄相怀、严海兵等译,中央编译出版社2009年版,第96—99页。

② [美]乔舒亚·科恩:《协商与民主合法性》,载[美]詹姆斯·博曼、威廉·雷吉主编《协商民主:论理性与政治》,陈家刚等译,中央编译出版社2006年版,第54—55页。

③ [美]乔舒亚·科恩:《民主与自由》,载[美]约·埃尔斯特主编《协商民主:挑战与反思》,周艳辉译,中央编译出版社2009年版,第227页。

④ 中国社会科学院哲学研究所编:《哈贝马斯在华演讲集》,人民出版社2002年版,第78—88页。

公民个体意见表达并逐步脱离"精英政治"取向，在很大程度上要归功于哈贝马斯的贡献：通过将卢梭的"公意"概念程序化，修正了18世纪以来所公认的民主的合法性基础。① 在他看来，协商民主在"意见"生成与"意志"建构过程的有差别化的不同向度、层面循着两个不同的"轨道"平行开展和运行：一个是具有宪法建制形式意义的，以决策为取向；另一个是非正式形式的公共领域的交往结构，以生成非正式意见为取向。② 这就是其常说的"双轨的商议性政治"的概念。公共空间中社会组织的协商民主具有如下特点：其一，相对自主性，目标在于形成公共"意见"、生成公共舆论。在很大程度上，这些依赖于生活世界的资源自发形成并不断进行更新，不易受到政治机构的直接干预。其二，其功能主要是充当"预警系统""传感器"而非直接作出决策。在哈贝马斯看来，公共领域不仅要察觉、辨识问题，而且要激发出有影响的舆论，令人信服地把问题衍化为协商的议题，从而使立法机构接过这些问题加以处理。③ 其三，要把公共领域的"意见"与建制化机构的公共"意志"相衔接。协商民主不能自我满足于受宪法调节的协商和决策的轨道之上，而应使其与公共领域中社会组织的非正式意见良性互动、相互作用。因而，协商民主能否取得令人满意的结果，"并不取决于一个有集体行动能力的全体公民，而取决于相应的交往程序和交往预设的建制化，以及建制化商议过程与非正式地形成的公共舆论之间的共同作用"④。美国学者博曼曾在法兰克福师从哈贝马斯从事政治哲学研究，在对"双轨制"协商民主模型的合理价值予以充分肯定的同时指明其具有两大缺陷和不足：首先，社会复杂性要求哈贝马斯在"意见"形成和"意志"形成之间作出相当强的区分，但假如正式制度本身是民主的，这种区分就没有意义，就会成为一种"没有区别的区分"。因而，在博曼看来，包括立法机构和行政机构在内的各种政治机构都要形成自己的公共空间场域，否则其权力就不会受到制约。其次，不管有没有社会复杂性，在"意见"形成和"意志"形成之间作出明显的区分会损害到任何实际的人民主权，原因主要在于：在持续

---

① 史春玉：《协商民主的边界》，《国外理论动态》2016年第4期。
② [德]哈贝马斯：《在事实与规范之间：关于法律和民主法治国的商谈理论》，童世骏译，生活·读书·新知三联书店2014年版，第388页。
③ 同上书，第374、444页。
④ 同上书，第369—370页。

性的文化冲突和一定程度的功能分化的环境中，人民主权既不可能是一致的共同意志，也不可能是外在于公民的制度性互动的产物。①

**（四）简要评析**

综合上述分析，"增促论"强调社会组织与协商民主之间存在直接的线性因果关联逻辑，社会组织对于巩固民主成果、限制公共权力恣意运行能有效发挥作用，因此是促进协商民主发展的重要主体性力量；"条件论"倡导社会组织促推协商民主充其量只是一种主观层面的假设与预设，能否真正从主观愿景转化为客观现实，需要相关必要条件的满足，这些条件既包括宏观层面的国家与社会的良性互动，也包括微观层面具体操作机制的合理化建构；"场域论"主张社会组织参与协商民主既可以局限于社会组织内部的微观场域运行，也可以在社会组织与代议机构"中间地带"的宏观场域游移，不同场域社会组织协商民主实践的角色定位、行动逻辑、发展取向、运行方式、价值结构诸方面存在差别。通过以上对国外研究现状的分析和剖析，可以得出以下几点结论与启示：

第一，社会组织增促协商民主的视点主要基于欧美发达国家的政治实践经验，对于"制度赤字""治理赤字"的转型国家而言并非普遍适用，主要原因在于社会组织增促协商民主是有条件也是有限度的：一方面，社会组织品类多元，内部的异质性、多样态使其可能成为协商民主的"异化"力量，伊斯兰国家的原教旨主义宗教组织就是典型案例；另一方面，社会组织可能与公共权力、市场组织勾结，成为阻滞协商民主有序运行的破坏性力量。②正是在这个意义上可以说，社会组织与协商民主之间的关系建构与建设，没有放之四海而皆准的固定化、终极性、普适化模式，也没有一成不变而皆稳的模式，在不同的制度、历史、空间、文化、社会语境中表现形态迥异，每个国家只有根据不同历史时期的不同需要因地制宜、因时制宜，才能取得切实的成效。③

第二，促进不同场域的社会组织协商民主充分开展。在实践中，主要有聚焦点不同、取向不同的微观脉络和宏观脉络的两种社会组织协商民主

---

① ［美］詹姆斯·博曼：《公共协商：多元主义、复杂性与民主》，黄相怀译，中央编译出版社 2006 年版，第 154—165 页。
② 叶国平：《公民社会与中国民主政治发展的路径选择》，《社科纵横》2009 年第 7 期。
③ ［澳］何包钢：《协商民主：理论、方法和实践》，中国社会科学出版社 2008 年版，第 25 页。

表现形态。微观脉络的社会组织协商民主聚焦的是小众化社会组织场域中内部协商程序的理想化制度设计，常常伴有"精英主义"的倾向，不能有效吸纳尽可能广泛的利益相关者的参与。宏观脉络的社会组织协商民主聚焦不受时空区隔的非正式商讨实践，以生成公众舆论为取向，但基于协商背后的权力关系的不平等以及私人个体理性的内生偏好常常会使协商的实质性内容受到遮蔽。① 只重视微观脉络而忽视宏观脉络，其民主性的程度难以充分彰显；只重视宏观脉络而忽视微观脉络，其平等性维度难以真正体现。因而，促使微观脉络与宏观脉络的协商民主实现结构融合、功能耦合具有特殊重要的价值。

第三，形塑"强国家"与"强社会"有机匹配、协调互动的关系形态是社会组织协商民主良性运行的基础性支撑结构。强大国家和强大社会之间的平衡方能使协商民主生效，不论是在17世纪的英国，抑或在当代的发达民主国家中。② 民主体制下优良的权力配置形式是强国家与强社会的共存、共生、共融。在这种结构格局之下，不仅国家机器能够有效运行，社会组织也有足够的力量规避国家的独断。③ 换言之，只有国家一方强抑或只有社会一方强，都不足以支撑起社会组织协商民主的现实大厦。苏联社会主义国家政权的崩塌就是一个"国家强、社会弱"鲜活生动的例证。米格拉尼扬在总结苏共失败的症结时敏锐指出，由于社会组织发育的迟缓，国家发生了严重的"异化"，因此，在还没有来得及建立起反映政治、社会、职业和民族利益协调发展的社会组织生态时，"党和国家就从政治和社会中消失。正因为如此，国家也就崩溃了"④。实践表明，基于国家建构原则建构社会的逻辑是错误的，因为一旦发生"国家失灵"的情势，社会也将面临瓦解的可能。反之，只有"社会强、国家弱"，社会组织协商民主也难以真正实现。在福山看来，自由市场、充满活力的社会组织力量、自发的"群众智慧"，都是良好协商民主制度有序运行的重

---

① ［英］斯蒂芬·艾斯特：《第三代协商民主》（下），蒋林、李新星译，《国外理论动态》2011年第4期。
② ［美］弗朗西斯·福山：《政治秩序的起源：从前人类时代到法国大革命》，毛俊杰译，广西师范大学出版社2014年版，第433页。
③ 何增科：《公民社会和第三部门研究引论》，《马克思主义与现实》2000年第1期。
④ ［俄］安德兰尼克·米格拉尼扬：《俄罗斯现代化与公民社会》，徐葵译，新华出版社2003年版，第4—5页。

要构件，但是，这些不能替代强大且等级分明的政府。穷国之所以穷，不是因为其缺少资源，而是因为缺少政治制度的有效供给和创新。① 质言之，社会组织协商民主最终要取得成效、获得成功，并非取决于国家或社会的单方面作为：得不到国家的有力支持，社会力量的单方面主动难以获致有效性保障，一些转型国家无视国家力量的重要价值甫一开始就在全国大张旗鼓推动民主进程最终导致政局动荡就是典型例证；得不到社会的有效支撑，国家的单方面作为也难以取得正当性、合法性资源，脱离社会的国家终将走向"异化"。因此，只有"国家强"和"社会强"双强，社会组织协商民主的建构与建设才能得以真正确立、获致有效的运行空间并在这个空间内实现国家意志与社会意见的有机协调、相互"增能"。

第四，超越个体理性、群体理性的内在局限。对社会组织所代表的利益需要进行二次整合，才能有效缓解群体理性与公共理性可能的结构性张力。显然，在中国，这个二次整合的组织结构的合适、适宜选项就是人民团体。在人民团体这种组织结构中，不仅有个体的公民参与其中，也有相关领域的公民自组织参与其中，各种具象化、对象化的利益表达、聚合有了中介的整合平台和协调机制，由此生成的协商民主形态极大释放了社会的活力，强化了国家的权威性，并使得社会与国家的互动得以常态化、制度化。

总之，只有运用马克思主义的基本立场观点方法辩证把握社会组织与协商民主的内在机理结构，才能克服基于"西方中心主义"的民主话语霸权，才能建构和建设基于中国历史、社会、文化基础并独具中国社会组织逻辑的协商民主范式，从而为社会主义协商民主在中国生根落地、开花结果提供学理支撑。

## 二 国内研究评述

本书主要涉及两个核心概念："人民团体""协商民主"。因此，考察目前学界研究现状需要综合把握、有效聚焦"人民团体""协商民主"这两方面的研究成果，并寻找这些研究成果的"交集"。在专著方面，根据中国国家图书馆文献系统检索结果（2018 年 6 月 21 日检索），以"协商

---

① ［美］弗朗西斯·福山：《政治秩序的起源：从前人类时代到法国大革命》，毛俊杰译，广西师范大学出版社 2014 年版，第 19 页。

民主"为题名进行检索有200本专著,以"人民团体"为题名检索有26本专著,而以"人民团体""协商民主"这两个词进行组合检索尚未有专著出版。在论文方面,根据中国期刊全文数据库进行检索,以"协商民主"为题名进行检索有4812篇论文,以"人民团体"为题名进行检索有71篇论文,而以"协商民主""人民团体"两个词进行组合检索仅有6篇论文发表。可以看出,对人民团体与协商民主的关系这个议题的研究在国内学术界尚未引起广泛关注,这从另一个侧面、维度也可看出,本书有一定的创新性、前瞻性和战略考量。综观国内学术界的相关研究成果,主要有以下几个议题。

### (一) 人民团体参与协商民主建设的内在价值

人民团体协商民主具有其独特的内在结构和本质方位,既不同于国家政权机关的协商民主可以控制国家和社会公共事务安排,也不同于人民政协的政治协商可以影响公共权力的分配及其运行,又不同于基层协商民主、社会组织协商民主可以部分代表局部的社会利益。[①] 这种独特的运行结构,赋予了其独特的价值,主要体现在:

首先,人民团体协商民主,拓宽了人民的主体性范畴:从人民选举代表进而间接行使民主权利发展为随时随地就关涉切身利益的相关议题同其他社会主体、政治主体开展协商。[②]

其次,人民团体协商民主不仅拓展了协商的主体,而且丰富了协商的内容。从协商内容的性质来看,人民团体协商民主不是立法协商、行政协商,而是民主协商、参政协商、社会协商。[③]

最后,人民团体协商民主拓宽了协商平台和协商渠道,在推进协商成果的科学化、民主化以及监督协商结果是否有效应用等方面发挥了积极效应。从协商渠道来看,人民团体不属于国家政权机关,也有别于一般的社会团体、社会服务机构、基金会,具有群体性、社会性、跨域性、包容

---

[①] 当然,人民团体协商民主建设的内容与国家权力机关、政协、社会组织等的协商民主建设的内容并非截然区隔,不少方面存在共通、交汇、重叠之处。

[②] 刘冰、布成良:《人民团体在中国协商民主中的作用》,《山东社会科学》2015年第4期。

[③] 张亚匀:《人民团体协商是我国社会主义协商民主的独特优势》,《中共太原市委党校学报》2015年第4期。

性、集群性等特征。①

### (二) 人民团体协商民主建设的内容

人民团体协商民主建设的内容不仅涵摄面广,而且有其特殊性。有的学者从结构分割的视角、层级分解的视角等予以具体剖析。

从结构分割的视角来看,人民团体协商民主的内容主要体现在两个层面:其一,作为代表特定社会群体利益的政治社团,人民团体以界别的形式直接参与政协的相关议程和参政协商相关议题;其二,人民团体组织、引导所代表的社会群体和相关领域的社会组织开展形式各样的社会协商民主,促推相关群体的利益凝结、矛盾疏导、心态调适。②

从层级分解的视角来看,不同层级的人民团体开展协商民主的具体内容有所偏倚,侧重点不同。中央层面的人民团体协商民主偏重政治协商、源头维权、立法协商、政策协商等面向,关注"改革发展稳定的重大现实问题",而地方、基层层面的人民团体协商民主则更加注重"涉及群众切身利益的实际问题",侧重具体性、事务性、细节性、局部化的利益协调面向。③

### (三) 人民团体参与协商民主建设存在的主要问题

尽管学者们对人民团体协商民主建设的价值高度认同,但对其在实践进程中生发的诸多问题也毫不避讳,直言不讳指出存在以下突出问题:

第一,人民团体在协商的主体选择、议题筛选和设置、内容结构、方式方法等方面尚在摸索中,缺乏相应的明晰化的程序机制规范,导致不会协商、不愿协商、不敢协商以及协商的效度不高、正当性不足、合法性式微等问题,在一定程度上消解了人民团体协商民主的社会基础。④

第二,制度化程度不足。人民团体协商民主是中国特色社会主义协商民主体系建构和建设的关键性环节。随着经济社会的转型发展,中国人民团体协商民主的发展面临功能定位不明晰、制度化协商机制不完善、协商

---

① 李俊:《论人民团体的民主协商功能》,《中州学刊》2014年第9期。
② 胡永保、刘世华:《人民团体协商民主发展存在的问题及对策》,《天津行政学院学报》2016年第5期。
③ 布成良:《人民团体在我国协商民主中的性质与作用》,《中国政协理论研究》2015年第2期。
④ 布成良:《论人民团体在我国协商民主中的属性和内容》,《中共天津市委党校学报》2014年第6期。

流程过于粗糙、开展协商的制度化程度不高以及协商能力不足等问题。①因而，需要在实践探索的基础上不断促推制度化水平更加精进、程序设计更加精密细致。

### (四) 人民团体协商民主的发展路径

从总体上看，中国人民团体协商民主已取得显著进展和积极进步，但与社会主义协商民主体系建设的整体质量提升相比，与人民群众日益增长的参与需要、民主需要、法治需要相比，尚存不少差距，亟待在理论与实践方面进一步深入研究、不断探索。

第一，明晰人民团体协商民主的结构定位。有的学者认为，人民团体协商民主介于人民政协政治协商②与基层协商民主③之间，位处社会主义协商民主的中间层次，主要作用于政府治理场域，能够及时、准确、畅通地做到上情下达、下情上传，相互沟通、增进理解，从而提高公共决策的质量和有效性。④

第二，有效激发人民团体在各个领域、层面、"场域"、空间中协商民主构建方面的积极作用。有的强调，应发挥人民团体在社会组织、政协、枢纽型组织中的协商民主功效。从社会治理方面看，人民团体应善于建言献策，为公共决策之科学化水平的提升供给多维度方案、专业性强、论证充分严谨的高质量决策咨询报告；准确"映衬"民意民情，真实及时反映所联系群体的诉求；善于协助做好群众情绪疏导、矛盾化解工作，引导群众理性把握各类利益矛盾，发挥社会有序运行的"润滑剂""调节器"以及社会矛盾的"缓冲器""减震器"的作用。从在政协平台中的作用来看，人民团体的政协委员是各个界别的精英、优秀代表，能够集中反映和汇聚社会各界的意见建议和利益诉求并通过提案、调研报告等形式参与政治协商、民主监督。从在枢纽型组织中的作用来看，通过对下属学会、协会的服务、指导，有序引导民间性的社会组织

---

① 胡永保、刘世华：《人民团体协商民主发展存在的问题及对策》，《天津行政学院学报》2016 年第 5 期。

② 主要发生在国家政治生活层面，是中国共产党与各民主党派、无党派人士以及各界代表人士的协商，协商内容政治性、政策性较强。

③ 基层协商主要作用于乡村、社区等基层社会自治领域。

④ 布成良：《人民团体在我国协商民主中的性质与作用》，《中国政协理论研究》2015 年第 2 期。

积极、理性、充分参与协商民主建设，激发社会组织参与协商民主的持续动力和内在活力。①

第三，推进人民团体整体转型，重塑人民团体的"人民性"。其转型的核心取向在于：削弱人民团体机关的"权力要素"，强化服务群众的本真功能，优化其代表民情、吸纳民智、整合民意的功能结构，有效聚合和平衡体制外民间资源和力量，为多元社会力量参与民主政治生活提供表达平台，从而提升协商民主质量、社会善治水平。②

**（五）简要评析**

从总体上看，目前国内学术界关于人民团体协商民主的研究有以下三个特点：①从基本理论层面研究协商民主的内涵、价值、功能、形态、特征、类型、挑战和前景，人民团体的内涵、基本属性、类型、功能结构、内部治理机制、与党的关系等；②从对策研究层面探讨协商民主在我国的适用领域和实现路径，分析人民团体在中国的成长空间、历史发展轨迹；③从实证研究的视角对具体类型人民团体（如妇联、工会等）参与协商民主的历程、动因、逻辑、功能及其限度进行个案研究。

目前国内理论界相关研究有待进一步提升的地方有：①偏向笼统的一般性分析，有相当学理阐释深度、理论分析厚重度的成果较少；②没有深入分析协商民主之中国逻辑的独特表现形态、呈现形态、构建形态，因而对人民团体在协商民主建设中的独特优势难以从学理层面进行有针对性的阐述；③对策性研究、实证性研究数量偏少，国家战略行动框架层面的研究更少；④研究视野有待拓展，对国外协商民主进行理论介绍的较多，具体比较分析的成果较少。

## 第三节 理论视角的采择

对于人民团体与协商民主之间关系的剖解，不能就事论事，应找寻妥切的省察视角和分析维度。这个视角、维度应该能够揭示二者之间关系的

---

① 吴爱平：《发挥人民团体在协商民主建设中的作用》，《贵州日报》2015年4月21日第10版。

② 布成良：《人民团体在我国协商民主中的性质与作用》，《中国政协理论研究》2015年第2期。

内在底蕴，应该能够揭示二者之间关系的"根本"及其内在质的规定性。① 基于这样的考量，"国家治理"这个理论视角不仅可能，而且可行。主要原因有二：首先，从人民团体这个角度看，人民团体是现代国家治理的一个不可或缺的主体结构。现代国家治理强调政府、社会与市场各归其位、各安其所、各尽其责。政府治理、市场治理与社会治理构成现代国家治理的三个最基本的次级治理单元。人民团体涉足政治、文化、社会诸场域、各领域，是介于政府与社会之间的组织形态，是国家治理体系这个"复杂系统"的重要一极。② 其次，国家治理视域中的协商民主，是具体的、现实的政治过程，而非抽象的概念、理念、理论。从协商民主的实际运行这个角度看，协商民主并非单一主体"单枪匹马"的努力和作为，而是多元主体的良性互动和有序竞合。其中，人民团体是协商民主制度体系建构之不可或缺的重要主体。

## 一 国家治理的两个理解维度

党的十八届三中全会提出"推进国家治理体系和治理能力现代化"之后，国内学术界对此反应强烈。"国家治理"逐渐"升温"为当下国内学术界最重要的研究议题之一，研究成果颇为丰硕。有的学者使用 CiteSpace 软件对近十年的 1087 篇 CSSCI 论文绘制的"知识图谱"进行分析发现：国内国家治理研究的年际变化深受国家政策导向的影响，学术研究热点聚焦于国家治理的内涵、体制、方式三大方面，主要涉足政治学和管理学这两大学科。③ 界定国家治理的意涵是研究国家治理问题的基本前提。关于国家治理的内涵，不同人有不同的理解，有自己的分析框架，有自己的一套逻辑框架。当前，学术界关于国家治理的理解、解读，主要有"国家中心主义"和"社会中心主义"这两个维度的分析框架。

---

① 马克思曾经指出："批判的武器当然不能代替武器的批判，物质力量只能用物质力量来摧毁；但是理论一经掌握群众，也会变成物质力量。理论只要说服人，就能掌握群众；而理论只要彻底，就能说服人。所谓彻底，就是抓住事物的根本。"参见《马克思恩格斯选集》第1卷，人民出版社 2012 年版，第 9—10 页。

② 中共中央文献研究室编：《习近平关于社会主义政治建设论述摘编》，中央文献出版社 2017 年版，第 188—189 页。

③ 韩瑞波：《基于知识图谱的国内国家治理研究发展态势分析》，《社会科学论坛》2017 年第 3 期。

**(一)"国家中心主义"的阐释逻辑：重"国家"轻"治理"**

在这种视野下，国家治理虽是"新词"，但却是"旧意"，其意涵在马克思主义经典作家那里其实都讲过了，即国家治理与国家统治、国家管理究其实质而言并无两样。比如，有的认为，治理的本质就是统治，有不同的类型，反映不同的时代诉求。① 有的指出，国家治理就是基于国家权力的配置和运作对社会公共事务进行控制、管理和服务，从而确保国家安全、捍卫国家利益、维护人民利益、保持社会稳定。②

> 被访者 A：根据马克思主义政治学基本原理，国家具有两种功能，一种功能是统治，一种功能是管理。治理本质上是统治、管理功能的发展，并非否定统治、管理本身。治理是自上而下的控制性管理转向上下合作的管理。这是我的观点，来自马克思主义。治理是解构国家统治，这不是无政府主义吗？国家的基本特征是统治，也就是自上而下的管理。性质是统治，方式是靠管理。因此，从统治到治理，直接解构的就是党的领导。所以，在用这些概念的时候，可以辨析这些分析逻辑，但一定要结合中国的逻辑去寻找。③

之所以把"国家治理"视同为"国家统治""国家管理"，依据主要在于以下三点原因：

其一，"国家治理"的实质是阶级的统治。从马克思主义的基本立场看，马克思阶级理论的核心价值主要在于：认肯国家是具有某种约束性强制规范的有效性的政治之创立者和维护者。从这个意义上看，如果无原则地否定阶级斗争和矛盾，必然导致政治法理方面的错误认知，"统治—治理"之二元对立问题难以得到根本解决。④ 在我国的权威辞书《辞海》中，"治理"一词也与"统治""管理"互相释义。⑤

---

① 蓝志勇、魏明：《现代国家治理体系：顶层设计、实践经验与复杂性》，《公共管理学报》2014 年第 1 期。
② 刘家义：《论国家治理与国家审计》，《中国社会科学》2012 年第 6 期。
③ 对共青团长期从业人员，现从事人民团体理论研究的 A 教授的访谈记录，访谈笔记 20170603。
④ 张文喜：《政治哲学视阈中的国家治理之"道"》，《中国社会科学》2015 年第 7 期。
⑤ 夏征农、陈至立主编：《辞海》（下），上海辞书出版社 2010 年版，第 5121 页。

其二，"治理"一词的原意与"统治""管理"非常接近，解释上往往互相替换。① 因而，"国家治理"与"国家统治"在追求的"产出""效果""效能"方面趋同，不同之处仅在于过程本身。② 也就是说，治理与管理在目标方面是一致的，区别只在于实践的过程、手段、机制。因而从这个意义上看，"国家治理"＝"国家统治"。

其三，国家是国家治理的唯一性主体。其依据和逻辑在于：国家拥有至高无上和排他性的主权，其他治理主体的权力、合法性只有源于国家的"授权"方有正当性，因而国家及其制度结构对社会具有决定性的"输出"权力。③ 基于这样的理解和把握，有的认为，当前学术界在界定国家治理的含义上存在简单移植和生搬硬套的倾向，主要体现在国家治理的主体不甚明确，并将其与统治简单对立。④ 因而，从这个意义上看，中国共产党建构的"推进国家治理体系和治理能力现代化"这个创新性命题是对马克思主义国家理论的继承和回归。

同时，有的学者认为，该命题也是借鉴西方治理理论有益成分、立足于中国改革和发展新的历史起点的一个中国化的理论命题，是中国共产党对现代治理理论的原创性贡献。⑤ 这种贡献，笔者认为，主要在于明确区分了"国家治理体系"和"国家治理能力"这两个要素，并对这两个要素之间的逻辑关联进行了辩证分析。

**（二）"社会中心主义"的解读逻辑：重"治理"轻"国家"**

在"社会中心主义"向度、视野下，国家治理是对"国家统治""国家管理"的升级、创新和逾越。与"国家管理"相较，"国家治理"更侧重于共同体自身的系统性及其成员之间平等参与的协同性，既是对

---

① ［法］皮埃尔·卡蓝默等：《破碎的民主——试论治理的革命》，高凌瀚译，生活·读书·新知三联书店2005年版，第4—5页。

② 正如斯托克所指出："无论传统用法或辞书上的解释，都以'治理'为'统治'的同义词。"参见［英］格里·斯托克《作为理论的治理：五个论点》，华夏风编译，载俞可平主编《治理与善治》，社会科学文献出版社2000年版，第31—32页。

③ 江必新、鞠成伟：《国家治理现代化比较研究》，中国法制出版社2016年版，第34—42页。

④ 该观点认为，只有"论证国家是国家治理的唯一主体，并运用马克思主义的国家理论论述国家治理的目标、手段和客体等要素，才能对国家治理含义予以科学的界定"。参见刘方亮《马克思主义国家理论视阈中国国家治理概念辨析》，《南京师范大学学报》2017年第1期。

⑤ 赵中源、杨柳：《国家治理现代化的中国特色》，《政治学研究》2016年第5期。

"政府失灵"的深刻自省,也是对"市场失灵"的自觉反思。① 比如,有的学者认为,"国家治理"这个新概念是在扬弃"国家统治"和"国家管理"这两个既有概念基础上提出的一个新概念。② 有的指出,"国家治理现代化"的提出,既是对西方现代治理理论的辩证分析、合理借鉴,也是对历史唯物主义国家观的创新推进。③

在这些学者当中,俞可平是国内学术界较早系统引介并持续深入研究国家治理的重要学者之一。④ 早在2000年,在俞可平主编的《治理与善治》一书的引论中就指出:"与统治相比,治理是更高层次的社会管理形式,其优势在于:它的基础不是控制而是协调,它不仅涉及公共部门,也包括私人部门,因此,它是多元权力(权利)的持续互动、信任合作与协调平衡。"⑤ 从学术视角来看,"国家治理"与"国家统治"有多个方面的区别。⑥ 可以说,"社会中心主义"向度下的国家"治理"凸显了多元主体合作共治的理念。但问题是,这些主体相互之间是否相容、兼容?有无联系、联结?如果有,主体之间的地位有无差异?关系结构如何衡量、度量?显然,对这些问题的深入解答可以形成形式不一、内容迥异、

---

① 沈德咏等:《国家治理视野下的中国司法权构建》,《中国社会科学》2015年第3期。
② 何增科:《理解国家治理及其现代化》,《马克思主义与现实》2014年第1期。
③ 关锋:《"国家治理现代化"对历史唯物主义国家观的推进》,《教学与研究》2016年第11期。
④ 其在《论国家治理现代化》一书中所写的"自序"中曾言:治理问题是我长期从事的主要研究领域之一,从20世纪80年代获得北京大学政治学博士学位以后,我一直身体力行地倡导治理理论研究,并在实践中努力推动从统治走向治理。……从统治走向治理,是人类政治发展的共同规律,不仅适用于西方国家,也同样适用于东方国家。参见俞可平《论国家治理现代化》,社会科学文献出版社2014年版,"自序"。
⑤ 俞可平:《引论:治理和善治》,载俞可平主编《治理与善治》,社会科学文献出版社2000年版,第9页。
⑥ 总括而言,主要有以下五个方面:①主体不同,统治的主体是国家公共权力机构,而治理的主体除此之外还包括市场、社会等;②权威的性质不同,统治是强制性的,而治理可以是强制性的,更多是协商性的;③权威的来源不同,统治的来源是强制性的法律,治理的来源除此之外还有非强制性的契约;④权力运行的向度不同,统治的权力运行是自上而下的,而治理除此之外也可以是自下而上的双向互动;⑤作用的范围不同,统治所及的范围以政府权力及所及的领域为边界,而治理以公共领域为边界,比统治的范围更宽广。参见俞可平《论国家治理现代化》,社会科学文献出版社2014年版,第2页。

程度有别的各式各样的国家治理理论形态。①

综合上述分析，如果说"国家中心主义"向度下的国家治理重"国家"轻"治理"的话，那么，"社会中心主义"向度下的国家治理则重"治理"轻"国家"。当然，这两个向度也存在融合与共通之处：追求"国家"与"治理"的有机嵌合。②从这个意义上看，"国家治理"，简言之，就是"国家+治理"，或曰，是国家主导下的治理，既确保国家权威性的正当主导，又强调社会自主性的内生激活，公权私权协同；既有静态的"结构"观照，也有动态的"行动"关怀，静动相宜共生；既有鲜明的问题旨向、明晰的目标取向，也有有效的行动路径、科学的发展框架，虚实互促共进，因而是一个有阐释度、涵括性、说服力的分析工具和学理框架，可用之来为分析人民团体与协商民主的关系结构形构合宜的理论支撑。

## 二 运用国家治理视角的适用性分析

国家治理视角不仅具有鲜明的问题旨向、明晰的目标取向，而且有有效的发展路径，是一个有解释力、阐释度的理论分析框架。国家治理视角之所以能为分析人民团体与协商民主的关系建构提供合宜的理论支撑，主要基于以下三方面考量：

### （一）从结构维度分析，人民团体是中国国家治理的重要主体

现代国家治理强调政府、社会与市场各归其位、各安其所并各尽其责、良性互动、协调耦合。政府治理、市场治理与社会治理构成现代国家治理的三个最基本的次级治理单元。从主体的维度看，国家治理不仅包括政党、政府、企业，也包括人民团体。

---

① 比如，结构究竟指的是在某一固定范围内一系列可以允许转换的生成框架（matrix），抑或是左右这一生成框架的转换规则，这个问题在结构主义思想传统中总是含糊不清。在吉登斯的领解中，"结构"不仅仅指社会系统生产和再生产中包含的规则，还指其包含的资源。结构最重要的特性就是制度中循环反复采用的规则与资源。参见［英］安东尼·吉登斯《社会的构成：结构化理论纲要》，李康、李猛译，中国人民大学出版社2016年版，第15—22页。

② 正如斯托克所言："说到底，治理所求的终归是创造条件以保证社会秩序和集体行动。因此，治理的产出和统治并无任何不同之处。如果有什么差异，那也只在于过程。"参见［英］格里·斯托克《作为理论的治理：五个论点》，华夏风编译，载俞可平主编《治理与善治》，社会科学文献出版社2000年版，第32页。

人民团体涉足经济、政治、文化、社会、生态等领域，是介于政府组织与社会组织之间的组织形态，是国家治理的重要主体。因而，用国家治理这个分析框架，可以超越西方政府治理、市场治理、社会治理之简约化的三元划分基准，有助于突出人民团体这一中国独特主体结构的独特价值和优势。

**（二）国家治理强调"国家"与"治理"有机耦合，契合中国发展现实**

"国家治理"这个概念，简言之，就是"国家+治理"的有机整合：其"国家"的元素能吸纳"国家中心主义"关于国家主导性的主张，确保国家的权威性、正当性得以充分彰显；其"治理"的元素能容纳"社会中心主义"关于社会自主性、自治性、多维性的强调。因而，在"国家治理"这个概念框架下，"国家中心主义"和"社会中心主义"能够有效兼容、相容，能够获得"最大公约数"、达成共识。换言之，"国家治理"是国家主导下的多元、多维社会治理，契合中国目前发展现实，是一个解释力强、阐释力高、兼容性佳的分析性概念和学理框架，是中国共产党对人类政治文明的重要贡献。

在恩格斯看来，"一切存在的基本形式是空间和时间，时间以外的存在像空间以外的存在一样，是非常荒诞的事情"①。对于"国家治理"这种存在而言，也有一个时间和空间维度的考量问题。因而，运用国家治理框架分析中国的现实情势，需要把握中国特有的时空结构。

从空间的维度看，西方资本主义国家即使是美国在国家治理方面也存在诸多短板和不足，并非完美无瑕，更遑论其他照搬其制度模式导致社会失范、政治失序、文化失承的国家。波瓦克斯和斯托克斯认为，关于国家治理的大多数研究成果聚焦现代欧洲国家，并未充分阐释欧洲之外新兴独立国家的生成逻辑与演展趋向。② 2008 年国际金融危机以降，以法国经济学家皮凯蒂的《21 世纪资本论》等为典型代表的西方学术界掀起了一股省思新自由主义的"热浪"，认为经济危机的实质从根本而言是政治危机。特别值得注意的是，曾经宣称自由民主体制彻底胜利的"历史的终结"的福山，近些年谈得最多的是美国"否决型政体"所助长、生发的

---

① 恩格斯：《反杜林论》，载《马克思恩格斯文集》第 9 卷，人民出版社 2009 年版，第 56 页。

② ［美］卡尔斯·波瓦克斯、苏珊·C. 斯托克斯：《导论》，载［美］罗伯特·E. 戈定主编《牛津比较政治学手册》（上），唐士其等译，人民出版社 2016 年版，第 8 页。

"政治衰败"问题。① 福山坦承，即使在资本主义这个特定的体制和框架中，有的富裕，有些则陷于穷困，公众对社会生活、政治生活以及精神生活的满意度亦有高有低，此外，社会发展及其现代化的合法性结构、正当性基础、有效性并非完全等同。② 在福山看来，这个世界所存续的文化各有千秋，对于相似的经济情况却有式样不同的"文化反应"，这足以充分且明确说明：并非所有文化的理性化程度都相同。③ 因而，推进中国之国家治理体系和治理能力现代化，绝非"依葫芦画瓢"照搬西方制度模式，应充分考量作为人类历史上没有先例的"这样一个人口众多并如此富有多样性国家"④ 的特殊属性以及内蕴在这种特殊属性之上的特殊生长逻辑，否则易陷入"发展陷阱""治理陷阱""中等收入陷阱"等之中而难以自拔。⑤

从时间的维度看，在现阶段的中国，国家治理虽然多元主体是在跳"多人舞"而不是"单人舞"，是在"大合唱"而非"小独唱"，是在奏"交响乐"而不是奏"独奏曲"，但是，仍要发挥政府在中国国家治理中的主导性功能和取向，这主要基于目前中国的经济社会发展水准、社会力量对比结构、文化传统基因、政治体制形态诸要素的系统考量。基于社会力量与政府力量之间的对比结构，可把国家治理划分成四个既相互独立又深具内在逻辑关联的历史"链条"："全能政府"→社会协同→政社合作→社会自治。当然，这四个历史阶段的划分主要基于理论上的推演和对

---

① 杨光斌：《习近平的国家治理现代化思想——中国文明基体论的延续》，中国社会科学出版社 2015 年版，第 30 页。

② ［美］弗朗西斯·福山：《信任：社会美德与创造经济繁荣》，郭华译，广西师范大学出版社 2016 年版，第 8 页。

③ 福山曾自我反诘道：法国对于中央官僚权威的偏好可以看作对中央集权的一种合理反应，但为什么现代中央政府在刻意下放权力之后法国人仍然在构建自我组织的道路上步履艰难？参见［美］弗朗西斯·福山《信任：社会美德与创造经济繁荣》，郭华译，广西师范大学出版社 2016 年版，第 24 页。

④ ［美］孔飞力：《中国现代国家的起源》，陈兼、陈之宏译，生活·读书·新知三联书店 2013 年版，第 121 页。

⑤ 正是基于对空间结构特殊性的把握，钱穆先生所言即是："讨论一项制度，固然应该重视其时代性，同时又该重视其地域性。推扩而言，我们该重视其国别性。在这一国家，这一地区，该项制度获得成立而推行有利，但在另一国家与另一地区，则未必尽然。正因制度是一种随时地而适应的，不能推之四海而皆准，正如其不能行之百世而无弊。"参见钱穆《中国历代政治得失》，生活·读书·新知三联书店 2001 年版，第 3—4 页。

发展趋向的把握，实际情势可能更为复杂和曲折。

表 1-1　　　　　　　　国家治理的历史演展逻辑

| 时序 | 阶段 | 力量对比情势 | 主要表征 |
| --- | --- | --- | --- |
| 一 | "全能政府" | 政府力量很强而社会力量很弱 | 政府大包大揽，社会发育与生长的空间极其有限 |
| 二 | 社会协同 | 政府力量较强、社会力量有所发育但还较弱 | 社会依附于政府并协同政府治理社会 |
| 三 | 政社合作 | 政府与社会力量"平分秋色" | 政府与社会力量达到一定的均衡状态，双方经常性互动，能够实现真正意义上的平等合作 |
| 四 | 社会自治 | 社会力量较强而政府力量较弱 | 社会自治水平、程度较高，整个社会异常活跃，实现真正的社会自治 |

基于上述从历史维度对国家治理成长阶段的分析可以发现：在现阶段，从总体上研判，中国正处于从第二阶段向第三阶段转型的过渡性初期，政府仍是主导性力量，这具有一定的历史必然性和现实合理性。在这样一个特定的历史时代，分析现实中的中国国家治理问题，既不要逾越本属于此社会发展阶段的独特特征而陷入"乌托邦"式的冥想，也不能迟疑不决、决心不大、定力不强而没有积极促推社会力量之生发、生长并使之朝着与政府良性共治的方向顺势转型。①

**(三) 国家治理吸收消化统合主义的有益元素并有所创新**

从某种意义上说，国家治理吸收借鉴了统合主义（corporatism）的某些有益元素。统合主义，在国内有的译为"法团主义"②"合作主义""组合主义""社团主义"③ 等。这些不同的译法，并非涉及对其定义本

---

① 康晓强：《经济新常态下社会治理的新趋向》，《科学社会主义》2015 年第 4 期。
② 张静是国内引介统合主义思潮的重要学者。在其早期著作中翻译为"合作主义"，后面的著作则翻译为"法团主义"。参见张静《"合作主义"理论的中心问题》，《社会学研究》1996 年第 5 期；张静：《法团主义》，东方出版社 2015 年版。
③ 《布莱克维尔政治学百科全书》译为"社团主义"，指的是一种特殊的"社会—政治过程"，在这个过程中，"数量有限的、代表种种职能利益的垄断组织与国家机构就公共政策的产生进行讨价还价。为换取有利的政策，利益组织的领导人应允许通过提供其成员的合作来实施政策"。参见［英］戴维·米勒、韦农·波格丹诺编《布莱克维尔政治学百科全书》，邓正来译，中国政法大学出版社 2002 年版，第 186 页。

身的争论，而是集中于统合主义自身的各种现象、现实生活形态。① 作为一种理论形态，统合主义最初出现于"二战"期间，在劳工政治的范畴中使用，即由劳方组织、资方组织和政府对诸如工资标准、劳动环境、利润分配、政策制定等问题进行协商、讨价还价。资方支持而非反对那些有利于再分配和充分就业的政策，劳方则承诺不采取罢工或其他斗争性手段损害资方的利益，政府支持代表劳方和资方利益的组织发展，确保他们参与决策的权利；相应地，政府也希望劳方和资方能对各自成员的行为予以约束。这种形式的统合主义在斯堪的纳维亚国家、德国、荷兰、奥地利等国得到有效实践，希冀通过建立雇主组织、产业工会和国家之间的利益协商机制以缓和劳资矛盾。② 因此，从功能维度上看，统合主义是在政府、资方机构和被奥尔森称为"现代民主社会中最著名的利益集团组织"③——产业工会三方之间合作达成协议的一种制度安排。

统合主义，主要不是关于"行动"而是关于"结构"的理论形态。这种结构，主要体现在由制度所确定的介于国家和社会之间的协调、协商、整合、平衡社会冲突的利益表达、集结、传递系统。在施密特看来，这个利益表达、传输（包括输入与输出两个方面）、配置系统主要是由一些组织化的功能性单位构成：数量限定、非竞争性、层级化结构、功能分化、权责明晰、得到国家认可并被授权给予在本领域内的绝对代表地位（在诉求表达、领袖抉择、组织支持等方面受到国家的相对控制）。④ 其核心价值关怀在于：将市民社会中分散、多样、零碎、碎片化、异质的组织化、群体化利益诉求有序联结、传输到公共决策结构之内，希望构建一种制度化、"再组织化"、秩序化的利益沟通平台以吸纳社会利益需求、舒缓既有的结构性矛盾冲突，从而最大限度维护社会整合，增促整体社会秩

---

① ［美］加里·戈茨：《概念界定：关于测量、个案和理论的讨论》，尹继武译，重庆大学出版社2014年版，第3页。

② ［澳］约翰·S. 德雷泽克：《协商民主及其超越：自由与批判的视角》，丁开杰等译，中央编译出版社2006年版，第82—83页。

③ ［美］曼库尔·奥尔森：《国家兴衰探源：经济增长、滞胀与社会僵化》，吕应中等译，商务印书馆1999年版，第39页。

④ Philippe Schmitter, "Still the Century of Corporatist?" in Philippe Schmitter and Gerhard Lehmbruch eds., *Trends toward Corporatist Intermediation*, Sage Publications Ltd., 1979, p. 13.

序的均衡耦合、有机整合。① "利益协调"（interests intermediation）是统合主义最常用的"关键词"。②

目前人民团体参与协商民主呈现出国家统合主义的结构性表征：首先，人民团体得到国家的认可，并在相关社会群体事务管理方面具有垄断性地位。同时，国家把人民团体主要负责人吸纳进政治结构之中，其工作人员参照公务员管理，工作经费由各级财政专列拨付，对其控制力很强。其次，人民团体的组织架构较为严整，上下连贯、横纵兼合、前后相连。最后，目前相关领域社会组织虽有所发展，在某些方面对人民团体形成了一定挑战，但尚未发展到与人民团体一争高下的地步，还没有成为外在于政府、独立于人民团体的组织形态。在人民团体与相关领域社会组织的关系方面，人民团体的主导性仍然很明显。因此，运用国家统合主义进行分析有一定解释力。

然而，国家统合主义的理论视野也存在一定的局限性，突出体现在其重"结构"轻"行动"的取向：过于注重组织间制度化关系结构的静态理想形态的描述，忽视组织之间的互动行为衍化的动态逻辑分析。因此，国家统合主义描绘的组织间关系显得老气横秋、死气沉沉，没有有血有肉、有声有色的立体动态感。习近平提出的现代国家治理观不仅包括静态的国家治理体系建构，而且包括动态的国家治理能力建设，超越了国家统合主义的内在局限，为我们分析人民团体参与协商民主提供了更全面的动态化观察视角。

总之，国家治理视角不仅具有鲜明的问题旨向、明晰的目标取向，而且提出有效的发展路径，是一个有解释力、阐释度的理论分析框架，因而，可以用来为分析人民团体与协商民主的关系建构提供合宜的理论支撑。这个分析框架，既表明国家治理主体的多元架构，为人民团体"嵌入"协商民主提供了制度空间，又超越了国家统合主义的刻板性、静态化，为人民团体的有机生长打开了动态的发展大门。

---

① Philippe Schmitter, "Still the Century of Corporatist?" in Philippe Schmitter and Gerhard Lehmbruch eds., *Trends toward Corporatist Intermediation*, Sage Publications Ltd., 1979, p. 9.

② 张静：《"合作主义"理论的中心问题》，《社会学研究》1996年第5期。

## 第四节　本书的主要框架

分析当代中国人民团体参与协商民主的历史进程及其演展逻辑，需要基于一定的理论视域、理论视野。只有放在一定的理论框架结构、框架体系下去审查、省视、考量，才有可能从更宽广的视界、更宏观的视角、更博大的格局作出全面的定位和精准的判断，也才能规避"不识庐山真面目"的内在窘境。基于对目前理论视域的采择，本书认为"现代国家治理"这个理论比较适合对人民团体参与协商民主的理论剖析，是一个有效度、阐释力的"解释图式"[①]。

基于现代国家治理的理论视域，本书在对人民团体、协商民主、制度化等关键概念界定的前提下，对人民团体参与协商民主的主要表现进行具体描述，以期对其有个直观的认识和体悟。基于其活动的"场域"及所追求的核心价值目标，可以把人民团体划分为经济利益型、政治使命型和社会服务型三大品类。因而，第三章分别以工会、共青团、妇联这三种不同类型的人民团体为例，具体展现其如何参与协商民主实践，在实践中呈现了什么样的具体表征和功能结构，有何功能限度，能提供什么经验和启示，等等。

在中国，人民团体的存在，不仅是一种自在的存在，也是一种自为的存在，有其独特的内在结构和本质属性。从历史演展逻辑的维度回顾工青妇等人民团体的成长轨迹，可以发现：人民团体诞育于风雨如晦、积贫积弱的革命战争年代，发展于光辉灿烂、波澜壮阔的中国特色社会主义伟大实践，是党联系特定社会群体、群众的组织化平台，是人民利益表达、吸纳、整合、协调、协商的有机载体。从这个意义上看，有效发挥人民团体在协商民主建设中的积极效应，是发展和健全中国特色社会主义制度的必然抉择，是激发人民团体成长活力的内在需要，体现了现代国家治理的战略取向。从制度文本层面来看，人民团体归属于社会团体，理应归入社

---

[①] 所谓"解释图式"，指的是被纳入行动者知识库存的类型化模式，行动者在维续沟通过程时反思性地使用它们。行动者在互动的生产与再生产过程中利用的知识库存，与他们在提供说法、给出理由等活动中借助的载体大体一致。参见［英］安东尼·吉登斯《社会的构成：结构化理论纲要》，李康、李猛译，中国人民大学出版社2016年版，第27页。

组织"门下"。然而，由于人民团体是免予或不必登记的社会团体，因而在现实实践形态中呈现出相对独立于一般性社会组织的结构、性质、特点、取向。第四章认为，同其他品类的社会组织相比，人民团体参与协商民主建设，至少体现出双重"嵌入"结构、本质属性的内在耦合、双重共同体的有机融合这三大独特优势。

决定人民团体协商民主运行质量和运转高度的，不是其独特优势，而是其短板之处。质言之，瞄准短板，就是抓住了主要矛盾和矛盾的主要方面，也就能牵到提升协商民主建设质量的"牛鼻子"。综合各方面情况分析，当前的"短板"主要是制度环境。只有对其制度环境基本生态、主要特征、根本症结判定准确了，才有可能提升协商民主建构的高度和质量。因而，第五、六章全面分析了人民团体参与协商民主的制度环境的基本特征及其存在的突出问题，力图探寻阻滞人民团体参与协商民主制度变迁的主要症结所在。

基于当下人民团体参与协商民主建设存在的突出问题及其主要症结，第七章重点探讨了今后的改革思路和发展路径，主要从形态转型、结构转型、角色转型、运行机制转型、制度环境转型等维度进行谋划。

本书主要框架如图1-1所示。

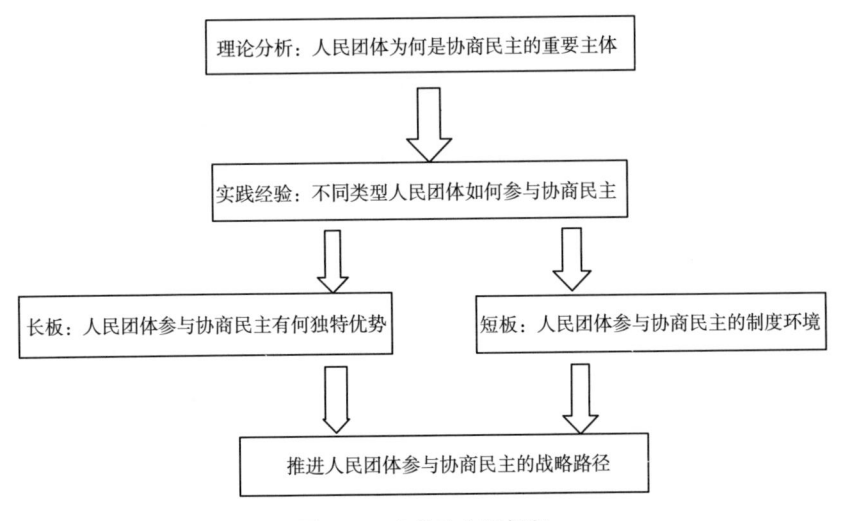

图 1-1 本书的主要框架

## 第五节 本书的创新之处

本书相较于既有的研究成果，具有一定的创新性，主要表现在以下几个方面：

第一，基于国家治理现代化的理论视角。"国家治理"理论视角，是一个极具中国特色的概念工具和理论体系，能把传统"国家"与现代"治理"的积极元素、要素有机吸纳和融合。本书基于现代国家治理的衡量标准测度人民团体参与协商民主建构、建设的现实情势、存在问题及其今后发展趋向，不仅具有重要现实价值，也具有深刻战略意义。目前国内相关研究成果尚未把这一议题置于国家治理现代化的维度下审视其制度环境的主要特征、存在的不足及其症结所在。

第二，把协商民主的场域拓展与人民团体的功能延展有机结合。一方面，社会主义协商民主的实践场域随着实践的展开和行动逻辑的深化需要不断拓展，其中，人民团体是协商民主体系建构与重构的新场域、新空间，国内学术界在这方面的研究成果不多，本书在这方面作了一些尝试性理论探索。另一方面，人民团体是具有中国特色的一种社会组织形态，有其自身的运行特点和发展逻辑，其中，参与立法协商、政策协商、矛盾协商等协商民主生活的具体样态与形式是其发展征程中的题中应有之义。

第三，运用新制度主义的视角分析人民团体参与协商民主的制度环境特征。在新制度主义代表人物拉坦看来，制度与组织这两个概念的区分是一种没有区别的区分，制度概念包括组织的意涵。① 本书第五章基于新制度主义的基本概念工具和方法论，认为中国人民团体参与协商民主具有以下的制度环境特征：强制性制度变迁是根本动力源、制度结构的缺失化、制度供给的单向度、制度运行的"工具主义"逻辑、制度执行的"软政权化"、非正式制度安排的掣肘。同时，第六章还深入分析了导致这些制度环境特征的原因和症结，这在目前同类研究成果中尚不多见。

---

① 因此，制度创新或制度发展的核心要义在于：其一，一种特定组织的行为的变化；其二，这一组织与其环境之间相互关系的变化；其三，在一种组织的环境中支配行为与相互关系的规则的变化。参见［美］V.W.拉坦《诱致性制度变迁理论》，载［美］R.科斯、A.阿尔钦、D.诺思等《财产权利与制度变迁——产权学派与新制度学派论文集》，刘守英等译，上海三联书店、上海人民出版社1994年版，第329页。

第四，研究方法新。目前国内同选题的研究成果主要采用的是理论推演法，从理论到理论进行逻辑推演。本书的一个创新之处就是运用质性研究方法进行扎实的实地调研，并辅之以扎实的文献资料支撑，把对该议题的研究提升到一个新的台阶。本研究在始初阶段开展试调查①，并在此基础上开展质性研究。质性研究在很大程度上依赖于深度访谈。科菲尔曾将深度访谈描绘为不同的个体探讨彼此感兴趣的议题以及由此形塑的"知识的建构空间"。② 深度访谈主要有以下四种类型③：①"半结构型"访谈。采取非正式的"半结构型"的访谈，事先备有粗线条的提问性的简单提纲要点，基于整体框架安排进行提问，缓和访谈紧张氛围，在舒缓的氛围中让调查对象敞开心扉畅所欲言、知无不言，以深入了解访谈对象内心的真实想法。本书采取"半结构型"访谈了23位人民团体工作人员。②焦点团体访谈。由于群体成员聚集在一起聚焦某一主题展开有所侧重的研讨，其研讨结果往往超出研究者事先的预设。④ 本书在H省C市和Z省L县围绕研究主题召开了两次焦点团体访谈，一次是9人参加，一次是12人参加，均取得了较好的效果。③标准化的开放访谈。基于事先拟定的访谈提纲，围绕人民团体参与协商民主的困境、存在的主要问题、参与动力的不足、改进机制等方面这些主题，引导访谈对象多"谈"一些，以期掌握尽可能多的信息。④非正式的谈话式访谈。利用一切有可能跟相关人民团体负责人、工作人员接触的机会开展访谈，在公文包里一直放着访谈提纲，每次访谈都对访谈的主题列表心中有数，在自然而然的交谈中深入了解人民团体参与协商民主的具体情况和情势。每次访谈都给笔者带来以前没有掌握的信息，能够及时追问和澄清对一些问题的认知，能把听、

---

① 开展试调查有以下好处：①补充文献研究资料的不足、缺憾或损耗，可以搜罗更广泛的一些研究议题和主题；②有助于对研究方略予以"演练"和"彩排"，减少研究对象对研究主体进入研究现场的"抗拒感"；③有助于精练和有效取舍各类研究工具，让其更契合研究目的。

② Kvale, S. & Brinkmann, S., *Interviews: Learning the Craft of Qualitative Research in Interviewing* (2nd ed.), Thousand Oaks, CA: Sage, 2009, p.2.

③ [美]凯瑟琳·马歇尔、格雷琴·B. 罗斯曼：《设计质性研究：有效研究计划的全程指导》，何江穗译，重庆大学出版社2015年版，第175页。

④ 焦点团体访谈的一个前提预设是：个体的知识累积基于个体之间的互动交流、交往实践，在人际网络互动中，参与主体的视角通过集体的努力得以拓展并深入更加具象化的知识意象之中，由此改变个体的认知模式和价值评判。参见陈向明《质的研究方法与社会科学研究》，教育科学出版社2000年版，第211—218页。

看、思有机结合起来,触发了笔者的研究灵感。

第五,扎实搜集与本研究相关的文献资料。通过国家图书馆中外文藏馆、中国知网数据库、ProQuest 数据库等资料搜索途径尽广泛"搜罗"相关文献资料。具体而言,有以下几个方面:①相关人民团体的年鉴、工作简报、文件、工作计划、年度总结、内部规章制度、内部调研报告;②与人民团体参与协商民主相关的法律法规、政策文件等;③学术界关于人民团体、协商民主等相关专著、论文等研究文献;④相关人民团体网站的宣传报道、统计数据等;⑤相关学术研讨会关于该研究议题的学者发言录音记录稿。

# 第二章

# 人民团体：中国协商民主体系建构独特的主体结构

协商民主究其实质而言是一种政治治理形态，多元要素、多元主体参与其中并希冀达致、展现自身的独特使命、独特功能：政党基于政治合法性基础资源的开掘和巩固，政府基于行政运行的效能和有效性，人民团体基于所联结的社会群体的团体意志，公民基于个体的独立、自主、平等诸价值的追寻。在协商民主实践中，应发挥多元主体的"协同作用"① 以产生积极的政治效应。在实践中，作为国家治理体系这个"复杂系统"重要一极的人民团体，② 其参与协商民主产生了双重效应：不仅深刻改变了协商民主的结构形态、价值形态、功能形态，而且从外在环境上倒逼、促推人民团体自身的结构性、整体性转型。

## 第一节 人民团体：独具中国特色的社会组织

在皮尔逊看来，现代国家最主要的特征不仅仅体现于其权威的合法性，更重要的是体现在人民治理国家的意志。③ 在现代社会，人民治理国家的意志的呈现形态主要是基于一定的组织及其活动中渗透的价值、视角和取向。组织，既是一种"容器"的样态，也是"容器"中的内容；既

---

① "协同作用"原指两种以上药物共同作用所发生的作用等于或大于各种药物单独运用时作用的总和。参见夏征农、陈至立主编《辞海》（下），上海辞书出版社2010年版，第4370页。
② 中共中央文献研究室：《习近平关于社会主义政治建设论述摘编》，中央文献出版社2017年版，第188—189页。
③ ［英］克里斯多夫·皮尔逊：《论现代国家》，刘国兵译，中国社会科学出版社2017年版，第28页。

是一种结构，又是一个过程；既是对人类行为的制约力量，也是人类行为的必然性结果。在现代经济体系和政治生活中，"大多数主要的行动者是正式的组织"①。可以说，组织既是现代社会最凸显的标识，也是社会良性运行和健康运转的基石，因而，组织为集体行动实践提供了持久的力量支撑和主要的实现形态。②组织的存在，无论在思想层面，还是在制度层面，抑或行动层面，都具有深邃的意涵和深刻的逻辑。③正如英国学者鲍桑葵所言："在精神世界和在物质世界里一样，较高层次的联合就是组织。组织的特点是受一个总计划的控制而不受各部分的并列关系的支配。"④组织，从一定意义上讲是一种控制机制：在分化的利益和弥散的行为中建构个体间有机互动的秩序。⑤

人民团体，作为现代社会语境下的一种组织形态，是个体化公民聚合起来进行集体行动、开展资源动员的有机力量，在国家治理的各层面、多场域、诸环节愈益发挥着积极的效应和广泛的影响，是建构集体认同、集聚社会资源、约束社会失范、增促社会整合的内生性生长机制，因而是协商民主建构与建设的重要资源与力量。

## 一 人民团体：中国语境下的一个独特概念工具

概念的厘定和厘清，是开展任何一项社会科学研究的必备基石和现实前提。不管是进行描述性分析抑或抽象性理论建构，无论是从事学术研究还是政策研究，均离不开对基本概念的准确界定、清晰把握。⑥正如马尔

---

① [美] 詹姆斯·G. 马奇、约翰·P. 奥尔森：《新制度主义：政治生活中的组织因素》，朱德米编译，载何俊志等编译《新制度主义政治学译文精选》，天津人民出版社 2007 年版，第 19 页。

② [美] W. 理查德·斯科特、杰拉尔德·F. 戴维斯：《组织理论：理性、自然与开放系统的视角》，高俊山译，中国人民大学出版社 2011 年版，第 2—3 页。

③ [法] 埃哈尔·费埃德伯格：《权力与规则——组织行动的动力》，张月等译，上海人民出版社 2017 年版，第 2—3 页。

④ [英] 鲍桑葵：《关于国家的哲学理论》，汪淑钧译，商务印书馆 1995 年版，第 172 页。

⑤ [美] 迈克尔·布若威：《制造同意》，李荣荣译，商务印书馆 2008 年版，第 32 页。

⑥ 在加里·戈茨看来，概念涵括对于词语所指涉对象或现象的理论分析和经验分析，因而一个好的概念往往会描绘出在其所指称对象之行为中的内在特质、核心属性。参见 [美] 加里·戈茨《概念界定：关于测量、个案和理论的讨论》，尹继武译，重庆大学出版社 2014 年版，第 3 页。

库塞所言，概念所把握的是决定特殊事物作为具体经验对象而出现的形式、形态的普遍性条件或关系，这对于认识特殊事物具有本质性的意义。① 因而，对本书之"人民团体"概念的厘定，需要从其属性、特性、条件、关系等层面去检视、透视，才能更多维、更立体地品味其内在底蕴和本真意蕴。

人民团体是中国语境下的一个独特概念工具，有以下几个特点：①作为一种组织"枢纽"，联结着社会上各个组织、各类要素、各种资源，受众面大，辐射性广，影响力强；②具有结构性支撑，从顶层中央到基层乡村，从国家到市场，从市场到社会，自上而下、横纵交织建构起点线相串、内外勾连的网络化、层级制的结构体系和反馈、动员、积聚、统合的运行机制；③不仅体现为一种组织化的形态，也刻画着一个特定时代和历史周期的社会治理逻辑以及基于这个逻辑的社会秩序统合模式、聚集范式；④不仅呈现为一种"体制内"的组织架构，也体现着一个社会的意识形态、民情风习、思维范式、精神意涵、生活样态；⑤是具有中国特色的"市民社会"组织形态，位于家庭、市场与国家之间的"中间地带"，与这些机构既相区隔又相联结，潜藏着特定的"抱负"和使命：促推权力的分散化、民主化、拓展化，建构水平式、扁平化、交互性的团结结构，鼓励包容、妥协、容忍，促进理性商略、判断自主，使用和平而非暴力手段，促进社会正义的正当性达成和确证。② 因而，"人民团体"这个概念嵌入了中国独到的价值文化元素与独特的历史运动逻辑，构成了中国语境下公民的一种独有的结社形态。

**（一）人民团体不同于政党组织**

在中国，人民团体一般归属于党群系统，属于党的"外围"组织。然而，人民团体与政党存在本质性界分，主要体现在：①政党以夺取或参与国家政权为根本指向，政治目的性强，人民团体虽有政治属性，但不以夺取国家政权为核心取向，更多关心特定群体的利益预期、偏好影响政府公共决策，是一个"次级"政治行动主体，在政治性上不及政党那般强烈；②与第一条相关，在利益代表的范围、区间方面，人民团体主要代表

---

① ［美］赫伯特·马尔库塞：《单向度的人：发达工业社会意识形态研究》，刘继译，上海译文出版社 2008 年版，第 85 页。

② ［英］保罗·金斯伯格：《民主：危机与新生》，张力译，中国法制出版社 2012 年版，第 50—51 页。

特定社会群体的特定利益，更多代表的是局部的利益、特殊的利益，有一定群体边界性，无论是代表性的强弱还是代表范围的多寡都不及政党。政党尤其是执政党，为了稳固执政、获取民心，其利益代表性所及的范围是整个国家、全体社会成员。③组织纪律的松弛性。政党作为现代社会社会整合的有效载体，对纪律性有其内在的需要和追求，一般一个人只能加入一个政党，不能"脚踏两只船"。人民团体在组织纪律方面相对而言不那么严密、严格、严整，会员身份不具有唯一性，存在复合身份的现实可能，一个人既可以是 A 人民团体的成员，也可以是 B 人民团体的成员，亦可以是 C 人民团体的成员。因而，人民团体不是政党，与政党组织存在较大差异。

### （二）人民团体不同于国家机构

在中国，人民团体的工作人员虽然是适用或参照公务员管理，但与国家行政机构存在差异，① 主要体现在：①人民团体有一定的公共性，但不及国家机构那般强，其公共性程度"共"的成分大于"公"的成分；②人民团体在组织定位上具有一定的复合性，既是管理相关社会群体共同事务的准政府机构，又是受政府管理的非政府组织，存在主客体的交互性。比如，在中国政府机构层面，并没有一个专门从事青少年事务管理的部门，共青团实际上代行了政府青少年事务管理的行政职能。又如，国务院妇儿工委办公室的日常工作主要由全国妇联负责，与此相应，各级政府的妇儿工委办公室也基本设于妇联，妇联事实上充当了政府妇女儿童事务管理的行政职责。② 此外，妇联在不少场合尤其是国际交流场合都声称是中国最大的"妇女非政府组织"，不是政府机构。③ 由此可见，人民团体

---

① 在亚里士多德看来，政治团体就是为求取善业、谋得善果的至高而广涵的社会团体，也就是其所谓的"城邦"。参见［古希腊］亚里士多德《政治学》，吴寿彭译，商务印书馆 1965 年版，第 1 页。我们今天所说的政治团体与亚里士多德语境下的政治团体已不可同日而语。

② 1990 年 2 月，国务院妇女儿童工作协调委员会取代了原有的全国儿童少年工作协调委员会，并于 1993 年 8 月更名为国务院妇女儿童工作委员会，成为国务院负责妇女儿童工作的协调议事机构。

③ 比如，在 1993 年亚太妇女非政府组织论坛上，全国妇联黄启璪副主席首次表明妇联的"非政府组织"身份，1994 年中国政府提交的《贯彻"内罗毕提高妇女地位战略"报告》正式申明全国妇联是中国改善妇女地位的最大的"非政府组织"，1995 年全国妇联以非政府组织名义参加联合国第四次世界妇女大会。参见丁娟《妇女组织与妇女工作研究综述》，载《中国妇女研究年鉴 2001—2005》，社会科学文献出版社 2007 年版，第 240 页。

无论在身份结构上还是功能定位上，都存在复合性的取向：既具有政府性，又具有非政府性。

### （三）人民团体不同于一般性的社会团体

主要体现在：①人民团体的政治性高于一般的社会团体。社会性是社会团体的本质属性，通过自愿性地开展一定的社会服务项目服务社会公众。有的学者指出："今天的美国人仍和托克维尔的时代一样，在不断地成立和改造各类公民社团，其中有大型的、小型的，有不那么认真的，目的各不相同。然而，真正重要之处在于，这些社团都是自愿组成，都致力于更广阔的社会目标。即便是许多专为私人需要而组成的志愿社团，也有重要的社会价值，虽然它们自己可能没有意识到。"① 人民团体虽也具有社会性，但其社会性服从于、服务于政治性，以"讲政治"为存在的首要前提。②与前一条相关，对党政系统的依附性、依从性是人民团体的鲜明表征，其从上至下体现为等级制的官僚型、职能型组织架构。与之相反，自愿性是社会团体的重要表征，会员之间是平等的关系，没有等级隶属的强制性关系，入会自由，退会也自由。

### （四）人民团体不同于压力集团

在多元主义看来，利益集团或压力集团是民主国家中参与政治生活的必要主体。② 在资本主义社会中广泛存在的形色各异的压力集团，与政府存在一定对抗甚至冲突的可能。马克思在《〈政治经济学批判〉序言》中曾指出："资产阶级的生产关系是社会生产过程的最后一个对抗形式，这里所说的对抗，不是指个人的对抗，而是指从个人的社会生活条件中生长出来的对抗。"③ 由此可见，只要私有制这个经济基础没有改变，这种对抗就难以消除。因而，只有在社会主义、共产主义社会，这种消除才有现实的可能。因而，我们要防止形形色色社会组织演变为代表特权阶层、特权人士的"利益集团"。而中国人民团体与政府的关系是合作治理社会，不存在对抗性，在根本利益、价值取向诸方面高度一致、一体。

人民团体是中国语境下的一个独特概念工具，然而，国内学术界关于

---

① ［美］唐·艾伯利主编：《市民社会基础读本——美国市民社会讨论经典文本》，林猛、施雪飞、雷聪译，商务印书馆2012年版，第8页。

② ［美］罗伯特·达尔：《多元主义民主的困境》，周军华译，吉林人民出版社2011年版，第10页。

③ 《马克思恩格斯选集》第2卷，人民出版社2012年版，第3页。

这样一个独特的概念却没有能够有效建构起、支撑起一个独具中国特色的理论构架。一位长期从事共青团理论研究的学者这样指出：

> 被访者 B：如果真的感兴趣，翻翻所谓学者研究的共青团工作理论，基本上没有新的东西、新的理论创新，不少是在"炒冷饭"。现在经常提的是什么？比如，"党有号召团有行动"，团要接受党的领导，这是一条。再比如，围绕中心独立开展活动。又如，服务青年，维权，代表青年利益……改革开放到现在将近 40 年了，共青团在理论建设上很难说有许多新的推进、新的创造。基本上都是在总结做了哪些事，有哪些经验，但是，这些事、这些经验对于共青团的理论发展和理论创新而言有何新的突破，是否已经提炼出来？我看没有。理论没跟上实践发展的步伐。现在有个很大的问题是，上面团委布置什么，下面就跟着布置什么，上下一般粗，基层没有根据当地的具体实际灵活开展有针对性的项目。表面上说得头头是道，但实际上做得怎么样，实际效果怎么样，都没有好好进行评估和反馈。①

## 二 人民团体与群众团体

"工会、共青团、妇联等人民团体"②"工会、共青团、妇联等群团组织"③ 等不尽完全相同的称谓、表述常常见之于公开出版的诸类重要文献之中。有的学者曾对改革开放以来党和国家重要文献、法律法规、组织章程等进行全面梳理，得出了这样一个研究发现：使用"人民团体"这一称谓的最多，达 180 多份；使用"群众团体"和"群众组织"称谓的次之，有 60 多份；使用"群团组织"称谓的最少，不足 10 份。④ 虽然高频度使用"人民团体"这一概念，但却鲜见关于其外延和内涵的明晰界说、定义，因而导致有多种不同维度的解读逻辑。⑤ 主要有以下三种视点：

---

① 对原共青团中央青运史档案馆 L 研究员的访谈记录，访谈笔记 20170623。
② 《十八大以来重要文献选编》（上），中央文献出版社 2014 年版，第 40 页。
③ 《中共中央关于加强和改进党的群团工作的意见》，人民出版社 2015 年版，第 1 页。
④ 胡献忠：《群团逻辑与群改攻坚》，上海社会科学院出版社 2017 年版，第 2—3 页。
⑤ 例如，有的学者梳理了关于人民团体的八种界定方式。参见华世勃《人民团体若干问题的研究》，《学会》2007 年第 1 期。

①群众团体比人民团体的范围广，人民团体附属于群众团体。②人民团体的范围比群众团体的宽泛，群众团体属于人民团体之中。③人民团体等同于群众团体，二者是一样的事物。这些观点见仁见智，其实质性差异在于准确界定人民团体与群众团体的合理边界。厘清人民团体的范围和结构，首先应对群众团体的边界有明确的领解和把握。

**（一）群众团体的边界和基本特征**

1. 准确厘清群众团体的确定边界

时下，不仅很多"圈外"人士对群众团体的边界不甚清楚，而且有的群众团体的"圈内"人士对之也是莫衷一是。概言之，下述两种认知有一定代表性：

维度一：21个

这种视角的基本理由是中组部和人事部于2006年8月联合印发的一份文件，即《工会、共青团、妇联等人民团体和群众团体机关参照〈中华人民共和国公务员法〉管理的意见》所列的名单，共21个。①

维度二：22个

这种视角的出处是中央编办编制的群众团体机关名录，即除了上面21个之外，还包括全国工商联②，缘由是：根据《〈中华人民共和国公务员法〉实施方案》，工商联各级机关适用《公务员法》管理。亦即，上述21家群众团体是"参照"《公务员法》管理，而工商联则"适用"《公务员法》管理。"适用"和"参照"有一定程度的细微差别之处。

那么，这两种观点孰是孰非？笔者认为，有一定可取之处，但不周全。准确而言，是23个：除了第二个维度的22个外，还要再加上全国青联。不少人经常遗漏这个群团的根本缘由是：经常把青联等同

---

① 即中华全国总工会、中国共产主义青年团中央委员会、中华全国妇女联合会、中国文学艺术界联合会、中国作家协会、中国科学技术协会、中华全国归国华侨联合会、中国法学会、中国人民对外友好协会、中华全国新闻工作者协会、中华全国台湾同胞联谊会、中国国际贸易促进委员会、中国残疾人联合会、中国红十字会总会、中国人民外交学会、中国宋庆龄基金会、黄埔军校同学会、欧美同学会、中国思想政治工作研究会、中华职业教育社、中国计划生育协会。

② 参见中央机构编制委员会办公室门户网站（http://www.scopsr.gov.cn/zlzx/jggk/201203/t20120329_57310.html）。

于共青团的一个部门,而事实上,青联是各族、各域、各界、各条战线青年的具有广泛包容性、整合性、吸纳性的爱国统一战线组织。由于其是一个"虚体"的"制度设置"①,不设实体组织机构,没有正式的机构编制,因而不在编办编制的群众团体机关名录之中,并不由编办予以制度化"三定"②。

2. 群众团体的基本特征

这 23 个群众团体作为一种具有中国特色的社会组织形态,有以下三个基本特征:

第一,涵摄面广。可以说,23 个群众团体基本涵盖不同类型、场域、领域、行业、职业的社会群体,广泛代表不同年龄段、阶层、性别、社群、族群的群众,具有充分的受众性、广博的涉及面、强大的伸延性、相对的居中性、足够的群体性。

第二,品类多样。这 23 个群众团体都具有政治属性与社会属性这双重属性,但这两个属性的强度、效度、浓度不尽相同。基于政治属性与社会属性的程度高低,大致可把其划分为四大象限类型:①社会属性高、政治属性高的群众团体,如工会、共青团、妇联等;②政治属性高、社会属性低的群众团体,如思想政治工作研究会、黄埔军校同学会等;③政治属性低、社会属性低的群众团体,如欧美同学会、中华职业教育社等;④政治属性低、社会属性高的群众团体,如红十字会、残联等。这四种象限类型的群众团体不仅动力结构、功能形态、运行逻辑结构、合法性结构诸方面不一,而且在目标取向、价值旨归、内在使命、行动效应等面向也存在一定差别。

表 2-1　　　　　　　　中国群众团体的主要类型

| 象限 | 特征 | 群团组织 |
| --- | --- | --- |
| 一 | 高社会属性、高政治属性 | 工会、共青团、妇联等 |
| 二 | 低社会属性、高政治属性 | 黄埔军校同学会、思想政治工作研究会等 |
| 三 | 低政治属性、低社会属性 | 欧美同学会、中华职业教育社等 |

---

① 全国青联主席一般由共青团中央书记处常务书记兼任,秘书长一般由共青团中央统战部部长兼任。

② 即"定机构、定职责、定编制"。

续表

| 象限 | 特征 | 群团组织 |
| --- | --- | --- |
| 四 | 低政治属性、高社会属性 | 红十字会、残联、计生协会等 |

由于不同类型的群众团体具有不同的特点，因而要根据自身的特点创造性开展工作、服务群众，不可千篇一律、千人一面。① 不同类型的群众团体，应基于其不同的特点有的放矢地供给载体、搭建平台，使开展的群众工作充满活力、契合所联系群体的特定和特殊需求。②

第三，与中国共产党无论是历史渊源还是现实联系都比较密切，可以说是一种"强内生"关系，集中表现为：党在其自身的生成、建构过程中一并缔造了这些组织并把这些组织有机"嵌合"进其组织网络体系之中，使这些组织成为党与社会无缝"连接"的中介性"界面"。亨廷顿曾告诫道："如果一个政党变成某单一社会势力的传声筒，那它就会失去自己的旗帜而沦落为该社会集团的工具。"③ 作为一个当今世界上最大且能力最强的执政党，中国共产党通过群众团体这些横纵交错、上下贯通的社会化网络敏锐洞悉社会态势、情势，深刻洞察多维化的社会需求结构及其变迁动向、趋向，这对于增强党的执政合法性基础和拓展党的执政正当性资源均具有战略性价值。④

---

① 比如，青年有别于少年和中年，在生理、心理、利益和要求等方面都有自身的特点。因此，共青团开展工作应适合、契合青年的特点，应代表和维护青年的具体的、具象化的利益。共青团只有正确地表达青年的意愿，才能密切地联系青年；只有全面地关心青年，才能更有效地发挥党和政府联系青年的桥梁作用。参见习近平《摆脱贫困》，福建人民出版社1992年版，第145—146页。

② 2004年3月31日，习近平在共青团浙江省委机关调研时就形象生动地指出，共青团员的特点是敏锐、活泼、忠诚，善于学习，活跃、积极向上，生机勃勃，对祖国、对人民刚直热爱。现在共青团组织要克服机关化、官僚化倾向，不能没有共青团的特点，死气沉沉。参见习近平《干在实处 走在前列》，中共中央党校出版社2013年版，第410—411页。

③ [美]塞缪尔·P.亨廷顿：《变化社会中的政治秩序》，王冠华、刘为等译，上海人民出版社2008年版，第342页。

④ 因而，习近平在多个场合反复强调，党的群团工作是党通过群团组织开展的群众工作，是党组织动员广大人民群众为完成党的中心任务而奋斗的重要工作。参见《习近平谈治国理政》（第二卷），外文出版社2017年版，第306—307页。

## （二）"群众团体"并非都是"人民团体"，但"人民团体"都属于"群众团体"

基于全面研习、梳理党和国家重要文献的基础上可以得出这样一个结论：人民团体的外延小于群众团体，涵括面更窄，范围更小，亦即"人民团体"≤"群众团体"。

从一般意义上说，"人民团体"这个概念有较重的政治意涵，一般指的是参加政协的"八大金刚"。这八大人民团体，通过政协形成制度化的参与国家政治生活、影响公共决策过程、动员社会资源的发展形态。而群众团体除此之外，还包括其余的15个。

当下，全国性的群众团体共23个，可提炼成"8+15"的框架结构："8"指的是参加列为政协固定界别的工青妇等八个人民团体，① "15"指的是经国务院批准免于登记的15个群众团体（具体参见表2-2）。这15个群众团体，具体可以细化为"14+1"的结构："14"指的是免于社团登记的14个群团组织，② "1"指的是计划生育协会。③ 可以看出，文联、作协、记协等14个群团组织以及计划生育协会这15个机构依据《社会团体登记管理条例》第3条规定属于"免于登记的社会团体"。由此可见，"人民团体"都是"群众团体"，而"群众团体"不一定都是"人民团体"。④

---

① 从2003年第十届全国政协开始，八大人民团体构成全国政协的固定界别。在地方，也参照全国政协的界别予以设置。因而，这八大人民团体成为政协的固定化的重要界别。

② 根据民政部《关于对部分团体免予社团登记有关问题的通知》和《关于对部分社团免予社团登记的通知》，我国免予登记的社会团体一共有25个，即包括文联、作协、记协等14个群团组织和中国文联所属的11个文艺家协会。这14个群团组织免于社团注册登记。

③ 中国计划生育协会2006年以前属于社会团体行列，2006年进入群众团体序列。2015年9月10日，民政部专门下发《关于中国计划生育协会免予社团登记的通知》：中国计划生育协会可以免予社团登记，已经领取的社会团体法人证书和已刻制的印章等应退回。参见民政部门户网站（http://xxgk.mca.gov.cn/gips/n1360/66275.html）。

④ 2015年1月8日中共中央印发的《关于加强和改进党的群团工作的意见》中的提法可验证这一判断，该意见专门提到，"群团组织特别是人民团体是广大群众依法、有序、广泛参与管理国家事务和社会事务、管理经济和文化事业的重要渠道。各级党委要重视发挥群团组织在社会主义民主中的作用，更好保证人民当家作主"。"特别是"三个字，彰显了人民团体之与群众团体的从属关系。参见中共中央文献研究室编《十八大以来重要文献选编》（中），中央文献出版社2016年版，第312页。

表 2-2　　　　　　　群众团体的"8+15"框架结构体系

| 8 | 工会、共青团、妇联、科协、侨联、台联、青联、工商联 |
|---|---|
| 15 | 作协、文联、新闻工作者协会、对外友好协会、外交学会、贸促会、残联、宋庆龄基金会、法学会、红十字会、思想政治工作研究会、欧美同学会、黄埔军校同学会、职业教育社、计划生育协会① |

八家人民团体与其他 15 个群众团体相比，可以发现，有如下一些特征：成立时间较早，历史较悠久，组织网络完备，会员人数甚众，基层基础扎实，联系面宽广，社会根基深。因而，八大人民团体在现代国家治理结构中有特殊且重要的作用，不可小觑、轻视，其在社会主义协商民主建构中的独特价值更应得到重视和大力开掘。②

## 三　人民团体的主要类型

作为党和政府动员、吸纳、积聚、整合各类社会力量的重要组织结构，人民团体具有特殊重要的政治地位和社会地位。八大人民团体，虽同属于政协重要界别，但因其历史生长逻辑、联结的群体结构、功能取向、

---

① 值得注意的是，调研中我们发现有的人容易误把计划生育协会视为一般的社会团体。中国计划生育协会成立于 1980 年 5 月 29 日，当初的成立从某种意义上说是为了适应国际合作的需要。曾任中国计划生育协会常务副会长的周伯萍在其《我在中国计生协工作的五年半》一书中曾这样讲述，在中国计划生育协会成立以前，"国际计划生育联合会和日本家族计划国际协力财团派人来与我们联系，希望建立合作关系，向我们提供援助。它们都是民间组织，同政府打交道不大方便，要求与非政府组织合作。国家计划生育委员会是政府机构，所以要用协会的名义。计生委和计生协实际上是一个机构，两块牌子。"（参见周伯萍《我在中国计生协工作的五年半》，中国人口出版社 2005 年版，第 48—49 页）可以说，当初成立时，计划生育协会是一个官办型社团。但是，鉴于其工作的特殊重要价值，中央编办于 2006 年 7 月下发的中央编办复字 [2006] 86 号文件将中国计划生育协会列入群众团体序列。中组部、人事部于 2006 年 8 月下发的组通字 [2006] 28 号文件将中国计划生育协会列入参照《中华人民共和国公务员法》管理范围。自此，计划生育协会正式成为群众团体的一员。

② 值得指出的是，在中国台湾地区，也使用"人民团体"这个概念，主要包括职业团体、社会团体和政治团体三大类。职业团体指的是以协调同业关系、增进共同利益、促进社会经济建设为目的，由同一行业的单位、团体或同一职业的从业人员组成的团体。社会团体指的是以推展文化、学术、医疗、卫生、宗教、慈善、体育、联谊、社会服务或其他以公益为目的，由个人或团体组成的团体。政治团体指的是以共同民主政治理念协助形成国民政治意志、促进国民政治参与为目的，由公民组成的团体。截至 2013 年年底，整个中国台湾地区共有职业团体 526 个，社会团体 11750 个，政治团体 291 个。

治理结构、运行逻辑诸方面的差异，彼此间存有一定程度的区别，主要体现在：①从创立的时间维度看，有的诞育于民主革命时期，如工会、共青团和妇联，有的创立于新中国成立初期，如工商联、侨联、青联、科协等，有的成长于改革开放时期，如台联；②从联结的群体结构看，工会以"以工资收入为主要生活来源的体力劳动者和脑力劳动者"为主要联系群体，共青团以青年为联结对象，妇联以各族各界妇女为服务群体，科协以科技工作者为服务对象，侨联以归侨、侨眷、海外侨胞为联系对象，台联以台湾各族同胞为服务对象，青联以各族各界青年为联结对象，工商联以非公企业和非公经济人士为服务对象；①③从适用的编制结构看，有适用公务员编制、参照公务员编制和无编制三种类型。

在霍布斯看来，政治团体的种类多种多样，用"无穷无尽"四个字予以形容也不为过，因为"这些团体不但是由于事务各不相同而有区别，这里面已经是种类繁杂，不胜枚举"②。在中国，政治团体的创立与发展更多是政治制度安排使然，种类、品类不像西方国家那样多样、多元。当前，学术界对中国人民团体的发展特征以及未来的发展趋向作了一些初步探讨，但对其主要类型的划分还鲜见有明确的判准和理据。基于其活动的"场域"及所追求的核心价值目标，可以把人民团体划分为经济利益型、政治使命型和社会服务型三大品类。③

**（一）经济利益型人民团体**

寻求和增进一定的经济利益是人们建构和型构一定的人民团体的内在深层动因。一方面，在现代社会，物质利益是把"人和社会连接起来的唯一纽带"④，使人与人之间的交往和互动有了必要的正向动力支撑。另一方面，"利益冲突是现代历史的动力"⑤，当人们之间的利益之间出现张力时，需要有一定的协商平台和协调机制。因而，从这个角度看，随着经济结构的变迁以及随之而来的利益结构和社会群体结构的分化，人民团体

---

① 韩晋芳：《人民团体之比较——以政协组成单位的人民团体为例》，《科协论坛》2015年第2期。

② ［英］霍布斯：《利维坦》，黎思复、黎廷弼译，商务印书馆1985年版，第178页。

③ 梁丽萍：《政治社团的发展与社会主义民主政治建设》，中央编译出版社2015年版，第36—37页。

④ 《马克思恩格斯全集》第1卷，人民出版社1956年版，第439页。

⑤ 《马克思恩格斯选集》第4卷，人民出版社2012年版，第256页。

的利益代表功能将不断凸显其独特价值与功能。尤其是，经济利益型人民团体的存在基于协调所联结群体的物质利益层面的矛盾和问题，以利益协调和适度平衡为取向，以协商、谈判等平和方式为主导机制，比如工会和工商联。诚如李普塞特所言，如果工会不保护工人的合法经济利益的话，那么，它就丧失存在的现实价值和应有功能。① 经济利益型人民团体的生成，基于人们追求一定利益的现实需要，其在现实运行过程中必将为满足经济利益诉求、平衡利益冲突、增进利益"相容性"而不懈发展，这反过来会促使更多的公众、群体加入其中。

## （二）政治使命型人民团体

人民团体与其他一般社会组织的差别主要在于政治性。然而，不同品类的人民团体，其政治性的程度高低不尽完全相同。政治使命型人民团体的主要特征是，政治取向明确，组织纪律严格，组织成员共享共同的价值理想、集体行动、政治观点，对相关领域的社团有较强的政治整合能力。政治使命型人民团体的存在，以为执政党厚植执政骨干后备力量、确保执政团队永葆旺盛生机活力为目标取向，是执政党充实和优化执政的社会基础、群众基础的重要"介体"。比如，中国共青团的前身——中国社会主义青年团于1922年5月在广州正式成立，距今已有96年的"生命历程"。在这96年的"生命历程"中，经历了2次成立、2次改名、1次改造。② "文化大革命"期间，共青团的整个组织体系遭受重创，组织工作处于停顿状态。1978年10月共青团十大的召开，标志着共青团组织建制、组织结构和组织运行的全面恢复。③ 截至2017年年底，全国共有357.9万个基层团组织，吸纳8124.6万个先进的中国青年，是中国青年实现组织化的最大的载体、形态。④ 在历史实践中，中国共产党赋予共青团"助手和后

---

① ［美］李普塞特：《政治人——政治的社会基础》，聂蓉译，商务印书馆1993年版，第326页。

② 即1922年5月中国社会主义青年团的成立以及1949年4月中国新民主主义青年团的成立，1925年1月中国社会主义青年团第三次全国代表大会把"中国社会主义青年团"更名为"中国共产主义青年团"以及1957年5月中国新民主主义青年团第三次全国代表大会把"中国新民主主义青年团"更名为"中国共产主义青年团"，1935年11月中共中央把中国共青团改造成为具有民族解放性质和具有广泛统一战线性质的抗日救国青年团体。

③ 中央机构编制委员会办公室一司：《19个社团组织机构》，华夏出版社1996年版，第43—44页。

④ 李立红：《全国共青团员8124.6万》，《中国青年报》2018年5月31日第1版。

备军"的价值定位,这是共青团区别于其他人民团体独具、独有、独特的政治特质。①

**(三)社会服务型人民团体**

劳动分工程度的细化、社会分化程度的深化以及由此带来的社会个体"原子化"进程的扩展、拓展是现代社会区别于传统社会的重要体现。传统社会形态下同质化的共同体在现代化过程中面临分化、差异化、个别化、个性化等异质化的演展趋向。因而,如何在分化中实现整合,在异质化中推进同质化,在个别化中进行组织化,成为现代社会体系建构的一个基本问题。其中,一个有力的抓手是通过供给社会服务进而进行有效引导和控制。社会服务型人民团体,比如妇联、科协、侨联、台联等,为各族各界妇女群体、科技工作者群体、归侨侨眷群体、台湾同胞群体等供给社会化、人性化、人文化的社会服务进而凝聚起这些社会群体对党和国家的政治认同、社会认同。

本书第三章将以这种类型划分为依据,择取经济利益型的工会、政治使命型的共青团和社会服务型的妇联为例,分析人民团体参与协商民主的实践机制、运动逻辑、运行特征以及所呈现的行动规律、功能结构及其限度。

## 第二节 协商民主:中国社会主义民主的特有形式

协商民主有何特性、存在何种发展结构、有何外在表现形态,这是一个无法绕过的关于其总体判断的基本命题。对这个命题的充分阐释,核心是探讨以下两大议题:民主协商与协商民主的区别与关联、协商民主与选举民主的内在逻辑。并在此基础上得出这样一个结论:协商民主是基于中国自身逻辑生长起来的民主形态,是作为整体性存在形态的制度体系。

### 一 民主协商与协商民主

查询《辞海》发现,"协商"一词最早见之于《清史稿·高宗纪

---

① 共青团中央编:《中国共青团年鉴2013》,中国青年出版社2014年版,第36页。

二》。在汉语中，协商一般指"共同商量以便取得一致意见"①。主要有两个基本要义：一是在相互对话、讨论、商量过程中沟通不同观点；二是商量、沟通的根本取向在于凝聚共识、增进共同意志。换言之，商量仅是一种手段，获取差异基础上的共识、找寻"最大公约数"才是方向。在英语词典中，没有"deliberative"这个单词，与之相近的是"deliberate"（动词或形容词）或"deliberation"（名词）。以"deliberation"为例，对之的解释是"the process of carefully considering or discussing sth"，意即慎思、认真讨论、商议。②

从历史的演展逻辑来看，协商与民主同样悠远，但两者在历史起源上并非天然就连在一起。换言之，民主与协商的连接可以生成两个新概念：协商民主与民主协商。协商民主，意指平等的公民之间基于公共理性的原则在社会公共空间公开讨论、对话和理性商略共同关注的议题，从而增进公共决策的合法性基础和正当性基础，使得公共政策的施行能够得到大多数人的认肯和响应。③ 民主协商，意指协商过程的方式是民主而非专制、专断甚至独裁，注重工具理性而非目的理性。概言之，"协商民主"和"民主协商"的差异主要表现为：

### （一）对应物、参照物有所差别

"民主协商"相对于"非民主协商"或"不对等协商"，强调协商这个过程要秉持平等、公开的原则：①从参与的主体维度看，要有多元主体的共同参与，而非单一主体的人为建构，换言之，机会公平可及——利益攸关方均有同等的、同样的参与协商的权利和机会；②从参与的过程来看，协商沟通的过程是发扬民主、集思广益、化异求同的过程，不能因经济惯习的不平等、权力地位的不对等、文化素养的不等同而排斥利益相关方的实质性参与权利和参与能力，否则，协商民主的正当性基础就会大打折扣。

---

① 《清史稿·高宗纪二》记载道："丁亥，命班第赴金川军营协商军务。"参见夏征农、陈至立主编《辞海》（下），上海辞书出版社 2010 年版，第 4370 页。

② ［英］霍恩比：《牛津高阶英汉双解词典》（第七版），王玉章等译，商务印书馆 2010 年版，第 527 页。

③ ［美］埃米·古特曼、丹尼斯·汤普森：《审译民主意味着什么?》，谈火生译，载谈火生主编《审议民主》，江苏人民出版社 2007 年版，第 16—19 页。

"协商民主"则与"选举民主"相对应。在以熊彼特①等为代表的西方主流民主理论看来,选举是民主的核心"指标",有无竞争性选举、是否定期举行选举成为测度民主与否以及民主化程度的关键性标尺。② 然而,由于选举民主重形式轻内容,重投票时期的承诺轻平常时期的扎实作为,一旦选举成功即忘乎选民的需求及当初的诺言,致使公民权利的"有效期""保质期"仅限于选举期间。为了矫正选举民主的内在局限、矫正选举民主的行动偏差,协商民主在 20 世纪后期逐渐风靡西方,期冀复兴古典的协商要素以激发公民的民主热情。③

### (二) 立足的基点、关注的侧重面向有所差异

在马克思主义看来,民主属于上层建筑,从根本上说决定于社会的经济关系和经济结构,同时受到一定社会的文化体系、价值体系、符号体系的影响,其呈现方式一定是多种多样的。④ 协商民主只是民主的一种表现形态,突出彰显的是协商过程、协商机制、协商程序、协商价值、协商文化等在民主生活中的分量和作用,从而使协商这个资源在民主生活中得以有效开发、开掘。现代所谓的"协商",并非古典语境下公民之间的私下商略,而要彰显现代社会所需的公共理性。在博曼看来,协商是只有通过公共对话才能进行的特定社会活动,有不同于一般对话的标准、准则。这种所谓的"公共对话",不但意味着受益者不被限制,而且意味着协商的联合性活动必须组织起来使得所有公民都能参与进来,并在参与中检验和

---

① 英国研究民主理论的学者赫尔德曾说:"他的经典性著作《资本主义、社会主义和民主主义》,对于战后民主理论的发展产生了特殊的影响(虽然他自己的主要学科是经济学,但是该著作对于经济学的影响并不引人注目)。后来,熊彼特关于政治领袖和选民如何行动并相互影响的学说,成为许多社会科学家力图探讨和阐述的内容。"参见[英]赫尔德《民主的模式》,燕继荣等译,中央编译出版社 1998 年版,第 224 页。

② 熊彼特否定以"人民的统治"为基础的古典民主理论进而提出竞争性选举的民主理论,从一个侧面预示着民主理论的阶段性转型,即从规范性的古典民主理论转向实证性的现代民主理论,这对当代民主理论的发展产生了深刻影响。

③ 德雷泽克指出:"现在,人们更多地认为,民主的本质是协商,而不是投票、利益聚合与宪法权利,甚或自治。民主走向协商,表明人们在持续关注着民主的真实性。"参见[澳]约翰·S. 德雷泽克《协商民主及其超越:自由与批判的视角》,丁开杰等译,中央编译出版社 2006 年版,第 1 页。

④ 比如,基于不同的划分标准,可把民主的形式分为参与民主、投票民主、精英民主、多元民主、自由民主、代议民主、直接民主、间接民主等。

保持公共性这一协商的根本表征。① 也就是说，在协商民主这种民主形态中，协商具有一定的公共属性，并非私人个体间的日常沟通，秉承的不是私人理性而是公共理性，追求的是公共利益最大化而非个体私益最大化。这种公共性的基本要求是：善于倾听"他者"的声音和诉求，具有批判精神和反思意识，能够为了公共利益提出建设性创见。正是这种公共性的秉承，才使得民主的现代价值与现代精神得以充分、深度彰显。

"民主协商"突出协商的过程是发扬民主、彰显民主的过程。换言之，人民群众是协商的真正主体，因而强调协商过程中的多元主体参与、多样价值交流、多种诉求表达、多维取向交锋。在这个过程中，公共理性得以贯彻，公共利益得以实现，公共价值得以建构，公共偏好得以形塑。

综上所述，从概念的外延来看，"民主协商"＜"协商民主"。但是，这两个概念也具有一定的联结和"交集"：协商民主是一个整体性的制度体系建构，民主协商是其中的一个必要要素、必备环节，因而缺乏民主协商的协商民主必将是不完整的民主形态。② 这将不难理解，缘何西方国家会在选举民主发展的高峰期过后走下坡路之时反思这种民主形态的不足和缺陷，进而希冀用协商激活民主的活力"基因"。

## 二 协商民主与选举民主

西方的竞争性选举民主存在着不少致命性的缺陷，主要表现在：资本对选举过程和选举结果的操纵致使选出来的人实质上是特定资本集团的"代理人"，所谓的选举只是资本家的游戏而已。现代民主发展的历史与逻辑表明，民主并非只是竞争性的选举这种形式，其实践机制、行动样态和实现方式可以多种多样。更关键的是，要关注民主的实质及其内容，不能为了形式而形式，否则就是舍本逐末。实践表明，通过多方理性协商、反复互动吸纳各方的利益诉求，能够有效论证公共政策的合法性和正当性，不仅能凝聚共识，而且有助于政策的顺利推行。古特曼和汤普森认为，所谓协商民主，意即自由平等的公民（及其代表们）提出相互能够

---

① ［美］詹姆斯·博曼：《公共协商：多元主义、复杂性与民主》，黄相怀译，中央编译出版社2006年版，第29—30页。

② 卡蓝默一针见血地指出，在代议民主制下，民主虽"高奏凯歌"但却是"破碎的民主"。参见［法］皮埃尔·卡蓝默《破碎的民主：试论治理的革命》，高凌翰译，生活·读书·新知三联书店2005年版，第2页。

接受且普遍可以相信的理由来为各种决定辩护，其目的在于达成对当前全体公民具有约束力、但未来仍可接受挑战的各种结论。① 所以，要准确厘清协商民主之意涵，需要对选举民主与其的差异性和一致性有清醒的认知。在现代社会，协商民主与选举民主既有不同，也有共通之处，存在一定的"交汇"。

### （一）协商民主与选举民主存在一定的界分

就二者之间的不同来说，大致有如下5点：

其一，选举民主主要关注权力的合法性来源——"授权"问题，协商民主侧重的是权力的实际运行的界限——"限权"问题，② 两者位处民主过程的不同环节、层面、向度、方位、领域，缺一不可，不可偏废。一般而言，协商民主理论家关注的是最后决策行为之前的正式或非正式的协商过程，而非单纯聚焦于投票者偏好的加总、聚合过程。对于他们而言，民主的合法性并不单单来源于投票行为，更重要的是，来源于导致投票行为的更广泛的过程之中。③ 在哈贝马斯看来，民主的合法性来源不是选举，而是平等自由的利益相关方之间基于理性商讨和充分论辩所达成的共识。④

其二，从代表性维度看，选举民主更多是经济精英、权力精英、文化精英的"政治游戏"，协商民主关怀的则是"草根"百姓、普罗大众与国家之间的交往和利益互动。协商民主被哈贝马斯视作超越自由主义民主和共和主义民主的第三种民主范式。在他看来，普通公民与公共政治的关系既非自由主义民主视域下的原子化个体的消极性存在，亦非共和主义民主视角下的一体化的整体性存在，而是一种沟通性、交往性存在形态。这种交互性的存在形态，使民主由精英的主宰复归至大众民主的轨道。⑤

---

① ［美］埃米·古特曼、丹尼斯·汤普森：《审议民主》，谈火生译，载谈火生主编《审议民主》，江苏人民出版社2007年版，第7页。

② 即要有一系列的制度、程序、机制来限制选举出来的官员的权力之行使，以确保权力取之于民，用之于民。

③ Kenneth Baynes, "Deliberative Democracy and Public Reason", *Veritas*, Vol. 55, No. 1, Jan./Abr. 2010, pp. 135-163.

④ 哈贝马斯对协商民主理论的开创性贡献在于通过将卢梭的"公意"概念程序化，修改了18世纪以来所公认的民主的合法性基础是选举这一传统视点。

⑤ 史春玉：《协商民主的边界》，《国外理论动态》2016年第4期。

其三，选举民主假设选民的偏好是不可改变的，因而更多注重的是偏好的聚合和"加总"，协商民主假设公民的偏好通过协商可以实现转换，因而注重偏好的个性化表达。协商民主的一个典型表征是，协商可激发公民个体的反思性，使得个体的理念、利益能被他者提供的有说服力的论据所折服和改变。① 所以，参与协商民主过程的个体会不知不觉转变其原初的预期与态度。这是协商民主理论与理性选择理论之前提预设的最大差异，因为理性选择理论假定个人偏好的恒定不变。②

其四，选举民主关注大多数人的意见，容易形成托克维尔所谓的"多数人的暴政"③，而协商民主既关注多数人的意志亦关怀少数人的偏好。"阿罗不可能定理"揭示出这样一条真理：要从总体上设计一个既不会导致专断又能避免某些人通过操纵投票来达到自己想要的选举结果的投票系统或集体选择机制是不可能的。④ 选举民主的局限性，为协商民主的"出场"提供了机会空间。

其五，选举民主的逻辑路线是"选人→选政策"，"人民"缩小为"选民"，"民主"则异化为"选主"，民主完成了从"由人民统治"到"人民选举统治者"的转向。⑤ 这样，民主政治往往"异化"为赫尔德所谓的"既少见识又不明智的民众的统治"⑥。而协商民主的逻辑路线是"选政策→选人执行"，通过协商的过程优化公共决策结构和机制，使民主的合法性来源和基础发生深刻变化。

(二) 协商民主与选举民主亦有耦合之处

协商民主与选举民主既有界分，亦有联结。中国政府于 2007 年的

---

① [德] 罗伯特·阿列克西：《法理性商谈：法哲学研究》，朱光、雷磊译，中国法制出版社 2011 年版，第 104 页。

② [澳] 约翰·S. 德雷泽克：《协商民主及其超越：自由与批判的视角》，丁开杰等译，中央编译出版社 2006 年版，第 24—25、33 页。

③ 这个概念是托克维尔基于法国大革命的教训建构的一个概念。在法国大革命时期，雅各宾派曾以大多数人民的名义行使不受制约的无限化权力施行恐怖统治。

④ [澳] 约翰·S. 德雷泽克：《协商民主及其超越：自由与批判的视角》，丁开杰等译，中央编译出版社 2006 年版，第 27—28 页。

⑤ 王绍光：《民主四讲》，生活·读书·三联书店 2008 年版，第 45 页。

⑥ [美] 戴维·赫尔德：《民主的模式》，燕继荣译，中央编译出版社 1998 年版，第 266 页。

白皮书正式提出这两种民主表现形式在中国的适用性和发展空间。① 因此，在中国，协商民主与选举民主既非截然对立，也非毫无瓜葛，而是同台"唱戏"、合奏"交响乐"。就两者的一致性来看，大致有如下两点：

其一，两者都是提取、汲取"公意"的重要路径。② "公意"的生成，既可以通过选举聚合偏好，也可以通过协商转换偏好。无论是聚合偏好抑或转换偏好，都是"公意"提炼的可能性建构路径。在现实政治生活实践中，出现循环投票及与之相关的不稳定性甚至专断，主要原因在于把理应从多维度、立体化考虑的事项合成了单一化、简约化的投票行为，而协商则可以使各参与方意识到所讨论事情的各个维度。

其二，相互"嵌入"。协商民主并非包治百病的"万能药"，当协商失效、失灵甚至失败之时，可通过选举这种形式凝聚一定的共识。即使经过充分的协商、谈判，旨在达成共识的努力在理想的情势下也可能无果而终，必要时仍需诉诸票决。然而，在此情势下的票决结果与没有经过这个协商过程的票决结果会有所差别，因为利益相关方试图支撑说服他者的理据会使某些人的偏好、取向在一定程度上发生转换。③ 同时，选举民主过程诸环节亦可增添协商的成分，给公民更多理性思考的空间和商量的余地，从而使选民对候选人有更多的了解和考察。

---

① 2007年11月15日，国务院新闻办公室发表《中国的政党制度》白皮书，首次在政府官方文件中正式提出与"选举民主"相对应的"协商民主"这个概念，明确指出：选举民主与协商民主相结合，是中国社会主义民主的一大特点……选举民主与协商民主相结合，拓展了社会主义民主的深度和广度。参见国务院新闻办公室《中国的政党制度》白皮书，《人民日报》2007年11月16日第15版。

② 夏皮罗认为，一系列关于理性（rationality）的辩论构成有关民主的规范性研究文献的基础。这些辩论主要围绕这个核心问题展开：民意（will of people）或共同善等经典民主的概念是否具有某种连贯性。那种认为民主实际上或应趋向于产生一种符合理性的共同善的思想源自卢梭的《社会契约论》。他在此书提出以下公式：从"个人愿望的总和"开始，扣除"相互抵消的正负数"，得到的"差额的总和"就是"公意"。围绕着理解这一公式的研究，产生了两类文献：一类是聚合式民主的文献，致力于发现应该如何做相关的运算；另一类是协商式民主的文献，涌现的部分原因出于难以忍受聚合式民主文献的做法。参见［美］伊恩·夏皮罗《民主理论的现状》，王军译，中国人民大学出版社2013年版，第11页。

③ ［加拿大］弗兰克·坎宁安：《民主理论导论》，谈火生等译，吉林出版集团有限责任公司2010年版，第216页。

上述分析表明，协商民主与选举民主既有差别的界分，亦有相容的境遇。差别意味着两者属于民主政治过程的不同环节、步骤，相容意味着两者可以兼容互补、良性互动。高岸为谷，深谷为陵。因而，协商民主与选举民主既非"水火不容"，不能把两者片面对立起来，而应从辩证的视角分析两者的结合点、平衡点、均衡点：既不能以选举民主遮蔽协商民主而使选举流于具象形式、丧失民主的实质性内核，亦不能以协商民主掩盖选举民主而招致公共权力的来源、运行出现代表性困境。① 更重要的是，中国以"协商民主+选举民主"的有机复合推进社会主义民主化进程，真正找到了撬动中国民主化内生发展的"阿基米德支点"，为充分保障人民民主这个民主的根本实质作出了独有的独特贡献、供给了独到的智慧。

### 三 协商民主：基于中国自身逻辑生长起来的民主形态

民主，可对国家的"暴力"倾向和官僚化过程产生一定程度的制约作用。正是这种作用，民主使政治活动的生命力得以保续，使政治制度的弹性得以增强。从这个意义上看，民主的深入发展意味着国家治理能力的提升。② 然而，民主的建构路径和行动逻辑在不同的时间、不同的空间、不同的条件有不同的实现形态，不能削足适履一味迎合西方国家的发展逻辑。正如威亚尔达所言："美国和发展主义的政策主张都难以正确解答第三世界所面临的那些问题。事实上，他们的答案往往是错误并且具有破坏性。"③ 对于民主的发展政策而言，应该坚持走中国自己的路径。

> 被访者 C：尽管我们提出协商民主这个概念得益于西方学者的研

---

① 正如习近平总书记所深刻强调的："在中国，这两种民主形式不是相互替代、相互否定的，而是相互补充、相得益彰的，共同构成了中国社会主义民主政治的制度特点和优势。"参见中共中央文献研究室编《十八大以来重要文献选编》（中），中央文献出版社 2016 年版，第 74 页。

② [美] 麦金尼斯：《多中心治道与发展》，毛寿龙等译，上海三联书店 2000 年版，第 229 页。

③ [美] 霍华德·威亚尔达：《新兴国家的政治发展——第三世界还存在吗?》，刘青、牛可译，北京大学出版社 2005 年版，第 52 页。

究,比如哈贝马斯、罗尔斯等这些著名学者,但是,别忘了,中国协商民主实践远远早于国外,只不过我们对之的认识不够、总结不够罢了。国外的协商民主理论,只是给我们提供了理论参考,我们不能削足适履、一味照搬西方理论解读我国的鲜活实践。这个问题必须十分清醒!①

作为一种新型理论形态,协商民主滥觞于20世纪80年代西方一些国家对选举民主的批判和反思,但作为一种政治行动样态,却很早在中华大地孕育、成长。协商民主的中国逻辑可以从两个维度来具体分析。

### (一) 文化"基因"的秉承和传扬

历史实践表明,"和谐""和合""海纳百川"等中华传统文化是协商民主内蕴的价值支撑和理念基础。比如,提倡和睦相处、共生共融、协和万邦、"和为贵""忠恕仁和""合群睦众",强调化异聚同、增同减异,主张多中求一、在差异中建构共识、在分化中促推整合,这些都是现代协商民主所倡导的基本价值和根本原则。②正是这些传统文化的熏染和浸淫,才使得协商民主能够真正在中国大地生根生发、开花结果、枝繁叶茂,才能在不同"时空隧道"中落地落实。质言之,中华传统文化蕴含的核心价值深深嵌套于协商民主的取向与价值,是协商民主得以在中国有机成长并有效运行的历史资源和内在依据。

### (二) 中国共产党政治实践的"锻造"

从"大历史"的视野看,虽然在中国封建时代曾有过"廷议""朝议""谏议"等制度设计和具象程序听取各方声音、吸收不同意见,然而,究其实质而言,充其量只是一种形式化的协商样式,不是现代意义上的协商民主。其根本症结在于:虽有协商,但无民主。协商民主有两个前提性要素:一是协商主体之间地位是平等的,二是整个协商过程需要强制性、程序性的刚性制度安排。很显然,朝议、谏议、廷议等制度与其说是协商民主,毋宁说是咨询民主,从本质上说还是人治。真正具备协商民主

---

① 对某长期从事协商民主理论研究工作者的访谈记录,访谈笔记20170605。
② 中共中央宣传部:《习近平新时代中国特色社会主义思想三十讲》,学习出版社2018年版,第173页。

"雏形"的是在陕甘宁边区建构并施行的"三三制"民主形态。① 所以，从这个维度看，协商民主是基于中国土壤生长起来的伟大政治创造物。中国的协商民主与西方的协商民主具有本质性界分，主要体现在两个方面：一方面，诞育方式不同，中国以政党为"主角"，在政权组织及其运行层面展开，而西方以公民为"主角"，在公共领域层面展开；另一方面，取向不同，中国的协商民主建构基于民主能适应并扎根中国社会，而西方则是为了救治现代民主的票决式"病症"而使民主更加名副其实。② 因而，基于发展结构、内在特质、社会基础、政治支持等方面的差异，中国不能简约照搬照抄西方协商民主理论"削足适履"，而应基于中国的逻辑及其路径设计推进"路线图""程序表"，从制度体系建构的视角予以系统化擘画。

## 四 协商民主：作为整体性存在形态的制度体系

协商民主并非单一要素的简单组合，而是关涉社会发展整体、全局的制度体系，关怀协商的主体、内容、对象、程序、结果、反馈、路径等刚性规范建设。因而，协商民主的建构，不能"单打一""零敲碎打"，而应具有系统的思维、全面的擘画、协同的推进。

中共十八大提出，在发展我国社会主义民主政治的进程中，要"推进协商民主广泛多层制度化发展"③。至于如何"广泛"、怎样"多层"、如何"制度化"地予以推进，中共十八届三中全会作出了全面安排：一是构建程序合理、环节完整的协商民主体系，二是发挥统一战线在协商民主中的重

---

① 1948年4月30日，中共中央发表了《纪念"五一"劳动节口号》，广泛动员各民主党派、各人民团体、无党派人士和社会贤达迅速召开全国政治协商会议，为协商建国的历史进军吹响了号角。1949年9月21日至30日，中国人民政治协商会议第一届全体会议在北平召开，既标志着中国共产党领导的多党合作和政治协商制度的正式确立，同时也标志着协商民主这种新型民主形式在我国的真正成型。参见庄聪生《协商民主：中国特色社会主义民主的重要形式》，《马克思主义研究》2006年第7期。

② 林尚立：《协商民主：中国的创造与实践》，重庆出版社2014年版，第2页；林尚立、赵宇峰：《中国协商民主的逻辑》，上海人民出版社2015年版，第12页。

③ 中共中央文献研究室编：《十八大以来重要文献选编》（上），中央文献出版社2014年版，第21页。

要作用，三是发挥人民政协作为协商民主"重要渠道"作用。① 这三个方面主要从横向层面的主体建设的维度进行设计。此外，习近平在庆祝全国政协成立65周年大会上也特别强调要从纵向层级层面进行推进。② 这就使得协商民主体系建设的横向维度和纵向维度两个维度得以有机贯通、连接。③ 中共十八届四中全会强调，要加强社会主义协商民主制度建设，推进协商民主广泛多层制度化发展，构建程序合理、环节完整的协商民主体系。④ 基于上述战略擘画，2015年1月中共中央专门印发《关于加强社会主义协商民主建设的意见》。与之相配套，又先后以中办、国办的名义印发《关于加强人民政协协商民主建设的实施意见》《关于加强城乡社区协商的意见》《关于加强政党协商的实施意见》等具体协商民主渠道的实施方案，使中国社会主义协商民主制度体系的建构日臻健全和优化。

民主在协商过程中得以建制化。作为一种制度体系，协商民主主要包括四个方面：一是由多元主体构成的网络结构体系，二是由不同行政层级构成的纵向层次结构体系，三是由各个环节、机制构成的程序体系，四是由相关职能部门所构成的工作体系。这些体系纵横交错，作为一个有机整体而存在。人民团体在社会主义协商民主体系建构中的重要价值由此可见一斑。

## 第三节　人民团体的介入：丰富中国协商民主的形态

多元主体的共生，是在现代社会开展协商民主的现实基础。国家与社

---

① 中共中央文献研究室编：《十八大以来重要文献选编》（上），中央文献出版社2014年版，第527—528页。

② 他强调，社会主义协商民主，应该是实实在在的，而不是做样子的，应该是全方位的，而不是局限在某个方面的，应该是全国上上下下都要做的，而不是局限在某一级的。因而，必须构建程序合理、环节完整的社会主义协商民主体系，确保协商民主有制可依、有规可守、有章可循、有序可遵。参见中共中央文献研究室编《十八大以来重要文献选编》（中），中央文献出版社2016年版，第77页。

③ 2014年10月27日，习近平在主持召开中央全面深化改革领导小组第六次会议的讲话中又强调，"加强社会主义协商民主建设的目标是构建程序合理、环节完整的协商民主体系"，要"有组织、有重点、分层次积极稳妥推进各方面协商"。参见《人民日报》2014年10月28日第1版。

④ 《〈中共中央关于全面推进依法治国若干重大问题的决定〉辅导读本》，人民出版社2014年版，第13页。

会的分离是市场经济和现代社会发育的必然产物。协商民主的要义在于,建构社会与国家之间相互平衡的关系结构。在政府与公民、国家与社会的二元分离中,存在着一个沟通二者的"场域"。在当代中国,存在于这一"场域"的组织形态有三:人民团体、事业单位、自治组织。人民团体是沟通、联结国家与社会之间关系的重要介体。

协商民主,既是一种重要的民主形式,也是一种由诸多要素型构的民主形态。这种民主形态主要包括主体、内容、过程三大要素。主体要素解决的是"谁与谁协商"的问题,内容要素解决的是"协商什么"的问题,过程要素解决的是"如何开展协商"的问题。这三大要素所要解决的核心问题是:谁与谁围绕什么议题以什么样的形式开展协商?人民团体的参与,拓展了协商民主的主体范围,深化了协商民主的内容,规范了协商民主的过程。

## 一 拓展协商民主的主体结构

人民政协并非协商民主的主体,而是协商民主运行的平台和协商民主实践的组织者、发动者。在政协这个协商平台上,不同界别、党派、群体等主体围绕特定议题开展制度化的协商实践。在2012年中共十八大之前,往往把政协视为协商民主的"重要渠道"。① 比如,在2011年8月中共中央办公厅转发的《中共政协全国委员会党组关于〈中共中央关于加强人民政协工作的意见〉贯彻落实情况的报告》中就明确提出人民政协是协商民主的"重要渠道"的重要命题。② 之所以作出这样一个深刻的政治判断,根本判据在于:人民政协以宪法、政协章程以及相关法规政策为

---

① 1954年10月19日,毛泽东召集参加政协第二届全国委员会的部分党外人士座谈,对政协的属性、使命等谈了自己的意见。根据中央档案馆保存的一份传达记录稿,毛泽东指出:人民代表大会是权力机关,有了人大,并不妨碍我们成立政协进行政治协商,因为人大的代表性虽然很大,但它不能包括所有的方面,所以政协仍有存在的必要。关于政协的性质,毛泽东认为政协不能搞成国家机关,因为人大和国务院是国家权力机关和国家管理机关,如果把政协也搞成国家机关,那就成为二元了,这样就重复了,分散了,民主集中制就讲不通了。政协不仅是人民团体,而且是各党派的协商机关,是党派性的机关。参见《建国以来毛泽东文稿》第4卷,中央文献出版社1990年版,第633—634页。

② 该报告明确指出:"人民政协这种民主形式融协商、监督、合作、参与于一体,极大丰富了我国社会主义民主的内涵,成为协商民主的重要渠道。"参见《人民日报》2012年8月21日第2版。

"指南",以中国共产党领导的多党合作和政治协商这一基本政治制度为制度支撑,以党派性、界别性、精英性为表征,兼具代表力强、联结面宽、包容性广、整合度深诸复合性优势,地位相对超脱,是专门性的协商平台。因而,让人民政协参与协商民主,能够发挥其独特功能,能够对公共权力的结构及其有序运转进行及时制约,能够对政治治理的合法性予以辅助性支撑。①

认为人民政协是协商民主的"重要渠道",是否意味着:其他渠道就不重要呢?与其他渠道是否存在"交集"?其他渠道是否就是可有可无?基于对这些问题的回应,中共十八大首次提出要通过三个渠道开展协商民主:国家政权机关、政协组织、党派团体,② 这初步回应了上述疑问。中共十八届三中全会强调要拓宽协商渠道,除了上述3个渠道之外,还添加了基层组织、社会组织这2个渠道。③ 2014年9月21日,习近平在庆祝全国政协成立65周年大会上的讲话把之前表述的"国家政权机关"细化为人民代表大会、人民政府,同时加上中国共产党、人民团体、企事业单位、各类智库这四个协商渠道,这样一共为10个。④ 2015年1月中共中央印发的《关于加强社会主义协商民主建设的意见》对以上十大协商渠道进一步整合后提炼为政党、政府、政协、人大、人民团体、基层和社会组织七个,并对如何有序发展用"重点加强""积极开展""逐步探索"这三个"关键词"予以明确定位,深刻点明了不同协商渠道的具体方位、不同特点和多样化功能。⑤ 中共十九大进一步提出,要"统筹推进政党协商、人大协商、政府协商、政协协商、人民团体协商、基层协商以及社会

---

① 在哈贝马斯看来,持续不断的政治协商对政治统治方式具有约束力,因为"只有在政治的基础之上和法律的界限以内——它们都产生于民主的过程——才能行使行政权力"。参见中国社会科学院哲学研究所编《哈贝马斯在华演讲集》,人民出版社2002年版,第84页。

② 中共中央文献研究室编:《十八大以来重要文献选编》(上),中央文献出版社2014年版,第21页。

③ 同上书,第528页。

④ 即中国共产党、人民代表大会、人民政府、人民政协、民主党派、人民团体、基层组织、企事业单位、社会组织、各类智库。参见中共中央文献研究室编《十八大以来重要文献选编》(中),中央文献出版社2016年版,第77页。

⑤ 即"重点加强"政党协商、政府协商、政协协商,"积极开展"人大协商、人民团体协商、基层协商,"逐步探索"社会组织协商。参见中共中央文献研究室编《十八大以来重要文献选编》(中),中央文献出版社2016年版,第293页。

组织协商"①，并对这些协商渠道的耦合性、均衡性发展提出了更高的标准和要求，成为新时代中国协商民主建设的根本遵循。

由上可以看出，协商渠道从"三个→五个→十个→七个"的演展和衍化，不仅更加全面、多样，而且更加聚焦、优化，层次性更加明显，轮廓更加清晰，格局更加广阔。人民团体在社会主义协商民主体系建构中的重要价值由此可见一斑。

把人民团体作为中国社会主义协商民主的一个重要渠道，其价值主要在于：

第一，使协商民主这种民主形式的实践载体有了更充分的展现形式。作为一种民主的重要形式与实践机制，协商民主的有效运行以多元主体的存在及其良性互动为现实前提。没有多元主体的主动、有效参与，任何一种形式的协商民主实践形态都不可能取得成功、获得实效。金斯伯格认为，可以用两个标准对协商民主进行衡量：一是协商民主在多大程度上有助于创建广泛的群体以容纳具有协商精神、见多识广和热衷于参与的公民，并在平等和相互尊重的基础上与政治人物、行政官僚展开论辩；二是协商民主在改变政治人物自身的行为方式以及这些政治人物如何看待自己所拥有的特权和职责问题上能作出多大的贡献。第一个标准与市民社会的成长息息相关，第二个标准关涉统治阶级的精神文明转型。在他看来，这两个标准缺一不可，否则协商民主实践将不可能对民主革新的长远发展有所裨益。② 在中国，人民团体作为特定社会群体、群众的组织化载体，是利益表达、利益维护、利益协调的一个重要组织形态，在协商民主中不仅不能"缺席"，反而应积极"在场"，这也是满足金斯伯格协商民主第一个标准的重要实践路径。

第二，协商民主的有效运行，不能只在一个层级，而应在多个层级全面开展。从中央到地方，从地方到基层，都应有协商民主的多样化、鲜活化实践进程。正如习近平所区分的在涉及"全国各族人民利益""一个地方人民群众利益"以及"一部分群众利益、特定群众利益"这三个不同层次的事项时，协商的范围、边界、场域各不相同，要从全国、地方、基

---

① 《中国共产党第十九次全国代表大会文件汇编》，人民出版社2017年版，第30页。
② ［英］保罗·金斯伯格：《民主：危机与新生》，张力译，中国法制出版社2012年版，第59页。

层等多个层面分门别类地具体展开。① 特别在基层这个层级,是中国协商民主"密集"施行的基本空间和基础性层面,是习近平非常关注的一个方面。② 基于对基层重要价值的审视和关怀,他尤其倡导要"重点在基层群众中开展协商"③。在中国,协商民主在基层的有效建构,离不开人民团体及其基层组织的积极作为。人民团体的组织网络体系囊括从中央到村居各个层面,在基层有组织网络、有形阵地、项目依托,是参与基层矛盾化解、社会公共事务协商、供给社会服务、维护基层秩序的天然适宜主体。因而,通过人民团体参与基层协商,能够释放、激活协商民主在基层的生长空间,尽最大努力把矛盾化解在基层、消灭在萌芽状态,能够增强政府的回应性,而具有民主回应性的政治机构显然较其他政体更具竞争优势。④

与其他渠道协商民主一样,人民团体协商民主,不仅是以人民团体为发起方主动展开的协商民主实践,也是以人民团体为协商平台开展的协商民主活动,因而,呈现出类型多样、议题多元、层级多维的特征:既可以是人民团体内部的协商民主,也可以是人民团体与其他主体的协商民主;既可以是人民团体主动发起的协商民主,也可以是人民团体被动参与的协商民主;既可以是基层层面的协商民主,也可以是地方层面的协商民主,亦可以是中央层面的协商民主。对于不同类型的协商民主之施展,其核心议题各不相同、有所差别:人民团体内部的协商民主议题主要围绕其内部治理展开,比如团体章程的制定和修订、成员的权利和诉求、群体的共性关注事项等;人民团体之间的协商主要围绕共同相关的利益之协调和平衡议题,比如在关涉劳资矛盾问题方面,工会作为劳工利益的代表与工商联作为雇主利益的代表进行协商;人民团体与政党、国家机关等的协商主要围绕关涉相关社会群体的公共事务议题。

---

① 中共中央文献研究室编:《十八大以来重要文献选编》(中),中央文献出版社 2016 年版,第 73 页。

② 习近平:《之江新语》,浙江人民出版社 2007 年版,第 110、226 页。

③ 中共中央文献研究室编:《十八大以来重要文献选编》(中),中央文献出版社 2016 年版,第 78 页。

④ [美]亨德里克·斯普路特:《战争、贸易和国家的形成》,载[美]罗伯特·E. 戈定主编《牛津比较政治学手册》(上),唐士其等译,人民出版社 2016 年版,第 222 页。

## 二 深化协商民主的内容

不同主体的存在,是协商民主建构的基本前提。然而,这些主体并非毫无瓜葛,而是良性互动的。在互动过程中,并非漫无边际地对话,需要基于、聚焦一定的议题、话题开展协商。因而,协商的内容结构及其议题抉择具有前提性价值。

中共十八届三中全会首次对协商民主建设的内容结构作出厘定和明晰,即"经济社会发展重大问题和涉及群众切身利益的实际问题"[①]。这一界定包含两大层面:一是宏观层面的"经济社会发展重大问题",这些问题主要通过立法协商、政策协商、政府协商、政协协商等形式予以呈现,这实际上为人民团体与党委、人大、政府、政协开展具体的协商供给了议题方向、关注焦点、价值取向;二是微观层面指涉"群众切身利益的实际问题",这些问题主要通过矛盾协商、具体议题协商等形式体现,这为人民团体之间搭建相互间的协商平台以及开展内部会员、与相关领域社会组织之间的协商提供了议题方向。上述两个层面是人民团体在协商民主建设中的两个面向。如果说宏观层面更多指向的是人民团体外在协商功能的激发的话,那么,微观层面更多指向的是人民团体内在协调功能的施展。

在中共中央 2015 年 1 月印发的《关于加强社会主义协商民主建设的意见》中,对协商民主建设的内容修改了 6 个字,作了适度微调:把"经济社会发展重大问题"调整为"改革发展稳定重大问题"。[②] 之所以进行这样的微调,主要基于两个原因:其一,内容更全面,改革发展稳定涉及经济、政治、文化、社会、生态等方方面面,而不止于经济社会方面。这样,就使得协商民主建设之内容范围更明确、更丰富;其二,"经济社会发展重大问题"更多以发展层面的问题为指向,而"改革发展稳定重大问题"则不仅涉足"发展"层面的问题,也涉足"改革"与"稳定"这两个面向和维度,这样,就把"发展"这个目的与"改革"这个

---

[①] 中共中央文献研究室编:《十八大以来重要文献选编》(上),中央文献出版社 2014 年版,第 527 页。

[②] 中共中央文献研究室编:《十八大以来重要文献选编》(中),中央文献出版社 2016 年版,第 291 页。

动力与"稳定"这个前提有机统一起来了：既与全面深化改革的战略部署有机衔接，也与社会治理的秩序建构需要互相呼应。协商民主的实践逻辑确实也是如此，不仅要协商"发展"中的问题，也要协商"改革"中的问题与维护"稳定"秩序中的问题。

### 三 规范协商民主的过程

不少学者都十分关怀协商民主的具象化运行机制和内在运动逻辑，主张过程重于结构，程序设置优先于价值排序。比如，约翰森和奈特认为，协商民主是一个由合理的程序形构的理想化过程。在这样的合理程序中，政治行为主体为了解决政治冲突会参与到基于理性的论辩之中。① 人民团体的介入与参与，使得中国协商民主的运行过程能够更加有序化、规制化、程序化。

其一，从"民主巩固"的角度看，人民团体是重要的支撑力量。"民主巩固"是西方政治学的一个重要研究议题。在许多政治学者看来，评估"民主巩固"的最简单标准是其寿命，主要有两种方式：一是存活时间的长度，已经存活的时间长预示着以后存活的时间也长，持久性、持续性可预期；二是连续且公正的选举持续进行的程度。然而，这种评价标准存在突出问题，主要在于太狭隘地注重政治选举的"投票箱"要素而忽视民主生活的质量，没有充分关怀民主的"深化"问题。在史密斯看来，民主的"深化"主要指涉以下四个维度：政府权力的分散化、代表的有效性、对公民自由和权利的尊重、国家的强化。② 很显然，中国的人民团体在这四个维度均可以有效激发内在潜能、潜质。

其二，从历史视野的纵向维度看，人们往往视政协为协商民主建构的"主要渠道"甚至是"唯一渠道"。但事实是，协商民主建设的渠道是多元化、多维度、多层级、多样态的，可以在政党、行政机关、代议机构、政治社团、基层组织等平台广泛施展。中共十八届三中全会首次把人民团体吸纳为协商民主结构体系的重要主体，这既是对其角色与价值的充分认

---

① Jack Knight and James Johnson, "Aggregation and Deliberation: On the Possibility of Democratic Legitimacy", *Political Theory*, 22 (1994), pp. 277-296.

② ［美］彼得·H. 史密斯：《论拉美的民主》，谭道明译，译林出版社 2013 年版，第 405—406 页。

可，更为其更好彰显协商功能拓展了制度空间。当然，应该引起关注的是，人民团体与其他协商渠道相比，在中国的实践场域、行动框架、运行体系还远远不够完善，亟须进一步开发、强化、优化。如何全面把握人民团体在协商民主建设中的功能结构及其界限，如何使其成为建构协商民主制度的"正能量"，如何创造条件有效保障其有序参与协商民主而不至于出现政治失序、社会失控，是协商民主制度化需要破解的重要议题。

其三，使人民团体参与协商的具体形式和程序有了制度化的保障。早在1991年，江泽民就曾在正式场合明确划分社会主义民主的两种基本形式，强调了"协商"这种形式在社会主义民主政治生活中的内在功能和发展形态。① 时隔14年后，中共中央正式发布的《关于进一步加强中国共产党领导的多党合作和政治协商制度建设的意见》② 明确规定了政治协商的基本内容、基本原则、基本取向、主要形式，意味着重大问题非经协商不具有效力的刚性约束力。2006年2月8日，中共中央颁发的《关于加强人民政协工作的意见》把"人民内部各方面在重大决策之前进行充分协商"作为中国社会主义民主的两种形式之一。③ 自此以来，人民团体凭借其在政协的固定界别地位，可以参与重大决策协商，代表所联系的群体、群众表达利益、期待。

## 第四节 本章小结

协商民主是中国共产党的伟大政治创造，中国的协商民主与西方的协商民主具有本质性界分。因而，基于发展结构、内在特质、社会基础、政治支持等方面的差异，中国不能简约照搬照抄西方协商民主理论"削足适履"，而应基于中国的逻辑及其路径设计推进"路线图""程序表"。

人民团体是中国语境下的一个独特概念工具，其功能结构是多维的，其施展场域是多元的。在协商民主领域的运行，正是人民团体的一个重要

---

① 政协全国委员会办公厅、中共中央文献研究室编：《人民政协重要文献选编》（中），中国文史出版社、中央文献出版社2009年版，第506页。

② 中共中央文献研究室编：《十六大以来重要文献选编》（中），中央文献出版社2011年版，第675页。

③ 中共中央文献研究室编：《十六大以来重要文献选编》（下），中央文献出版社2011年版，第260页。

功能，因为协商民主形态的运用，可在国家层面、基层层面以及介于国家与基层的层面广泛、充分开展。作为一种政治治理形态，协商民主最基本的现实基础是公民个体的主动积极参与以及由此生发、衍生的形色各异的社会网络体系及其架构。分化中的现代社会需要整合，需要组织化和再组织化，需要通过组织的渠道对公共性进行生产。在当代中国，这种组织化的渠道，既可以是政党、人大，也可以是政府、政协，亦可以是人民团体。以往，我们自觉不自觉疏忽了人民团体这个组织作为协商平台功能的"挖潜"。实际上，人民团体是中国协商民主之建构的重要空间和社会平台，是政党与社会有机联结的一个有效"界面"。人民团体的介入与参与，使中国协商民主的形态进一步得以丰富，其最具根本性的价值在于：在协商民主的国家形态与基层形态之间架起联结的桥梁，改变以往国家形态的协商民主与基层形态的协商民主开展得较充分而处于两者之间"中间地带"的协商民主建设较为羸弱的不均衡结构，使得协商民主的制度结构更为完整、结实和严密。

福山曾指出，人类有寻求"承认"的基本渴望，这是整个人类历史进程的"引擎"。① 在协商民主制度体系中，人民团体的介入，实际上就是对其的"承认"，使其参与民主政治过程有章可循。实践表明，协商民主是现代多元社会在异质中凝练共识、在分化中推进整合的一种民主机制、形式，得到民众的广泛认可和普遍认同，成为现代民主的一种可欲的理想化形式。但是，理想不等于现实，现实的人民团体协商民主需要扎实的制度建构和建设，需要一系列现实条件和构成性要素的有效保障与有力支撑。

---

① ［美］弗朗西斯·福山：《信任：社会美德与创造经济繁荣》，郭华译，广西师范大学出版社2016年版，第11页。

# 第三章

# 人民团体参与协商民主：
# 主要类型及其功能

基于利益协商的逻辑，人民团体围绕个体、群体、共同体三个层面开展协商民主：一是基于个体的利益协商，主要体现为人民团体内部会员、成员之间基于自治、自主、自决的原则就共同关心的议题或相互间的矛盾所开展的团体内部协商，这不仅有利于增促团体内部的良性互动、正向交往，而且有助于培育高质量的社会自治体系，为社会主义协商民主体系的建构创造厚实、扎实的社会基石；二是基于群体的利益协商，主要体现为不同人民团体之间基于理性、平等、公开的原则就共同关心的议题或相互间的矛盾所开展的团体间协商，这不仅有利于强化团体间的交流、交融，而且有助于培育高质量的社会协商体系，为社会主义协商民主体系的建构培养深厚、浓厚的组织基础；三是基于共同体的利益协商，主要体现为作为社会共同体的人民团体与作为政治共同体的国家（包括政党、政府、人大、政协等）之间基于公意、公益、公义的原则就相关社会群体的利益保护、利益增进以及国家意志的优化、社会化等议题所开展的共同体间的协商，这不仅有利于型构有效的领导体系、民主的政治体系，而且有利于培育一体化的国家—社会体系，为社会主义协商民主体系的建构涵养共生文化、妥协精神、价值基础。这三个层面的协商实践，既有其独特的制度结构、组织结构，也有其共通的价值基础、文化基础，既相互区别，又相互贯通、相得益彰，最终生成一个相互交叉互促的人民团体协商体系。

近年来，不同类型的人民团体在涉及所联系群众切身利益的问题方面广泛开展理性的协商实践,[①] 取得了一定成效。本章择取人民团体中的工会、共青团、妇联这三个典型类型,对其参与协商民主的行动逻辑、运行结构、功能形态等进行"深描",以期展现其在中国社会主义协商民主建构、建设中的独特功能。主要基于以下三点考量:①这三个组织代表不同类型的人民团体,具有一定的类型代表性;②这三个人民团体联系着工人、青年和妇女三种不同类型的社会群体,[②] 以行业、年龄、性别为基准,具有一定的群体代表性;③这三个都被定位为"国家政权的重要社会支柱",既具有国家属性,也具有社会属性,是最重要的人民团体之一。

本章案例研究的资料收集,主要源于以下五个方面:①对不同类型人民团体中的干部、会员的访谈;②对地方党委、人大、政府、政协相关干部、工作人员的访谈;③对工会、共青团、妇联等研究学者、专家的深度访谈,他们有的长期把毕生心血都用在该方面研究上,通过访谈全面了解了学界的最新动态和动向;④有关人民团体参与协商民主的媒体报道信息;⑤相关人民团体的领导人讲话、代表大会文件汇编等历史文献。通过对这三种类型组织的具体分析,从中可以直观感受到人民团体参与协商民主的运行逻辑、内在结构设置、优缺点及其功能形态。

## 第一节　经济利益型人民团体与劳资矛盾协商
——以工会参与集体协商为例

一个国家、一个社会的劳动关系,是这个国家的基础性的社会关系。劳动关系和谐与否,直接关涉社会之秩序与和谐的建构及其维系、存续。在计划经济时期,由于所有制结构的单一化、整体化,劳资矛盾没有生长的土壤与空间。随着社会主义市场经济体制的深入推行,基于所有制结构的深刻调整以及所生发的利益结构的分化、分立,劳资矛盾发生深刻变化

---

① 2015年1月5日,中共中央印发的《关于加强社会主义协商民主建设的意见》明确要求人民团体要"要健全直接联系群众工作机制,及时围绕涉及所联系群众切身利益的问题开展协商"。参见中共中央文献研究室编《十八大以来重要文献选编》(中),中央文献出版社2016年版,第297页。

② 中共中央文献研究室编:《十三大以来重要文献选编》(中),中央文献出版社2011年版,第216页。

并逐渐凸显。尤其是 20 世纪 90 年代以来,由劳资矛盾引发的劳动争议案件呈上升态势,劳动关系领域的群体性事件也此起彼伏。更重要的一个趋向是,劳资矛盾已经超越单一企业层面而演变为一个令人焦虑的重大社会矛盾问题。在新时代,劳资矛盾数量能否大幅度下降?劳资矛盾如何有效化解?显然,仅仅依靠政府的力量难以完全、有效、经济地解决,必须动员和吸纳包括工会在内的社会各方面的力量和资源。近年来,工会系统以集体协商机制为载体,在化解劳资矛盾方面取得了积极明显的社会效果,是人民团体参与社会主义协商民主体系建设的重要构件。积极推动由工会代表职工与企业就调整和规范劳动关系等重要决策事项进行集体协商,逐步完善以劳动行政部门、工会组织、企业组织为代表的劳动关系三方协商机制,是新时代工会参与协商民主的重要使命。①

## 一 劳资矛盾的新特点和新趋向

当前,中国劳动关系从总体上看基本和谐,但劳资矛盾日益凸显,主要体现在以下几个方面。

其一,从数量、增速维度看,20 多年来,无论是劳动争议案件的数量、涉及人数抑或集体争议案件的数量均呈上升态势,平均每年以超过 10% 的速度逐年增长。② 相关一些统计报表也证实了学者的这些判断。③

其二,近年来,工人群体性事件日益踊跃。假若认为 21 世纪初的"工人罢工"更多在"珠三角"的电子产业领域较明显的话,那么,2010 年后则在全国"遍地开花"。纵览这些劳工群体性事件,工人的诉求不仅有经济权利层面的(如法定最低工资),也有社会权利层面的(如按法定

---

① 中共中央文献研究室编:《十八大以来重要文献选编》(中),中央文献出版社 2016 年版,第 298 页。
② 程延园、王甫希:《变革中的劳动关系研究:中国劳动争议的特点与趋向》,载颜辉主编《中国工会劳动关系研究(2012)》,光明日报出版社 2013 年版,第 135 页。
③ 比如,人力资源和社会保障事业发展统计公报显示:2016 年,全国各地劳动人事争议调解仲裁机构共处理争议 177.1 万件,同比上升 2.9%;涉及劳动者 226.8 万人;涉案金额 471.8 亿元,同比上升 29%;案件调解成功率仅为 65.8%;终局裁决 10.4 万件,占裁决案件数的 28.4%。参见《2016 年度人力资源和社会保障事业发展统计公报》,参见人力资源和社会保障部门户网站(http://www.mohrss.gov.cn/SYrlzyhshbzb/zwgk/szrs/tjgb/201705/t20170531_271671.html)。

要求缴纳"五险一金"），亦有政治权利层面的（如组建企业工会）。①

其三，集体争议成为劳动关系矛盾的主要方面，涉及的人数占有较大比例。2006年以前，集体争议涉及的人数大都占当年劳动争议人数的"半壁江山"以上。从2007年以来开始有所回落，2009年以来开始下降到20%—30%这个区间（参见表3-1）。

表3-1　　　　　　　　　　中国劳动争议涉及人数

| 年份 | 所有案件涉及劳动者人数（人） | 集体争议案件涉及劳动者人数（人） | 集体争议人数占比（%） | 年份 | 所有案件涉及劳动者人数（人） | 集体争议案件涉及劳动者人数（人） | 集体争议人数占比（%） | 年份 | 所有案件涉及劳动者人数（人） | 集体争议案件涉及劳动者人数（人） | 集体争议人数占比（%） |
|---|---|---|---|---|---|---|---|---|---|---|---|
| 1991 | 16767 | 8957 | 53 | 1999 | 473957 | 319445 | 67 | 2007 | 653472 | 271777 | 42 |
| 1992 | 17140 | 9100 | 53 | 2000 | 422617 | 259445 | 61 | 2008 | 1214328 | 502713 | 41 |
| 1993 | 35683 | 19468 | 55 | 2001 | 467150 | 286680 | 61 | 2009 | 1016922 | 299601 | 29 |
| 1994 | 77794 | 52637 | 68 | 2002 | 608396 | 374956 | 62 | 2010 | 815121 | 211755 | 26 |
| 1995 | 122512 | 77340 | 63 | 2003 | 801042 | 514573 | 64 | 2011 | 779490 | 174785 | 22 |
| 1996 | 189120 | 92203 | 49 | 2004 | 764981 | 477992 | 62 | 2012 | 882487 | 231894 | 26 |
| 1997 | 221115 | 132647 | 60 | 2005 | 744195 | 409819 | 55 | 2013 | 888430 | 218521 | 25 |
| 1998 | 358531 | 251268 | 70 | 2006 | 679312 | 348714 | 51 | 2014 | 997807 | 267165 | 27 |
|  |  |  |  |  |  |  |  | 2015 | 1159687 | 341588 | 29 |

资料来源：根据《中国劳动统计年鉴》数据整理。

其四，经济利益纠葛，而非政治权利诉求，成为劳资矛盾的主要诱因。从劳资矛盾生成的动因要素来看，主要有以下5个：①劳动报酬，②社会保险，③解除劳动合同，④变更劳动合同，⑤终止劳动合同。以上5个要素尤以前三项为主导，占总共的八成左右。相关调查报告结果也显示，经济权益的维护是当前劳动关系领域群体性事件的主要动因。② 这也提示工会，参与劳资矛盾化解主要围绕的主题在哪里、症结何在、着力点

---

① 比如，在2004年日资友利电罢工事件中，工人提出的诉求中就包含组建企业工会这个问题，2007年发生在一家德资企业的罢工事件中，在其已存在工会的情况下，工人要求普通基层工人代表也要加入工会委员会。2010年本田罢工工人也提出了类似要求。参见陆学艺主编《当代中国社会建设》，社会科学文献出版社2013年版，第154页。

② 比如，购房补贴、煤气集资款、住房公积金、养老保险费用、股权分红等问题。参见陆卫彬《劳动关系领域职工群体性事件的特点、成因及对策》，《中国工运》2017年第3期。

如何找。

表 3-2　　　　　　　　中国劳动争议的主要缘由

| 年份 | 总数（起） | 劳动报酬（起） | 占比（%） | 社会保险（起） | 占比（%） | 变更合同（起） | 占比（%） | 解除、终止合同（起） | 占比（%） | 其他（起） | 占比（%） |
|---|---|---|---|---|---|---|---|---|---|---|---|
| 2001 | 154621 | 45172 | 29.2 | 31158 | 20.2 | 4254 | 2.8 | 29038 | 18.8 | 44999 | 29.1 |
| 2002 | 184116 | 59144 | 32.1 | 56558 | 30.7 | 3765 | 2.0 | 30940 | 16.8 | 33709 | 18.3 |
| 2003 | 226391 | 76774 | 33.9 | 76181 | 33.7 | 5494 | 2.4 | 40017 | 17.7 | 27925 | 13.3 |
| 2004 | 260471 | 85132 | 32.7 | 88119 | 33.8 | 4465 | 1.7 | 42881 | 16.5 | 39874 | 15.3 |
| 2005 | 313773 | 103183 | 32.9 | 97519 | 31.1 | 7567 | 2.4 | 54858 | 17.5 | 50646 | 16.1 |
| 2006 | 317162 | 103887 | 32.8 | 100342 | 31.6 | 3456 | 1.1 | 55502 | 17.5 | 53975 | 17.0 |
| 2007 | 350182 | 108953 | 31.1 | 97731 | 27.9 | 4695 | 1.3 | 67565 | 19.3 | 71238 | 20.4 |
| 2008 | 693465 | 225061 | 32.5 | / | / | / | / | 139702 | 20.1 | / | / |
| 2009 | 684379 | 247330 | 36.1 | / | / | / | / | 43876 | 6.4 | / | / |
| 2010 | 600865 | 209968 | 34.9 | / | / | / | / | 31915 | 5.3 | / | / |
| 2011 | 589244 | 200550 | 34.0 | 149944 | 25.4 | / | / | 118684 | 20.1 | / | / |
| 2012 | 641202 | 225981 | 35.2 | 159649 | 24.9 | / | / | 129108 | 20.1 | / | / |
| 2013 | 665760 | 223351 | 33.5 | 165665 | 24.9 | / | / | 147977 | 22.2 | / | / |
| 2014 | 715163 | 258716 | 36.2 | 160961 | 22.5 | / | / | 155870 | 21.8 | / | / |
| 2015 | 813859 | 321179 | 39.5 | 158002 | 19.4 | / | / | 182396 | 22.4 | / | / |

资料来源：根据《中国劳动统计年鉴》数据整理（"社会保险"项目 2008 年、2009 年、2010 年数值缺失，"变更合同"项目 2008—2015 年数值缺失）。

如何构建更加和谐的劳动关系，使劳资矛盾得到最大限度"缓释""稀释"乃至"消解""消化"，是新时代摆在工会面前的重大现实难题。难题虽难，但必须尽力破解，因为劳动关系的和谐度不仅影响职工的合法权益，也关系到企业的健康发展，事关社会发展大局。①

---

① 基于对和谐劳动关系的重视，中共十六届六中全会首次明确提出"发展和谐劳动关系"的命题，国家"十二五"规划纲要首次专设"构建和谐劳动关系"一节，中共十八大强调"健全劳动标准体系和劳动关系协调机制，加强劳动保障监察和争议调解仲裁，构建和谐劳动关系"，中共十九大进一步强调"完善政府、工会、企业共同参与的协商协调机制，构建和谐劳动关系"。这些表述，充分体现了和谐劳动关系是社会和谐的重要现实基础。

## 二　工会开展集体协商的主要类型

在托克维尔看来，人们参与结社，不仅是为了保全自身的基本权利，更重要的是为了实现自身的解放，因而把结社权利视为"仅次于自己活动自由的最自然的自由"①。在实行市场经济体制的情势下，个体化的劳工，自身拥有的资源和能量十分有限，在公共场合的"话语权"十分有限，为了维护自身权益，自然而然要参与结社，寻求工会等劳工组织的帮助。② 作为"职工之家"和"工人之友"，维护职工群众的合法权益是工会的天职。对于一些实行统合主义的国家而言，劳资纠纷由代表资本利益的雇主组织与代表劳工权益的工会在政府第三方的调解下进行公开、理性的集体谈判，集体谈判的成果对劳资双方均具有约束力。③ 基于这样的矛盾化解架构，政府是"第三者"的居中定位而非矛盾的直接当事方，如此可使其免处在矛盾焦点的尴尬位置。反观当下，在我国的劳资纠纷方面，由于工会代表和维护职工合法权益职能的现实"缺位"④，致使出现这样的"怪圈"：职工权益没有得到切实保障→与资方直接交涉→交涉不成功→要求政府解决。为此，在市场经济快速运行的情势下，劳资矛盾逐渐显性化并逐步以非理性化、非制度化的方式呈现出来。久而久之，劳资矛盾很容易衍化为工人和政府之间的矛盾，本处于居中调处地位的政府反而成了纠纷的直接利益相关方。实际上，假若工会能够在矛盾中充当劳方代表、"代言人"的话，很多劳资冲突可以得到"稀释"和消解。⑤

---

① ［法］托克维尔：《论美国的民主》（上），董果良译，商务印书馆1988年版，第218页。
② 宋晓梧：《用改革激发社会组织活力》，《人民日报》2013年10月29日第5版。
③ ［美］理查德·B.弗里曼、詹姆斯·L.梅多夫：《工会是做什么的？——美国的经验》，陈耀波译，北京大学出版社2011年版，第31页；权衡、杨鹏飞等：《劳动与资本的共赢逻辑》，上海人民出版社2008年版，第139页。
④ 佛山市总工会调查数据显示：企图通过群体性事件维权的人高达45.43%，认为"事情闹大了就会解决"的有16.34%。因此同乡会具有很大的吸引力。在非公经济较发达的广东省，40%的非公企业未组建工会，职工入会率仅为60%。参见刘茜《劳资纠纷工会成摆设　维权变成同乡"闹事"》，《南方日报》2011年9月7日第10版。
⑤ 例如，2009年吉林"通钢事件"的发生，在很大程度上与工会没有发挥维护工人权益的作用有关。参见朱力《走出社会矛盾冲突的漩涡——中国重大社会性突发事件及其管理》，社会科学文献出版社2012年版，第99页。

劳资集体协商，既是保障工人合法权益的重要环节，也是维护雇主利益的重要机制。① 在社会结构转型过程中，利益主体需要在一定的社会组织平台下合情、合理、合法地表达利益、预期。假若工人的合理化利益难以经由制度化、组织化的沟通平台正常"发声"且获得及时"回响"的话，情绪激动、丧失理智的难免会有过激行为。有的采取非理性化的方式，通过各种手段放大声音、扩大影响以博取社会同情，增加与政府"博弈"的分量。一旦这种方式得以奏效，势必挑战政府权威，体制外维权渠道将成为主导范式，这对整个社会秩序将会构成实质性影响。解决这个"恶循环"的关键在于：最大限度维护体制内维权渠道的畅通，发挥体制内维权机构的积极性、实效性。其中，集体协商是一种具有中国特色、有效的劳资矛盾协调机制。② 根据集体协商发起主体的不同，可把集体协商的主要类型划分成以下三种。

### (一) 政府发起并主导的三方协商机制

在劳动经济学看来，工人只有组织起来才能积聚力量、集聚资源，才能获得与资方相对平等的谈判地位，从而为工人争取更多合理、可欲的经济利益以及其他方面的合法权益。③ 在中国，这往往在实践中体现为政府发起并主导的三方协商机制的建构及其运行。

从历史逻辑来看，三方协商机制起源于西方资本主义国家，是工会、雇主组织以及政府关于工资薪酬、劳工权益保障、劳资矛盾调处诸事项开展对话、商谈、沟通的机制，意在缓和阶级冲突。基于全国人大常委会批

---

① 在黑格尔看来，个体与市民社会具有内在契合性："在市民社会中，每个人都以自身为目的，其他一切在他看来都是虚无。但是，如果他不同别人发生关系，他就不能达到他的全部目的。因此，其他人便成为特殊的人达到目的的手段。但是特殊目的通过同他人的关系就取得了普遍性的形式，并且在满足他人福利的同时，满足自己。"（[德] 黑格尔：《法哲学原理》，范扬、张企泰译，商务印书馆1961年版，第197—198页）从这个意义上看，劳动与资本存在利益上的共同区间，并非水火不容。

② 有的学者指出，早在民主革命时期的苏维埃地区，在工厂中就已普遍实行集体谈判举措。20世纪50年代，随着社会主义改造运动的兴起和私有企业收归国有，集体合同制度逐渐被废除。改革开放以来，工会又"重拾"这一重要机制。1990年，全国总工会在部分企业开展工资集体协商试点。参见闻效仪《转型期中国集体协商的类型化与制度构建》，社会科学文献出版社2016年版，第16页。

③ [英] 博斯沃思：《劳动市场经济学》，何璋、张晓丽译，中国经济出版社2003年版，第438页。

准的国际劳工组织《三方协商促进履行国际劳工标准公约》①和《劳动行政管理：作用、职能及组织公约》②这两个公约的核心精神，2001年修订的《工会法》③明确要求在国家层面建立三方协商机制。2001年8月，由政府（原劳动和社会保障部）、雇主协会（中国企业家协会/中国企业联合会）和工会（中华全国总工会）三方共同设立国家中央层面的三方协商机制——"国家协调劳动关系三方会议"④。随后，各层级、各层次的三方协商机制逐步确立并日臻健全。

表3-3　　　　　　　　　国家三方协商机制的相关制度安排

| 时间 | 文件或会议 | 主要精神 |
| --- | --- | --- |
| 2002.8 | 《关于建立健全劳动关系三方协调机制的指导意见》 | 推动各地加快建立三方协商机制 |
| 2006.3 | "十一五"规划纲要 | 把健全协调劳动关系三方机制纳入经济社会发展全局 |
| 2007 | 全国人大制定《劳动合同法》和《劳动争议调解仲裁法》 | 规定要建构协调劳动关系的三方机制 |
| 2008 | 修订《国家协调劳动关系三方会议制度》 | 规范会议的具体内容、程序 |
| 2011.7 | "国家协调劳动关系三方会议"第16次会议 | 增补工商联为会员单位以弥补企业联合会在非公企业代表性方面的不足，至此，形成三方四家的劳资协商体系 |

资料来源：笔者根据相关报道重新整理。

### （二）行业协会发起并主导的集体协商

在西方学术界，对雇主组织在集体谈判中的角色高度关注，因为集体谈判更多基于行业层面而非单一企业层面。在中国，由雇主行业协会发起并主导、行业工会积极参与的集体协商机制在近年来得以建构并不断发展健全。近年来，涌现出湖北武汉餐饮行业、浙江温岭羊毛衫行业、江苏邳州板材行业、辽宁大连机械制造行业和软件行业、江苏宜兴陶瓷行业等不

---

① 该公约规定：凡批准本公约的国际劳工组织会员国，承诺运用各种程序，保证政府、雇主和工人的代表之间进行有效协商；雇主和工人应以平等地位参加从事协商的任何机构。
② 该公约规定：凡批准本公约的会员国应作出符合本国条件的安排，在劳动行政管理系统内，促成公共当局与最有代表性的雇主组织和工人组织在适当情况下与雇主代表和工人代表进行协商、合作和谈判。
③ 该法第34条明确规定：各级人民政府劳动行政部门应当会同同级工会和企业方面代表，建立劳动关系三方协商机制，共同研究解决劳动关系方面的重大问题。
④ 办公室设在国家劳动和社会保障部，即现在的人力资源与社会保障部劳动关系司。

少"样板"典型,较大幅度提升了行业性工资集体协商的"建制率"。

行业协会发起并主导的集体协商,在中国的浙江、江苏等长三角地区比较盛行,这与该地区企业发展的特点有一定关联:①非公企业与政府关系比较密切,有"地方法团主义"的传统;②产业、产品存在地域化集中、集群的态势,一村一品或一乡一品;③民间自下而上发起成立的行业协会昌盛且活力强,对于规避中小企业相互间的非良性竞争起到很好的抑制效应。自从2007年温家宝总理对浙江温岭的做法予以肯定批示后,全国总工会开始在全国层面力推行业集体协商的机制和模式。[1]

行业协会发起并主导的集体协商,需要具备一定的条件和要素,主要有:①需要有一定相同或相近产品的企业的集聚,有一定的产品同质性、产业集中度;②行业协会商会能有效凝聚企业主意志的"最大公约数",善于平衡企业间的经济纠纷,具有足够的权威性,否则会出现集体协商的结果企业主"不认账"的情形;③行业工会要有足够的群体性和代表性,能够准确反映职工的具体需求并能够准确表达这些需求,在协商平台上与代表雇主利益的行业协会开展理性协商、博弈,最大限度维护职工的权益;④政府居中调处并有效监督集体协议的落实、落地。

经过10年来的行业集体协商实践,这种机制产生了积极效应,主要有以下几个方面:①通过统一规范行业内各企业的工资标准、工种类型、工作条件,使得劳动力市场由"集市"转型为"超市",从而建构劳动力市场的正常秩序。②加强行业内不同企业的日常化沟通和理性协商,避免企业间恶性竞争对本行业带来的冲击,有助于地域内行业品牌的形塑并扩大对外知名度。③使集体协商从"自发"状态向"自觉"状态深度转型,推动集体协商制度化程度的逐步提升。

(三)企业工会发起主导的集体协商

"一盘散沙"的工人不仅力量很有限、声音很微弱、诉求表达非理性化程度较大,使得罢工事件的处理成本越来越高,且问题容易反复出现,事件也易反弹。近十年来,在珠三角区域的许多外资企业工人开始提出"重建工会"的组织化诉求,希冀通过组建工会的形式建构组织化的利益表达平台和制度化的协商沟通平台,从而减少个体化工人的非理性行为给

---

[1] 闻效仪:《转型期中国集体协商的类型化与制度构建》,社会科学文献出版社2016年版,第9—11页。

社会生产、生活秩序带来的破坏性影响。

企业工会发起主导的集体协商，呈现这样几个特点：①企业工会由工人直接选举产生，代表性强，能够充分反映工人的利益诉求并使之直接经由集体协商平台进行博弈、讨价还价；②集体协商是真协商而非走过场、图形式，协商过程"火药味"浓，一般要经历多轮讨价还价才能签订集体协议；③一般是在大型外资企业的场域开展，避免大规模罢工给企业正常生产秩序带来影响。

企业工会发起主导的集体协商，在实践中也产生了一些积极效应：①大大减少了非理性罢工对生产秩序的"冲击"，工人能够及时、合理共享企业发展成果；②企业工会是集体协商中职工方的代表，是制定集体合同制度的积极推动者和具体实施者，回归了其本源职能和社会化角色；③集体合同是劳资双方反复博弈的结果，具有一定权威性、约束力、执行力。

### 三 工会在集体协商中的功能及其限度

在中国，工会是集体协商制度最为重要的倡导者，也是集体协商制度的积极行动主体。工会参与集体协商，既显示了其独特的功能优势，也呈现了一定的功能限度。

#### （一）中国工会集体协商的功能优势

在西方国家，工会是在社会经济关系调处中具有较大影响力的"利益集团"。美国学者沃塞曼认为，所谓利益集团指的是"一群人组织起来为追求共同利益而对政治过程施加压力"①。利益集团参与利益表达、代表，是其参与政治生活的重要表现形式。在拉斯韦尔看来，公民以及形色各异的利益集团参与政治生活表达利益诉求，以期对政府的公共决策过程施以影响、施加压力。② 在中国，工会是党领导下联系特定职工群体的人民团体，不是"利益集团"，因而，工会参与的集体协商相较于西方国家的集体谈判有明显的界分和差别，主要有以下四个方面：

其一，集体协商的范围较广，涵摄面宽，而集体谈判仅限于工会组织

---

① [美]加里·沃塞曼：《美国政治基础》，陆震纶、何祚康、郑明哲等译，中国社会科学出版社1994年版，第182页。

② [美]哈罗德·D. 拉斯韦尔：《政治学：谁得到什么？何时和如何得到？》，杨昌裕译，商务印书馆2003年版，第47页。

所覆盖的范围，且经由谈判所建立起的共同规范只是部分性的。

域外案例视角：1995年，荷兰工会与雇主签署了一份关于临时工的第一个专门性集体协议，给予服务24个月的工人享有继续工作和养老保险的权利。这一协议构成工会与雇主组织之间次年达致的关于"灵活性与保障"协议的重要构件。该协议不仅是雇主与雇员之间协商后的妥协，也是工会内部有稳定工作的工人与没有稳定工作的工人之间协商后的妥协。①

其二，那些在劳动力市场上个体处境弱势的工人，由于其所处的社会"结构性位置"及其所拥有的"结构性力量"② 的不足，恰恰是最不可能从集体谈判中获益的群体。工会参与的集体协商，能够充分代表和维护所联系的工人利益诉求，并能有效"输入"既定的政治体系以寻求反馈和回应。阿尔蒙德基于结构—功能的分析视角主张政治系统是一个具有内在逻辑结构的体系并发挥特定功能的一个"有机体"形态，其功能可区分为三个相互独立并具有内在逻辑关联的层次：体系层次—过程层次—政策层次。公民及其组织化的载体经由体系层次表达"政治要求"传输到政府决策体系中进行过滤、筛选进而生成公共政策并得到切实施行。③ 在中国，工会的角色类似于体系"输入"者这样的角色，即把职工群众的利益诉求以组织化的渠道、制度化的方式理性输入给政治体系予以"过滤"和"筛选"。

其三，经由集体谈判所形成的集体协议是劳资力量结构对比的结果，因而具有潜在的不稳定性，当劳资间力量平衡发生转变时，集体协议可能

---

① ［荷］耶勒·费舍、安东·黑姆耶克：《荷兰的奇迹：荷兰的就业增加、福利改革、法团主义》，张文成译，重庆出版社2008年版，第39页。

② 结构性力量可分为2种类型：①直接源于紧张的劳动力市场的"市场谈判力量"（marketplace bargaining power），可以表现为：工人拥有雇主所需要的稀缺技能；总体失业率较低，工人具有完全退出劳动力市场并依靠非工资性收入生存下去的能力；②源于在关键时间节点关键性部门工作的特定工人群体的战略性地位的工作场所谈判力量（workplace bargaining power），其罢工可以引发广泛且深远的破坏性影响。参见［美］贝弗里·J.西尔弗《劳工的力量：1870年以来的工人运动与全球化》，张璐译，社会科学文献出版社2016年版，第12—13页。

③ ［美］加布里埃尔·A.阿尔蒙德、小G.宾厄姆·鲍威尔：《比较政治学：体系、过程和政策》，曹沛霖等译，上海译文出版社1987年版，第199页。

就会失效而成为一张废纸。工人为了扭转这种"颓势"往往又会发动罢工，激烈持久的冲突又将蔓延。①

其四，集体谈判以承认利益之间的张力为前提，因为"没有雇佣劳动，就没有资本，就没有资产阶级，就没有资产阶级社会"②。同时，集体谈判以罢工等强制性手段为基础。拥有罢工权利的独立的工会存在于所有的民主国家。事实上，有人认为由罢工权利所支撑的集体谈判对民主体制是非常必要的。无论这种观点正确与否，罢工权利在所有民主国家都受到保护。在运用罢工权利的时候，相对于雇主和政府本身，工会都是相当自治的。③然而，集体协商以认肯利益之间的和谐为前提，以劳资双方的相互妥协、合作为基础。在中国要建设的中国特色社会主义是"好的社会主义"④，其核心表征就是劳动和资本在分立的基础上具有高度相容性，即在根本利益、长远利益、整体利益方面具有一致性。集体协商，不仅对于企业长远持续健康发展有重要意义，也是职工理性合法表达利益诉求的必要路径，是一种"双赢"的共决机制。

### （二）工会在集体协商中的功能限度

从统计数据来看，近年来各地工会参与集体协商的"建制率"有明显增长，但实际效应尚未充分彰显，其功能的激发存在一些"阻滞"因素，主要有：

第一，惩戒机制的缺失导致对企业等用人单位的震慑力弱化。惩戒机制的力度是衡量一部法律法规有效性的核心"指标"。从法律责任的形式要件来看，虽然现有法律法规已规定了民事责任、行政责任等形式，一些地方性法规也强化对集体协商法律责任的刚性规制，但是，从总体上看，

---

① ［英］理查德·海曼：《解析欧洲工会运动——在市场、阶级和社会之间》，吴建平译，中国工人出版社 2015 年版，第 9 页。

② 《马克思恩格斯全集》第 10 卷，人民出版社 1998 年版，第 140 页。

③ ［美］罗伯特·A. 达尔：《多元主义民主的困境——自治与控制》，周军华译，吉林人民出版社 2011 年版，第 27 页。

④ 马克思和恩格斯认为："社会主义有两种：一种是'好的'社会主义，一种是'坏的'社会主义。坏的社会主义是'劳动反对资本的战争'。它是平分土地、消灭家庭关系、进行有组织的掠夺等恐怖景象的根源。好的社会主义是'劳动和资本的融洽'。它会消灭愚昧，根除贫困，组织信贷，增加财产，改革税制，一言以蔽之，就是产生'酷似人们所想象的人间天堂那样的制度'。必须用好的社会主义来消灭坏的社会主义。"参见《马克思恩格斯全集》第 10 卷，人民出版社 1998 年版，第 342 页。

对于用人单位不执行法律规定的惩戒性举措还显得单薄，还没有触及企业主最核心、最敏感的"神经"。比如，对拒绝开展协商或提供虚假信息误导协商的企业等用人单位，缺乏有力的惩戒手段。一位工会干部在访谈中指出：

> 被访者D：对企业不开展集体协商所需要承担的法律责任，没有细化、具体化的规定，由此引发的纠纷、矛盾、冲突没有相应的制度规制。我们工会干部面对此问题，也是心有余力不足。我们有时也想采取一些措施，但碍于这个原因那个原因，无从下手，感觉很无奈、很无力……①

第二，行业性集体协商的规定缺乏细化标准的有效支撑，导致在实际运行中可操作性不强。主要体现在以下几个方面：①有的私营企业主害怕集体协商会捆住自身手脚，心里难免会产生抵触情绪，不愿协商；②有些工会干部害怕集体协商会与企业主形成对抗，担心以后会被"穿小鞋"，不敢代表职工说话办事，不敢协商；③对行业性集体合同覆盖范围的把握不统一，有的规定行业性集体协议仅对认可该合同的企业才具有约束力，对于没参与集体协商的企业不具有约束力，这显然违背公平性原则。

第三，集体协商缺乏具体化、专门化的法制支撑。当下，虽《劳动法》《工会法》《公司法》《劳动合同法》等法律对开展集体协商有原则性规定，《集体合同规定》《工资集体协商试行办法》等部门规章对集体协商的具体运行有规范，但总体而言，法律的规定比较笼统、宏观，具体操作性规定有待进一步细化，行政规章之法律"位阶"不高，约束力也很有限。因而，及时出台一部专门的《集体协商法》显得非常有必要。

第四，专业化集体协商人才匮乏。由于工会缺乏专门化的专业人才，与雇主组织的集体协商，既不能有效表达职工的合理化利益诉求，又不能做到与企业主对等的社会地位而掌握一定的社会资源，导致集体协商徒有形式而无实质性意义，更多成为一种摆设和检查考核的"样品"。② 一位非公企业工会主席坦言：

---

① 对F省Q市工会党组书记、副主席的访谈记录，访谈笔记20160503。
② 丁春洁、王志坚、陈明：《夯实助推供给侧结构性改革的工会工作着力点——关于供给侧结构性改革职工权益保障问题的分析与对策》，《中国工运》2017年第2期。

被访者 E：像我们这种非公企业工会，无非就是一种"摆设"！你想想，我工会主席还兼着企业人力资源部经理，工资都是老板发的，我怎能不对老板负责?！对工人负责可能吗？弄不好我得卷铺盖走人喽！说实在的，在切身利益面前，我只能选择走形式化的道路。①

## 四 结论与讨论

构建和谐稳定的劳动关系，仅靠政府单方面的努力显然不够也不足，需发挥工会的积极效应，需要工会在强化自身自主性、加强自身建设的基础上发挥联系群众的"桥梁纽带"②作用，主动推进自身转型发展。

第一，工会要自觉坚持党的领导。政治性是工会的首要属性，主要体现在自觉、主动坚持党的领导，使工会在党的领导下有声有色、有板有眼地开展群众工作。③ 工会要在集体协商中有效发挥作用，坚持党的领导是首要前提，这是确保劳资矛盾化解工作顺利推进的关键。因此，各个层级、层面的党组织应为工会开展工作创造有利条件、提供支撑保障，努力为工会开展集体协商供给更多的支持、创设更好的条件。

第二，推动工会深度转型。中国工会是中国近现代社会发展的产物，随着时代、社会的变迁不断成长。时代、社会的变化要求工会这种社会组织形态省思自身在整个社会组织体系中的方位——是什么？做什么？扮演什么角色？如何有效作为？承担何种社会使命？工人通过参加工会，能够更有效地聚集起来，从而使得力量更加强大，声音更加洪亮，维权更加有力。④ 有为才会有位。"众人拾柴火焰高。"弱势群体唯有通过组织化才能

---

① 对 J 省 X 市（县级市）某非公企业工会主席的访谈记录，访谈笔记 20170922。
② 《中国共产党第十九次全国代表大会文件汇编》，人民出版社 2017 年版，第 55 页。
③ 在习近平看来，坚持正确政治方向，首要就是坚持中国共产党领导和社会主义制度。工会是做工人阶级工作的，而工人阶级是中国共产党最坚实最可靠的阶级基础。只有坚持党的领导，工会工作才能方向明确、不走偏路，才能做得扎实有效。参见《人民日报》2013 年 10 月 24 日第 1 版。
④ 英国"工联主义"代表人物韦伯夫妇认为："工会者，乃工人一种继续存在之团体，为维持或改善其劳动生活状况而设者也。"参见［英］韦伯夫妇《英国工会运动史》，陈建民译，商务印书馆 1959 年版，第 1 页。

增强自身力量，这也是新时代工会组织建设的应有之义。① 西方国家的实践也表明，"参加集体谈判的工人常常享有较高的工资，较好的利益，较少的伤害"②。在和平建设时期，工会的核心使命在于服务职工、增强职工权益的代表性，注重职工队伍内部利益张力的平衡和协调，在党、政府与职工之间架起顺畅沟通的平台和界面。③ 工会要不成为"吹拉弹唱"的"养老院"，必须要积极主动作为，切实在集体协商中有所担当，有所作为。④ 在新时代，工会应加大对工人合法权益的救济力度。很多农民工，由于教育文化素质低，对维权渠道、制度等不甚了解，在劳资关系中处于弱势地位。当合法权益得不到有效保障时，容易采取暴力对抗方式去维权，因此造成了合法合理的利益诉求与不合法、不合理的维权方式相互交织，给社会和谐稳定带来影响。因此，工会应把保障工人尤其是农民工之合法权益作为核心功能定位，切实强化对工人权益的救济力度，最大限度防止极端暴力事件的发生和发展。工人群众的根本利益是工会"维权"的价值原点。当前，工会需侧重关注并关怀工人群众的需要结构发生的深刻变化，关注他们需要什么、期盼什么、讨厌什么、窝心什么、恼火什么。这需要工会围绕劳动关系的建立、运行、监督和调处等环节建立健全维权机制，开阔服务空间、丰富服务内容、优化服务品类、创新服务方式。同时，有效激发网络结构优势，牢牢掌握职工队伍和劳动关系状况，能够及时反映和表达职工群众意愿和要求。通过深入基层、贴近实际大力开展调查研究，以具体的事实、数据、专业化的工作手法增强工会在集体

---

① 邓小平提出："必须把工人的最大多数组织到工会中去，并依靠工会去教育工人，启发其阶级觉悟，发挥其生产积极性。忽视工会工作，就谈不上依靠工人阶级。"参见《邓小平文选》第 1 卷，人民出版社 1994 年版，第 175 页。

② [英]迈克尔·普尔、马尔科姆·沃纳：《人力资源管理手册》，清华大学经济管理学院编译，辽宁教育出版社 1999 年版，第 444 页。

③ 关于群众团体的基本任务，邓小平在 1979 年召开的中共省、市、自治区委员会第一书记座谈会上的讲话中明确指出："党是搞什么的？工会是搞什么的？共青团是搞什么的？妇联是搞什么的？还不都是做政治工作的？"参见《邓小平文选》第 2 卷，人民出版社 1994 年版，第 195 页。

④ 归结起来，工会要坚持"主动、依法、科学"的中国特色社会主义工会维权观。所谓"主动维权"，就是要有主动的意识、前瞻的战略安排，主动把握职工需求，主动赢得社会支持；所谓"依法维权"，就是要求工会引导职工以理性合法的方式表达利益诉求，依法伸张应有的权利，依法规范自身行为；所谓"科学维权"，就是要以科学理论为指导，用科学方法来保障职工的合法权益。

协商中的"话语权"。

第三,拓展集体协商的范围。目前劳资集体协商主要以工资协商为主,而劳动安全条件、卫生条件、社会保险缴纳、养老保险缴纳、工会组建等其他涉及职工现实及长远的利益问题则鲜少在协商中呈现。因此,劳资集体协商需拓展议事范围,更全面地保障职工合法权益。同时,区域、行业、企业集体协商是不同层级的协商形态,具有不同的协商侧重点,既相互衔接,又互为补充。要建构促推三者有机衔接的机制体系,促使它们在各自的职责范围内有效发挥作用。

第四,从法律层面为工会参与劳资集体协商提供制度支撑。当前,对中国劳动关系的规范主要形成了以《劳动法》为基础,以《劳动合同法》《劳动争议调解仲裁法》等为"四梁八柱"的法律规范体系。从地方层面来看,当前不少省(区、市)都出台了集体协商条例,[①] 有的还出台了专门性的工资集体协商条例。因而,针对不同地区立法的不同进展,应分类分时推进实施:①对既无立法规划亦无相关行政规定的,在难以一步到位立法的情况下,通常按先推动政府出台相关行政规定尔后提出立法动议的步骤循序渐进推进立法进程;②对已有政府相关规定但尚未提上立法日程的,可通过发挥工会界别人大代表、政协委员的力量在"两会"上提出推动完善集体协商地方立法的议案、提案,积极推动将修改完善的政府相关规定提上立法日程;③已列入立法规划但仍处于审议过程中的,尽力推动立法尽快出台;④对于尚未立法但有立法权的地方,工会应组织专门力量起草集体协商立法建议稿,作为立法议案的附件一并向具有立法权的同级人大提出,从而使立法草案能够更全面、更具体反映工会的意志、意愿,积极倡导加快推进立法进程;⑤对于已有集体协商地方立法的地区,工会应积极推动人大适应集体协商工作新的发展需要,适时对地方集体协商法规修订健全。

---

① 河北于2008年,天津于2010年,新疆、江苏无锡于2011年,湖南、云南、内蒙古、乌鲁木齐等于2012年,江西、河南于2013年开展工资集体协商的专项立法,还有10多个地区正在进行立法调研和相关论证工作。参见王霞《工资集体协商与利益共享机制》,社会科学文献出版社2015年版,第153—155页。

## 第二节　政治使命型人民团体与协商民主
### ——以共青团引导青年社会组织为例

政治使命型人民团体的核心使命在于：凝聚所联结的社会群体朝着执政党规定的目标取向奋勇前进，巩固并拓展、开发执政党执政的社会合法性资源。随着市场化的加速推行以及由此所导致的社会的结构性变迁，社会的组织化、再组织化进程不断加快。青年社会组织的涌现极其踊跃，正是在这样的时代背景、语境下生成并对共青团组织体系的重构以及共青团与青年之间的关系建构构成直接"冲击"乃至深刻挑战：一方面，从共青团自身的组织网络建构来分析，青年社会组织逐渐发育为共青团青年事务的新介体、新平台——适应青年日趋多样、多变、多元的价值诉求、心理预期、偏好取向并巩固党执政的青年群众基础；另一方面，从青年自身成长的需求要素分析，无论哪个时代、哪个国家，青年都是社会上"最富有朝气、最富有创造性、最富有生命力"①的社会群体，组织化的需要也最旺盛且迫切，青年社会组织的应运而生并拓展为青年群体奉献社会、服务社会、形塑社会的必不可少、不可或缺的新空间、新地带。所以，共青团如何引导、带领青年社会组织并使其激发社会公共性的生产与再生产，是社会主义协商民主体系建构的新的重要议题。正是在这个意义上，《中共中央关于加强社会主义协商民主建设的意见》明确强调人民团体要"积极发挥对相关领域社会组织的联系服务引领作用，搭建相关社会组织与党委和政府沟通交流的平台"。②

### 一　共青团：作为政治使命型的人民团体

共青团不仅具有一般人民团体的一般属性，而且有其独特的属性和发展逻辑。这种独特性主要体现在其政治使命上，即与中国共产党有共同的政治使命与政治梦想。共青团的政治使命主要体现在价值趋向、组织建构

---

① 共青团中央、中共中央文献研究室编：《毛泽东邓小平江泽民论青少年和青少年工作》（增订本），中国青年出版社、中央文献出版社2003年版，第379页。
② 中共中央文献研究室编：《十八大以来重要文献选编》（中），中央文献出版社2016年版，第297页。

和核心功能三个方面：

第一，从价值趋向维度看，共青团与党完全一致。这可以从两个层次来分析。第一个层次是中期共同愿景，共青团以实现伟大梦想为行动"航标"和目标"指南"，动员、鼓舞所联系的青年主动积极为党和国家的中心任务、工作大局尽心奉献青春与智慧。伟大梦想的实现，需要有"使用实践力量的人"①，其中就包括共青团在内的人民团体及其所联结的人民的主体力量和主体自觉。第二个层次是远大愿景，以实现共产主义为最高理想和远大追求。虽然共青团在其发展征程中曾几易其名：社会主义青年团→共产主义青年团→新民主主义青年团→共产主义青年团，但最终确定以"共产主义青年团"为其正式名称，充分彰显了共产主义的魅力与生命力。可以说，以共产主义为价值信仰，是共青团与共产党共同的追求、共同的预期、共同的祈盼、共同的偏好。基于价值信仰追求的高度耦合性、融通性，二者一定会在治理架构、结构设计②、组织形态、制度安排、行动逻辑、实践体系等方面呈现高度的契合性、同质性。③

第二，从组织建构维度看，党是共青团的"缔造者""孕育者"，因而，共青团与党"同宗同祖"，具有相同的政治"基因"。从共青团的历史起源考察，其诞生与党存在难以割舍的勾连。1922年5月5日中国社会主义青年团第一次全国代表大会的召开就是在中国共产党的早期领袖陈独秀、张太雷等的直接且非常具体的指导下召开的。④ 尤其是，时隔两个月（即1922年7月）后召开的中共二大就迅疾对党与青年团的关系建构

---

① 马克思和恩格斯在《神圣家族》中曾深刻指出："思想本身根本不能实现什么东西。思想要得到实现，就要有使用实践力量的人。"参见《马克思恩格斯文集》第1卷，人民出版社2009年版，第320页。

② 邓小平曾把共青团与党的紧密关系比作"穿连裆裤"的关系。

③ 诚如宋德福所言："从共青团与党的特殊关系上看，团与党有着共同的信仰和理想，那就是信仰马克思主义，并为实现共产主义的社会制度而奋斗……党团之间这种关系，是我们党的事业继往开来、兴旺发达的一个标志，也是共青团保持正确的方向、有别于其他群众组织的一个基本特征。"参见宋德福《共青团体制改革的思考与实践》，中国青年出版社2007年版，第320—324页。

④ 青年共产国际代表达林曾这样追忆参加团一大的情景："代表大会在广州的一个公园里隆重开幕，由张太雷致开幕词。第一天是纪念卡尔·马克思……纪念大会开始了，共产党中央局总书记陈独秀作了关于马克思和马克思主义的长篇讲演，人们聚精会神地听着。"参见［苏联］C. A. 达林《中国回忆录》（1921—1927），侯均初译，中国社会科学出版社1981年版，第94页。

作出原则性的大致安排。①

　　第三，从核心功能维度来看，共青团是党的"后备军"。在各人民团体中，只有共青团被正式确定为党的"后备军"②并明确写入中国共产党章程之中。这种"后备军"作用主要体现在：共青团员是共产党员的"后备军"。美国中国政治问题研究专家汤森和沃马克认为，由于中国共产党注重培养"又专又红"特别是"红"的后备力量，所以一定会将工作的重心聚焦于共青团身上。③其主要原因在于：并非所有青年都可以加入共青团，只有青年中的先进人士方能加入共青团。因而，像"佛系青年"④自然而然就不在共青团的组织视野之内。自从1982年共青团十一大把"推荐优秀团员作党的发展对象"（简称"推优"）作为共青团基层组织建设的一项重要任务写进团章之后，各级党组织逐步把此项工作的实施情况视为考核基层党建工作的一项重要指标。⑤通过共青团"推优"这个主要渠道、主要来源，共产党获得源源不断的新鲜"血液"，共青团的"后备军"功能也得以不断彰显。

---

　　① 中共二大指出："在青年劳动者一切经济和教育利益奋斗的方面，中国社会主义青年团应是个独立的团体；关于普通政治运动方面，中国社会主义青年团则应当约束他与中国共产党协定之下。为了促进两团体关系的密切和协谋各种运动的顺利起见，大会认为两团体在各级组织中有互派代表的必要；至于此项职务如何实现，应由两团体中央执行委员会按实际情形协商决定。"这段话实际表明两层要义：其一，青年团在社会利益矛盾冲突中应代表青年群体的利益诉求，体现组织的自主性、自立性、独立性；其二，在政治运动中应与共产党密切沟通协作。为了实现这种密切协作，两者建立相互嵌入的结构体系予以有力支撑。如果说在社会运动中共青团具有较强的自主性的话，那么，在政治运动中，青年团则须听从共青团的指挥、指导，不能单打蛮干。

　　② 值得指出的是，党的"助手"这一提法，在有的群团组织的章程中也有所体现。比如，欧美同学会章程明确载明其是党和政府做好留学人员工作的"助手"。只有"后备军"这一提法，才是共青团独有的定位、取向。

　　③ ［美］詹姆斯·R.汤森、布兰特利·沃马克：《中国政治》，顾速、董方译，江苏人民出版社2007年版，第189页。

　　④ 所谓"佛系青年"，一般指的是1990年以后出生的青年群体，其表征是：对工作、生活、现实政治等都无动于衷、漠不关心，没有雄心壮志和进取精神。英国《每日电讯报》2018年1月3日以"中国'佛系青年'更热衷于智能手机"对此为题刊发了专门报道。参见《参考消息》2018年1月5日第15版。

　　⑤ 比如，1992年7月22日中共中央组织部和共青团中央联合下发的《关于进一步做好推荐优秀团员作党的发展对象工作的意见》明确指出："今后28周岁以下青年入党，一般应从团员中发展；发展团员入党一般应经过团组织推荐。"这两个"一般"，指明了共青团员与一般青年的"不一般"——共产党员的新生力量源泉。

值得注意的是，关于共青团的"后备军"功能，理论界有人认为还有一层要义，即共青团干部是共产党干部的"后备军"。①不少党的中高级领导干部曾经从事过共青团系统的工作。根据有的学者的统计，从1921年7月中共一大至2002年11月中共十六大，中国共产党历届中央委员会委员及候补委员共1604人，曾任共青团干部的委员及候补委员共365人，所占比例达22.76%。②一些党的干部经由共青团系统这个平台的历练获致了更便捷的晋升通道。通过建构一套严密、完整、有效的政治吸纳机制，共青团员、共青团干部日益成为共产党员、共产党干部的新生力量。然而，在实证调研过程中，有的共青团干部直言不讳地指出：

> 被访者F："不要过分强调共青团的后备军作用。团员这支队伍是党员的后备军，但是团干部不是党的干部的后备军。这个定位一定要非常清楚，否则，不少共青团干部老是不安心自身的本职工作，人虽在共青团系统工作，心都在想着自己仕途的晋升。"③

共青团员是共产党员的"后备军"应该强化，但不宜过分渲染共青团干部是党的干部的"后备军"这一主张。主要原因有二：一是党的干部来自各行各业、五湖四海，有年少的，也有年长的，如果把党的干部框定在团干部这个"圈圈"，就会限制党的干部的选拔视野和选择空间，不利于党的长远发展；其二，容易助长共青团干部的"跳板"思维逻辑，对一些团干部的访谈也证实了这一看法。

## 二 青年社会组织生长的基本特征

在计划经济体制下，公有制经济结构的绝对优势位置以及基于这种所

---

① 汤森和沃马克认为，共青团横跨在政治录用的各个通道之间，充当"年轻公民与较高政治地位之间的重要屏障"。参见［美］詹姆斯·R. 汤森、布兰特利·沃马克《中国政治》，顾速、董方译，江苏人民出版社2007年版，第189页。

② 在有的党代会中，这一比例甚至达到三成以上。比如，中共四大为33.33%，中共五大为36.17%，中共六大为30.49%，中共七大为31.17%，中共八大为30.73%。参见郑长忠《组织资本与政党延续——中国共青团政治功能的一个考察视角》，博士学位论文，复旦大学，2005年。

③ 对Z省团委书记的访谈记录，访谈笔记20170622。

有制结构的"单位制"社会结构范式,共青团动员青年群体一般依赖"组织动员"的运行模式,即倚靠共青团的组织网络、组织体系发动青年、整合青年。这种组织动员的现实前提是"全能主义"的政社关系以及附着其上的人际结构网络。① 20 世纪 90 年代随着社会主义市场经济体制的确证和确立,由其所孕育的现代社会要素逐渐发育、生长并开始作为一种相对自主、自立、自觉的力量助推现代社会的成长。从横向国别的视野来看,当代所谓"自由民主国家"滑向极端个人主义的趋势可能会长期存续,这在美国尤甚。② 从理论上看,现代社会的成长主要体现为个体与组织两个层面:从个体层面来看,市场经济催生独立个体人格的生成并要求以契约的形式为这种独立性提供制度维度的支撑,这实质上成为现代社会建构最厚实、最深刻、最有力的力量泉源;从组织层面来看,基于民间、自下而上生长起来的社会组织逐渐在市场经济的土壤中孕育、发育,不仅深刻改变了中国计划经济时期原有的动员方式和组织形式,也使现代社会有了广泛的组织结构支撑并开始与政府、市场鼎足而立,成为现代国家治理不可或缺、难以替代的重要主体,人与人之间的关系经历从不平等的"身份"依附到平等的"契约"建构关系的结构转型,③ 单位或组织已不再是青年唯一的依靠力量。④ 如果说自主个体的成长使共青团所联系的青年目标群体出现分众化、异质化、离散化等表征的话,那么青年社会组织的迅猛生长则使共青团的生存空间、发展空间受到一定的挤压,从某种程度上"倒逼"共青团进行转型。其原因主要在于,青年社会组织的发育与发展,给共青团的组织形式、动员结构、整合机制等带来了深刻挑战。

作为社会组织"大家庭"中的一名"新成员",青年社会组织不仅具备社会组织的普遍属性和表征,而且呈现一定的特别表征。从总体上看,

---

① 按照邹谠的观点,在这种政社关系体制下,公共权力可以随时随地、毫无限制地侵入和控制社会的每个阶层、每一场域。参见邹谠《二十世纪中国政治》,中国香港牛津大学出版社 1994 年版,第 69 页。

② [美] 弗朗西斯·福山:《大断裂:人类本性与社会秩序的重建》,唐磊译,广西师范大学出版社 2015 年版,第 15 页。

③ [英] 梅因:《古代法》,沈景一译,商务印书馆 1959 年版,第 97 页。

④ 谭毅:《从组织到社会网络:论共青团动员青年功能的变革与调适》,《青年探索》2017 年第 1 期。

有如下七点：

第一，类别多元、品种多样。目前学术界在其类型甄别、界分层面、界分维度方面存在差别。例如，根据青年群体的分布结构把其划分为职业型、社区型、休闲型、公益型、网络型、宗教型等，[①] 有的学者基于供给方是否具有竞争性和需求方是否具有可替代性将青年社会组织分为公益和共益两大品类[②]。青年社会组织内部要素异质性强且分化程度高，上述解析维度丰富了青年社会组织的"立体感"，但也存在一些局限性，主要体现在两个方面：一方面，不同类型之间的"楚河汉界"不够明朗明晰，相互之间在边界上存在共有的区间，不同类型存在一定的重叠、交叉、"交集"；另一方面，对类型的本质属性界定不够精准、精当，从而导致对外延的厘定缺乏精确度、准确性。基于此，笔者根据青年社会组织在中国的生长逻辑及其所形成的生长生态认为，基于外生/内生[③]和主体/对象[④]这双重维度，可把之归结为4种类型：①对象外生型[⑤]，②对象内生型[⑥]，③主体外生型[⑦]，④主体内生型[⑧]。其中，主体外生型青年社会组织蓬勃生长并渐入社会力量的"主流"。

第二，具体数量模糊，难以准确掌握。青年社会组织是个总称的概

---

① 谭建光、张文杰、袁建：《经济发达地区的青年自组织——来自广东省珠江三角洲地区的调查研究》，《中国青年研究》2008年第3期。

② 刘俊彦等：《我国城市青年社会组织发展状况研究报告》，载中国青少年研究中心主编《青年与青年社会组织》，中国青年出版社2014年版，第6页。

③ 所谓内生/外生维度，即由共青团创办抑或由青年自组织。

④ 所谓主体/对象维度，即以青年为主体抑或以青年为服务对象。

⑤ 所谓对象外生型，指的是由民间发起、为青年人服务的各类社会组织。比如，杭州青年公益社会组织服务中心，一些非营利性的青少年教育服务机构等。

⑥ 所谓对象内生型，指的是由共青团创办服务于青年群体的社会组织。比如，1989年3月由团中央发起成立的中国青少年发展基金会旨在通过资助改善青少年成长环境。其他的还有中国青年创业就业基金会、上海青年家园民间组织服务中心等。

⑦ 所谓主体外生型，指的是由民间发起、以青年人为主体成立的各类社会组织。比如，上海市"相约四季俱乐部"、互联网翻译小组"抖森翻译军团"等。这类组织发展非常迅猛，是当前青年社会组织的中坚力量。

⑧ 所谓主体内生型，指的是由共青团创办、以青年人为主体成立的社会组织。比如，成立于1994年12月5日的中国青年志愿者协会就是由团中央发起、由志愿从事公益服务的各族各界青年组成的社团。

念,主要是共青团系统最先使用的一个概念,① 在民政系统中并无专门的、全面的统计数据。根据共青团系统不完全统计的数据显示,目前全国共有青年社会组织近百万个。②

第三,涉及面广,但发展结构不均衡。青年社会组织不仅涉足联谊、旅游、球类、俱乐部等"共益"型场域,也关怀倡导、生态、救助、教育、扶贫等"公益"型领域,囊括青年以及社会生产、生活诸多层面。③然而,其发展结构存在不均衡、不平衡问题,主要体现在:①从自身的注册类型结构来看,在已取得合法身份的青年社会组织中,自发性、"草根"的自愿性社团较多,社会服务机构、基金会等相对较少,特别是青年人自己创办、开设的基金会更是少之又少;②从城乡结构来看,发源于城市并在城市开展项目的居多,而基于乡村并扎根乡村开展活动的则偏少,乡村振兴战略的"落地"需要青年社会组织的助力;③从区域结构来看,东部地区的青年社会组织"火气旺"且生命力强,相对而言,中西部地区的青年社会组织则发育较为迟缓;④从参与领域来看,自娱自乐、"会员制"服务的小"共同体"较多,关注生态环境、公共卫生、公共文化、教育事业、权益代表等公益方面的则偏少。④

第四,以互联网为联系媒介。当前,互联网已成为青年生产与生活中不可或缺的重要媒介性工具,青年社会组织的许多项目都依托于互联网运行。比如,通过微信群、QQ 群等发布活动信息、开展"众筹"、聚集人脉等。

第五,趣缘取代地缘、业缘成为青年社会组织成员间联结的轴心纽带。传统的青年社团主要依托基于同地域的"老乡会"或同业态的青年商会等形态呈现。随着现代市场经济的拓展以及由此衍生的"陌生人"

---

① 理论界关于青年社会组织这个概念界定也存在一定争议,其焦点主要集中在青年是主体抑或对象这两个方面,主要有两种观点。一种观点认为,青年是青年社会组织的主体。另一种观点认为,青年既可以是青年社会组织的主体,也可以是青年社会组织的服务对象。笔者认为,这两种观点是从不同的角度进行界定,前者更侧重于狭义层面,后者更侧重于广义层面,都有一定道理。

② 林洁:《地市级团委青年社会组织工作分管书记培训班举办》,《中国青年报》2014 年 6 月 29 日第 2 版。

③ 共青团中央编:《中国共青团年鉴 2013》,中国青年出版社 2014 年版,第 70 页。

④ 浙江省团校课题组:《激发青年社会组织活力的体制机制研究——以浙江省为例》,《青少年研究与实践》2015 年第 2 期。

社会的初步建构，青年人聚合在一起主要基于有共同或相近的偏好、兴趣、价值追求，相互之间没有太多的利益冲突，更多是基于趣缘的"弱关系"。

第六，活力与破坏力并存。青年社会组织的出现，既是现代社会进步的必然产物，也在一定程度上推动了社会的发展，活力和社会合法性正逐步展现。然而，一些青年社会组织的不规范运行甚至逾越法律、道德的底线，给社会秩序的维护也带来一定的影响。从总体上看，当前青年社会组织还处于发展的初级阶段，需要激励与约束并重，确保其沿着有序的轨道规范运行。

第七，组织边界的模糊性。青年社会组织因缘而聚，其基本特点是：边界模糊，联盟网络松散，组织结构分散，归属方式非正式化。由于缺乏强制性的规范设计和系统化的制度建构，缘尽则散。实际上，这也是20世纪60年代以来西方社会运动机制的基本特征。[①]

青年社会组织的成长，不可避免给共青团带来深刻的挑战。如何因应挑战，成为共青团在新时期、新时代亟待解决的一个现实课题。

## 三 联系→服务→引领：共青团引导青年社会组织的行动逻辑

历史制度主义的主要特征是关注宏观脉络并分析其历史过程，将制度视为历史的产物：特定阶段生成的制度会维续相当长一段时期并对后继的社会现象产生深刻影响。因而，以制度模式或制度形态为焦点阐释社会现象，分析具体的制度样式和社会政策之间的因果逻辑。在历史制度主义看来，不把握脉络，就难以阐释行动。为了把握特定阶段的"脉络"，关键要关注形成脉络的"历史"过程。这是历史制度主义之为"历史"的缘由所在。[②] 基于这样的方法论，全面把握共青团与青年社会组织之间的关系及其演展脉络，需要有历史的维度和历时性的视野，这对于更深刻地把

---

① 这些松散的联盟之间非集中化、网络化的交流是相对扁平化的"横向"而非"纵向"的组织结构以及非正式的成员归属形式。人们可以通过"露面"或在一个具有可以自由出入的边界的组织中表达共有的政治情感、表达自己的归属，而不必依靠缴纳会费"正式"成为组织一员。参见［美］皮帕·诺里斯《政治行动主义：新的挑战与机遇》，载［美］罗伯特·E. 戈定主编：《牛津比较政治学手册》（下），唐士其等译，人民出版社2016年版，第631页。

② ［韩］河连燮：《制度分析：理论与争议》，李秀峰、柴宝勇译，中国人民大学出版社2014年版，第21页。

握当下、研判趋向具有重要现实价值。① 大致可划分为三大阶段：2006年以前的第一阶段，2007—2013 年的第二阶段，2013 年以来的第三阶段。

### （一）第一阶段：开始注意对"青年社团"②的管理。

1978 年以来，通过建构专门化、专业性的组织载体，共青团积极吸纳社会资源并拓展其社会功能。③ 随着市场经济的迅猛成长以及由此助推的社会权利与国家权力关系之间的分离、分化甚至分立、对立，青年社会组织逐渐生发、生长并愈益引起共青团系统的关注，逐渐成为共青团延伸其工作"手臂"的外在支撑性要素和可资"借用"的外生性资源。从总体上而言，此阶段（2006 年以前）共青团对青年社会组织的关注、了解尚处于"探路"的探索期。

第一，开始加强联系。由于青年社团是个新生事物，无论是发育还是发展均有一个循序渐进的自然生长过程。所以，当其甫一出现，共青团对其比较宽容，注重与其加强联系、联合以期合力开展青年工作。共青团十二大④通过的《关于共青团体制改革的基本设想》就曾要求共青团要善于联合其他青年社团一起开展活动，希冀"通过多种多样的俱乐部、兴趣小组和社团"等形式达致集聚青年、凝聚青年的目标。⑤ 时任共青团中央书记处第一书记的李克强在 1993 年 5 月召开的共青团十三大上明确要求

---

① 1919 年 7 月 11 日，列宁在斯维尔德洛夫大学发表了一个关于如何有效治理国家的主题演讲，其中明确提出这样一个重要的见解：扎实做好社会科学研究最重要的是"不要忘记基本的历史联系"，亦即"考察每个问题都要看某种现象在历史上怎样产生、在发展中经过了哪些主要阶段，并根据它的这种发展去考察这一事物现在是怎样的"。（《列宁选集》第 4 卷，人民出版社 2012 年版，第 26 页）这一方法论，对我们今天剖解共青团与青年社会组织之间的关系形态不无启迪价值、启发意义。

② 值得注意的是，青年社会组织，最初由于规模小、人数少、功能有限，在 2006 年以前一般称为"青年业余团体"或"青年社团"等，其中称呼"青年社团"的居多。

③ 比如，1985 年指导创建中国青年企业家协会，1989 年发起成立中国青少年发展基金会，1994 年指导设立中国青年志愿者协会，1999 年同意成立中国青少年研究会。参见胡献忠等《共青团与相关团体关系研究：历史的视角》，中国青年出版社 2016 年版，第 162—165 页。

④ 共青团十二大于 1988 年 5 月召开。

⑤ 参见共青团中央门户网站（http://www.gqt.org.cn/search/zuzhi/documents/1988/880830.htm）。

"加强对经济界、科技界等方面青年专业社团的工作"以延伸团的"工作手臂"。① 共青团十四届二中全会通过的《共青团工作跨世纪发展纲要》（1998年12月）基于建构共青团社会化、青年化的运行机制强调有效激发"团组织联系社团的优势"②。由上观之，这一阶段共青团把加强联系青年社团作为其工作的必不可少的重要部分。

第二，注重业务指导。20世纪80年代，社会团体的治理权责散落、分散在不同的政府职能部门之中。社会组织的注册由不同部门分别审批。同时，监管缺乏统一化、规范化、透明化的规则体系。由于不同管理部门的权责没有清晰界分，遇到对自己部门有利的事情争着管，遇到对自己部门不利的事情互相推诿扯皮，致使对社会组织的治理存在诸多漏洞、"空白地带"和"盲区"，从某种程度上看处于碎片化、分散化、无机化的状态。20世纪80年代末，为有序治理社会组织，国务院先后制定《基金会管理办法》《社会团体登记管理条例》，大致建构起注册机关与业务主管机关相互协同的双重管理体制安排——先经业务主管机构"前置许可"后方可向民政部门申请注册。③ 由是观之，对青年社团之管理也须采用双重管理，其中，共青团担当的主要是业务指导的责任。④

---

① 共青团中央青运史档案馆编：《中国共青团历次全国代表大会概览》，中国青年出版社2012年版，第547页。

② 共青团中央编：《中国共青团年鉴1998—2002》（下），中国青年出版社2004年版，第912页。

③ 1996年中央办公厅和国务院办公厅联合下发的《关于加强社会团体和民办非企业单位管理工作的通知》确认并进一步了强化社会组织管理的制度性架构体系——"统一归口登记""双重负责""分级管理"。

④ 共青团中央与民政部联合下发的《关于全国性青年社会团体有关问题的通知》（1998年6月8日）对共青团如何更好加强对青年社团的业务指导以最大限度发挥其积极效应作出明且具体规范。共青团十四大（1998年6月）工作报告明确强调要"加强对各类全国性青年社团工作的指导"，从而"进一步扩大青年工作的覆盖面和影响力"。（共青团中央青运史档案馆编：《中国共青团历次全国代表大会概览》，中国青年出版社2012年版，第593页）1999年12月10日，共青团中央专门印发《全国性青年社会团体管理办法》，对全国性青年社团的名称规范、设立要素、注册条件、监管职责、活动管理等方面进行了具体细化规定。[共青团中央编：《中国共青团年鉴1998—2002》（下），中国青年出版社2004年版，第1160—1162页]由上可以很明显地看出，这个阶段共青团对青年社团的管理侧重体现在业务指导这个方面。

第三，初步确立"一手抓培育发展，一手抓监督管理""两手抓"的工作方针。随着对青年社团联系的加强和业务指导的拓展，共青团逐渐了解了其主要倾向、运行逻辑、发展脉络。共青团十五届二中全会于2003年12月26日通过的《全面建设小康社会进程中共青团工作战略发展规划》正式确立了对青年社团"一手抓培育发展，一手抓监督管理"的基本取向和方针，希冀"促进各级各类青年社团规范健康发展"①。从时间区间段考察，相当一部分青年社团是在2003—2005年之后"大面积"成片发育起来的，②在其最孱弱、最需要支持的时间节点给予关怀和引导，是最佳契机。③ 实践证明，这个工作方针是契合实际、注重辩证思维的，主要依据在于：如果只抓培育发展而不抓监督管理，青年社团容易无序发育、"野蛮"生长；如果只抓监督管理而不抓培育发展，青年社团则会缺乏生机、丧失活力。因而，辩证把握培育发展和监督管理的尺度、分寸、界限显得至为关键，体现并考验各级共青团组织的工作水准和品质。

（二）第二阶段：高度关注"青年自组织"④ 成长

在杰索普看来，解释"自组织"治理的兴起，最具普遍性的一个情况是：其在某些类型情况下所供给的渐变的优越性，因为各类机构之间关系松懈或拥有某种程度或范围的运作自主权，彼此"相互依赖"且关系复杂多变，有共同的利害关系，因而在此情况下，自组织便是比较合宜的

---

① 共青团中央编：《中国共青团年鉴2003》，中国青年出版社2004年版，第369页。

② 郑长忠：《走向政党主导的多元合作：中国公民社会的生成逻辑——基于对中国共青团与青年社会组织关系的考察》，《中国青年研究》2010年第8期。

③ 基于这样的考量，共青团十五届四中全会（2005年12月20日）特别强调共青团要"抓住契机"，通过"大力培育和发展青年社团，加强监督管理，推动形成社会服务网络化的新格局"。参见共青团中央门户网站（http：//www.gqt.org.cn/documents/ccylspeech/200612/t20061205_ 4315.htm）。

④ "青年自组织"这个概念是在借鉴自组织理论的基础上提出来的。20世纪60年代以来，一些西方学者以自然系统、生命系统等自组织系统为研究对象，力图领解其发生、发展的机理、机制，其"目标函数"是：自组织系统在什么时机、什么空间、何种条件下能够由无序走向有序，由低级有序迈向高级有序，由高级有序趋向有机活力。使用"青年自组织"这一概念，意寓对这一新生组织形态生命力、活力、成长力的期冀和期许。从目前查询到的相关文献来看，共青团系统在2007—2013年主要使用"青年自组织"这一称谓。

协调方式。① 因此,这一阶段(2007—2013 年)共青团对青年"自组织"给予了相当大程度的重视,政策取向主要体现在以下两个方面:

第一,高度凝注青年自组织的生长态势。随着经济社会的发展,青年的组织化需求不仅没有弱化反而更加强化,并且呈现出动机多元化、群体分众化、"场域"多样化、活力迸发并根深柢固的成长态势等显著表征。② 2007 年 12 月 18 日举行的共青团十五届六中全会尤其把青年自组织的生长视为"突出现象",对其影响用"迅速"提高作出定性。③ 可见,此时的青年自组织俨然是共青团不得不面对的社会议题。

第二,把青年自组织吸纳进共青团工作体系之内。一般来看,共青团面对青年自组织的发育路径、成长轨迹和演展趋向,可以有两个选项、两种取向:一种是顺势而为,把其视为其工作谋划和开展的"助推器"和重要资源要素,并把其吸纳、整合进日常工作结构之中,从而建构"正和博弈"的关系格局;一种是把其视为"眼中钉"甚至"敌人",因而采取限制、压制、阻滞等手段妨碍其自然生长,难免生成"零和博弈"的关系结构。中国共青团经过反复思忖、系统调查,最终选择的是前一个选项、取向。④ 通过对 2008 年共青团十六大工作报告"青年自组织"这个概念出现的频次作的统计发现,总共出现了 6 次,主要聚焦于第八部分"以改革创新精神推进团的建设"之中。⑤ 尔后,"青年自组织"不仅成为共青团统战工作的一个重点场域、重要平台,更是其各项工作的一个新的"抓手"。

---

① [英]鲍勃·杰索普:《治理的兴起及其失败的风险:以经济发展为例的论述》,漆芜编译,载俞可平主编《治理与善治》,社会科学文献出版社 2000 年版,第 61 页。

② 根据团中央办公厅 2007 年全国青年自组织调研报告,当年全国青年自组织数量就有约 80 万个,逾亿个青年参加过青年自组织组织的项目活动,近 3000 万人作为其比较固定、稳定的组织成员。参见团中央办公厅《2007 年全国青年自组织调研报告》,转引自吴庆《青年政治参与与共青团工作》,中国青年出版社 2015 年版,第 211 页。

③ 参见共青团中央门户网站(http://www.gqt.org.cn/documents/ccylspeech/200801/t20080107_56962.htm)。

④ 2007 年 12 月 19 日,共青团十五届六中全会通过的决议首次把"青年自组织"这个概念写入其正式文件之中并明确要求"把青年自组织纳入团组织领导和青联、学联联系合作的范围内"。参见共青团中央门户网站(http://www.gqt.org.cn/documents/zqf/200801/t20080102_56680.htm)。

⑤ 参见共青团中央青运史档案馆编《中国共青团历次全国代表大会概览》,中国青年出版社 2012 年版,第 683—684 页。

### (三) 第三阶段：联系、服务和引导"青年社会组织"①

为在共青团系统内系统擘画青年社会组织工作，共青团中央于 2014 年 2 月 25 日至 26 日在上海专门召开全团青年社会组织工作会议，沟通信息、分享经验、反思差距、瞻望未来趋向。② 自从这次会议后，无论从顶层设计抑或地方实践来观察，不同层次、层级、层面的共青团都做了些许积极尝试、有益探索，在一定程度上促使青年社会组织工作向纵深场域拓展。③ 质言之，该阶段（2013 年以来）共青团对青年社会组织的关键词是"联系""服务"和"引导"。

第一，主动"联系"。如果说之前共青团加强与青年社会组织的联系带有一定被动性、不太情愿、不太信任的意涵的话，那么，此阶段的联系则更多带有主动性的忧患意识、危机感。这主要源于三个方面的动因：①青年社会组织的迅猛生长态势，不可避免会对往昔共青团青年事务管理"一枝独秀"之格局带来挑战。④ ②源于共青团希冀开发青年社会组织的积极效应、发挥其"正能量"，把其吸纳入自身工作体系之内，优化自身的工作资源结构，进而达到"延伸手臂"、拓展空间、提升活力之目的。③青年社会组织的发育与生长是现代社会发展的历史产物，其成长态势难以阻挡，因而唯有主动联系才能摸清底数，才能深刻领会其生成、生长的

---

① 2013 年 6 月，共青团十七大报告用"青年社会组织"这个术语替代"青年自组织"这个表述，在第六部分从"联系""服务"和"引导"三个向度具体部署如何与青年社会组织构建关系。尔后，"青年社会组织"这一称谓就被正式确定、固化下来，成为共青团系统固定使用的概念和话语单元，"联系""服务"和"引导"也成为共青团与青年社会组织关系的基本取向。

② 《共青团中央办公厅关于召开全团青年社会组织工作会议的通知》（2014 年 1 月 26 日），参见共青团中央门户网站（http：//www.gqt.org.cn/documents/zqbf/201403/t20140327_684671.htm）。

③ 此外，2015 年 11 月以来在上海、重庆共青团改革举措中，引领青年社会组织都是共青团转型亟须破解的一个重要现实议题。

④ 关于这一点，共青团十七届一中全会强调得非常直截了当：共青团在青年中的凝聚力并非自然而然生成，也不都能够持续维持、维续，因为在青年服务领域共青团将面临各类青年社会组织的冲击、挑战和竞争。[参见共青团中央门户网站（http：//www.gqt.org.cn/documents/ccyl-speech/201307/t20130726_650338.htm）] 可以看出，在共青团高层存在深深的忧患意识、危机意识：如果没有做好青年社会组织工作，共青团将面临合法性危机，也将失去自身存在的价值和使命。

客观法则和发育、发展的内在运动规律。① 由此，青年社会组织的联系工作被共青团视为一个"新领域""新内容"和"新增长点"。

第二，全面"服务"。在共青团看来，青年社会组织是社会现代化和市场经济的衍生物，具有深刻的历史必然性，在服务和吸引青年方面有其独特优势、显著价值、鲜明特点。因而，服务青年社会组织，进而让青年社会组织为不同青年群体提供"更贴心、更专业"的服务，这是夯实共青团社会合法性基础的必由之路，也是提升共青团行动有效性的题中应有之义。从现实实践形式来看，服务青年社会组织的主要形式有：探索设立专项培育基金、孵化基地，支持其参与购买相关政府职能部门以及群团组织的公共服务项目，供给场地租用、具体业务指导、教育培训等方面的支持。从现实效应来看，对于青年社会组织的服务供给，也是一种服务青年的方式。②

第三，有效"引导"。现实逻辑表明，青年社会组织自身的快速生长，不仅影响到其与共青团的关系形态，也对青年与共青团的关系结构带来微妙的深刻影响。基于这种影响，共青团着力发挥青年社会组织积极功能的面向，于是，有效引导其健康成长成为此阶段的战略抉择。③ 这种引导，主要体现在发挥共青团的"枢纽"④作用。所以，抓住"枢纽"，就是"打七寸"，就把握住关键"部位"和要害之处。⑤ 这种"枢纽"功能定位，其目标很清晰：使共青团不仅要凝聚青年个体，而且要凝结青年组

---

① 周凯、王烨捷：《全团青年社会组织工作会议在沪召开》，《中国青年报》2014年2月27日第1版。

② 同上。

③ 值得注意的是，在2014年之前，有时候用"主导""龙头"等称谓。比如，2013年8月下旬，秦宜智在四川调研时指出，要"着力探索形成以共青团为主导、为龙头的青年社会组织体系"。参见李立红《秦宜智在四川调研共青团工作时强调把握青年时代脉搏推进团的工作创新》，《中国青年报》2013年8月29日第2版。

④ 根据《辞海》的释解，所谓"枢纽"，比喻"冲要处或事物的关键所在"。参见夏征农、陈至立主编《辞海》（中），上海辞书出版社2010年版，第3617页。

⑤ 基于此，"充分发挥在青年参与中的枢纽作用"成为2014年1月召开的共青团十七届二中全会所提出的共青团事业改革发展七项主要任务之首。（共青团中央编：《中国共青团年鉴2014》，中国青年出版社2015年版，第37页）2015年8月初，秦宜智在福建调研时提出共青团要当好党委政府与青年社会组织之间的"传动枢纽"。（李立红：《秦宜智在福建省调研共青团工作时强调扎实落实中央党的群团工作会议精神凝聚青年 服务大局 当好桥梁 团要管团》，《中国青年报》2015年8月28日第1版。）

织，把其引导青年社会组织生长的有序性、有效性作为提升和改进工作品质的显著标识。引导的方式多种多样，比如，各级青联组织根据实际条件增设青年社会组织界别，吸收影响力大的青年社会组织"领军人物"成为团代表、青联委员、政协委员、人大代表，吸纳社会公信度高、实绩突出、献身公益使命的青年社会组织加入青联等。

综合上述分析，"联系→服务→引导"，构成一个前后衔接、内在呼应、有机互动的治理网络链体系，也成为新时代共青团开展青年社会组织工作的主基调和"主旋律"。

## 四 结论与讨论

现代化目标的达成在很大程度上取决于青年、依赖于青年的积极主动作为，因为青年是社会现代化征程中具有特殊意义的"显示器"。[①] 然而，脱离青年是现代国家治理的一个"老大难"问题，不仅在中国，在其他社会主义国家也同样存在，很难通过短期的改革就彻底扫除。[②] 要不脱离青年，就要关注青年的特点和关怀青年的现实需要。[③] 其中，组织化的需要是当前青年的现实性需要：既是青年的生存性需要，也是青年的美好生活之内在发展性需要。可以乐观预期，日后的青年社会组织发展之势不可挡，宜"疏"不宜"压"，宜"导"不宜"限"。

从一定意义上看，青年社会组织的发育、成长给共青团的工作带来结构性的深刻影响，对其治理体系、结构体系、功能体系、空间体系、价值

---

① ［美］戴维·E.阿普特：《现代化的政治》，陈尧译，上海人民出版社2016年版，第54—55页。

② 1987年4月苏联共青团二十大时，许多代表反映共青团说得多、号召多、空谈多，做实事少。比如，1984年苏联团中央书记处和常委会共通过56项决定，其中与青年的日常生活、劳动工作、学习相关的仅有10项。这就导致花样繁多、各式各样非正式青年团体大量涌现，共青团在青年群体中的影响力不断降低。参见邢哲《处于改革浪潮中的苏联共青团》，《当代青年研究》1987年第8期；刘成彬《苏联共青团工作的改革——访苏札记之一》，《苏联问题参考资料》1989年第2期。

③ 早在1946年，任弼时就曾犀利精辟地指出："青年团的工作对象是青年，如果不研究青年的特点，不采用适合青年的工作方法，就不会有发展，就没有前途。"参见中共中央文献研究室、共青团中央编《青年工作文献选编》（上），中央文献出版社、中国青年出版社2012年版，第233页。

体系诸方面带来或大或小的冲击。① 无论从理论上抑或实践层面看,两者既有竞争可能,也须勠力合作。② 更重要的是,共青团作为一种"体制内"之力量的有机成长,有赖于其与体制外相关组织形态的良性互动、协调耦合。

## 第三节　社会服务型人民团体与立法协商
### ——以全国妇联参与《反家暴法》立法为例

"没有妇女的酵素就不可能有伟大的社会变革。"③ 妇女的解放和自由,是现代社会进步和发展的重要表征。全国妇联作为旨在代表、维护妇女权益,促进男女平等的人民团体,其在社会主义协商民主建构与建设中具有独特作用。尤其是,其在参与《反家庭暴力法》(以下简称《反家暴法》)立法协商中发挥了积极效应,从中可以管窥人民团体在协商民主构建中的运行结构及其功能形态。

### 一　问题的提出

国外学界对社会性别问题的研究文献较充分,相比之下,国内学界对此的研究尚较为匮乏。换言之,国外学者对妇女问题研究虽较多,但对妇女组织的研究更多是从妇女参政这一大框架去研究。尤其是北欧国家,对于妇女参政的相关问题研究较为丰富,包括对妇女组织参政的模式、制度环境以及社会环境等问题都作了大量的分析。就国内学界而言,专门对妇联参与协商民主建设作用的研究相对较少,而多以"人民团体"这一整

---

①　关于青年社会组织与共青团之间的关系,理论界主要有对立论和互补论两种视角。持对立论的学者更多关注两者之间的差异性,这种差异性主要源于其本质属性、组织定位和价值取向的分殊:青年社会组织更多关注文化和兴趣议题,而共青团更多关怀政治议题。因此,两者在吸引成员、社会动员方面存在良性竞争。持互补论的学者更多关注两者之间的融合性、共通性。这种融合性、共通性主要体现在两者都具有社会性上。

②　有效处理青年社会组织与共青团之间深刻的竞合关系,对于实现社会良性治理、有序运行具有积极意义。正是在这个意义上,对青年社会组织与共青团之间关系的把握不能走极端,而应坚持辩证思维。

③　《马克思恩格斯文集》第10卷,人民出版社2009年版,第299页。

体概念参与协商民主建设的作用进行研究。目前国内学界对妇联的研究多是从妇联参与社会治理、妇联组织自身角色结构与职能定位问题以及妇联组织所面临的挑战与问题等来进行研究。在为数不多的对妇联组织参与协商民主建设作用的研究文献中，大多都带有地区性，它们往往针对某一地区案例进行分析研究，或以调研报告等形式进行阐述，并未对全国性的妇联组织参与协商民主建设作用进行系统分析。实际上，妇联组织在参与协商民主建设方面有其独特的价值和优势：

(一) 代表妇女群众参与协商，拓宽了妇女群众的协商空间

社会主义协商民主的主体兼具广泛性、代表性、全面性，涉足社会各个阶层、群体，最大限度反映整个社会的要求、期盼与呼声。只有协商民主的主体具备全面性时，才能更好聚集民意、凝聚民智、聚合民气。作为人民团体，妇联以其独特的地位成为协商民主主体之一：首先，妇联是中国人民政治协商会议的组成单位，是政协的重要界别；其次，由妇联选出的代表参加全国人民代表大会，这意味着在涉及国家大政方针、社会发展重大决策上，妇联发挥着重要作用，广大妇女群众的人民主体地位得到充分保障。

作为代表、维护广大妇女儿童的权益的最大的妇女组织，妇联积极参与协商，将妇女群众这一群体纳入协商民主之中。此外，妇联组织所囊括的广大妇女群众涉及各个行业、各个职业、各个社群、各个领域、各个民族，其服务对象具有全面性特点，这意味着妇联在参与协商时代表的是整个妇女界，促进了社会主义协商民主主体的全面性。

(二) 充分反映妇女儿童利益诉求，增强协商民主内容的多样性

协商民主的内容上至国家大政方针，下至百姓日用家常，涉及政治、经济、文化、生态、社会多个方面，具有广泛性、多样性、差异性。妇联以其自身的独特优势丰富、发展了协商民主的内容，增强了协商民主内容的多样性。

其一，紧贴基层，反映社会现实。

妇联组织具有广泛的群众性、社会性，扎根基层，紧贴广大妇女群众，切实关心妇女儿童的实际生活，注重解决妇女群众的现实问题。通过基层妇联组织联系和服务妇女群众，通过多种途径对广大妇女群众的生活进行调查、访问，收集相关信息，谈论相关案例，将其纳入协商内容之中，促进协商内容的生活化、实际化，诸如农村留守妇女问题、家庭关

系、孝顺老人问题、儿童抚养问题等。①

其二，涵摄范围广，涉及利益群体多。

在组织网络上，从中央、省、市、县、乡、村，每一级都有妇联组织，形成了强大的网络。这种纵向结构使妇联囊括着社会各个阶级、阶层，包括女商人、女干部、女知识分子等层级，也包括社区退休妇女、农村妇女等，这就意味着妇联代表着不同层次的利益，针对不同层次的妇女群众的不同利益进行协商。一位妇联干部这样自豪地说道：

> 被访者G：工会管一片，共青团管一段，我们妇联则管"半边天"，涉及的面你想有多大。只要我们妇联想干事，就一定能从上到下发动妇女一起来干事。像"双学双比""巾帼建国"等项目我们一直搞得风风火火！②

**（三）凝聚女性人才，为协商民主提供智力支持**

妇联组织以其自身特有的组织结构汇集着大量的女性人才，汇聚、联结着各类女性社会组织、女性"精英"。比如，女法官协会、女市长协会等组织具有较强的专业优势、智力优势，具备较高的政治素养和参政意识，在协商民主建设中她们能够积极主动参与，遵守协商的程序与规范，在与自身专业相关的问题上及时建言献策，增强协商结果的科学性，为协商民主共识的达成提供智力支持。

**（四）注重从源头维护妇女儿童权利，积极推动立法协商**

权利的保障依赖于良好法律的维护。妇联作为妇女儿童利益的维护者，积极参与立法协商，注重从法律源头切实保障广大妇女儿童权益。③妇联依靠其特有的群众性、社会性，扎根基层，了解妇女群众及儿童需求，根据社会当下实际，在涉及妇女儿童权益的核心议题方面积极向有关方面建言献策，希冀通过法律武器从源头切实维护妇女合法权益。比如，积极推动《婚姻法》的修改，通过多种途径参与协商，使其所提建议最大限度地纳入决策之中。同时，在参与《未成年人保护法》内容的修改

---

① 沈跃跃：《以改革创新精神建设服务型基层妇联组织》，《求是》2014年第18期。
② 对全国妇联某部副部长的访谈，访谈笔记20170318。
③ 比如，《妇女权益保障法》中就明确规定："制定法律、法规、规章和公共政策，对涉及妇女权益的重大问题，应当听取妇女联合会的意见。"

方面也积极参与协商讨论，作出了积极且重要的贡献。①

法律的建构基于经济基础。马克思认为，法的关系不能从其自身来理解，因为其是物质生产关系、生活关系、财产关系等经济关系的"意志关系"和反映，其内容决定于经济关系。② 从家庭暴力被公开提起到实现立法规制，整整走过了 20 年。在这 20 余年光景，全国妇联一直致力于推动反家暴立法，积极通过各种形式、各种机会参与反家暴的立法协商，终于促使《反家暴法》于 2015 年 12 月 27 日顺利通过。全国妇联，作为推动我国首部反家暴法的"主力军"和"生力军"，在参与实质性立法过程中发挥了积极效应，这个过程值得好好梳理、认真提炼。

## 二 立法协商：协商民主在法治领域的运用和运行

马克思认为，法典是人民自由的圣经，而非压制自由的手段。③ 法律是一种普惠的政治公共产品，是基于国家意志的彰显和建制化。制良法、求良策是协商民主建设的重要使命。协商民主并非像自由主义民主那样把法律视为调节竞争关系的方法，也不是像共和主义民主那样将法律视为"社会团结"的一种制度表达，而是将之视为协商、沟通行为所需条件的制度化。④ 公共协商是立法正当性的合法性来源。⑤ 开展立法协商，有利于克服"部门利益法制化""地方利益法制化""关门立法"等弊害，使法律的制定不仅符合法治运动的客观规律而且能彰显人民的共同意志，从而提高立法的质量和水平，使制定出来的法律更科学、更民主、更有效。

在立法协商这个议题方面，有两个明显的特点：一是地方探索早于全国层面的实践。20 世纪末 21 世纪初，福州、南京等地就已开启立法协商

---

① 梁丽萍、王彦平：《政治社团与社会主义民主政治建设：妇联组织的视角》，《当代世界与社会主义》2013 年第 6 期。

② 参见《马克思恩格斯文集》第 2 卷，人民出版社 2009 年版，第 591 页；《马克思恩格斯文集》第 5 卷，人民出版社 2009 年版，第 103 页。

③ 《马克思恩格斯全集》第 1 卷，人民出版社 1956 年版，第 71 页。

④ ［加拿大］弗兰克·坎宁安：《民主理论导论》，谈火生等译，吉林出版集团有限责任公司 2010 年版，第 220—221 页。

⑤ ［美］詹姆斯·博曼、威廉·雷吉主编：《协商民主：论理性与政治》，陈家刚等译，中央编译出版社 2006 年版，第 1 页。

模式,① 而国家层面的立法协商实践则是到 2014 年 3 月全国政协以《安全生产法》修正草案为议题举行的双周协商座谈会。② 二是学理研究滞后于实践探索。目前国内学界关于立法协商的研究主要包括性质、主体、定位、特点、目标、形式、类型、困境、建构路径等,对基本概念的界定至今尚未达成共识,理论提升还有较大空间和潜力。③

### (一) 立法协商的主要类型

立法协商的关键词是"立法"和"协商",由此可以形成两种解读路径:一是以"立法"为基点开展协商,即谁主导立法谁开展协商,比如政党主导的党内法规协商、人大主导的立法协商、政府主导的行政规章协商;二是以"协商"为基点开展协商,即谁发动协商谁主导。根据发起主体的不同,中国目前的立法协商可分为以下几种类型:①执政党主导型,即中国共产党与民主党派在某项法案草案通过之前在政协这个平台开展协商;②人大主导型,即各级人大及其常委会就法案草案征求社会各方面意见建议,实行"开门立法";③政府主导型,即由政府发起就拟立的行政法规、规章组织商谈;④政协主导型,即把立法协商视为政协履行政治协商、参政议政职能的重要形式。福州、南京、大连、济南、新疆、北京等地在这方面做了不少积极探索。④

康特斯布尔认为,法律是以正义的名义被听见、说起的诉求及其回应的活动链条。⑤ 从法律的完整生成逻辑来看,至少包括以下几个必不可少的活动环节:列入立法规划→法案起草→审议→表决通过→公示→公布→

---

① 侯东德主编:《我国地方立法协商的理论与实践》,法律出版社 2015 年版,第 11 页。
② 汪红、梅双:《全国政协首次组织立法协商》,《法制晚报》2014 年 3 月 21 日第 11 版。
③ 笔者在中国知网以"立法协商"为"篇名"进行检索(2018 年 7 月 13 日),结果显示一共有 272 篇文献涉及这个议题,而仅有 74 篇(不到三成)期刊文章专门探讨。主要代表性文献有:朱志昊:《论立法协商的概念、理论与类型》,《法制与社会发展》2015 年第 4 期;彭凤莲、陈旭玲:《论人民政协立法协商》,《法学杂志》2015 年第 7 期;苏绍龙:《地方立法协商机制刍议》,《暨南学报》2015 年第 3 期;张献生:《关于立法协商的几个基本问题》,《中央社会主义学院学报》2014 年第 5 期;陈建华:《立法协商主体探析》,《河北法学》2016 年第 3 期;赵吟:《立法协商的风险评估及其防范》,《中共浙江省委党校学报》2013 年第 2 期;孔令秋:《立法协商中的非政府组织功能及其实现》,《学术交流》2015 年第 3 期。
④ 白帆、谈火生:《人民政协参与立法协商:模式、特征和原则》,《当代世界与社会主义》2018 年第 2 期。
⑤ [美]玛丽安·康斯特布尔:《正义的沉默:现代法律的局限性和可能性》,曲广娣译,北京大学出版社 2011 年版,第 211 页。

解释→施行→监督→反馈→修订→……①由此可以看出，在法律制定和施行的每个环节，都可以而且应该设置相应的协商程序。当然，有的环节可能协商周期会长些，有的环节可能协商时间会短些。只有有条不紊开展广泛的协商，民意才能得以提炼，民智才能得以吸取，民心才能得以凝聚，立法的质量才会有扎实的合法性支撑。

**（二）人民团体参与立法协商的基本依据**

人民团体参与立法协商，不仅有充分的政治依据、明确的法律依据，而且有厚重的学理依据。

从政治依据方面来看，主要有：①中共十八届三中全会首次在中央文件明确提出"立法协商"这个概念并把它视为社会主义协商民主的五种重要实现形式之一；②②中共十八届四中全会强调要充分发挥包括人民团体在内的六大主体③在立法协商中的作用；③2015年中共中央印发的《关于加强社会主义协商民主建设的意见》强调"健全法律法规草案公开征求意见和公众意见采纳情况反馈机制"④，这为人民团体介入立法协商提供了基本制度支撑。

从法律依据方面来看，主要有：①言论自由是宪法赋予公民的神圣权利，《宪法》第48条规定"国家保护妇女的权利和利益"；②《立法法》的相关条款，比如第5⑤、36⑥、53⑦条等；③相关法律法规的规定，比如《工会法》第33条、《妇女权益保障法》第10条、《未成年人保护法》第8条、《归侨侨眷权益保护法》第8条等。

---

① 朱力宇、叶传星：《立法学》，中国人民大学出版社2015年版，第158—240页。
② 其他四种形式为：行政协商、民主协商、参政协商、社会协商。
③ 其他五个主体为：政协委员、民主党派、工商联、无党派人士、社会组织。
④ 中共中央文献研究室编：《十八大以来重要文献选编》（中），中央文献出版社2016年版，第295页。
⑤ 该条规定，立法应当体现人民的意志，发扬社会主义民主，坚持立法公开，保障人民通过多种途径参与立法活动。
⑥ 该条规定，列入常务委员会会议议程的法律案，法律委员会、有关的专门委员会和常务委员会工作机构应当听取各方面的意见。听取意见可以采取座谈会、论证会、听证会等多种形式。法律案有关问题存在重大意见分歧或者涉及利益关系重大调整，需要进行听证的，应当召开听证会，听取有关基层和群体代表、部门、人民团体、专家、全国人民代表大会代表和社会有关方面的意见。听证情况应当向常务委员会报告。
⑦ 该条规定，专业性较强的法律草案，可以吸收相关领域的专家参与起草工作，或者委托有关专家、教学科研单位、社会组织起草。

从学理依据方面来看，洛克、哈贝马斯等"重量级"的学者非常关心市民社会的交往过程如何影响国家的立法实践进程。① 洛克认为，处于社会之中的人的自由，就是除经人们同意在国家内所建立的立法权以外，不受其他任何立法权的支配；除了立法机关根据对它的委托所制定的法律以外，不受任何意志的统辖或任何法律的约束。② 哈贝马斯指出："法律的合法性必须从形成意见和意志的协商实践中产生出来。"③ 他尤其强调法律的正当性来源于公民在无强制情境下经过理性商谈后达成的基本共识。在他看来，虽然立法是一种权力的建构和运行，但不能靠政治强力、强权的强制，而应是理性商谈的产物。④ 因而，合法法律之生成，必须动员公民的交往自由。根据这种解释，立法所依赖的是"交往权力"的产生，而"交往权力"只可能形成于未发生"畸变"的公共领域之中。⑤ 这些思想要素为中国人民团体参与立法协商实践提供了理论线索。

### (三) 人民团体参与立法协商的独特优势

在哈贝马斯看来，商谈绝不仅限于议会内建制化的意志生成过程，还包括通过文化而动员起来的公共领域中非正式意见的形成过程。立法部门假若切断与在自由流动的结构平等的公共领域中的主题、建议、信息和理由之联系，就会破坏使它能合理运行的市民社会的现实基础。⑥ 在中国，人民团体是市民社会中意见生成、集聚的重要组织化平台，在立法协商中有其独特优势。

第一，"体制内"优势。在相关立法实践中，凡是涉及职工、青年、未成年人、妇女、科技、侨胞侨眷、非公企业等方面议题的立法时，相关部门都会以座谈会、研讨会等形式征求相关人民团体的意见。

第二，专业性优势。立法是一项专业性很强的政治公共事务。《辞海》中对专业有一个界定，即"产业部门中根据产品生产的不同过程而

---

① [澳] 约翰·S. 德雷泽克：《协商民主及其超越：自由与批判的视角》，丁开杰等译，中央编译出版社 2006 年版，第 18 页。

② [英] 洛克：《政府论下篇——论政府的真正起源、范围和目的》，叶启芳、瞿菊农译，商务印书馆 1964 年版，第 15 页。

③ [德] 哈贝马斯：《后民族结构》，曹卫东译，上海人民出版社 2002 年版，第 245 页。

④ [德] 哈贝马斯：《公共领域的结构转型》，曹卫东译，学林出版社 1999 年版，第 92 页。

⑤ [德] 哈贝马斯：《在事实与规范之间：关于法律和民主法治国的商谈理论》，童世骏译，生活·读书·新知三联书店 2014 年版，第 180—182 页。

⑥ 同上书，第 223—226 页。

分成的各业务部分"①。所谓"专业",指的是专长于某一特定方面。比如,田汝成《西湖游览志余·术技名家》记载道:"杭州有鬻杖丹膏者,虽血秒狼藉,一敷而愈……此虽小技,亦有专门。"②因此,"盖兵贵精不贵多,精则有所专注,多则散乱无纪"③。大多数人民团体在某一方面具有专业水准,兼具代表性和精英性,在参与相关议题立法决策时可发挥经验优势、知识优势和"参谋""智囊"作用。

第三,民主化优势。在哈贝马斯看来,人民的参与是法治的根本特征和决定性因素,④破解法律合法化匮乏的根本之道在于提升立法过程的民主化程度,⑤这个过程必然充满各种不同样态的交往实践形式,诸如论辩、论证、谈判、讨价还价等。换言之,没有人民的参与的法治就不是真正的法治。立法协商的根本目的是提高立法质量、提升立法的科学化水平。立法的科学化与立法的民主化相辅相成、相得益彰。可以说,民主化是科学化的必要条件。未经民主化程序征求各方意见的法制,不仅科学性很难保证,而且实施起来也会遭遇"合法性危机"。人民团体在很大程度上代表着农民工、未成年人、妇女等弱势群体的利益诉求。相较于个体微弱的声音,这些群体的企盼经由人民团体在立法协商平台的"发声",能具有更大的话语权和影响力,从而参与法律背后利益结构的配置和机会的共享。

## 三 全国妇联参与《反家暴法》制定的过程⑥

"在任何社会中,妇女解放的程度是衡量普遍解放的天然尺度。"⑦家暴的存在,显然与妇女解放的趋向背道而驰。随着市场经济和社会现代化的快速推进,家庭暴力已然成为中国存在的一个较严重社会问题,不仅给广大妇女在身体和精神方面造成一定伤害,也在很大程度上损害了妇女群

---

① 夏征农、陈至立主编:《辞海》(下),上海辞书出版社 2010 年版,第 5262 页。
② 同上书,第 5261 页。
③ 陈廷焯:《白雨斋词话》卷八。
④ [德] 哈贝马斯:《公共领域的结构转型》,曹卫东译,学林出版社 1999 年版,第 91 页。
⑤ [德] 哈贝马斯:《在事实与规范之间:关于法律和民主法治国的商谈理论》,童世骏译,生活·读书·新知三联书店 2014 年版,第 531 页。
⑥ 硕士生毕晓红参与了第三、四、五部分的资料搜集与初稿撰写。
⑦ 《马克思恩格斯文集》第 9 卷,人民出版社 2009 年版,第 276 页。

众参与社会现代化建设的热情和积极性。妇联作为我国维护妇女儿童合法权益的最大妇女组织,有责任积极推动相关法律的出台,从源头上切实保障妇女儿童权益。《反家暴法》正是基于这样一个时代背景提出来的,是第一部全国性的反家暴法律草案,旨在预防家庭暴力,保护和维护家庭成员的合法权益。①

### (一) 建议倡导阶段

民主化的关键在于,有效包容更多的团体和阶层参与现实社会政治生活。② 因而,人民团体要在协商民主建构中有所作为,其中一个重要的功能是广泛"搜罗"与之相关的社会群体的诉求和期待并提交给相关部门决策参考。全国妇联和国家统计局于1992年在全国范围的调查结果显示,全国三成多的女性曾经或正在受到家庭暴力的困扰。1995年联合国第四次世界妇女大会上再次正式提出"家庭暴力"问题,引起社会各界对这一社会问题的广泛关注,由此助推此议题开始引起高层的关注。③ 此后,妇联在全国范围内积极听取各方面之意见和建议,通过各种渠道与途径听取民意、整合信息,向各级机关、政府部门提出反对家庭暴力的相关建议。

1. 积极推动各地出台反家暴、保障妇女权益的地方性法律法规

在妇联的积极推动下,各地陆续出台反家暴的地方性法规和文件。比如,1996年、1997年湖南省妇联通过多渠道搜寻信息提出一份基于254起代表性案例进行深度剖析的具体议案,连续两次被湖南省人大吸纳进立法规划。2000年3月,湖南省人大常委会通过了中国第一部反对家庭暴力的地方性法规——《关于预防和制止家庭暴力的决议》。④ 随后,四川、

---

① 2011年7月15日,全国人大常委会把反家暴法纳入预备立法项目,2013年,全国妇联副主席甄砚在全国"两会"上提出设立《反家暴法》的提案,随提案附有《反家暴法》草案。2014年11月25日,国务院法制办公室公布《反家暴法(征求意见稿)》征求社会各界意见。2015年12月27日,十二届全国人大常委会十八次会议表决通过《反家暴法》,该法于2016年3月1日起正式施行。参见《〈反家庭暴力法〉什么时间开始实行》(https://zhidao.baidu.com/question/1737035003007070107.html)。

② [澳] 约翰·S. 德雷泽克:《协商民主及其超越:自由与批判的视角》,丁开杰等译,中央编译出版社2006年版,第77—78页。

③ 杨柯:《反家暴政策制定中社会组织参与模式研究》,中国社会科学出版社2017年版,第75页。

④ 由此,"家庭暴力"概念首次出现在中国法律规范体系之中。

天津、宁夏、江苏、江西、陕西、黑龙江等多个省、市相继出台了反家暴的专门性法规和文件。①

立法不仅是立新法，也包括修订旧法，因为"法典一旦不再适应社会关系，它就会变成一叠不值钱的废纸"②。更重要的是，过时的法律会阻碍社会关系的建构及其良性运行。因此，全国妇联利用相关法律的修订机会大力倡导和呼吁反家暴行径。比如，在 2001 年《婚姻法》修订中首次在法律条文中明确规定"禁止使用家庭暴力"的条款，并对受害人的救助措施以及施害人的法律责任予以明晰规制。在全国妇联的推动下，家庭暴力问题第一次在国家级立法中予以明确强调和规定，是中国反家暴立法过程中的一次重大突破和深刻自觉。此后，在全国妇联的努力下，2005 年的《妇女权益保障法》修正案、2008 年的《残疾人权益保障法》修正案、2012 年的《老年人权益保障法》修正案以及 2012 年的《未成年保护法》修正案相继增添了反家暴的内容和元素，进一步增强了反家暴立法的声势，由此也进一步促推全国性层面的反家暴专门性法案的制定和出台。

2. 推动国家层面的专门性反家暴立法

在哈贝马斯看来，立法过程需要在由各种理解过程和谈判实践所型构的复杂网络中得以实现。③ 这一阶段，全国妇联的做法是向全国政协、国务院法制办、全国人大积极"游说""施压"。主要体现在：

一是借助全国政协会议契机参政议政。比如，全国妇联从 2008 年起连续 6 年通过其界别或女委员等名义提出立法提案，倡议全国人大常委会制定一部国家层面的综合性反家暴法。

二是向国务院法制办建议将反家暴法列入政府立法工作计划。通过专门"拜访"国务院法制办听取建议，提交立法建议稿等形式与国务院法

---

① 在全国妇联的大力宣传与积极推动下，截至 2010 年年底，全国有 27 个省、自治区、直辖市制定了预防和制止家暴的地方法规，29 个省、自治区、直辖市出台妇女权益保障法实施办法，这些法规的生效标志着妇女的权益得到了高度的重视以及实际的保障。参见招银英《反家庭暴力法立法建议》，http：//www.china.com.cn/2011/2010-03/14/content_ 21968633.htm。

② 《马克思恩格斯全集》第 6 卷，人民出版社 1961 年版，第 292 页。

③ [德] 哈贝马斯：《在事实与规范之间：关于法律和民主法治国的商谈理论》，童世骏译，生活・读书・新知三联书店 2014 年版，第 219 页。

制办认真沟通，以争取支持。①

三是积极推动在全国人大层面"发声"。全国妇联多次召开专家座谈会、研讨会，反复讨论研究立法建议稿草案。2011年，全国妇联向全国人大递交了《反家暴法》专家建议稿，对家庭暴力的分类、预防、制止、救助、教育等相关措施进行了充分论证。在2012年全国妇联推动全国人大常委会将制定反家暴法纳入年度工作计划，意味着反家暴立法已提上全国人大立法的正式议程之中。经由全国妇联多年的辛勤与努力，2013年"两会"之后，反家暴法被确立为立法"预备项目"。2013年，十二届全国人大常委会正式将反家暴法列入立法规划。2014年，全国人大把制定反家暴法列入近期立法规划，表明该项立法已由"宏观性倡导"阶段转型为"制度化构建"阶段。②

**（二）调查研究阶段**

这一阶段妇联主要对反家暴进行相关的理论研究、实践探索以及积极推动反家暴工作联合联动机制的建构与健全，推动多部门合作反家暴合力结构的初步生成，为反家暴立法提供厚实的理论支撑和坚实的实践基础。③

其一，对家庭暴力的现状及地方经验进行研究。2009年11月25日全国妇联开启"国际消除对妇女暴力日"，对反家暴进行广泛动员和有效宣传。为充分了解中国家庭暴力的情势和现状，妇联在全国多地开展家暴发生频率、种类、机制、动因、影响、后果等抽样调查，并在2011年10月开启的"第三次中国妇女地位调查"问卷中设置相关题目进行调查，以便掌握家庭暴力面上的总体情势。此外，认真梳理和提炼各地反家暴立法成果和实践机制，整合反家暴的相关法规、政策，向社会各界广泛征求反家暴立法倡议。④

---

① 白旸、刘倡：《从"家事"到"国事"——中国首部反家庭暴力法出台记》，http：//news.cri.cn/20161116/6f8ec3bc-a178-6769-518a-e/bf5080d516.html。

② 杨柯：《反家暴政策制定中社会组织参与模式研究》，中国社会科学出版社2017年版，第76页。

③ 比如，2011年，全国人大常委会法制工作委员会社会法室与全国妇联密切合作，紧锣密鼓地共同开展了一系列立法调研论证工作。

④ 同时，多次与全国人大常委会法工委、全国人大内司委赴湖南、海南、浙江、福建、江苏等地调研地方反家暴法规实施情况，对人身保护裁定、家庭暴力告诫制度、未成年人保护等焦点问题进行专题调研，为制定国家级反家暴立法提供经验。

其二，对国外相关经验的研究。通过召开国际研讨会、实地考察、外国文献梳理以及境外项目试点等方式学习和借鉴国外反家暴立法和实践的经验。这主要体现在"请进来"①和"走出去"②两种方式。

其三，积极推动建立多部门合作机制。一方面，具体厘清不同机构在反家暴工作中的职能和义务。③另一方面，建立不同部门协同联动、合理有效的工作机制。2001年妇联领衔多个机构成立了全国维护妇女儿童合法权益暨平安家庭创建协调组，以共同处理妇女儿童重大侵权案件。积极推动多个省份的公安部门建立"110"反家暴报警中心，积极推动法院系统构建并完善涉家暴案件的司法简易审判制度，④积极推动民政相关部门建立救助遭受家暴妇女的制度，⑤积极推动司法行政部门建立法律援助和调解制度。

(三) 论证分析阶段

从一定意义上看，妇联等人民团体类似于哈贝马斯所说的"政治公共领域"。在这里，来自不同方面的意见得以交流、汇集并适当过滤，并为建构"根据特定议题集束而成的公共意见或舆论"⑥提供机会和平

---

① 比如，2011年6月，全国妇联召开反家暴立法国际研讨会，邀请澳大利亚人权委员会、联合国儿基会、联合国经社文权利委员会、联合国妇女署等机构的外国专家，重点介绍国外立法情况、保护令实施情况以及预防措施等国际立法经验，为我国反家暴法出台提供借鉴，形成了《澳大利亚人身保护令制度考察报告》《域外防治家庭暴力立法及社会性的比较研究报告》等研究成果。

② 比如，2011年11月，全国妇联邀请全国人大法工委社会法室、行政法室、立法规划室及有关专家学者，赴美国考察反家庭暴力和儿童保护立法及执法情况。参见蒋月娥《美国反家庭暴力立法考察报告》，《中国妇运》2012年第4期。

③ 早在2008年7月，全国妇联就与中宣部、最高人民检察院、公安部、民政部、司法部和卫生部6部委，联合下发《关于预防和制止家庭暴力的若干意见》，按照反家暴工作中的预防、介入、制止、惩处、救助、服务的顺序，分别对各个部门在反家暴中的职责进行规定、提出要求，规范相关部门在反家暴工作中的职责。参见《全国妇联、中央宣传部、最高人民检察院、公安部、民政部、司法部、卫生部印发〈关于预防和制止家庭暴力的若干意见〉的通知》，2008年7月31日。

④ 许多基层法院成立了"反家暴合议庭"，其中福建和宁夏实现了各级法院全覆盖。推动指导地方妇联配合最高人民法院开展涉家暴力婚姻案件审理试点工作。2011年，全国已有73个基层法院开展试点。2013年，最高人民法院司法干预启动家庭暴力刑事案件审判试点工作。

⑤ 各地民政部门在救助中心普遍挂牌成立了家庭暴力庇护所、救助站。

⑥ [德] 哈贝马斯：《在事实与规范之间：关于法律和民主法治国的商谈理论》，童世骏译，生活·读书·新知三联书店2003年版，第445页。

台。基于这样的功能取向，在这一阶段，全国妇联主要针对反家暴立法中的焦点、难点、热点问题进行聚焦性的论证分析。全国妇联把汇总后的这些问题集中呈交给全国人大常委会法工委进行集中论证、斟酌。比如，2012年，全国妇联作为全国人大常委会法工委反家暴法立项论证工作小组成员，全程参与了立项论证调研并提供了大量有现实针对性的论证材料。

## 四 全国妇联在《反家暴法》制定中的功能结构

全国妇联在《反家暴法》的立法过程中发挥了积极作用，充当了利益的表达者与综合者、立法的参与者与协商平台搭建者、智库角色的扮演者以及反家暴实践的促推者。实践充分表明，全国妇联对《反家暴法》的制定和实施功不可没。

### （一）利益的表达者与综合者

利益表达是政治过程和公共决策的始端。只有实现了充分的利益表达之后，才能进行利益综合，进而将利益诉求"输入"至一定的政治系统之中，在经过一定的"转换"后"输出"为具体的公共政策。

要实现有效的利益表达，首先需要有相应的且通畅的渠道、组织、平台、空间。阿尔蒙德等认为，在现代社会体系中，促进利益表达的主要是专业化的社会组织而非非专业化的机构。[①] 在中国，妇联是实现妇女利益表达的专门化组织。全国妇联恰恰为广大妇女儿童表达自身诉求提供了一种制度性渠道。妇联及时为党政相关部门提供妇女儿童的愿景、期待、建议，对社会发展及国家决策提出一定的利益诉求。在《反家暴法》制定的过程中，各级妇联能切实了解到遭受家暴妇女的真实感受以及她们的真正需求。通过设立妇女心理咨询热线电话、开展全国性的问卷调查、健全信访工作机制等多种路径，了解家庭暴力现状以及妇女群众意见，整理国内外反家暴的有效经验，提出亟须出台的专门性反家暴的具体法规，把妇女的利益要求转变为公共政策的重要议题、选题，有序、及时畅通了党和妇女群众之间的沟通桥梁，把上下的需求无缝"连接"，充分发挥其利益表达者与综合者的功能。

---

[①] ［美］加布里埃尔·A. 阿尔蒙德、小 G. 宾厄姆·鲍威尔：《比较政治学：体系、过程和政策》，曹沛霖等译，上海译文出版社1987年版，第199页。

## (二) 立法直接参与者与平台搭建者

妇联是立法的直接参与者。妇联是人民政协的重要界别,有参与国家政治生活和立法过程的便利通道,这意味着妇联组织能够向党和国家直接提供相关立法建议,在政治协商会议中直接提议,享有"内部人"参与国家立法活动的资格。[1] 同时,在全国人民代表大会中,妇联通过选举人大代表进入公共决策层,直接代表妇女参与立法协商。比如,妇联代表多次在"两会"期间以出台反家暴法为名提出议案、提案,于2011年向全国人大立法机关提交《反家暴法》专家建议稿等。

妇联是协商平台的搭建者。一个好决策的出台绝非一个简单的过程,也绝非决策层独断的过程,而是多种因素共同影响、社会各界普遍参与的过程,而妇联就是这一过程中的桥梁和纽带,是社会各界参与协商平台的搭建者:一方面,妇联的性质与职能决定了其"双重角色"身份,这为妇女群众参与政治生活提供了沟通平台;另一方面,在立法过程中,妇联为许多社会组织、学者、新闻媒体等参与立法协商提供了交流平台。在反家暴立法过程中,许多民间性的社会组织、公共知识分子自发组成调研团队,对相关问题进行研讨协商,一些新闻媒体及时跟进与妇联开展合作,形成了倡导反家暴立法的良好合力和氛围。

## (三) "智库"角色的扮演者

决策的提出离不开人才、理论的支持。妇联作为妇女群众利益的表达者与综合者,在向国家传达妇女群众利益诉求并将其纳入政治体系之后,就确立了决策目标,即出台国家层面的专门性反家暴法律法规,而紧跟决策目标之后的就是大量的调查分析与研究总结。全国妇联在连续多年向全国人大和全国政协提出制定专门性的反家暴立法建议的同时,认真扎实开展家庭暴力相关议题的理论研究。

首先,提供人才支持。在推进反家暴立法的进程中,妇联组织以其独特的横向结构囊括了社会各界的妇女群众。在这之中就涌现了一大批优秀的专家学者、优秀的领导干部及妇女同志。妇联组织内部包含着法学、社会学、心理学、医学等相关领域的人才,她们通过宣传、号召形成了反家暴立法的专门性人才队伍,积极参与反家暴立法调研、讨论、分析,及时

---

[1] 杨柯:《反家暴政策制定中社会组织参与模式研究》,中国社会科学出版社2017年版,第194—195页。

建言献策。妇联组织各级领导人充分发挥着组织带头作用,① 妇联组织相关成员也发挥着重要推动作用,② 一些民间女性社会组织也发挥着重要助推作用③。

其次,提供理论支持。全国妇联为推进《反家暴法》立法进程,展开了一系列的调研活动。比如,在调查研究的基础之上,对家庭暴力的性质、成因、现状、发展、相关因素、后果诸问题在理论层面进行廓清,从而为制定反家暴法奠定坚实的理论依据。④

最后,供给具体方案支持。在《反家暴法》的制定过程中,妇联不仅积极收集民意、集中民智,推动决策议程,还帮助设计方案、拟定草稿,以建议、提案、参与讨论等方式向有关部门提出相关立法方案,在对家庭暴力做出调查分析以及相关试点实验的基础上,在对立法的各项重难点答疑解惑之后,拟定立法草案,确定方案,并于2013年在全国"两会"上提出设立《反家暴法》的提案,随提案还附《反家暴法》草案。当然,方案的提出与制定绝不是一个固定的机械化过程,而是一个不断发展、不断更新的过程。妇联在为反家暴立法拟定草案的过程中,紧跟家暴现状调查研究,不断调整、增加、修改新的内容,以适应新的实际情势。

(四)实践的促推者

作为人民团体,全国妇联以其特有的组织优势、结构优势、制度优势积极推动反家暴立法实践进程,推动建立多部门合作机制,在全国范围内积极开展反家暴宣传活动,推动多地开展反家暴试点工作,为反家暴立法

---

① 包括全国妇联副主席、书记处第一书记宋秀岩,全国妇联党组副书记、副主席孟晓驷,全国人大代表、妇联副主席陈秀榕,全国政协委员、妇联副主席甄砚以及全国妇联权益部部长蒋月娥等,都在反家暴立法过程中起着领导带头的作用。

② 例如,中华女子学院教授孙晓梅,在全国政协九届四次会议提交"反对对妇女暴力行为建议"党派提案,是全国第一份针对家庭暴力、性骚扰、虐待女童、拐卖妇女儿童和强奸妇女等方面的提案,同时她连续4次就反家暴立法提交议案与提案。参见孙晓梅《促家暴立法,我持续提交提案、议案与建议》,《中国妇女报》2015年6月9日。

③ 比如,王行娟,国内第一条妇女热线——红枫妇女心理咨询服务热线的开创者,先后开通妇女专家热线、妇女法律语音热线等,为推动反家暴立法作出重要贡献。参见郭婷《霜重色愈浓——王行娟口述史》,《中国发展简报》2012年第3期。

④ 这包括在对家庭暴力现状的调查研究中形成的对未成年人保护的相关理论,通过对国内地方经验的研究以及对国外相关经验的借鉴形成的《我国开展反家庭暴力专项立法研究报告》《反家庭暴力立法与保护弱势群体健康权益政策研究》《公权力介入家庭暴力的正当性研究》《域外防治家庭暴力立法及社会性的比较研究报告》等。

提供切实的实践经验,① 这为确定反家暴立法方案提供了现实的素材,在细节问题与重难点问题上进行试点探索实践,有利于决策方案的科学化和优化。

## 五 结论与讨论

立法协商作为社会主义协商民主建设的重要内容,充分体现着坚持党的领导、人民当家做主和依法治国的有机统一。通过立法协商,将民意与立法紧密结合。在协商过程中,经过表达与综合、研究与讨论,提高立法质量,实现科学立法、民主立法。但从当前的情况来看,人民团体参与立法协商仍存在诸多问题,主要表现在以下三个方面:

第一,协商形式过于单一。人民团体参与立法协商的形式主要有:通过团体内部选举代表参加全国人民代表大会及其常委会,直接参与立法协商,参与决策;参与政治协商会议。以全国妇联为例,其在参与反家暴立法协商过程中,主要通过女性代表在全国人大会议上提"议案"建言,在全国政协会议上提"提案"献策。② 同时,现阶段人民团体参与立法协商大多主要是针对草案进行协商讨论,而立法协商不应只停留在对既成草案的层面上,而应体现在整个立法过程,包括目标的确定,方案的制订、起草、表决、公布等环节都需要人民团体广泛且深度的实质性参与。

第二,协商制度不健全。人民团体参与立法协商的相关机制不健全,人民团体参与立法协商的权利保护制度不完善,导致人民团体参与立法协商有"名"无"实"甚至无"名"无"实",影响力和话语权有限。人民团体在参与立法协商时,往往没有严格的程序与规范,大多是无章可循、无规可依。同时,立法机关、相关政府部门与人民团体就立法议题的

---

① 包括开设妇女权益热线,建立反家暴庇护中心,在基层派出所建立反家暴受理点、开展医疗救助等举措为家庭暴力受害者提供帮助与服务,对保护家暴受害者的"远离令"进行实践与探索等。

② 例如,从2008年起连续6年在"两会"期间通过代表、委员提出关于将反家庭暴力法列入全国人大常委会立法工作计划的建议。但是,由于特定的推举协商机制,由于政协委员的履职方式,特别是在政协闭会期间女政协委员集体难以深入女性群体,反映和表达女性群体诉求的工作机制不完善。参见梁丽萍《政治社团的发展与社会主义民主政治建设》,中央编译出版社2015年版,第162页。

协商中，往往出现走过场、"作秀"等现象。①

第三，参与立法协商的能力不足。随着社会的不断发展以及人民群众利益诉求的多元化，人民团体参与立法协商的能力不足问题日益凸显：一方面，人民团体对基层群众、社会群体的利益诉求整合能力较弱，对基层群众的利益需求不能及时有效的汇集，对与基层群众切实相关的问题不能及时有效反馈给相关部门；另一方面，人民团体内部缺乏相关的专门性、专业性人才，尤其是法律专业、社会工作专业人才的不足，这都导致了人民团体组织参与立法协商能力的不足。

为推动人民团体更好地参与立法协商，需要从以下几个方面着手：

一是建立健全相关规章制度。通过党和国家制度上的顶层设计来规范人民团体参与立法协商的程序和流程，推动立法协商建设的制度化、规范化。国家和政府有关部门应出台有关立法协商的相关文件，应对立法协商的主体、内容、程序、议题、机制进行明确定义，对人民团体参与立法协商设立最低配额和门槛；明确各级部门在立法协商中的具体权力与相应职责，做到权责统一；建立健全立法协商的监督制度，使立法协商在各个步骤、各个具体环节能够及时有效、有序开展，让人民团体在参与立法协商中有章可循、有规可遵，为人民团体参与立法协商提供正式和非正式的制度支持。

二是优化和细化社会政策。国家应为人民团体参与协商提供良好的外部环境和完善的社会政策。这其中就包括完善社会组织管理政策以及社会福利政策。中国社会组织成立的过程较为复杂，容易导致一些扎根基层、热心公益的社区社会组织跨越不过"高门槛"，被拒之于参与协商的体制外。同时，一些西方国家（如北欧国家）高度的社会福利保障政策推动着各种社团的兴起与发展，高度发达的诸如儿童日托制度、家务公共帮助体系等社会福利制度使得妇女有更多的时间加入妇女组织，参与政治协商和社会协商。因此，要充分完善社会政策，建构宽松、规范而又有序的社会组织管理制度，积极推动各项适度福利政策的适时出台，为人民团体的发展及其参与协商民主提供丰富的社会资源和政治资源。②

三是要拓宽参与渠道。一方面，人民团体要加强同人大相关部门的联

---

① 布成良：《人民团体在协商民主中的作用》，《山东社会科学》2015年第4期。
② 黄粹：《北欧妇女组织兴盛的制度环境分析》，《大连理工大学学报》2014年第2期。

系，积极推动会员、成员在各级人大部门工作，以便直接参与立法协商。另一方面，人民团体要加强与政协、政府部门的联系，为多渠道参与立法协商提供便利条件。各级人大在立法协商中应为人民团体开设专门通道，为人民团体参与立法协商提供便利；政协的各项协商活动要积极号召人民团体的参与，尤其在立法相关议题上要充分发挥人民团体的群众性功能；政府部门就重大决策问题要与人民团体开展充分沟通、协商，建立健全人民团体与政府部门沟通合作机制等。

四是要加强人民团体自身建设。一方面，要完善自身的组织结构，逐步建立立体化、多层次的组织体系，扩大组织影响力，尤其要加强组织基层建设，利用自身的独特优势巩固与所联结群众的密切关系，及时有效汇集基层群众的利益诉求，通过在农村、社区设立生活信息收集点、定期开展全国性大调查、定期走基层、设立网上咨询服务中心等多种方式了解民生需求，反映群众的立法夙愿与要求；另一方面，要最大限度提高成员参与立法协商的能力。为了更好参与立法协商，人民团体要加强内部人才队伍建设，在普遍提高成员的协商能力的同时，还要重点加强队伍建设，积极号召法律相关专业的人员加入团体，培养一批能懂法、会用法、善用法的专门性法律人才。要全面提高人民团体会员、成员的法律素养，通过开设法律知识课堂、定期开展法律知识讲座等活动，培养他们的法律意识和法律技能。

人民团体通过在立法协商中的积极参与，能够影响法律法规的制定和修订，提升其在社会主义政治生活中的地位和价值，也能为完善自身组织设置、能力提升提供机会空间。

## 第四节 本章小结

本章以经济利益型的工会、政治使命型的共青团和社会服务型的妇联为例，分析人民团体参与协商民主的具体实践机制、所呈现的功能结构及其限度，意在说明在协商民主建构中，人民团体完全可能也完全可以发挥积极功能。

随着社会主义市场经济体制的深入推行，基于所有制结构的深刻调整以及所生发的利益结构的分化、分立，劳资矛盾发生深刻变化并逐渐凸显。在新时代，劳资矛盾如何有效化解？显然，仅仅依靠政府的力量难以完全、有效、经济地解决，必须动员和吸纳包括工会在内的社会各方面的力量和资源。近年来，工会系统以集体协商机制为载体，在化解劳资矛盾方面取得了积极明显的社会效果，是人民团体参与协商民主建构与建设的鲜活样本。

伴随经济结构的嬗变和社会结构的转型，个体公民的组织化、再组织化进程不断加快。青年社会组织的涌现和踊跃，正是在这样的时代背景、语境下生成并对共青团组织体系的重构以及共青团与青年之间的关系建构构成直接"冲击"乃至深刻挑战。无论从理论上抑或实践层面看，青年社会组织与共青团既存在竞争关系，但亦具有耦合空间：竞争关系预示着两者在特定议题、特定领域、特定场域需要相互妥协、协商，耦合空间意味着二者具有合作的机会结构和共治格局。共青团如何引导、带领青年社会组织并使其激发社会公共性的生产与再生产，是社会主义协商民主体系建构的新的重要议题之一。

立法协商是协商民主的重要场域。妇联作为旨在代表、维护妇女权益，促进男女平等的人民团体，其在社会主义协商民主建构与建设中具有独特作用，尤其是在参与《反家暴法》立法协商中可圈可点，充当了利益的表达者与综合者、立法的参与者、协商平台的搭建者、智库角色的扮演者以及反家暴实践的促推者。

工会、共青团、妇联等人民团体参与协商民主的实践表明，人民团体在社会主义协商民主建构中充分凸显了其独特的优势、独到的效应。关于其在协商民主建设中的独特优势的内在机理，将在下一章进行充分的理论解析。

# 第四章

# 人民团体参与协商民主呈现三大独特优势

从学理层面看，当下关于人民团体参与协商民主的研究，要么简单化地把西方协商民主理论、西方市民社会理论简单套用于我国本土特色的实践，要么仅阐述人民团体在协商民主建构与建设中所扮演的一般角色与普通价值，要么止步于政治社会化层面的教化、宣传而欠缺厚实和厚重的学理支持。尤其是对中国人民团体参与协商民主独特优势的阐释与解读，既有研究成果主要停留于经验层面、政策层面、工具层面的碎片化、局部化建构，缺乏应有的理论厚度、深度以及整体把握的高度、长度，这在一定程度上影响了公众对社会主义协商民主建构路径之认同感、认可感。

在中国，人民团体的存在，不仅是一种自在的存在，也是一种自为的存在，有其独特的内在结构和本质属性。从历史演展逻辑的维度回顾工青妇等人民团体的成长轨迹，可以发现：人民团体诞育于风雨如晦、积贫积弱的革命战争年代，发展于光辉灿烂、波澜壮阔的中国特色社会主义伟大实践，是党联系特定社会群体的社会空间和组织载体，是公民在社会生活中表达诉求、协调纠纷、化解矛盾、实现偏好的制度化平台。在瞬息万变、纷繁芜杂的新时代的经济治理、政治治理、文化治理、社会治理、生态治理等国家治理的具体场域，人民团体均可发挥积极效应，是举足轻重、不可或缺的关键性主体资源。从这个意义上看，有效发挥人民团体在协商民主建设中之功能，是优化和完善中国特色社会主义制度的必然抉择，是激发人民团体成长活力的内在需要，体现了现代国家治理的战略取向，对于规避社会风险、衡平社会关系、凝结社会共识、助推社会整合、促增社会团结具有深远的战略价值。

从制度文本层面来看，人民团体是社会团体的一个重要部分，可以视为社会组织。但是，因为人民团体享有免予登记或不必登记的"特殊待遇",所以在现实实践形态中呈现出相对独立于一般性社会组织的结构、性质、特点、取向。① 同其他品类的社会组织相比,人民团体参与协商民主建设,至少呈现出如下三大独特优势。

## 第一节 双重"嵌入"结构

从外在形态视角观察,人民团体是一个典型的具有纵向控制机制的"科层制"组织结构。然而,这种层级结构更多是表象上、表面化、形式意义上的表征,更多是工具理性、技术理性层面的外在建构。其内在深层的层级结构是,各级党组织对各级人民团体组织的全面领导体系以及基于这种领导体系对人民团体的全面、全方位、多维度控制。从一定意义上可以说,人民团体的层级组织结构实质上是党的层级化组织结构的外显形态,而且主要基于党的组织体系的"嵌入"在实际运行。

这种双重"嵌入"的组织结构,对其参与协商民主建构产生了双重效应:一方面,能够在"体制内"层面参与政治协商实践、取得一定的政策"话语权",影响公共政策的议程设置及其制定、施行、反馈、修正;另一方面,容易产生体制"寄生"性,欠缺参与协商的活力和内生动力,与国家政权机关日益趋同化,久而久之,自然而然会脱离所联结社会群体和群众的生产空间与生活际遇,其社会正当性基础与合法性资源会不断式微、衰减。

### 一 "双重嵌入"的网络体系

任何一个概念、任何一种理论都是基于一定的问题而建构起来的,否则就是镜花水月、空中楼阁、无源之水、无根之木。"嵌入"这个概念,最早运用于波兰尼从社会发展维度对经济增长现象的检视与考量,其关怀的核心问题是:经济并非脱离社会的客观实存,相反,两者相互依靠、相

---

① 在习近平看来,人民团体与一般社会组织的根本区别在于其政治性。这种政治性的根本表现在于始终坚持党的领导并承担起引导群众听党话、跟党走的政治任务,为夯实党执政的阶级基础和群众基础作出贡献上。参见中共中央文献研究室编《习近平关于社会主义政治建设论述摘编》,中央文献出版社2017年版,第189—191页。

互依赖、相得益彰。① 在波兰尼看来，人类的经济附属于其社会关系之下，经济行为嵌入社会关系之中，② 因而，对经济问题的剖析不应就经济谈经济，不应把经济看作完全独立于社会的场域，③ 相反，更应重视社会网络这个关键性变量的影响④。也就是说，人类的经济活动不仅嵌于经济制度之中，而且嵌入非经济制度之中，嵌入具体的、历史的、结构化的、具有时空结构维度的社会关系网络之中。因而，经济制度未必源于理性选择，很可能是历史遗存的产物，仅靠理性选择理论不能充分解释经济行为的内在动因及其背后的深层逻辑。⑤

格兰诺维特以"嵌入"概念为基本分析单元设计其理论框架，基于这样一个基本前提：人际交往实践生成一定的社会资本，这是实现个体组织化的根本要素，亦是衡量组织核心价值的重要标尺。⑥ 根据其所建构的"嵌入性"理论审视人类社会的历史发展逻辑，他认为：无论在工业社会抑或前工业社会时代，"嵌入性"的现象始终存在，只是不同时代、不同社会的嵌入水平、嵌入程度、嵌入"面积"、嵌入"体量"不同而已罢了。

### (一) "嵌入性"理论关注的核心议题

按照嵌入性理论视角，格兰诺维特对经济学与社会学的认知缺陷进行深刻批判并基于这种批判明确区分了"低度社会化"与"过度社会化"这两种社会化的类型。他既批评交易学派的理论带有"低度社会化"的倾向（因为个人只依据价格信号和个体偏好活动，社会的结构性背景对其影响微乎其微），同时也批判制度学派的理论具有"过度社会化"的倾

---

① ［英］加雷斯·戴尔：《卡尔·波兰尼：市场的限度》，焦兵译，中国社会科学出版社2016年版，第233页。

② ［英］卡尔·波兰尼：《巨变：当代政治与经济的起源》，刘树民译，社会科学文献出版社2017年版，第96、110页。

③ ［英］加雷斯·戴尔：《卡尔·波兰尼：市场的限度》，焦兵译，中国社会科学出版社2016年版，第234页。

④ 傅广宛、杨宝强：《嵌入理论视角下智库行政化现象研究》，《理论与改革》2016年第1期。

⑤ 臧得顺：《格兰诺维特的"嵌入理论"与新经济社会学的最新进展》，《中国社会科学院研究生院学报》2010年第1期。

⑥ Granovetter, Mark, "Economic Action and Social Structure: The Problem of Embeddedness", *American Journal of Sociology*, 1985, 91, pp. 481–510.

向（因为个体的作为在很大程度上受社会结构的约束和制约）。① 在格兰诺维特看来，无论是"低度社会化"抑或"过度社会化"，其共同的缺点在于：忽视个体间的差异，忽略行动者之间的网络及其相互关系结构，从而导致对个体经济行为的阐释力偏弱。② 在《经济行为与社会结构：嵌入性问题》这篇经典论著中，他对"低度社会化"和"过度社会化"进行了明确的界分。③

由此可以看出，不论是"低度社会化"抑或"过度社会化"，实际上是两个极端，其根本症结在于割裂了个体与社会之间的联结。在恩格斯看来，人是"一切动物中最爱群居的动物"④。在马克思看来，个体是"社会存在物"⑤，应避免把社会视为抽象的东西而与个体简单对立起来。⑥

个体间的差异，与人们所处的社会网络千差万别、千变万化有莫大的关系。于是，格兰诺维特提出"嵌入性"这个新概念，意在弥合社会共同体与个体行为之间的二元对立的"鸿沟"：既要规避过度社会化，也要防止社会化不足，在个体与社会共同体之间的动态互动融合中寻找"阿基米德基点"。正如其所言，对人类行为的完整结构分析，应该尽量避免过度社会化和低度社会化所造成的个体孤立问题：行动主体既不是脱离社会关系的"真空"存在体，亦不是纯粹依赖他人的附属角色体，而是嵌

---

① 于显洋：《组织社会学》，中国人民大学出版社2009年版，第78—79页。

② 吴义爽、汪玲：《论经济行为和社会结构的互嵌性——兼评格兰诺维特的嵌入性理论》，《社会科学战线》2010年第12期。

③ 他深刻归纳道："除去'低度社会化'和'过度社会化'这两种观点的对立部分，我们可以发现一个具有重大理论意义的讽刺性现象：两者都企图只是通过'原子化'的个人就能进行决策和行动。在'低度社会化'看来，'原子化'来源于对狭隘个体利益的功利性追寻。在'过度社会化'看来，'原子化'则源于个人固化的行动模式，因而持续发生作用的社会关系对个体行为影响甚微……因此，'低度社会化'和'过度社会化'在关于秩序问题方面达成高度共识：把个人的行动和其所处的社会关系网络区隔开来。"参见［美］马克·格兰诺维特《镶嵌：社会网与经济行动》，罗家德等译，社会科学文献出版社2015年版，第5页。

④ 《马克思恩格斯文集》第9卷，人民出版社2009年版，第553页。

⑤ 《马克思恩格斯文集》第1卷，人民出版社2009年版，第188页。

⑥ 因而，"既然人天生就是社会的，那他就只能在社会中发展自己的真正的天性；不应当根据单个人的力量，而应当根据社会的力量来衡量人的天性的力量"。参见《马克思恩格斯文集》第1卷，人民出版社2009年版，第335页。

入真实的、持续运行的社会关系系统之中。①

综观格兰诺维特等学者的观点,嵌入性理论主要解决的是"谁"通过什么方式进行"嵌入"这个核心问题。具体而言有如下两个"子问题":其一,主体都有哪些,即"谁"来嵌入;② 其二,嵌入的机制、样式是什么。关于如何嵌入,主要有"结构嵌入"和"关系嵌入"两种类型。③ "结构嵌入"指的是组织之间不仅具有双边的双向性关联,而且与第三方也发生关联,通过第三方的联结形成以系统为特征的关联结构。"关系嵌入"关注的是双方重视彼此关系、需要、目标的程度。④

### (二) 人民团体是兼具"双重嵌入"结构的组织形态

从方法论之维度分析,嵌入性理论关注的主要问题是外在环境对组织结构及其运行的影响机理。也就是说,视外部环境为"自变量"并将其分解为若干个"子系统"或"子主体",进而具体分析这些元素之行为对组织结构、运行的影响程度。⑤ 此观察视角对于剖析人民团体的组织结构体系不无启发价值。

中国的人民团体不仅具有"科层制"组织的一般性典型表征,而且具有不同于一般性"科层制"组织的特殊表征,即其"双重嵌入"的内在结构形态。这种特殊表征,为人民团体参与协商民主建构既规定了社会主义的取向,也规定了参与的边界与限度。

1. 第一重嵌入结构:上级人民团体"嵌入"下级人民团体

在中国,八大人民团体根据中央→省→市→县→乡→村六大行政层次

---

① [美]马克·格兰诺维特:《镶嵌:社会网与经济行动》,罗家德等译,社会科学文献出版社 2015 年版,第 7 页。

② 在这个问题上,美国学者亚历山德罗·波茨认为,嵌入者可以是理性,可以是结构(关系),也可以是人;被嵌入者可以是经济,可以是社会,也可以是文化结构等。如是,嵌入者和被嵌入者的概念就具有较大的弹性空间和伸缩性,从而使"嵌入性"具有相当大的理论迁移潜力、回旋余地和转换空间。参见马凯、刘凤为《社会网络嵌入视角下的社区养老模式》,《四川理工学院学报》(社会科学版) 2011 年第 3 期。

③ 吴义爽、汪玲:《论经济行为和社会结构的互嵌性——兼评格兰诺维特的嵌入性理论》,《社会科学战线》2010 年第 12 期。

④ 易法敏、文晓巍:《新经济社会学中的嵌入理论研究评述》,《经济学动态》2009 年第 8 期。

⑤ [美]詹姆斯·汤普森:《行动中的组织——行政理论的社会科学基础》,敬乂嘉译,上海人民出版社 2007 年版,第 34 页。

纵向建构。上一层级的人民团体对下一层级人民团体的嵌入的主要表现是业务指导、项目合作、品牌塑造、信息沟通、协商协同。由是,在人民团体系统内部构成了上下联动、相对自主、链条式运行的组织架构。

然而,值得注意的是,人民团体自身系统的层级并非真正意义上的行政层级,更多是一种合作关系结构,是一种"弱控制"机制,因为上级人民团体对下级人民团体的人事、资源分配诸方面不具有决定性作用。

2. 第二重嵌入结构:同级党委对同级人民团体的"嵌入"

1978年以来,人民团体的双重领导体制出现些许微调之处。以共青团为例,可从其章程表述的细微变化现出端倪。改革开放之前共青团章程的表述一般是"共青团中央委员会受中国共产党中央委员会的领导,地方各级团组织受同级党组织和上级团组织的领导"。改革开放以来共青团召开的第一次全国代表大会(即1982年12月召开的共青团十一大)把这一表述修改为"中国共产主义青年团中央委员会受党中央委员会领导,团的地方组织受同级党的委员会领导,同时受团的上级组织领导"。[①] 从表面上看,这两种表述看起来"大同小异",但实质上"小同大异",背后蕴含着其领导体制的深刻转型。如果说改革开放以前人民团体的双重领导并无主次之别的话,那么,改革开放以来的双重领导则有主次之分,即以其系统内上级组织领导为辅而以同级党委领导为主。换句话说,当同级党的委员会与人民团体的上级组织的意见不一致甚至相左时,以同级党的委员会的意见为准。

这两重嵌入结构相较而言,后者更具有实质意义。原因主要有以下几个方面:①各级人民团体主要负责人的人选,主要由同级党委常委会讨论决定、同级党委组织部门任命,上级人民团体主要具有建议权、推荐权,并不具有实质性的任免权。②从经费来源结构来看,为了支撑体量庞大的科层组织机构的正常运行,各级人民团体的人员工资、办公经费、业务支出等主要依赖各级政府财政拨款,在各级财政预算专项列支,而非依靠上级人民团体的财政转移支付。据统计,政府财政拨款是各级人民团体的主要经费来源渠道,来自社会捐赠和其实体性经营收入比重偏少。根据资源依赖(resource dependence)理论,接受谁的资源越多,就越会形成对其

---

① 李建一主编:《共青团章程汇编——共青团早期临时章程至共青团十七大章程》,江西人民出版社2015年版,第85—86、96页。

的依赖，进而会受其控制，其自主性实际上非常羸弱。① 由上可以看出，上级人民团体既不具有人事方面的任免权，也不具有资源方面的供给权、分配权、配置权、处置权，因而，对下级人民团体的"嵌入"更多是外在表象、形式层面，实质上是一种"弱控制"，真正起"强控制"作用的是同级党组织。

进入中国特色社会主义新时代，中国共产党更加注重彰显人民团体的战略价值：人民团体既是中国共产党执政的重要支撑力量，也是中国共产党领导社会的重要结构性要素。对于这种战略价值的考量，既需理论方面的建构，亦需行动层面的经验积累。

从理论层面来看，中国共产党把人民团体事业当作中国共产党自身的事业，把人民团体的工作视为党的群众工作的重要部分，因而强调对人民团体以及人民团体各项事务的全方位关怀及领导。②"党的事业""党的群团工作"等表述，意味着人民团体事业已不是人民团体自家的事，而应放在中国共产党事业兴旺发达的高度予以审视、考量。无论是2015年1月以中共中央名义印发《关于加强和改进党的群团工作的意见》③，还是2015年7月召开的党的群团工作会议④，都深刻表明，人民团体对于现代国家治理的价值不可或缺，对于现代执政体系的优化不可或缺，对于现代社会的良性发育同样不可或缺。

从行动层面观察，从2015年下半年开始，不同类别、不同地域的人民团体改革步伐日益加快、加速。2015年11月9日召开的中央全面深化改革领导小组第18次会议正式拉开了新时代人民团体改革试点的帷幕

---

① ［美］理查德·L.达夫特：《组织理论与设计》（第10版），王凤彬等译，清华大学出版社2011年版，第166页。

② 2014年12月29日召开的中共中央政治局会议指出，群团事业是党的事业的重要组成部分，党的群团工作是党治国理政的一项经常性、基础性工作，是党广泛组织和动员广大人民群众为完成中心任务而奋斗的重要法宝。参见《人民日报》2014年12月30日第1版。

③ 该意见深刻阐述了新形势下加强和改进党的群团工作的重要性和紧迫性，科学概括了中国特色社会主义群团发展道路的基本要义，对加强和改进党对群团组织的政治领导、思想领导、组织领导，推动群团组织改革创新提出了明确要求和一系列政策举措。参见中共中央文献研究室编《十八大以来重要文献选编》（中），中央文献出版社2016年版，第304—317页。

④ 这是中共历史上第一次召开的群团工作会议，7位中共中央政治局常委全部出席，主要任务是分析研究新形势下党的群团工作面临的新议题，总结成功经验，解决突出问题，推动改革创新。参见《人民日报》2015年7月8日第1版。

（参见表4-1）。① 中央层面高度重视人民团体工作由此可见一斑。

表4-1　　　　　　　中共十八大以来对人民团体改革愈加重视

| 时间 | 内容 |
| --- | --- |
| 2015年1月 | 中共中央印发《关于加强和改进党的群团工作的意见》 |
| 2015年7月 | 中共中央召开党的群团工作会议 |
| 2015年11月 | 中央深改组第18次会议审议通过《全国总工会改革试点方案》《上海市群团改革试点方案》《重庆市群团改革试点方案》 |
| 2016年3月 | 中共中央办公厅印发《科协系统深化改革实施方案》② |
| 2016年7月 | 中共中央办公厅印发《共青团中央改革实施方案》③ |
| 2016年9月 | 中共中央办公厅印发《全国妇联改革方案》④ |
| 2016年12月 | 中共中央办公厅印发《中国侨联改革方案》⑤ |
| 2017年2月 | 中央全面深化改革领导小组第32次会议听取全国总工会、上海市、重庆市群团改革试点工作总结报告⑥ |
| 2017年3月 | 中共中央办公厅印发《中国文联深化改革方案》⑦ |

---

① 参见《人民日报》2015年11月10日第1版。

② 2016年3月，中共中央办公厅印发《科协系统深化改革实施方案》，从四大方面提出了改革措施，明确了科协系统深化改革的指导思想、基本原则、总体目标。参见《人民日报》2016年3月28日第1版。

③ 2016年8月，中共中央办公厅印发《共青团中央改革方案》，从4个方面12个领域提出了改革措施，明确了共青团中央改革的指导思想、基本原则、主要目标。参见《人民日报》2016年8月3日第1版。

④ 2016年9月，中共中央办公厅印发《全国妇联改革方案》，从7个方面提出了改革路径，明确了全国妇联改革的指导思想、基本原则、目标要求。参见《人民日报》2016年9月22日第1版。

⑤ 2016年12月，中共中央办公厅印发《中国侨联改革方案》，从4个方面17个领域提出了改革措施，明确了侨联改革的指导思想、基本原则、主要目标。参见《人民日报》2016年12月5日第1版。

⑥ 2017年2月6日上午，中央全面深化改革领导小组第32次会议听取全国总工会、上海市、重庆市群团改革试点工作总结报告，指出试点工作围绕保持和增强政治性、先进性、群众性这条主线，着力破除"机关化、行政化、贵族化、娱乐化"问题，取得明显成效。已经开展试点的群团和地方要继续在建机制、强功能、增实效上下功夫，巩固改革成果。其他群团和地方要学习借鉴试点经验，针对实际问题抓实改革举措。参见《人民日报》2017年2月7日第1版。

⑦ 2017年3月，中共中央办公厅印发《中国文联深化改革方案》，从3个方面提出了40多项具体改革措施，着力优化文联组织的基本职能、机构设置和运行机制。参见《人民日报》2017年3月21日第1版。

续表

| 时间 | 内容 |
| --- | --- |
| 2017年4月 | 中共中央办公厅印发《中国记协深化改革方案》① |
| 2017年5月 | 中共中央办公厅印发《中国作协深化改革方案》② |
| 2017年8月 | 习近平对群团改革工作作出重要指示 |

从表4-1可以看出，从2015年以来，中央层面在人民团体这个议题上颁布了意见、召开了会议、印发了改革方案，形成了重视人民团体价值、倡导人民团体改革、优化人民团体结构的良好浓烈氛围，凸显了人民团体这一具有中国特色的社会组织的特殊重要价值，也为拓展党的领导体系变革奠定了现实基础、提供了鲜活参照。

这双重嵌入结构，从根本上说，是为了加强党对人民团体的全面领导，使人民团体在党的领导下实现有机生长的状态和趋向，能够带来双重效应：既能在人民团体系统内部构建网络体系实现自我管理，又能实现党和社会之间架起沟通"支架"，从而在党→人民团体→社会之间形成良性循环。③

## 二 双重"嵌入"结构对协商民主建构的效应

组织社会学的研究成果表明，结构对功能具有相当大的影响，有时甚至是决定性的作用。人民团体这种双重"嵌入"结构参见图4-1，具有现代社会所要求的组织的复杂性、适应性、灵活性、自主性等要求，这是其

---

① 2017年4月，中共中央办公厅印发《中国记协深化改革方案》，从改进中国记协领导机构人员构成和运行机制、建立马克思主义新闻观教育培训长效制度、强化行业自律职能、下移工作重心、建立联系新兴媒体工作机构和运行机制、改进境外新闻交流工作机制、拓展干部交流成长渠道7个方面提出了具体改革举措。参见《人民日报》2017年4月28日第1版。

② 2017年5月，中共中央办公厅印发《中国作协深化改革方案》，从积极转变职能、建立健全面向基层面向社会的服务体系等五大方面提出了改革具体路径。参见《人民日报》2017年5月5日第1版。

③ 当然，党的领导不是为了领导而领导，其目的在于整合、聚合、糅合各种力量、资源、要素以推进社会现代化。早在《抗日根据地的政权问题》中，毛泽东就曾一针见血地指出："所谓领导权，不是要一天到晚当作口号去高喊，也不是盛气凌人地要人家服从我们，而是以党的正确政策和自己的模范工作，说服和教育党外人士，使他们愿意接受我们的建议。"参见《毛泽东选集》第2卷，人民出版社1991年版，第742页。

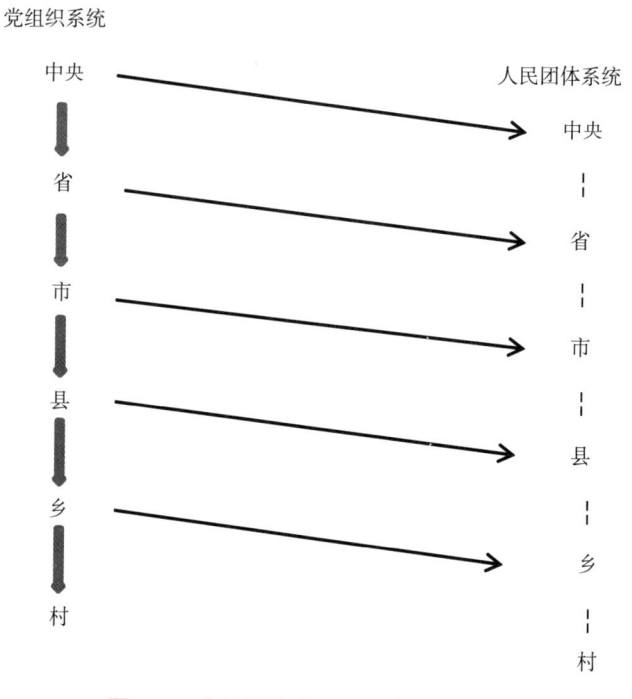

```
党组织系统                          人民团体系统
  中央 ────────────────→ 中央
   ↓                            ┊
   省 ──────────────────→ 省
   ↓                            ┊
   市 ────────────────────→ 市
   ↓                            ┊
   县 ──────────────────────→ 县
   ↓                              ┊
   乡 ────────────────────────→ 乡
   ↓                                ┊
   村                              村
```

**图 4-1　人民团体的双重"嵌入"体系**

有效参与协商民主建构及其建设的内在保护性机制和基本素质支撑要素。

### （一）具有接近政治权力中枢的便利机会和通道

亨廷顿基于比较政治的开阔视野揭示了这样一个素朴的真理：在任何一个具有一定程度复杂性的社会里，各种集团的力量对比在不断发生变化，因而，若要使该社会成为一个有凝聚力和引领力的共同体的话，应该建构一个能柔和、缓解、重构各种社会势力相互适应、互相协调的政治机构并使其发挥支配作用。① 毫无疑问，在中国，能承载这种重大使命并承担起凝聚、引领社会共同体发展取向的"政治机构"，非中国共产党莫属。中国共产党不仅是中国唯一的长期执政党，也是中国各种"社会势力"的最高领导性力量、整合性力量。② 因而，要使分化的社会能够在协

---

① ［美］塞缪尔·P. 亨廷顿：《变化社会中的政治秩序》，王冠华、刘为等译，上海人民出版社 2008 年版，第 8 页。

② 党的十九大着重强调："党政军民学，东西南北中，党是领导一切的。"参见习近平《决胜全面建成小康社会 夺取新时代中国特色社会主义伟大胜利——在中国共产党第十九次全国代表大会上的报告》，人民出版社 2017 年版，第 20 页。

商的基础上达成一定的共识而不至于使社会产生分裂、断裂，就需要中国共产党及其相关的"外围组织"有效发挥积聚和集聚的功能。

中国的人民团体虽发育基础、生长环境不同，发展历程、成长逻辑也有所差别，然而，其"政治基因"完全相同，都是中国共产党的"外围组织"，与党的政治联结紧密。历史实践反复表明：人民团体工作并非只是人民团体自身的事情，也是中国共产党成长发展的内在结构性支撑要素。①

首先，人民团体是中国共产党领导下的具有高度政治性、广泛群众性、鲜明阶级性的群众性组织。绝大多数人民团体的孕育、诞生以及发育、发展都获得党的悉心关怀和精心照料，在与党长期的良性互动中积累了笃厚的感情和深厚的友谊，因此参与协商民主建设容易获得党的支持和信任，有厚实的政治合法性优势。

其次，从现实政治制度安排来看，绝大多数人民团体的中央机关被确定为部级单位，其工作人员享受公务员待遇或参照公务员待遇，其日常开支由财政专列拨付。因此，参与协商民主无须像其他社会组织一样担心没有"体制内"通道以及人才、资金、资源等方面的不足等问题。

## （二）影响公共决策的制定与执行

南非学者登特里维斯认为，协商民主的观念和理念，代表了民主理论一个极为重要的深刻发展，其关键表征在于：自由和平等的公民通过公开

---

① 习近平反复指出，党的群团工作是党通过群团组织开展的群众工作，是党组织动员广大人民群众为完成党的中心任务而奋斗的重要工作。2008年10月，他在中国工会第十五次全国代表大会上的祝词中指出："工会工作是党的群众工作的重要组成部分。"（习近平：《在夺取全面建设小康社会新胜利中充分发挥工人阶级主力军作用——在中国工会第十五次全国代表大会上的祝词》，《人民日报》2008年10月18日第1版。）2011年5月27日，他在中国科协第八次全国代表大会上的祝词中明确指出：科协工作是国家科技工作的重要组成部分，也是党的群众工作的重要组成部分。（习近平：《科技工作者要为加快建设创新型国家多作贡献——在中国科协第八次全国代表大会上的祝词》，《人民日报》2011年5月28日第2版。）2015年4月28日，他在庆祝"五一"国际劳动节暨表彰全国劳动模范和先进工作者大会上的讲话中着重强调："工会是党联系职工群众的桥梁和纽带，工会工作是党的群团工作、群众工作的重要组成部分，是党治国理政的一项经常性、基础性工作。"（习近平：《在庆祝"五一"国际劳动节暨表彰全国劳动模范和先进工作者大会上的讲话》，《人民日报》2015年4月29日第2版。）2015年7月24日，他在致全国青联十二届全委会和全国学联二十六大的贺信中写道："青联和学联事业是党的群团事业的重要组成部分。"（习近平：《致全国青联十二届全委会和全国学联二十六大的贺信》，《人民日报》2015年7月25日第1版。）历史与实践表明，人民团体是中国共产党开展群众工作的重要助手，把人民团体工作纳入中国共产党建设的总体布局中予以谋划、部署，这是中国共产党的一大创举，也是中国共产党的一大优势。

协商对公共决策进行商略、商定、抉择。① 可以说，协商民主的一个核心功能就是制定和执行公共政策。协商民主的精神与原则蕴含在公民广泛、深度参与公共政策的制定过程之中。"在协商民主建构中，公民运用公共协商可以作出具有集体约束力的公共决策……协商民主的吸引力正源自其能够形成具有高度合法性的决策承诺。"② 在协商民主范式中，公共决策基于平等公民之间理性的对话、讨论、商谈。因而，如果当一种公共决策是通过参与主体自由表达并公开讨论的情势下做出的话，那么，其就是一种协商民主体制。③ 基于这种立场和观点，公共决策的合法性决定于自由平等的公民的批判性判断。④ 也可以认为，作为民主的一种表现形式，协商民主的基本精义在于：群众或群众代表在公平、公开的情势下通过充分说明缘由的过程来证明公共决策的正当性、合法性，当然这些缘由必须是有充分依据并能够相互印证。⑤ 由此可以看出，协商民主与公共决策有非常深刻和极其密切的内在关联逻辑。

在中国，公共决策有其一套独特的运行体系和独到的运作逻辑，开放性有一定限度，不是所有的社会主体都能同等程度地参与公共决策的制定。其中，作为唯一执政党的中国共产党对重大公共决策的制定和执行具有决定性作用。在中国，人民团体不仅比其他社会组织的政治位阶高，而且有制度化、程序化的意见反馈平台和空间，是公共决策结构的重要参与主体。因此，无论是影响公共政策议题的设定，还是公共政策的制定过程，人民团体与普通的社会组织相较均具有更大的制度性"话

---

① ［南非］毛里西奥·帕瑟林·登特里维斯主编：《作为公共协商的民主：新的视角》，王英津等译，中央编译出版社2006年版，第1页。

② Christian Hunold, "Corporatism, Pluralism and Democracy: Toward a Deliberative Theory of Bureaucratic Accountability", *Governance: An International Journal of Policy and Administration*, Vol. 14, No. 2, 2001, pp. 25–26.

③ David Miller. "Is Deliberative Democracy Unfair to Disadvantaged Groups?" in *Democracy as Public Deliberation: New Perspectives*, Edited by Maurizio Passerin D'entrèves, Manchester University Press, 2002, p. 201.

④ ［美］詹姆斯·博曼：《公共协商：多元主义、复杂性与民主》，黄相怀译，中央编译出版社2006年版，第2页。

⑤ Amy Gutmann and Dennis Thompson, *Why Deliberative Democracy?* Priceton: Priceton University Press, 2004, p. 7.

语权"和影响力。① 由于其在公共政策结构与机制中的重要地位和作用，各级人民团体广泛、积极参与政策协商、利益协商、政府协商，以期推动相关法律和政策的出台和颁布。比如，全国总工会在推动《劳动法》的修订和《劳动合同法》的制定以及在维护农民工合法权益方面积极靠前参与，发挥了一定的作用。又如，全国妇联在《婚姻法》《妇女权益保障法》的制定、修订以及《中国妇女纲要》的制定、施行等方面发挥了积极作用。②

"组成一个社会或国家的人民是那个国家的全部权力的来源。"③ 实践表明，公共政策的合法性基础在于：广泛吸纳社会各界、各方的诉求，寻求少数意见与多数意志的利益均衡点，倾听多种声调、声音。人民团体之于公共政策合法性的价值在于：通过下情上传与上情下达的良性循环，促推公共政策制定的科学化和施行的顺畅化，力避政策运行的"中梗阻"。从逆向思维来分析，如果一项公共决策未经协商就制定，这意味着公共权力机构对普通公众的不尊重，施行起来肯定会遭受阻力，因为其缺乏一定的合法性支撑。④ 质言之，假若利益相关方的预期难以通过制度化的平台得以表达、呈现、回应的话，公共政策的"落地"必然会遇到阻力，落实下去必定艰难。此外，人民团体的网络化体系及其所联结的"铁杆"群体的示范引领和政治社会化努力，也是公共政策在基层"开花结果"的重要保障性因素。

**（三）人民团体是维系社会有机团结的一种有效实践机制**

对于许多处于现代化转型之中的发展中国家而言，关键是要先建立一定的政治秩序以推动发展进程。在亨廷顿的政治思想中，政治秩序具有一

---

① 比如，2011 年 5 月 27 日，习近平在中国科协第八次全国代表大会上的祝词中强调："要更加重视发挥科协组织为党委和政府科学决策服务的独特作用……积极引导支持科协所属学会承接政府转移的社会化服务职能。"习近平：《科技工作者要为加快建设创新型国家多作贡献——在中国科协第八次全国代表大会上的祝词》，《人民日报》2011 年 5 月 28 日第 2 版。

② 梁丽萍：《政治社团的发展与社会主义民主政治建设》，中央编译出版社 2015 年版，第 148—149 页。

③ [美] 托马斯·杰佛逊：《杰佛逊选集》，朱曾汶译，商务印书馆 2011 年版，第 314 页。

④ A. Gutman & D. Thompson, *Why Deliberative Democracy?* Princeton, NJ: Princeton University Press, 2004, p.23.

定的优先性。① 可以说，社会秩序的充分确保是后发现代化国家实现有效发展、顺利迈向"现代社会"的首要前提。

在推进中国现代化征程中，保持并维持一定的社会公共秩序至关重要，如果一味追求自由自主，很容易使社会的凝聚力式微、积聚力下降。通过人民团体这样一种具有双重"嵌入"结构的组织形态，实现对单一个体的组织化、对单一组织的再组织化，有利于公共性的生产与再生产，从而实现社会团结。这种社会团结，就是一种维持社会政治秩序的"黏合剂"。美国学者里布认为，社会组织对政治过程的影响是并且应该是间接的，这种间接性使其作为一种非国家的社会"黏合剂"而发挥作用。② 在中国，人民团体发挥"黏合剂"的作用主要体现在以下三个方面：

第一，大部分人民团体建构了从中央直至村居、从新经济组织到新社会组织的纵横联结、左右贯通的有机结构体，有一支具有丰富群众工作经验的相对稳定的队伍，在提供人文关怀、表达群众利益诉求、调处家庭邻里纠纷、促推共同体建构诸方面发挥了一定作用，这是其他一般社会组织难以比拟的。这实质上为人民团体参与协商民主提供了最基础的人、财、物等有力支撑。这种从上到下、左右连贯、横纵交织、网上网下、层级化、"伞状"（umbrella）化架构，由于"被训练和被期望充分遵守规则和来自上面的命令"③，不仅运行效率高，而且覆盖密度广泛，是利益的组织化代表机制，在实践中产生了双重效应：既有助于下情上传，把基层群众的诉求、愿望、企盼通过组织化、制度化的通道及时"输入"公共权力系统，也有助于上情下达，把党和政府的意图、决策、工作部署及时"输出"到最基层。

第二，体量庞大，存量巨大。目前的八大人民团体，总共有800余万个基层组织（见表4-2），是社团、社会服务机构、基金会等一般社会组

---

① 在他看来，首要的问题不是自由，而是建立一个合法的公共秩序。人当然可以有秩序而无自由，但不能有自由而无秩序。必须先存在权威，而后才谈得上限制权威。在那些处于现代化之中的国家里，恰恰缺少了权威，那里的政府不得不听任离心离德的知识分子、刚愎自用的军官和闹事的学生的摆布。参见 [美] 塞缪尔·P. 亨廷顿《变化社会中的政治秩序》，王冠华、刘为等译，上海人民出版社2008年版，第6—7页。

② [美] 伊森·里布：《美国民主的未来：一个设立公众部门的方案》，朱昔群、李定文、余艳红译，中央编译出版社2009年版，第153页。

③ [英] 帕特里克·贝尔特、[葡] 菲利佩·卡雷拉·达·席尔瓦：《二十世纪以来的社会理论》，瞿铁鹏译，商务印书馆2014年版，第328页。

织存量的十余倍。① 数量甚众的人民团体之建立和有序运行,是其参与协商民主建构的基本组织前提。美国政治学者亨廷顿曾指出:"在那么多处于现代化之中的国家里存在着的权力和权威的真空,可以暂时由魅力领袖人物或军事力量来填补,但只有政治组织才足以永久地填补这一真空。"② 换言之,填补权力真空的根本之举是发育和发展一定的政治组织,通过组织而非人来实现。在当代中国,人民团体兼具政治性和社会性并以政治性为首要属性,是一种重要类型的"政治组织"形态。

表 4—2　　　　　中国八大人民团体的会员、基层组织数量

| 名称 | 成立时间 | 联系群众 | 会员数量 | 基层组织数量 |
| --- | --- | --- | --- | --- |
| 全国总工会 | 1925.5.1 | 以工资收入为主要生活来源或与用人单位建立劳动关系的体力劳动者和脑力劳动者 | 2.95 亿人 | 280.6 万人 |
| 共青团中央 | 1922.5 | 先进青年 | 8124.6 万人 | 357.9 万人 |
| 全国妇联 | 1949.3.24 | 各界妇女 | 17 个团体会员 | 95.8 万人 |
| 中国科协 | 1958.9 | 科学技术工作者 | 所属全国学会 207 个 | 17.89 万人 |
| 全国侨联 | 1956.10.12 | 归侨、侨眷和海外侨胞 | — | 1.5 万人 |
| 全国台联 | 1981.12.27 | 台湾同胞 | — | — |
| 全国青联 | 1949.5.4 | 各族各界青年 | 55 个团体会员,1369 名委员,16 个界别 | — |
| 全国工商联 | 1953.11.12 | 非公有制经济人士 | 471.5 万人 | 3407 人 |

资料来源:①国家统计局编:《中国统计年鉴 2017》,中国统计出版社 2017 年版;②李立红:《全国共青团员 8124.6 万》,《中国青年报》2018 年 5 月 31 日第 1 版;③宋秀岩:《加强基层妇联组织建设 最大限度地联系和服务妇女群众》(2014 年 7 月 17 日),《中国妇运》2014 年第 8 期;④中国科协:《中国科协 2016 年度事业发展统计公报》(2017 年 7 月 13 日),参见中国建筑学会门户网站(http://www.chinaasc.org/news/116878.html);⑤《中华全国青年联合会简介》,参见全国青联门户网站(http://www.qinglian.org/YouthFederation/QinglianInfo/qinglianInfo_0.html);⑥全国工商联会员部:《2016 年下半年关于会员和组织发展情况的通报》(2017 年 4 月 24 日发布),参见全国工商联门户网站(http://www.acfic.org.cn/zzjg_327/nsjg/hyb/hybsjgk/201704/t20170424_3664.html);⑦褚松燕:《在国家和社会之间——中国政治社会团体功能研究》,国家行政学院出版社 2014 年版,第 32—33 页。

---

① 截至 2017 年 12 月底,全国共有社会组织 75.5 万余个,其中社会团体 35.2 万个,民办非企业单位 39.7 万个,基金会 6323 个。参见民政部《社会服务统计季报(2017 年 4 季度)》,民政部门户网站(http://www.mca.gov.cn/article/sj/tjjb/qgsj/2018/201803131510.html)。

② [美]塞缪尔·P. 亨廷顿:《变化社会中的政治秩序》,王冠华、刘为等译,上海人民出版社 2008 年版,第 382 页。

第三，从横向共时性国际比较的维度来看，中国的人民团体是一种立足于中国国情、民情的复合型组织形态，有其特殊的发展逻辑取向，主要体现在：既与既定体制结构有通畅的联系机制与便捷的沟通路径而具备充盈的制度合法性、政治合法性，又与各类社会群体、基层群众有广泛联系，有厚实的社会合法性、历史合法性。① 实践表明，人民团体的组织结构体系优势是其参与协商民主建设的有力组织支撑，这也是其他一般社会组织无法比拟的。因而，让人民团体参与协商民主，有助于建构和维系一定社会的政治秩序，能使社会活力在一定的秩序范围内实现最大限度激发。基于这样的考量，习近平总书记在诸多不同场合都尤其强调要注重激发人民团体的组织结构优势。②

### （四）介于党与社会中间的空间结构方位优势

人民团体介于社会与党"中间"的特别的空间结构之中，具有独特的组织优势和富足的社会资源，在党与群众之间、特定群众与其他社会群体之间进行有效沟通、协商、协调、平衡。这种空间结构方位，类似于欧洲国家的"统合主义"（corporatism）结构，在目前我国的发展阶段更多体现为国家统合主义结构。③

表 4-3　　　　　　　国家统合主义和社会统合主义的界分

| 类型 | 组织数量 | 唯一性 | 强制性 | 竞争性 | 层级 | 功能分化 | 代表地位 | 监护者 | 控制 |
| --- | --- | --- | --- | --- | --- | --- | --- | --- | --- |
| 国家统合主义 | 有限 | 一个代表机构 | 国家安排 | 低 | 分明 | 边界清晰 | 绝对 | 受国家保护 | 国家控制 |

---

① 正是基于这种组织特性和组织合法性，近年来北京、广东等地探索构建的以群团组织为骨干的"枢纽型"社会组织工作体系，通过其对同类别、同性质、同领域的社会组织进行联系、服务、引导以实现"以社管社"，希冀达致推进社会组织健康有序发展的战略目标。

② 比如，2010年2月25日在2010'经济全球化与工会国际论坛开幕式上致辞时习近平明确指出中国工会要"发挥会员人数众多、组织覆盖广泛的优势"积极应对国际金融危机冲击（参见《人民日报》2010年2月26日第2版），2013年10月31日在与全国妇联新一届领导班子集体谈话时着重强调"要通过立体化、多层面的组织体系最广泛地把广大妇女吸引过来、凝聚起来"（参见《人民日报》2013年11月1日第1版），等等。

③ 根据国家力量与社会力量的对比结构，可将统合主义分为国家统合主义（或称"权威统合主义"）和社会统合主义（或称"自由统合主义"）两大类型。前者体现为自上而下的组织结构，国家力量占主导；后者体现为自下而上的组织结构，社会力量占主导。

续表

| 类型 | 组织数量 | 唯一性 | 强制性 | 竞争性 | 层级 | 功能分化 | 代表地位 | 监护者 | 控制 |
|---|---|---|---|---|---|---|---|---|---|
| 社会统合主义 | 众多 | 多个代表机构 | 自由竞争 | 高 | 不分明 | 边界不清 | 动态竞争 | 不受国家保护 | 与国家无关 |

资料来源：张静：《法团主义》，东方出版社2015年版，第29页。

由表4-3可以看出，在国家统合主义模式下，功能性团体的数量有限、功能结构明确、层级界限明显，且在国家的强制性制度安排下在某领域内只有一个代表性机构，在资源配置方面具有垄断性。与此同时，对这种制度性安排付出的代价是，在功能性团体的领袖决定权、利益输出输入渠道、组织结构体系等方面深受国家的全面、深度支配。而在社会统合主义模式下，功能性团体数量众多，在某一领域内可有多家代表性组织存在，不具有垄断地位，因此组织间的竞争性较强，功能界限不太明显。

从国家统合主义的视角来看，人民团体这种科层组织结构，并非呈现简单的单向度的权力关系和"事本主义"的运行逻辑，实际上与党的组织体系建构紧密勾连并有机耦合。实践表明，这种组织空间和组织结构，是分化社会"组织化"的"再组织化"和"深度组织化"，对于增促协商民主有序运行功效显著、作用突出。其在协商民主建构中的主要优势是发挥统战功能，把相关社会群体凝聚、聚合在中国共产党的周围。[①] 习近

---

[①] 基于对人民团体这种统战平台的深刻体认，习近平尤其强调注重发挥这个独特优势。比如，2013年10月21日，他在欧美同学会成立100周年庆祝大会上明确指出：欧美同学会·中国留学人员联谊会要发挥群众性、高知性、统战性的特点和优势，立足国内、开拓海外，努力成为留学报国的人才库、建言献策的智囊团、开展民间外交的生力军，成为党联系广大留学人员的桥梁纽带、党和政府做好留学人员工作的助手、广大留学人员之家，把广大留学人员紧密团结在党的周围。（习近平：《在欧美同学会成立100周年庆祝大会上的讲话》，《人民日报》2013年10月22日第2版。）2014年5月10日，在中国国际友好大会暨中国人民对外友好协会成立60周年纪念活动上，他提出：民间外交应该发挥优势作用，开拓更多交流渠道、创建更多合作平台，引导国外机构和优秀人才以各种方式参与中国现代化建设。（习近平：《在中国国际友好大会暨中国人民对外友好协会成立60周年纪念活动上的讲话》，《人民日报》2014年5月16日第2版。）

平对于这种结构方位,曾用"众星拱月"①和"顶天立地"②这两个成语惟妙惟肖地予以比喻,一语道出了人民团体的真谛与精义。

中国社会主义协商民主,是中国共产党领导中国人民创造出来的一种具有鲜明中国特色的民主形式,是党的群众路线的具体表现形态。人民团体"嵌入"协商民主的实践,需要坚持党的全面领导,否则容易方向走偏、路径跑歪,这一点非常重要。③ 人民团体开展协商民主实践,须臾离不开党的领导。当然,坚持党的领导,不是说人民团体自己什么也不要干了,一切按照党政部门依样画葫芦,那样人民团体就没有特点了。④ 在中国,人民团体的一个突出特点就是跨部门边界以及基于此的跨界合作网络体系建构。一位团省委书记在访谈时曾对共青团的这种特性作了这样的描述:

> 被访者H:我更多希望共青团要走出去,不仅仅要走出去和青年

---

① 习近平指出要"众星拱月":"月"就是党,"众星"就是包括群团组织在内的党领导下的各种组织。做党的群众工作,要月明星灿,不能月明星稀,工会、共青团、妇联等群团组织更要星光灿烂。参见中共中央文献研究室编《习近平关于社会主义政治建设论述摘编》,中央文献出版社2017年版,第187—188页。

② 习近平指出:群团组织既要围绕党和国家工作大局搞好"公转",又要聚焦服务群众搞好"自转",做到"顶天立地"。顶天,就是着眼党和国家工作大局,在大局下思考,在大局下行动。立地,就是立足职责定位、立足所联系的群众,寻找工作结合点和着力点,为党和国家工作大局提供支持。参见中共中央文献研究室编《习近平关于社会主义政治建设论述摘编》,中央文献出版社2017年版,第203—204页。

③ 关于党与群众团体的关系,邓小平早在1943年的一次讲话中就指出:"首先是党的领导问题,党是领导一切的核心","群众团体的责任是在党的政治领导之下,独立地去进行发动、组织与教育群众的工作"。参见《邓小平文选》第1卷,人民出版社1994年版,第66页。

④ 在这个方面,习近平总书记曾深刻指出其中的症结及其改进路径:"现在,一些群团组织问题矛盾的主要方面是'等靠要'心理严重,工作主动性和创造性不够。这其中两方面原因可能都有。一方面,一些党组织怕出事,不希望群团组织搞自己的活动,捆住了群团组织的手脚。另一方面,一些群团组织也怕出事,觉得跟着党组织的活动亦步亦趋最保险,不求有功,但求无过。在这个问题上,要强调两点。一是党组织要鼓励和引导群团组织充分发挥作用,不要觉得群团组织太活跃会给自己惹麻烦,四平八稳最好。二是群团组织要积极作为、敢于作为,如果只喊口号而不做有声有色的工作,没有通过自身努力把党的意志和主张落实到广大人民群众中去,那也不能说是坚持了党的领导,因为你没有为坚持党的领导发挥自己的职能作用。"参见中共中央文献研究室编《习近平关于社会主义政治建设论述摘编》,中央文献出版社2017年版,第192页。

人对接，还要与更多的政府职能部门合作。比如，我们团省委对接的部门很多，现在环保的环保志愿者，我们和环保厅沟通非常顺畅，禁毒防艾我们和禁毒委的沟通非常顺畅，还有我们的农村电商服务平台的建设、农村电商培训，因为农村电商更多是青年人，我们和经信委、商务厅沟通得非常好。然后预防未成年人违法犯罪的问题，我们和人大的法工委，和教育厅，包括政法委也沟通得非常好。所以说，共青团要做好，其实权力也很大，面向各个部门。要是做不好，自己就很狭隘，自己一个圈子。核心的问题是，给了这个权怎么把它用好，用好以后其他部门都愿意和我们合作。①

## 第二节　本质属性的内在耦合

本质属性是一个事物固有的、与生俱来的、相对稳定的内在属性，是其区别于其他事物的独特标识，贯穿于其活动全过程、各方面、诸环节、整周期，决定着其发展的结构、形态和取向。因此，把握事物与事物之间的关系，关键是要把握事物本质属性之间的关系。本质属性相同或相近，事物之间就具有内在的亲和性；本质属性不同甚至大相径庭，事物之间一定就会疏离、区隔甚至走向对抗、冲突。全面考察人民团体与协商民主的本质属性，发现：以人民为主体、主人既是两者的共同本质属性，也是两者共同的逻辑起点。由此，人民团体参与协商民主天然具有正当性、合法性基础，这是保证这种参与能持续推进的恒久动力。

### 一　人民：人民团体的主人

无论是从历史的视野还是从理论的逻辑分析，人民群众都是创造历史、推动社会变革的决定性因素和决定性力量。这也是唯物史观最基本也是最根本的基本观点。恩格斯基于对英法两国现代化发展历程的考察得出这样一个深刻的洞见："在十七世纪的英国和十八世纪的法国，甚至资产阶级的最光辉灿烂的成就都不是他自己争得的，而是平民大众，即工人和

---

① 对 Y 省团委书记的访谈记录，访谈笔记 20170613。

农民为它争得的。"① 人类历史发展的经验表明，"并不是'历史'把人当做手段来达到自己——仿佛历史是一个独具魅力的人——的目的。历史不过是追求着自己目的的人的活动而已"②。

作为历史建构之主体性力量和根本目的的人，是现代社会的主体和基本出发点。现代社会成长的政治逻辑，决定了现代社会建构的逻辑起点是现实的、有生命的、追求着自己目的的、使用实践力量的以及受到一定生产条件、历史条件和时代制约的现实的个体的自由发展。"国家制度不仅就其本质说来是自在的，而且就其存在、就其现实性说来也日益趋向于自己的现实的基础、现实的人、现实的人民，并确定为人民自己的事情。"③从中可以看出，马克思所说的"人"具有双重意涵：一重是人的现实性，一重是人的自由性。前一重意涵决定了国家制度的现实逻辑，即国家制度建构不是基于天国而是基于尘世、不是基于"绝对精神"而是基于物质生产生活的现实条件建构的内在产物；后一重意涵决定了现实的国家制度建构的核心价值和取向，即以现实的人的现实需求为导向，以崇尚人的自由权利为基石，并把人的需求、自由权利的保障通过现实的法律予以固化，从而使法律成为支撑人的自由权利的一种存在形态。

作为一种动物的存在形态，人具有一般动物的自然属性，需要吃喝拉撒、繁衍生殖，需要一定的生产和生活，需要满足作为生命的个体的一切现实需要，这些需要主要解决的是人的生存问题，因为"人类一出生即享有生存权利，因而可以享用肉食和饮料以及自然所供应的以维持他们的生存的其他物品"④。然而，"庸人希求的生存和繁殖（歌德说，谁也超不出这些），也是动物所希求的"⑤。因而，"吃、喝、生殖等等，固然也是真正的人的机能。但是，如果加以抽象，使这些机能脱离人的其他活动领域并成为最后的和唯一的终极目的，那它们就是动物的机能"⑥。其主要原因在于，人具有不同于一般动物的、更具本质性意涵的属性——社会属

---

① 《马克思恩格斯全集》第 18 卷，人民出版社 1964 年版，第 325 页。
② 《马克思恩格斯文集》第 1 卷，人民出版社 2009 年版，第 295 页。
③ 《马克思恩格斯全集》第 1 卷，人民出版社 1956 年版，第 280 页。
④ ［英］洛克：《政府论下篇——论政府的真正起源、范围和目的》，叶启芳、瞿菊农译，商务印书馆 1964 年版，第 17 页。
⑤ 《马克思恩格斯全集》第 47 卷，人民出版社 2004 年版，第 57 页。
⑥ 《马克思恩格斯文集》第 1 卷，人民出版社 2009 年版，第 160 页。

性。在马克思看来,人并非只是一种合群的政治动物或社会动物的存在,更深刻的存在价值是,只有"在社会中"并"通过社会"方能生存与生活,才能实现人的自由、自主发展:"人是最名副其实的政治动物,不仅是一种合群的动物,而且是只有在社会中才能独立的动物。"① 质言之,对人而言,社会呈现为工具理性与价值理性的有机体:从工具理性的角度看,社会的存在、存续是个人生产与生活的现实需要;从价值理性的角度看,社会是人获得其自主性、独立性价值的现实空间。脱离了价值理性规约的工具理性的盲目发展的社会,必定会导致分裂、断裂甚至解体的风险。正是在这个意义上,马克思在《关于费尔巴哈的提纲》中提出了这样一个经得起反复推敲的深刻判断:"人的本质不是单个人所固有的抽象物,在其现实性上,它是一切社会关系的总和。"② 人是具体的而非抽象的,是社会化的而非个体化的。"因为人的本质是人的真正的社会联系,所以人在积极实现自己本质的过程中创造、生产人的社会联系、社会本质,而社会本质不是一种同单个人相对立的抽象的一般的力量,而是每一个单个人的本质,是他自己的活动,他自己的生活,他自己的享受,他自己的财富。"③ 所以,"既然人天生就是社会的,那他就只能在社会中发展自己的真正的天性;不应当根据单个个人的力量,而应当根据社会的力量来衡量人的天性的力量"④。与社会生活相"区隔"的独立个体,其自然天性难以充分施展、内在禀赋难以有效呈现,其力量也难以真正测度。

人在社会中的生产与生活,离不开与他人的交往与互动。在黑格尔看来,人作为具体的人、特殊的人存在本身就是目的,为此目的市民社会的建构基于两个原则:一是满足人的各项需要,二是通过以他人为"普遍性形式的中介"满足"特殊的人"的需要。质言之,人的存在与他人要紧密相连。⑤ 因而,当一个人"意识到必须和周围的个人来往,也就是开始意识到人总是生活在社会中的"⑥。在人与人之间的交往与互动过程中,自然而然会在社会中形成一定的团体形式,结成一定的组织化的社会关系

---

① 《马克思恩格斯文集》第 8 卷,人民出版社 2009 年版,第 6 页。
② 《马克思恩格斯文集》第 1 卷,人民出版社 2009 年版,第 501 页。
③ 《马克思恩格斯全集》第 42 卷,人民出版社 1979 年版,第 24 页。
④ 《马克思恩格斯文集》第 1 卷,人民出版社 2009 年版,第 335 页。
⑤ [德] 黑格尔:《法哲学原理》,范扬、张企泰译,商务印书馆 1961 年版,第 197 页。
⑥ 《马克思恩格斯文集》第 1 卷,人民出版社 2009 年版,第 534 页。

网络，这是实现人的解放的必备要素和必要条件，因为"只有当人认识到自身'固有的力量'是社会力量，并把这种力量组织起来因而不再把社会力量以政治力量的形式同自身分离的时候，只有到了那个时候，人的解放才能完成"①。对于人民团体而言，在如此的交往与互动过程中组织起来，而组织起来使个体的力量得以倍增。马克思认为，作为人的现实展现形式的家庭、市民社会、国家诸类组织，亦是实现人的本质的通达机制。正是在这个意义上，马克思在《黑格尔法哲学批判》中深刻指出："人永远是这一切社会组织的本质，但是这些组织也表现为人的现实普遍性，因而也就是一切人所共有的。"② 因而从这个维度看，人是人民团体这一社会组织的主体。人的社会属性这一本质属性，为人民团体的建构和生成提供了最基本的现实基础。正是由于人的社会属性的本真存在，人不能脱离"他者"而离群索居，只有在社会中才能生存、生活并获得全面的发展空间。

## 二 人民：协商民主的主体

佩特曼认为，参与民主在20世纪下半叶的深刻复兴，其基本主张在于倡导一般公众在平等化、公开化的情势下进行理性商略的方式参与共同关注的事务以达致一定共识的协商民主理论的勃兴。③ 2001年4月16日至29日，哈贝马斯应中国社会科学院的邀请在中国社会科学院、中共中央党校、北京大学、复旦大学、中国人民大学、清华大学、上海社会科学院这7个学术机构作了学术演讲。其中，在北京大学和中国人民大学作了《民主的三种模式》的讲演。在这个演讲中，他从历史的维度提炼出人类社会迄今为止的3类民主形态：共和主义民主、自由主义民主、协商民主。自由主义民主可追溯到洛克那里，共和主义民主可回溯至亚里士多德那里并在18世纪的卢梭等人那里重新获得重视。④ 从一定意义上说，协商民主是对自由主义民主和共和主义民主这两种民主模式的扬弃与超越，

---

① 《马克思恩格斯全集》第3卷，人民出版社2002年版，第189页。

② 《马克思恩格斯全集》第1卷，人民出版社1956年版，第293页。

③ [美]卡罗尔·佩特曼：《参与和民主理论》，陈尧译，上海世纪出版集团2006年版，序言第11页。

④ 中国社会科学院哲学研究所编：《哈贝马斯在华演讲集》，人民出版社2002年版，第78—88页。

希冀克服个体与共同体、权利与权力、活力与秩序、价值理性与工具理性、私人利益与公共利益的二元对立，追求在关系协商中建构协调发展机制、在共同参与中创造共享发展结构。因而，作为第三种民主模式的协商民主，使民主的结构形态、制度形态、价值形态、组织形态、功能形态、发展形态发生了深刻变化，其中最根本的变化在于：个体与共同体在有机互动中建构了信任与责任，社会与国家在交互作用中实现了共生与共融。

### （一）协商是民主的"真谛"但并非其充分条件

所谓"真谛"，指的是事物的本质、真实意义。究竟民主的"真谛"为何，千百年来甚众学者孜孜以求予以解答和"深描"。

英国思想家罗素曾指出：诸类社会生物均具备结群的天然倾向、合作的本能。在早期人类社会中主要是由部落里的友谊和对部落外所有其他人的敌意所组成的这二元机制所驱使的。[①] 这表明，人并非是孤立的社会实存，不能离开社会而自主生活，必须在与他人的合作、协作中获得生存与生活的资源、力量。[②] 从这个意义来看，人之生存与发展，不仅是人作为个体的个性、自由度的彰显，亦是人所依赖的共同体、社会的发展，个体的成长与社会的成长互促共进。[③]

人与人在互动过程中，会出现不同的交往形式，大致可分为消极交往和积极交往这两大类型。消极的交往形式，指的是人与人之间的互动以斗争为取向，漠视人的平等属性、尊严，在实践中表现为不友好乃至恶性的互动形态，如争斗、殴打、战争等。积极的交往形式，指的是人与人之间的互动以和谐为取向、以平等为原则，充分尊重人的主体性、独立性，在实践中表现为良性的互动形态，如商量、协商、妥协、谦让等。协商是人与人之间在互动过程中呈现出来的良性积极交往形态。协商与其他类型的交往的不同在于：协商主体在协商过程中能实现偏好的

---

[①] ［英］伯特兰·罗素：《权威与个人》，储智勇译，商务印书馆2012年版，第13—15页。

[②] 洛克曾说："上帝既把人造成这样一种动物，根据上帝的判断他不宜于单独生活，就使他处于必要、方便和爱好的强烈要求下，迫使他加入社会，并使他具有理智和语言以便继续社会生活并享受社会生活。"参见［英］洛克《政府论下篇——论政府的真正起源、范围和目的》，叶启芳、瞿菊农译，商务印书馆1964年版，第48页。

[③] 因而，25岁的马克思在《〈黑格尔法哲学批判〉导言》中就深刻指出："人不是抽象的蛰居于世界之外的存在物。人就是人的世界，就是国家，社会。"参见《马克思恩格斯选集》第1卷，人民出版社2012年版，第1页。

转换、观点的转变、判断的改变，最终促使矛盾"和解"以至"消解"。① 同时，协商也是决策者厘清问题脉络、确定相关信息和评估风险结果的一种重要手段。②

人与人在生活世界的交往行为，难免会出现利益的纠葛甚至纷争，这是协商在现实社会建构中能够有"用武之地"之关键。诚如哈贝马斯所言："在文化和社会多元化的情势下，利益和价值取向的冲突需要平衡、妥协机制。其中，协商就是一种有效的机制。"③ 在现实生活层面，协商具有双重属性：其一，基于理性。布鲁克认为，我们不可能期望所有的集体决策是毫无异议的，但是在决策过程中运用理性的限制则是必要的。④ 协商与一般性讨论的不同之处在于，以理性为前置性要素和现实基础，因此只有基于充分的依据才能在公共场合发表意见、坦陈缘由。⑤ 可以说，协商是民主之最始初的要素。⑥ 换言之，民主的核心意涵、内在本质需要以公开理性协商的形式予以呈现。⑦ 实践表明，遇事协商比不协商好，早协商比晚协商好，越充分协商成效越好。⑧ 其二，吸纳性，能够充分包容多样化的视角、视点，能够对"他者"的意见予以理性批评，能够通过协商自觉转换既有的偏好和倾向。⑨ 因而，协商不仅使人们能够正视自身

---

① ［澳］约翰·S. 德雷泽克：《协商民主及其超越：自由与批判的视角》，丁开杰等译，中央编译出版社 2006 年版，前言第 1 页。

② ［澳］伊丽莎白·费雪：《风险规制与行政宪政主义》，沈岿译，法律出版社 2012 年版，第 41 页。

③ 中国社会科学院哲学研究所编：《哈贝马斯在华演讲集》，人民出版社 2002 年版，第 84—85 页。

④ Thom Brooks, "A Critique of Pragmatism and Deliberative Democracy", *Transactions of the Charles S. Peirce Society*, Vol. 45, No. 1, Winter 2009, pp. 50-54.

⑤ 正如埃尔斯特所言："协商或者是指特殊的讨论，它包括认真和严肃地衡量支持和反对某些建议的理由，或者是指衡量支持和反对行为过程的内部过程。"See J. Elster (ed.), *Deliberative Democracy*, Cambridge University Press, 1998, p. 163.

⑥ 林尚立、赵宇峰：《中国协商民主的逻辑》，上海人民出版社 2015 年版，第 3 页。

⑦ William Rehg and James Bohman, "Discourse and Democracy: The Formal and Informal Bases of Legitimacy", *Journal of Political Philosophy*, 1996 (4), pp. 79-99.

⑧ 刘佳义：《协商民主理论讲演录》，中国文史出版社 2017 年版，第 185 页。

⑨ 库克指出："协商就是各种观点不受限制地交流，这些观点涉及实践推理并总是潜在地促进偏好变化。"参见 M. Cooke, "Five Arguments for Deliberative Democracy", *Political Studies*, 2000, Vol. 48, pp. 947-969.

的不足和缺点，促进自身的完善发展，而且能够自觉参与社会公共生活，认真倾听他者的诉求和企盼，从而促进个体与社会的融合，这也是现代社会资本建构的重要因素和积极资源，是协商民主制度得以在社会层面有效运行的关键性、基础性支撑结构。

协商民主建构的基本底线是，协商过程中对平等性、民主性价值的尊崇。这也是习近平总书记揭示的人民民主的"真谛"之核心要义所在。① 换言之，协商是人民民主的真谛。从某种意义上说，协商的过程，是尊重多样、包容"异样"、增进"一样"的过程。协商之于民主的本质意涵在于：使自上而下的强制方式向上下平等互动、自愿自主协商的方式推动民主化进程。②

协商虽然是民主的"真谛"，但并非民主的充分条件，而只是必要条件。具体原因有四：

第一，公民参与是民主的实质性要素。"民主是一种做事的方式，它会在'做'的当中体现出来。"③ 这种"做"，就是公民参与的一种实践样态和实现形式。④ 协商只是其中的一种表现形式，当然是比较重要的形式。利益分化社会的协商，是建构有机社会的一种重要内生性机制。

第二，民主作为一种国家制度体系的建构和运行，其核心是注重基于社会且外在于社会的国家怎样以"人民统治"为取向化解社会主体之间张力的制度结构，更加强调协商的主体、内容、对象、程序、结果、反馈、路径等刚性规范建设。⑤ 而协商更多探讨的是个体之行为、作为，并非国家政体层面的制度化行为范式，具有随机化、灵活性、弹性化等特点。

---

① 在庆祝全国政协成立65周年讲话中，习近平提出这样一个重要判断："在中国社会主义制度下，有事好商量，众人的事情由众人商量，找到全社会意愿和要求的最大公约数，是人民民主的真谛。"参见中共中央文献研究室编《十八大以来重要文献选编》（中），中央文献出版社2016年版，第73页。

② [澳]毛里西奥·帕瑟林·登特里维斯主编：《作为公共协商的民主：新的视角》，王英津译，中央编译出版社2006年版，第2页。

③ [美]科恩：《论民主》，聂崇信、朱秀贤译，商务印书馆1988年版，第40页。

④ 公民参与政治生活的形式多种多样，如投票、志愿服务、斡旋、游行、示威、结社等不一而足。

⑤ 蓝献华：《协商民主的科学解读与有效运用》，《丽水日报》2014年11月16日第2版。

第三，民主理想愿景的实现需要一定要素的支持。比如，"社会"之发育、理性之培育、法制之教育、物质之孕育、权力结构之均衡等。① 没有这些要素条件的支撑，民主的实现只能是空中楼阁。在蒂利看来，判断一个政体是否民主化，主要有四个标准，即公民与公共权力之间的关系形态呈现广泛的、平等的、有保护的和相互制约的协商的特点。② 简言之，协商仅是民主的一个支撑性条件而已。

第四，从历史事实的维度来看，原初形态的协商与民主的关联度并不大。③ 当民主的过程的开启和开展是在绝大多数社会成员之间开展协商的，才有可能是真正意义上的民主。④

上述分析表明，"协商"与"民主"要能实现有效结合、衔接，需要一定社会条件和要素的支持，否则会出现断裂、割裂的"两张皮"现象。

**（二）民主的实现形式是多样态的**

在马克思看来，国家是基于人民的自我规定所型构的产物，其制度表现形态就是民主制，即"人民的国家制度"。在《黑格尔法哲学批判》

---

① 在科恩看来，民主的首要前提是要有"社会"的存在。社会的种类繁多，就其范围而言，小至家庭、社团，大至国家、国际社会。民主的第二个前提是理性。如果说作为首要前提的社会涉及的是人与人之间的关系，那么，理性涉及的则是这种关系的性质。一个有理性的人，应该具备三种能力：设想一种计划或掌握判断或行动规则的能力；在具体情势下运用这一规则或按照行动计划办事的能力；清楚表达思想和与人讲理的能力。没有社会和理性这两个基本前提，就不可能有民主的存在、存续。但是，即使已满足这两个前提，民主也不一定获得发展，还要决定于民主必须具备的各种条件，大致有物质条件、法制条件、智力条件、心理条件、防卫条件五大类。参见［美］科恩《论民主》，聂崇信、朱秀贤译，商务印书馆1988年版，第44—207页。

② ［美］查尔斯·蒂利：《民主》，魏洪钟译，上海人民出版社2015年版，第12—14页。

③ 美国政治学者埃尔斯特曾指出："协商民主的概念及实践与民主本身一样古老，两者都起源于公元前5世纪的雅典。" See Jon Elster, "Introduction", in J. Elster (ed.), *Deliberative Democracy*, Cambridge University Press, 1980, p. 1.

④ 比如在古代的雅典，能够参与协商的仅是占人口总数1/6左右的具有公民身份的人。换句话说，5/6的人口由于不具有公民身份而不能参与民主政治。因此，这种所谓的协商，准确地说是精英协商，与现代民主的精神、取向并不契合。参见谈火生、霍伟岸、［澳］何包钢《协商民主的技术》，社会科学文献出版社2014年版，第6—7页。

中，马克思从民主制与君主制的对比剖析中深刻揭示了民主制的真谛和要义。① 主要揭示了两条真理：其一，人民是国家的主人，是国家制度的主体。君主制是特定社会历史条件下的历史产物，必将随着社会进步和现代化发展逐步淡出历史舞台，逐步为民主制所替代，因为民主制是作为类概念的人类社会的普遍共性追求，因而是"一切形式的国家制度的已经解开的谜"。界分民主制与君主制的关键表征就是，人民是国家制度的主体抑或客体。换句话说，在民主制国家制度中，人民是具有决定性的主体力量，而在君主制国家制度中，人民则是从属性的被决定的客体力量。其二，实现现实的人的自由是国家制度的本质、本来面目和终极关怀、本真情怀。现实的国家制度的存在不是为存在而存在，其出发点是现实的人、现实的人民，其取向是现实的人、现实的人民在现实的国家制度结构框架下现实的自由发展。因而，国家制度是实现人的自由发展的"催化剂"而非"干燥剂"，"助推器"而非"刹车键"。

作为民主的一种形式，选举曾在历史上起过进步的作用，比如，"一人一票"彰显了普通公民的主体自觉，定期选举实现了权力的制度化更替，公民的诉求在选举之前能得到最大限度的关注。然而，选举终究只是民主的一种表象形式而已，并非民主的内在本质本身。如若将其视为民主本身，则是本末倒置、舍本逐末。② 主要原因有二：一方面，选举只是民主的一个过程，选举后公民权利的持续保障才更为根本；③ 另一方面，选举的过程容易造成社会一定程度的失序，对于许多后发现代化的发展中国家而言，秩

---

① 他指出："在君主制中，整体，即人民，从属于他们的一种存在方式，即政治制度。在民主制中，国家制度本身只表现为一种规定，即人民的自我规定。在君主制中是国家制度的人民；在民主制中则是人民的国家制度。民主制是一切形式的国家制度的已经解开的谜。在这里，国家制度不仅自在地，不仅就其本质来说，而且就其存在、就其现实性来说，也在不断地被引回到自己的现实的基础、现实的人、现实的人民，并被设定为人民自己的作品。国家制度在这里表现出它的本来面目，即人的自由产物。"参见《马克思恩格斯全集》第 3 卷，人民出版社 2002 年版，第 39—40 页。

② 在西方政界和理论界有这样一种流行的观点：是否实行广泛的选举是评判一个国家是否民主的根本指标。由此出发，把竞争性选举作为实现民主的唯一形式，武断认为由于中国没有广泛实行竞争性选举所以不是民主的国家。这种观点把民主的实质内容和实现形式混为一谈，实质上是"西方中心主义"的"翻版"，因而是片面、不正确的。

③ 卢梭在《社会契约论》中就深刻揭露英国公民只有在选举议员期间才是自由的，一旦议员选出之后，他们就是"奴隶"，"就等于零了"。参见［法］卢梭《社会契约论》，何兆武译，商务印书馆 2003 年版，第 125 页。

序的价值优先于自由的价值。① 因此,选举并非"万灵"的"灵丹妙药"。如何确保公民持续参与社会政治生活,才是民主的精义所系。

历史与实践证明,民主是具体而非抽象的,是现实的而非虚化的。习近平在庆祝全国政协成立 65 周年大会的讲话中对民主的形式与内容、手段与目的、表象与实质等关系讲得非常透彻且直白。② 由是观之,只有从内容、机制、程序、保障诸方面对民主的各个层面、环节、过程予以充分展现,才能确保民主的本质能够本真地存在并得到有效发展。而协商民主能够对此作出应有的贡献和助力,这是其得以复兴、勃兴的要害之处。

## 三 基于人民:人民团体参与协商民主的共同基石

形式决定于内容,为内容服务。脱离内容的形式不具有实质性价值。正如马克思所言:"如果形式不是内容的形式,那么它就没有任何价值了。"③ 对于民主而言,也同样要遵循形式服从于、服务于内容的内在规定。作为一种现代形态的民主形式,协商民主内蕴着民主的基本价值基因和内在本质规定:人民民主。在自由主义民主理论看来,人民主权仅仅意味着以适当的方式使公共权威的运行合法化、合理化,共和主义民主则认为人民主权寓于人民共同体的意志之中,而协商民主则将人民主权视为制度化的"意志"形成与公共领域的"意见"生成之间的互动过程。④ 无

---

① 美国政治学者亨廷顿在其名著《变化社会中的政治秩序》中就明确对现代化进程中的发展中国家提醒道:如何设计一个有最大权力和最强权威的政治体系,美国人的基本公式是政府应建立在自由、公正的选举之上。但是,对于许多现代化之中的国家而言,这个公式是无济于事的。进行有意义选举的前提是要有一定水准的政治组织。问题不在于举行选举,而在于建立组织。在许多——如果不是绝大多数——处于现代化之中的国家里,选举只会加强那些闹分裂且常常又是反动的社会势力瓦解公共权威的结构。参见[美]塞缪尔·P.亨廷顿《变化社会中的政治秩序》,王冠华、刘为等译,上海人民出版社 2008 年版,第 6 页。

② 他指出:实现民主的形式是丰富多样的,不能拘泥于刻板的模式,更不能说只有一种放之四海而皆准的评判标准。人民是否享有民主权利,要看人民是否在选举时有投票的权利,也要看人民在日常政治生活中是否有持续参与的权利;要看人民有没有进行民主选举的权利,也要看人民有没有进行民主决策、民主管理、民主监督的权利。参见中共中央文献研究室编《十八大以来重要文献选编》(中),中央文献出版社 2016 年版,第 73 页。

③《马克思恩格斯全集》第 1 卷,人民出版社 1995 年版,第 288 页。

④ [加拿大]弗兰克·坎宁安:《民主理论导论》,谈火生等译,吉林出版集团有限责任公司 2010 年版,第 212 页。

论是人民团体,还是协商民主,均基于人民这个基点、人民主权这个旨归展开建构其活动体系、目标体系、价值体系,在国家与社会之间的互动中使"意志"和"意见"得以碰撞并融合。基于共同基点和旨归生成的发展形态和发展格局,天然具有内在的耦合性和成长性。

**(一) 价值结构的同构性**

马克思主义哲学认为,无论是微观世界的基本粒子,还是宏观世界的星系云团,都有其共同的"母体"以及基于"母体"之上的共同性,这就是所谓的"同构性"。同构性有不同的层次,各个层次之间进行有机联结。其中,价值结构的同构性是不同物质形态之间能够实现有机耦合的内在深刻要素。

在亨廷顿看来,一个社会政治系统的和谐度,既取决于其制度结构,也取决于其价值信仰。在一定条件下,价值认同能够转换为对政治制度的支持。也可以说,政治制度的稳定性建基于对一系列政治价值的广泛认同。正是通过价值认同的建构过程,极化得以缓和,分歧得以弥合,共识得以创造。亨廷顿提醒道,促成政治秩序的共识关键不在于其量,而在于其质及其与政治制度、社会实践之间的契合度。如果主导的政治价值使政治制度和政治实践合法化、神圣化,政治稳定性就增强。同时,共识的核心价值和理想理念也可能挑战主流的政治制度,会使政治实践的合法性基础受到瓦解、式微。正如过度的分裂导致政治不稳定一样,过度的共识也可能导致政治不稳定。实际上,"冲突是共识之子",适当、适度的争论是达致较高程度认同的必由之路。① 人民团体与协商民主之所以具有高度耦合性,根本依据在于其价值结构的同构性。这可以分别从协商民主与人民团体这两个维度具体展开分析。

其一,人民决定国家、创造国家、建构国家,这是民主制的基本特点,也是开展协商民主的内在趋向和内在需要。在民主这个基本政治问题上,马克思的历史贡献在于:把被黑格尔颠倒过来的政治逻辑重新翻转过来。② 由此,马克思得出了两个判断:一是在人民与国家制度的关系方

---

① [美]塞缪尔·P.亨廷顿:《美国政治——激荡于理想与现实之间》,先萌奇、景伟明译,新华出版社2017年版,第19—56页。

② 在《黑格尔法哲学批判》这篇经典著作中,马克思深刻指出:"黑格尔从国家出发,把人变成主体化的国家。民主制从人出发,把国家变成客体化的人。"参见《马克思恩格斯全集》第1卷,人民出版社1956年版,第281页。

面,"不是国家制度创造人民,而是人民创造国家制度";二是在人与法律的关系方面,"在民主制中,不是人为法律而存在,而是法律为人而存在;在这里人的存在就是法律,而在国家制度的其他形式中,人却是法律规定的存在。民主制的基本特点就是这样"①。可以看出,作为上层建筑的法律或国家制度,都是基于人或人民这个基点建构起来的,这是现代民主制的精义所在、实质旨归。所以,作为现代民主制的一种表现形态,协商民主自然遵循这个精义和实质,否则就不成其为民主了。因而从这个意义上说,任何协商民主的展开和建构,都必须"为人而存在",由"人民创造"。人民团体的人民性,显然契合协商民主的这个内在需要。

其二,人民团体是介于政治国家与市民社会的"中间地带",是政治国家与市民社会实现良性互动、协商的天然"枢纽"。②作为介于政治国家与市民社会的"中间地带"的人民团体,为政治国家与市民社会的制度化联结供给了渠道、拓展了空间、架设了桥梁、系上了纽带,不仅实现了市民社会领域个体诉求表达的社会化,而且实现了国家意志传达的社会化。在这个"中间地带",国家意志与社会意见得到交流、交换,个体私益与社会公益获得协商、协调,公共权力与公民权利的对抗也得到缓和、缓解。③

事实上,这种协商和协调的过程,就是一种不同共同体与政治国家、

---

① 《马克思恩格斯全集》第1卷,人民出版社1956年版,第280、281页。

② 在《论犹太人问题》中,马克思深刻阐述道:"完备的政治国家,按其本质来说,是和人的物质生活相反的一种类生活。物质生活这种自私生活的一切前提正是作为市民社会的特性持续存在于国家范围以外,存在于市民社会。在政治国家真正发达的地方,人不仅在思想中,在意识中,而且在现实中,在生活中,都过着双重的生活——天国的生活和尘世的生活。前一种是政治共同体的生活,在这个共同体中,人把自己看作社会存在物;后一种是市民社会的生活,在这个社会中,人作为私人进行活动,把别人看作工具,把自己也降为工具,成为外力随意摆布的玩物。"参见《马克思恩格斯全集》第1卷,人民出版社1956年版,第428页。

③ 洛克曾指出:"当某些人基于每人的同意组成一个共同体时,他们就因此把这个共同体形成一个整体,具有作为一个整体而行动的权力,而这是只有经大多数人的同意和决定才能办到的。要知道,任何共同体既然只能根据它的各个个人的同意而行动,而它作为一个整体又必须行动一致,这就有必要使整体的行动以较大的力量的意向为转移,这个较大的力量就是大多数人的同意。如果不是这样,它就不可能成为一个整体、一个共同体而有所行动或继续存在,而根据组成它的各个个人的同意,它正是应该成为这样的整体的;所以人人都应根据这一同意而受大多数人的约束。"参见[英]洛克《政府论下篇——论政府的真正起源、范围和目的》,叶启芳、瞿菊农译,商务印书馆1964年版,第59—60页。

市民社会的相互妥协、讨价还价的过程，实质上就是协商民主的过程。因而，非此即彼、二元对立、零和博弈的传统思维定式在这个"中间地带"失去了生存土壤、减缩了市场空间。于是，一种新型的社会与国家良性互动、协商协调的关系形态逐渐生成并持续生长，成为社会主义协商民主建构、开掘、巩固、深化的重要动力要素和资源禀赋。

**（二）降低"交易费用"**

基于人民这个逻辑起点建构人民团体协商民主的各项体制机制，有助于降低"交易成本"。新制度主义经济学家诺思不仅关注实体"硬"制度在经济运行中的价值，也关怀意识形态"软"制度在社会发展中的价值。在诺思看来，意识形态不可避免地在个人观察客观世界、反思客观世界时对公正所持的道德和伦理评价相互交织在一起，通过这种"世界观"的导引，个体可以深刻体认其所处的环境，当其经验与其思想不相符时会自觉改变其观点，从而能够使公共决策更加公开化、简单化、民主化，能够更容易达致共识。基于这样的认识，诺思得出了以下两点结论：其一，比较成功、有效的意识形态的建构都具有很大的灵活性和弹性空间，这样不仅有助于吸纳新集团的意志，而且有助于消化旧集团的意见；[①] 其二，意识形态是一种有效的资源节约机制，能够降低"约束行为的考核费用"[②]，从而使得新的组织形态能够得以生存并持续生长。由于人民团体与协商民主都以人民作为主体和逻辑起点，都共同拥有人民这个"基因"和"密码"，也可以说，拥有共同的意识形态作支撑，因而两者之间无论在内在结构上还是功能形态上，都具有深刻和密切的耦合性，主要体现在：

其一，在内在发展结构上，人民团体基于人民这个主体建构其组织体系、结构体系，虽纵横交错、上下交织，但其核心取向是依靠人民、为了人民，协商民主基于人民这个主体建构其活动体系、价值体系，虽形式各异、品类多样，但其是以人民为中心、增强人民对民主的认同为轴心取向。基于共同的基点，相互之间会有更高的信任度和契合度，相互摩擦的

---

① 他指出："大凡成功的意识形态必须是灵活的，以便能得到新的团体的忠诚拥护，或者作为外在条件变化的结果而得到旧的团体的忠诚拥护。"参见 [美] 道格拉斯·C. 诺思《经济史中的结构与变迁》，陈郁等译，上海三联书店1994年版，第53—54、58页。

② [美] 道格拉斯·C. 诺思：《经济史中的结构与变迁》，陈郁等译，上海三联书店1994年版，第190页。

机会和成本就会更少，相互合作的几率和概率就较高。

其二，在功能形态上，人民团体是党与特定群体之中人民的链接中介，是公共权力的社会基石，人民通过人民团体能与国家产生良性互动，能够破除横亘在人民与国家之间的壁垒和鸿沟，使"桥梁"两端更畅通，使"纽带"系得更紧、更牢靠。协商民主是人民参与民主政治生活的日常形式，贯穿于人民参与民主政治生活的方方面面、各个场域、不同环节，体现了日常民主生活的人民主体性和主体自觉，使民主切实成为普通人的民主、绝大多数人的民主。

## 第三节　双重共同体的有机融合

现代化是人类社会发展进步的一个必经阶段和必然趋向，它在很大程度上既会引起社会上各种社会势力的多样化，也会引发社会上各种社会势力的集聚化。① 在中国，人民团体作为一个团体，具有双重"面向"：面向社会，呈现为个体共同体、组织共同体的结构形态，具有聚合个体群众、凝结社会自组织、协调社会关系的功能；面向国家，呈现为社会共同体的结构形态，具有利益代表、利益协商、利益协调、利益保护的功能。人民团体作为共同体的存在，给特定社会群体的人民提供了归属感、皈依感，因为共同体里的生活是"亲密的、秘密的、单纯的共同生活"，因而人们在共同体里与同伴一起休戚与共、同甘共苦。②

### 一　现实的人：作为个体形态存在的人与作为共同体形态存在的人

作为现实的人，可以从作为个体形态的存在和作为共同体形态的存在两个维度予以衡量：

---

① 亨廷顿认为，在任何一个社会势力复杂且其利害关系纵横交错的社会里，如果不能创设与各派社会势力既有关联又是独立存在的政治机构的话，那么，就没有哪一个社会势力能够单独统治，更不用说形成共同体了。参见［美］塞缪尔·P. 亨廷顿《变化社会中的政治秩序》，王冠华、刘为等译，上海人民出版社2008年版，第8页。

② ［德］斐迪南·滕尼斯：《共同体与社会：纯粹社会学的基本概念》，林荣远译，北京大学出版社2010年版，第43页。

## (一) 作为个体形态存在的人

作为个体形态存在的人,以追求自由为目标取向。① 自由,是人的一种具有"类"意义上的存在价值与历史使命。离开了自由,人将不成为其人的存在。② 因而,个体的存在,自由犹如空气和水一般不可或缺。马克思认为,自由有以下四重规定性:

第一,自由是历史的发展过程和产物,有一个由无到有、从有到好、从低级到高级的循序渐进的衍化过程,这其中,文化发挥了很大的作用。③

第二,自由是现实的而非抽象的。在马克思看来,"抽象的个别性"并非是"在定在中的自由",而是"脱离定在的自由"。④ 因而,他异常厌烦以形式化的虚假自由代替真正意义上的自由。⑤ 他曾对一些作品进行批评,尖锐指出其不足之处。⑥

第三,自由是目的自由与方式自由的有机统一体。自由不仅是人存在和发展的目的和取向,而且实现自由这一目的和取向也需要采取自由的方式,所以"自由不仅包括我靠什么生活,而且也包括我怎样生活,不仅包括我做自由的事,而且也包括我自由地做这些事"。⑦

---

① 在马克思看来,"自由确实是人的本质……没有一个人反对自由,如果有的话,最多也只是反对别人的自由。可见,各种自由向来就是存在的,不过有时表现为特殊的特权,有时表现为普遍的权利而已"。参见《马克思恩格斯全集》第 1 卷,人民出版社 1995 年版,第 167 页。

② 马克思强调:"威胁每一生物的生命的危险就是该生物丧失自我。因此,不自由对人说来就是一种真正的致命的危险。"参见《马克思恩格斯全集》第 1 卷,人民出版社 1995 年版,第 179 页。

③ 原因在于:"最初的、从动物界分离出来的人,在一切本质方面是和动物本身一样不自由的;但是文化上的每一个进步,都是迈向自由的一步。"参见《马克思恩格斯全集》第 20 卷,人民出版社 1971 年版,第 125—126 页。

④ 《马克思恩格斯全集》第 1 卷,人民出版社 1995 年版,第 50 页。

⑤ 他曾一针见血地指出:"我们根本不喜欢那种只希望以复数形式存在的'自由'。英国向我们提供了一个具有广阔的历史生活图景的证明,说明'复数的自由'的狭隘视野对'自由'是多么危险。"参见《马克思恩格斯全集》第 1 卷,人民出版社 1995 年版,第 197 页。

⑥ 他严厉批评道:"这些作品不是从自由的、也就是独立的和深刻的内容上看待自由,而是从无拘无束的、长裤汉式的且又随意的形式看待自由。我要求他们:少发些不着边际的空论,少唱些高调,少来些自我欣赏,多说些明确的意见,多注意一些具体的事实,多提供一些实际的知识。"参见《马克思恩格斯全集》第 47 卷,人民出版社 2004 年版,第 42—43 页。

⑦ 《马克思恩格斯全集》第 1 卷,人民出版社 1995 年版,第 181 页。

第四，自由是一种整体性的存在形态，各个部分、各类要素相互联结、相互支撑并互相制约。①

### （二）作为共同体形态存在的人

实现个体的自由是人的天性和自然趋向。这种自由的真正实现，不是在个体自我隔离的狭隘空间，而是在人与人之间的联合中并通过这种联合而获得的。换言之，个体只有在人与人联合所生成的共同体中才能获得"自己的自由"。② 这是马克思在《德意志意识形态》中阐述的核心论点，十分深刻。共同体的核心要义在于：人不仅是单体的存在，更是复合的存在体。人与人之间关系的亲密性、相互间的道德承诺及其践履使得互相信任彼此。③ 人不仅作为个体形态存在，更重要的是，作为共同体形态而存在。其主要原因在于，人追求自由这一目的，不是单靠个体的人所能单方面达到的，还必须基于共同体这个平台、这个空间才能达成："只有在共同体中，个人才能获得全面发展其才能的手段，也就是说，只有在共同体中才可能有个人自由。"④ 从人类社会成长、衍化、嬗变的过程来看，共同体最初采取的是城邦（或国家）这种表现形式，因为当初城邦（或国家）与社会没有分离：社会即城邦（或国家），城邦（或国家）即社会。⑤ 1843 年 5 月，马克思在致卢格的信中明确指出："必须重新唤醒这些人心中的人的自信心，即自由。这种自信心已经和希腊人一同离开了世界，并同基督教一起消失在天国的苍茫云雾之中。只有这种自信心才能使社会重新成为一个人们为了达到自己的崇高目的而结成的共同体，成为一

---

① 主要原因在于："自由的每一种形式都制约着另一种形式，正像身体的这一部分制约着另一部分一样。只要某一种自由成了问题，那么，整个自由都成问题。只要自由的某一种形式受到指责，那么，整个自由都受到指责，自由就只能形同虚设。"参见《马克思恩格斯全集》第 1 卷，人民出版社 1995 年版，第 201 页。
② 《马克思恩格斯文集》第 1 卷，人民出版社 2009 年版，第 570—571 页。
③ ［英］尼斯贝：《西方社会思想史》，徐启智译，桂冠图书有限公司 1979 年版，第 146 页。
④ 《马克思恩格斯文集》第 1 卷，人民出版社 2009 年版，第 571 页。
⑤ 亚里士多德在《政治学》中曾论述道："既然一切社会团体都以善业为目的，那么我们也可以说社会团体中最高而包含最广的一种，它所求的善业也一定是最高而最广的：这种至高而广的社会团体就是所谓'城邦'，即政治团体（城市团体）。"参见［古希腊］亚里士多德《政治学》，吴寿彭译，商务印书馆 1965 年版，第 3 页。

个民主的国家。"①

基于生产的发展与交往的拓展，国家发生深刻的变化。② 这种变化主要体现在：市民社会日益和政治国家产生离心力进而从政治国家中分立出来，与此同时，公民个体也逐渐与市民社会相分化进而获得自主生长的机遇。这样，双重分离造成了主体的多元性，使得传统社会的社会逻辑发生深刻转型：国家决定于市民社会，市民社会决定于个体。③ 现代民主制度基于这样的政治逻辑而展开，其本质就是马克思所说的"人的自由产物"。④ 于是，作为与个体相对应的共同体采择社会共同体的形态。

作为社会共同体形态存在的人，与一般动物有本质性的差别。人与动物的显著区别在于，"人是有思想的存在物"⑤，即人是有意志、有意识并且自觉、自愿进行生命活动、创造历史的社会存在物。一方面，人有主观意志，能够先验地在生命活动开始时就在头脑里有意识地建构整个活动的过程、路径、路线，使整个劳动过程结束时得到的结果在开始时就"已经观念地存在着"⑥，因此一个人行动的一切动力，"一定要转变为他的意志的动机，才能使他行动起来"⑦。正是在这个意义上，马克思得出这样一个深刻的结论："有意识的生命活动把人同动物的生命活动直接区别开

---

① 《马克思恩格斯全集》第47卷，人民出版社2004年版，第57页。
② 马克思在《政治经济学批判（1857—1858年手稿）》中指出："一旦人类终于定居下来，这种原始共同体就将随种种外界的，即气候的、地理的、物理的等等条件，以及他们的特殊的自然性质——他们的部落性质——等等，而或多或少地发生变化。"参见《马克思恩格斯文集》第8卷，人民出版社2009年版，第123页。
③ 关于这种深刻变化，马克思恩格斯曾指出："个人的完全不依他们的单纯'意志'为转移的物质生活，即他们的相互制约的生产方式和交往形式，是国家的现实基础，而且在分工和私有制还是必要的一切阶段上都是这样，这是完全不依个人的意志为转移的。这些现实的关系绝不是国家权力创造出来的，相反地，它们是创造国家权力的力量。"参见马克思、恩格斯《德意志意识形态》（节选本），人民出版社2003年版，第108页。
④ 林尚立：《建构民主——中国的理论、战略与议程》，复旦大学出版社2012年版，第27页。
⑤ 《马克思恩格斯全集》第47卷，人民出版社2004年版，第57页。
⑥ 《马克思恩格斯文集》第5卷，人民出版社2009年版，第208页。
⑦ 《马克思恩格斯文集》第4卷，人民出版社2009年版，第306页。

来。"① 有意识的、"能思想的存在物"② 是人区别于其他动物的显著表征。③ 另一方面，人类创造历史基于自觉、自愿，因而，人离开狭义的动物越远，"未能预见的作用、未能控制的力量对这一历史的影响就越小，历史的结果和预定的目的就越加符合"④，因而，马克思、恩格斯在《神圣家族》中总结出了这样一个重要判断："历史不过是追求着自己目的的人的活动而已。"⑤ 可以说，现实的个人之所以聚合起来建构共同体，其主要好处在于人是有思想、有意识的社会存在物，因而才使得通过教育显著提升人的素质、能力、水平成为现实可能，诚如梅特里所指出："自然造出我们人类来，原是为了使我们在动物之下；或者至少是为了这样才更显示出教育的奇迹，只有教育才把我们从动物的水平拉上来，终于使我们高出动物之上。"⑥

"任何解放都是使人的世界和人的关系回归于人自身。"⑦ 无论是作为个体形态存在的人还是作为共同体形态存在的人，最终的取向是要实现人的自由。而要实现人的自由，关键在于要有一定社会制度的支撑和支持。历史发展逻辑告诉我们，建立在私有制基础上的社会制度无法从根本上消弭个体与共同体之间的内在张力和矛盾，唯有建基于公有制基石上的社会主义制度才有可能最终消解，因为"这样的制度是正义所要求的"⑧。对于共产党人而言，"我们的目的是要建立社会主义制度，这种制度将给所有的人提供健康而有益的工作，给所有的人提供充裕的物质生活和闲暇时间，给所有的人提供真正的充分的自由"⑨。正是基于这样的思想理解逻辑，马克思、恩格斯在《共产党宣言》中建构起自由人的"联合体"的

---

① 《马克思恩格斯文集》第 1 卷，人民出版社 2009 年版，第 162 页。
② 《马克思恩格斯全集》第 1 卷，人民出版社 1956 年版，第 409 页。
③ 正如恩格斯在《自然辩证法》中所指出的："人是唯一能够挣脱动物状态的动物——他的正常状态是一种同他的意识相适应的状态，是需要他自己来创造的状态。"参见《马克思恩格斯文集》第 9 卷，人民出版社 2009 年版，第 408 页。
④ 《马克思恩格斯文集》第 9 卷，人民出版社 2009 年版，第 422 页。
⑤ 《马克思恩格斯文集》第 1 卷，人民出版社 2009 年版，第 295 页。
⑥ ［法］拉·梅特里：《人是机器》，顾寿观译，商务印书馆 1959 年版，第 42 页。
⑦ 《马克思恩格斯全集》第 3 卷，人民出版社 2002 年版，第 189 页。
⑧ 同上书，第 482 页。
⑨ 《马克思恩格斯全集》第 21 卷，人民出版社 1965 年版，第 570 页。

远大宏伟梦想。①

## 二 人民团体：作为政治共同体和社会共同体双重共同体的存在形态

在滕尼斯看来，共同体是持久的、真正的共同生活和"现实的和有机的生命"，因而在共同体里尽管有种种的"分离"但仍保持着"结合"，是一种生机勃勃的"有机体"。② 从症结上看，共同体的这种本质特征源于其内在属性及其结构形态的合宜性。人民团体作为一种共同体，内在蕴含着共同体的这种"有机"性。

人民团体虽具有政治属性、呈现政治共同体的形态，但不等同于政党、政府，不具有夺取、执掌国家政权的政治目标追求，具有服务特定社会群体、供给社会服务、维护特定社会群体权益等社会主体性功能；虽具有社会属性、呈现社会共同体的形态，但又不等同于一般的社会组织，具有参与政治过程、分配权力资源、影响公共决策议程、建构行动战略框架等政治主体性功能。因而，政治属性与社会属性的有机结合和辩证统一是人民团体独具特色的属性结构化特征。这个特征使其既区别于政党，也有别于社会，成为介于政党与社会之间的一种特殊组织形态，在社会体系中发挥着政党与社会难以完全取代的独特价值，是现代协商民主建构一股不可或缺的资源、力量。因而，必须超越只从政治属性出发或只从社会属性出发来把握人民团体的内在实质，而应从整体上进行领解和分析才会更加全面和深刻。

人民团体的政治属性与社会属性相互支撑、互相承载：政治属性是社会属性的基本前提，从根本上决定了社会属性的界限、限度；社会属性是政治属性的现实拓展，从一个侧面体现了政治属性的效度、活性。脱离了社会属性的政治属性，必然缺乏根系的涵养，难以枝繁叶茂；脱离了政治属性的社会属性，容易迷失前行航向，难以行稳致远。人民团体要能实现健康持续发展，既需要政治属性的导航掌舵，也需要社会属性的鼎力支撑。人民团体的政治属性与社会属性彼此不可割裂、相互分离，是辩证统

---

① 正如《共产党宣言》所宣称的："代替那存在着阶级和阶级对立的资产阶级旧社会的，将是这样一个联合体，在那里，每个人的自由发展是一切人的自由发展的条件。"参见《马克思恩格斯文集》第2卷，人民出版社2009年版，第53页。

② [德] 斐迪南·滕尼斯：《共同体与社会：纯粹社会学的基本概念》，林荣远译，北京大学出版社2010年版，第43、45、77页。

一的,绝不是截然对立的:既不能用人民团体的政治属性否定其社会属性,也不能用人民团体的社会属性否定其政治属性。总之,只有充分平衡这双重属性,使属性结构得以均衡化,人民团体的持续、健康成长才会有现实可能性。人民团体作为政治共同体和社会共同体的双重共同体的存在形态正是其政治属性与社会属性有机统一的内在本质属性的外显表现形态。

### 三 作为双重共同体的人民团体:协商民主建设的重要平台和渠道

在凯尔森看来,共同体意志的生成机制是在多数成员与少数成员之间的不间断的自由讨论、辩论中创造的,这是现代民主不可或缺的必要要素,其原因主要在于:相互讨论过程中创造的妥协是民主之"本性",妥协可以消解冲突、规范冲突的化解路径。① 人民团体作为特定"少数"人民与"多数"人民讨论和相互妥协的载体,是参与民主建构与建设的一种共同体组织形态,与协商民主有内在的天然关联和联结。概言之,作为共同体的人民团体,其参与协商民主有以下内在独特价值。

#### (一) 通过协商建构共同利益

在奥尔森看来,纯粹个体的或私人化的利益可经由个体的、非组织化的行动实现,通常比通过建构组织的渠道反而更有效,然而,当存在共同利益时,这时就非常需要组织的行动及其"能量"了。因而,大多数关于组织的文章都暗含这样一个假设:组织的存在是为了增进共同体成员的共同利益。② 这种共同利益的内在结构与实现形态,主要依赖组织成员间的平等协商、理性商略,即通过协商而非对抗建构共同利益。

1. 共同利益:共同体建构和协商民主建构的基本前提

利益,既是现实的人最现实的考量要素——"人们为之奋斗的一切,都同他们的利益有关"③,"人并不恶,但是服从于自己的利益"④,"'思

---

① [奥] 凯尔森:《法与国家的一般理论》,沈宗灵译,商务印书馆2013年版,第409—410页。

② [美] 曼瑟尔·奥尔森:《集体行动的逻辑》,陈郁等译,上海三联书店、上海人民出版社1995年版,第6—7页。

③ 《马克思恩格斯全集》第1卷,人民出版社1995年版,第187页。

④ 《马克思恩格斯文集》第1卷,人民出版社2009年版,第337页。

想'一旦离开'利益',就一定会使自己出丑"①——也是现实的经济关系的主要表现形态,因为"每一既定社会的经济关系首先表现为利益"②,即使"政治权力不过是用来实现经济利益的手段"③。所以,人们建构组织、创设集团,归根结底是获取一定的共同利益,霍布斯就曾认为"团体就是在一种利益或事业中联合起来的任何数目的人"④。从这个意义上看,人们建立共同体的一个目的在于保护并增进基于个体利益之间协调基础上的共同利益,因为共同利益并非建基于虚无缥缈之上的空中楼阁,"在历史上任何时候都是由作为'私人'的个人造成的"⑤。

从具象层面来看,共同利益与个体的私人利益会存在一定的张力。"私人利益把自己看作是世界的最终目的"⑥,"因为利益就其本性来说是盲目的、无节制的、片面的"⑦。私人利益的盲目性、无限膨胀性、片面性决定了其实现需要有一定的界限和边界,否则最终也会使私人利益的实现化为乌有。⑧ 此外,很多人往往以"共同利益"的名义掩盖其内在的、真实的私人利益、局部利益。正如赫费所指出:"凡是以共同利益为依据的人,往往是借普遍利益的托词隐藏其局部利益。"⑨ 从私人利益→阶级利益→共同利益→普遍利益的演展逻辑可以发现,在资本主义的制度框架下,作为资产阶级特殊化的私人利益会以普遍利益的虚伪面目出现,给国

---

① 《马克思恩格斯文集》第1卷,人民出版社2009年版,第286页。
② 《马克思恩格斯文集》第3卷,人民出版社2009年版,第320页。
③ 《马克思恩格斯文集》第4卷,人民出版社2009年版,第305页。
④ [英]霍布斯:《利维坦》,黎思复等译,商务印书馆1985年版,第173页。
⑤ 《马克思恩格斯全集》第3卷,人民出版社1960年版,第275—276页。
⑥ 《马克思恩格斯全集》第1卷,人民出版社1995年版,第272—273页。
⑦ 同上书,第288—289页。
⑧ 对于私人利益无限膨胀的逻辑及其趋向,马克思和恩格斯在《德意志意识形态》中曾有过这样一段既精辟又清晰的解析:"私人利益总是违反个人的意志而发展为阶级利益,发展为共同利益,而共同利益脱离个人而独立化,在独立化过程中取得普遍利益的形式,作为普遍利益又与现实的个人对立,而在这个对立中它们既然被确定为普遍利益,就可以由意识想象成理想的,甚至是宗教的、神圣的利益……"参见马克思、恩格斯《德意志意识形态》(节选本),人民出版社2003年版,第102页。
⑨ [德]奥特弗利德·赫费:《全球化时代的民主》,庞学铨、李张林、高靖生译,上海世纪出版集团2007年版,第30页。

家的现实建构和有效运行带来深刻挑战。①

由此可见，在资本主义经济制度下，个体利益与共同利益、普遍利益具有非相容性，不可协调、不可通约，其主要原因有二：一方面，从实现共同利益的方式来看，由于个体间共同活动的非自愿性，导致个体在联合过程中自然而然产生抵触情绪、不合作态度，致使个体之间联合起来的效果难以发挥"1+1>2"的集聚倍增效应。② 另一方面，利益结构的异质性，即私人个体利益与共同利益无论在趋向、价值方面还是形式、内容方面都有不同。③

随着社会分工的发展以及公有制主体地位的确立，个体利益与共同体利益呈现"一体两面"的辩证统一关系：既要注重维护个体利益的合理诉求，又要在形色各异的各类共同体中彰显并实现共同体的共同利益；同时，共同体共同利益的实现建基于尊重基本个体利益之上，不能无视、漠视个体的合理利益期盼，是多元、多样个体利益基于协商、妥协基础之上的"交集""交汇"。因而，个体利益与共同利益可以相容，具有相互合

---

① 马克思在《关于林木盗窃法的辩论》中深刻指出："私人利益的空虚的灵魂从来没有被国家观念所照亮和熏染，它的这种非分要求对于国家来说是一个严重而切实的考验。如果国家哪怕在一个方面降低到这种水平，即按私有财产的方式而不是按自己本身的方式来行动，那么由此直接可以得出结论说，国家应该适应私有财产的狭隘范围来选择自己的手段。私人利益非常狡猾，它会得出进一步的结论，把自己最狭隘和最空虚的形态宣布为国家活动的范围和准则。因此，且不说国家受到的最大屈辱，这里会得出截然相反的结果，有人会用同理性和法相抵触的手段来对付被告；因为高度重视狭隘的私有财产的利益就必然会转变为完全无视被告的利益。既然这里明显地暴露出私人利益希望并且正在把国家贬为私人利益的手段，那么怎能不由此得出结论说，私人利益即各个等级的代表希望并且一定要把国家贬低到私人利益的思想水平呢？"参见《马克思恩格斯全集》第1卷，人民出版社1995年版，第261页。

② 关于这一点，马克思曾深刻分析道："因为共同活动本身不是自愿地而是自然形成的，所以这种社会力量在这些个人看来就不是他们自身的联合力量，而是某种异己的、在他们之外的强制力量。关于这种力量的起源和发展趋向，他们一点也不了解；因为他们不再能驾驭这种力量，相反，这种力量现在却经历着一系列独特的、不仅不依赖于人们的意志和行为反而支配着人们的意志和行为的发展阶段。"参见《马克思恩格斯选集》第1卷，人民出版社2012年版，第165页。

③ 正如马克思所阐述的："正因为各个人所追求的仅仅是自己的特殊的、对他们来说是同他们的共同利益不相符合的利益，所以他们认为，这种共同利益是'异己的'和'不依赖'于他们的，即仍旧是一种特殊的独特的'普遍'利益。"参见《马克思恩格斯选集》第1卷，人民出版社2012年版，第164页。

作的可能性与空间。① 因而,"既然正确理解的利益是全部道德的原则,那就必须使人们的私人利益符合于人类的利益"②。

共同利益,也是协商民主建构的基本前提。恩格斯在《德国的革命和反革命》一文中曾提出这样一个极为深刻的经典观点:"没有共同的利益,也就不会有统一的目的,更谈不上统一的行动。"③ 如果利益相关方没有共同的利益,那协商也就没有什么现实可能性和必要价值。正是因为基于共同利益这个基本前提,各方才能心平气和坐下来对话、沟通、谈判、协商,才能理性地看待利害得失,才能有进有退、互相妥协。从这个意义上看,共同利益是协商民主正常运行的必要前提性条件。

2. 利益代表与利益协调:基于共同利益的人民团体协商民主样态

人民团体作为共同体,是相关社会群体的组织化聚合,把基于年龄、性别、职业、专业、产业、行业等界分的群体凝聚成一体,使之成为一种整体性的存在物。人民团体背后有广泛的群体基础,多则几亿人(比如工会、妇联),少则也有几百万人,具有鲜明的群体性、代表性、影响力。这些群体之所以选择建构这样一种共同体,主要基于以下五点考虑:

一是谋求共同的福利、安全权利,正如洛克所言,"任何人放弃其自然自由并受制于公民社会的种种限制的唯一的方法,是同其他人协议联合组成为一个共同体,以谋他们彼此间的舒适、安全和和平的生活,以便安稳地享受他们的财产并且有更大的保障来防止共同体以外任何人的侵犯"④。

二是维护并增进共同利益。美国政治学者达尔把政治团体界定为:为

---

① 正如青年马克思所辩证指出的:"在选择职业时,我们应该遵循的主要指针是人类的幸福和我们自身的完美。不应认为,这两种利益是敌对的、互相冲突的,一种利益必须消灭另一种的;人类的天性本来就是这样的:人们只有为同时代人的完美、为他们的幸福而工作,才能使自己也达到完美。"参见《马克思恩格斯全集》第40卷,人民出版社1982年版,第7页。
② 《马克思恩格斯文集》第1卷,人民出版社2009年版,第335页。
③ 《马克思恩格斯文集》第2卷,人民出版社2009年版,第359页。
④ [英]洛克:《政府论下篇——论政府的真正起源、范围和目的》,叶启芳、瞿菊农译,商务印书馆1964年版,第59页。

了争取或维护某种共同利益或共同价值而采取共同行动的一群人。① 对于我国人民团体这样一种共同体而言，所追求的共同利益，既非是对个体私人利益的简单否定，而是希冀通过社会协商寻找私人利益与共同利益的交汇点、契合处，希冀通过社会协商最大限度避免因个体利益之争引发对社会公共利益的损害、伤害，希冀通过社会协商使公民对个体利益的追求成为社会良性运行的成长要素并实现与社会整体利益的共融互促，进而促使公民在社会协商中培养公共理性精神、超越狭隘的个体理性局限、实现全面自由发展。显然，这种经由协商并建基于个体利益理性权衡、充分博弈之上的共同利益，是建构社会秩序、培育社会资本、增强社会信任、润滑社会关系、耦合社会结构的关键性内在机制。

三是组织起来有力量。"组织起来的公民也比相同数量的没有组织起来的公民更有影响。"② 工青妇等人民团体的存在，有利于充分激发青年的"先锋队"作用、工人的"主力军"作用、妇女的"半边天"作用，使这些相关社会群体在人民团体这一组织形态下凝聚起来，从而积聚力量、实现互补、推进整合。③

四是有助于方便、经济、便捷地解决矛盾冲突问题。④ 人民团体作为相关群体的组织化平台，可以自身的力量化解这些群体内部之间的矛盾，把矛盾化解在人民团体内部，而不至于把矛盾上交给国家解决。

五是最大限度减少矛盾各方的利益冲突"烈度"。特纳通过实证研究得出这样一个结论：冲突群体内的组织化程度的提升和冲突群体之间联系

---

① 转引自梁丽萍《政治社团的发展与社会主义民主政治建设》，中央编译出版社2015年版，第9页。

② ［美］罗伯特·A. 达尔：《多元主义民主的困境——自治与控制》，周军华译，吉林人民出版社2011年版，第33页。

③ 1939年5月1日，毛泽东在为延安出版的中共中央机关报《解放》写的纪念五四运动二十周年的文章中认为，"五四"以来中国青年在社会发展中起到某种"先锋队"的作用，这种"先锋队"作用的主要表现就是站在革命队伍的前头，起带头作用。但是，光有青年的"先锋队"作用是远远不够的，因为其不是"主力军"。真正的主力军是工农大众。因而，毛泽东强调要加强青年这支"先锋队"与工农群众这支"主力军"的有机结合，结合成摧毁反帝反封建的磅礴力量、钢铁长城。参见《毛泽东选集》第2卷，人民出版社1991年版，第565—566页。

④ 亨廷顿指出："在一个大家都属于同一社会势力的社会里，冲突便可通过该社会势力自身的结构加以限制并予以解决，而无需正经八百的政治机构。"参见［美］塞缪尔·P. 亨廷顿《变化社会中的政治秩序》，王冠华、刘为等译，上海人民出版社2008年版，第8页。

的强化会使相互间冲突的"暴力性"减轻。在他看来,利益组织化程度的提高会使利益表达更加清晰化、理性化,沟通平台的建构大幅度减少"信息不对称",冲突方之间更易在协商的基础上达致妥协、共识。① 在中国,人民团体具有特纳所谓的这两大组织化功能:对内具有协调所联系群体内的利益冲突的使命,对外具有协调所联系群体与其他群体利益冲突的责任,能使暴力性的冲突得以缓释、纾缓。

从总体上看,人民团体参与协商民主建设,在建构共同利益方面主要采取利益代表和利益协调这两种形式:

(1) 利益代表

在日本政治学者蒲岛郁夫看来,结社的公民个体在团体意识的驱动下会踊跃参与现实政治生活。② 利益代表是公民参与民主政治生活的一种重要形式,也是政治体系的基本职责。③ 通过"意向的表达",公民将个体化或组织化的"要求"通过社会价值权威性分配的"互动体系""输入"给政治体系予以消化、破解。④

在我国,人民团体的一个核心功能是代表、表达所联系社会群体的利益,即把相关社会群体的利益以制度化的渠道"输入"进党的执政体系之中,通过一定的协商程序"输出"为党的具体政策或政府公共政策。人民团体的利益代表功能的一个重要作用在于在"输入"和"输出"这两个终端之间的转换:直接反映特定群体的声音、诉求、企盼,避免这些民情信息在层层传递、传达过程中发生扭曲、歪曲甚至失真、失效,使党与群众之间的信息沟通更顺畅。因而,经由这样的输入—输出过程,社会中个体化、原子化的利益诉求有了组织化、制度化的表达通道,相关社会群体对人民团体的身份认同、组织认同会进一步强化。人民团体正是这样一个组织化、制度化的利益表达通道。

人民团体是一个组织化的利益表达通道。在组织社会学代表人物费

---

① [美] 乔纳森·特纳:《社会学理论的结构》,邱泽奇、张茂元译,华夏出版社 2001 年版,第 83—85 页。

② [日] 蒲岛郁夫:《政治参与》,解莉莉译,经济日报出版社 1989 年版,第 284 页。

③ 伊斯顿认为:"任何具体的政治体系的存在本身要求满足某些基本需要或履行某些基本职责。"参见 [美] 戴维·伊斯顿《政治体系》,马清槐译,商务印书馆 1993 年版,第 298 页。

④ [美] 戴维·伊斯顿:《政治生活的系统分析》,王浦劬译,人民出版社 2012 年版,第 43—46 页。

埃德伯格看来，组织是使错综复杂的、存在潜在不稳定性甚至处于冲突之中的社会关系世界，通过建构各方协作参与的行动逻辑、行为结构，使各利益集团维持最低限度的创造性和自主的行动能力。无论现在抑或未来，协作关系的建构，是人类集体行动的核心机制。① 因而，如果没有组织化的利益表达渠道，社会个体的利益表达就会原子化、分散化，协调起来成本较高，花费的时间、精力也会较多。更重要的是，一个社会的组织化水平从一个侧面反映了其现代化的程度。正如达尔所指出的，人们加入多样化的组织，使得"从合作和共享资源中获得好处的意识"得以确立，于是，"趋于组织的社会动力"就会得到强化，这正是现代性的重要标志之一。②

人民团体是一个制度化的利益表达通道。在新制度主义经济学代表人物诺思看来，制度因提供"人类相互影响的框架"而形塑了竞争与合作兼具、并存、共生的秩序化社会。③ 通过制度化的表达通道，诉求的反映才会有理性、合法、有序、便捷、及时的表现形态。因而，如果没有制度化的利益表达渠道，公民个体就会采取非理性的方式进行利益表达，对社会秩序会带来冲击和挑战。因而，人民团体的存在和存续的主要功能在于，将个体的诉求聚合为共同体的理性声音，将非理性的表达方式转化为理性化的表达方式，将非法的表现方式转化为合法的表现方式，在党与特定群体、群众之间架起一座顺畅的沟通桥梁，使公民参与政治过程与公共决策理性化、秩序化，使分化的社会在多元利益表达中达致相对稳定的状态，使社会既充满活力又和谐有序。这是确保社会良性运行的内在需要。

（2）利益协调

公共选择理论代表人物布坎南认为，在现代社会语境下，人们之间的利益存在一定的张力甚至冲突，当其受自身个体利益的驱使所采取的

---

① ［法］埃哈尔·费埃德伯格：《权力与规则——组织行动的动力》，张月等译，上海人民出版社2017年版，第2页。

② ［美］罗伯特·A. 达尔：《多元主义民主的困境——自治与控制》，周军华译，吉林人民出版社2011年版，第31页。

③ ［美］道格拉斯·C. 诺思：《经济史中的结构与变迁》，陈郁等译，上海三联书店、上海人民出版社1994年版，第225页。

行动影响到他人利益的时候，就会出现利益冲突。① 进行及时且顺畅的利益表达，是为了更好地实现利益协调，而不至于使冲突的利益因不可协调性致使矛盾激化。现代社会区别于传统社会的一个重要表征是利益的严重分化甚至分立。在亨廷顿看来，政治共同体包含三个要素：一是道德和谐，二是利益共享，三是创设能符合上述两个原则的政治组织。第三个要素是现代复杂社会的特定需要。复杂社会之共同体水平取决于政治机构的力量和广度。② 达尔也持类似观点，认为民主的单位越小，公民直接参与的可能性就越大，公民把公共决策权力转向代表的必要性就越小；反之，民主的单位越大，公民直接参与的可能性就越小，公民把公共决策权力移向代表的必要性就越大。③ 在中国，人民团体是一个不大不小的居中化、中介性的平台，能够上下贯通、左右逢源，在建构和维护共同利益方面发挥着其独特价值。综合来看，人民团体的利益协调功能可以从两个维度来分析：

维度一是，在中国，人民团体在其功能定位上被确定、认为是联系党与广大人民群众的"桥梁和纽带"。这种特殊的功能定位使其位于党与社会中间的特别的空间结构之中，具有独特的组织优势和社会资源，在党与群众之间、特定群众与其他社会群体之间进行有效沟通、协调。这种组织空间结构，是分化社会"组织化"的"再组织化"，对于推进协商民主建设有序运行功效显著。

维度二是，通过人民团体的制度框架内的利益协调，能够规避骚乱、动荡、暴力等社会风险。制度变迁理论认为，只有当利益协调以结构化、组织化的方式在制度框架内施行时，妥协、协调、平衡才会有现实基础，才能最大限度避免"制度外"政治参与协调的机会与空间。假如没有人民团体的"制度内"协调化解，社会安全的"保险箱"势必会少了一道锁，社会秩序的"防护带"势必又会少了一道"栅栏"。

值得指出的是，中国人民团体既与国家相对立甚至冲突的"公民社

---

① ［美］詹姆斯·布坎南：《自由、市场和国家：20世纪80年代的政治经济学》，吴良健等译，北京经济学院出版社1988年版，第49页。
② ［美］塞缪尔·P.亨廷顿：《变化社会中的政治秩序》，王冠华、刘为等译，上海人民出版社2008年版，第7—9页。
③ ［美］罗伯特·达尔：《论民主》，李柏光等译，商务印书馆1999年版，第111页。

会"组织①有所差异，也不同于多元主义②所描绘的"利益集团"③。

"公民社会"的英文是"civil society"，有的也译为"文明社会"或"市民社会"。有学者曾作出考证，这个词在18世纪才在英国被创造出来，且与"独立战争苏格兰启蒙运动"息息相关。其渊源可上溯至古希腊城邦时代，在美国独立战争和法国大革命前后成为诸如麦迪逊、托克维尔等思想家观察现实政治生活的焦点。④ 霍布斯、洛克、卢梭、黑格尔、马克思、托克维尔、葛兰西等思想家都使用过这个概念，但对其的领解、认识和把握不尽相同，莫衷一是。⑤ 正如哈贝马斯所言："要在有关书籍中寻找关于公民社会的清晰定义自然是徒劳的。"⑥ 目前，国际学术界关于"公民社会"的界定主要有三种取向：一是中立论。公民社会，在通常意义上主要指的是公民个体通过正式和非正式结社参与社会活动所形成的"社会空间"。这个社会空间与政府、市场保持中立，不承担政治、意识形态的角色。在扬看来，公民社会最关键的核心表征在于其"自组织"性：在独立于国家、市场之外建构形形色色拓展参与、支持认同活动的相对稳定的网络体系。⑦ 二是积极论。在福山看来，自由主义政治经济体制的活力源于健康且多样化的公民社会。"公民社会"是一个繁杂的中间机制，融合了各色商业、自发结社、教育机构、俱乐部、工会、媒体、慈善

---

① 和亚里士多德、柏拉图、霍布斯不同，启蒙时代的思想家视公民社会为对抗国家不当人侵的一种防御。它根植于新近实现的个人权利与自由，并透过志愿性社团为中介组织。参见［美］麦可·爱德华兹《公民社会》，张义东等译，开学文化事业股份有限公司2013年版，第23—24页。

② 在达尔看来，术语"多元主义"主要是从组织层面进行界定，即在国家领域中存在大量相对自治、相对独立的组织系统。参见［美］罗伯特·A. 达尔《多元主义民主的困境——自治与控制》，周军华译，吉林人民出版社2011年版，第5页。

③ 从一般意义上看，无论是"统合主义"，抑或"多元主义"，都是国家把组织化的利益群体吸纳进政治决策结构的制度抉择。其中，多元主义的制度抉择生成了利益集团理论，主要以美国为代表。

④ 顾忠华：《导读》，参见麦可·爱德华兹《公民社会》，张义东等译，开学文化事业股份有限公司2013年版，第1—3页。

⑤ 王绍光：《民主四讲》，生活·读书·新知三联书店2014年版，第112页。

⑥ 哈贝马斯：《公共领域的结构转型》，曹卫东等译，学林出版社1999年版，第29页。

⑦ Iris Marion Young, *Inclusion and Democracy*, Massachusetts: Oxford University Press, 2000, p. 163.

机构以及教会等。① 在他们看来，公民社会指的是志愿组织、宗教组织等社团。② 这些社团有助于建立信任和互惠网络以培育"社会资本"，从而促进社会团结、维护社会公正、增强社会整合。三是消极论。③ 怀特认为公民社会介于国家和家庭之间的社团领域，主要是一些与国家相分离、享有充分的自主权、自愿性的社团组织。④ 由此观之，公民社会指的是与统治阶级相抗衡的制度性社会力量，如工会组织起来抗议全球资本主义的扩张。⑤ 这些不同的界定取向虽然角度不同，但以第三种论调占据主导：社会组织与公民社会息息相关、须臾不离，且以对抗、制衡政府为核心取向。⑥ 然而，中国的人民团体是国家政权的重要"社会支柱"，与国家在利益、取向、立场、价值诸方面是共通且耦合的，不存在对抗的可能与空间。因此，盲目照搬西方公民社会理论分析中国人民团体的运行情势显然会"水土不服"。

同时，中国人民团体的利益代表功能与西方国家的利益集团所与生俱来的利益代表功能具有本质性差别，主要体现在三个方面：①利益集团是"共同利益的人的组合"⑦，因相同的利益而建构并试图影响政治系统，⑧

---

① ［美］弗朗西斯·福山：《信任：社会美德与创造经济繁荣》，郭华译，广西师范大学出版社2016年版，第8页。

② 在哈贝马斯看来，公民社会离不开社会组织，公民社会的核心机制是"由非国家和非经济组织在自愿基础上组成的。这样的组织包括教会、文化团体和学会，还包括独立的传媒、运动和娱乐协会、辩论俱乐部、市民论坛和市民协会，此外还包括职业团体、政治党派、工会和其他组织"。参见［德］哈贝马斯《公共领域的结构转型》，曹卫东等译，学林出版社1999年版，第29页。

③ 查尔斯·泰勒将市民社会界定为"自治的社团网络"：独立于国家之外，在共同关心的事物中将市民联合起来并通过他们的存在或行动，能对公共政策发生影响。参见汪晖、陈燕谷主编《文化与公共性》，上海三联书店1998年版，第171页。

④ 何增科主编：《公民社会与第三部门》，社会科学文献出版社2000年版，第64页。

⑤ W. Robert Lovan Michael Murray Ron Shaffer（eds.）, *Participatory Governance*: *Planning, Conflict Mediation and Public Decision-Making in Civil Society*, Ashgate Publishing Company, 2004, pp. 8-9.

⑥ 福山曾言："'公民社会'是各种中层组织的复杂大拼盘，里面包括了企业、志愿团体、教育机构、俱乐部、工会、媒体、慈善机构、教堂等等。"参见［美］弗朗西斯·福山《信任：社会美德与创造经济繁荣》，郭华译，广西师范大学出版社2016年版，第9页。

⑦ ［美］加布里埃尔·A. 阿尔蒙德、小G. 宾厄姆·鲍威尔：《比较政治学：体系、过程和政策》，曹沛霖等译，上海译文出版社1987年版，第200页。

⑧ ［美］格林斯坦、波尔比斯主编：《政治学手册精选》（上），竺乾威等译，商务印书馆1996年版，第376页。

代表的只是部分社会群体、部分社会成员的局部性的共同的狭隘利益，并不考虑社会的整体利益、全局利益。②利益集团关照的是其所联结群体的眼前的暂时性"收益"而非"社会总体"的长远利益、整体利益、战略利益。比如，许多拉美国家的政党为了获取选票、赢得选举的现实需要，千方百计把利益集团的利益诉求纳入公共决策的制定与执行过程之中，对其利益百般关照，执政党俨然成为利益集团实现其利益的傀儡和工具。①而中国的人民团体虽代表部分社会群体的利益，但是在坚持和维护社会的总体利益、人民的根本利益、国家的长远利益为基本前提下开展利益代表、利益协调的，与西方国家的利益集团有本质性差异。③利益集团以共同利益为联结纽带，因利而聚，利尽则散，既可以通过政治机制实现其利益，比如，"压力集团"向执政党、议会、政府施压以张扬并实现本集团的特殊利益的最大化，亦可以采取经济机制、文化机制等实现其利益，实现共同利益的机制和形式形形色色，而人民团体具有明显的政治属性，主要通过政治机制的倡导、商略影响公共政策议程、实现既定的使命和价值。②

### （二）通过协商增进共识凝聚和价值认同：共同体建构的现实基础

所谓共识，主要是指一定的社会群体对客观世界、公共事务、社会事件等的比较统一、相对一致的观点、判断和主张。大至一个国家，小至一个家庭的长期持续存在，共识都是不可或缺的关键要素。协商的重要目的在于凝聚共识。科恩认为，协商民主的主要目标在于凝结、集聚一定范围的共识。③ 2015 年 5 月 18 日，习近平在中央统战工作会议上明确指出："协商中不要各说各话、流于形式，要有互动、有商量，使协商对凝聚共

---

① 比如，作为中国企业海外开拓的先行者首钢集团，于 1992 年成功收购濒临倒闭的秘鲁国有铁矿公司。但是，其在秘鲁长期受到劳工问题的困扰：当地工会屡屡通过罢工要求提高职工的工资福利待遇，首钢集团由于缺乏对当地劳工政策和工会组织的研究而疲于应付，多次因罢工事件遭到政府警告和罚款。参见王鹏、魏然《拉美国家治理模式与政治风险》，《拉丁美洲研究》2013 年第 5 期。

② 李达军：《论政治参与中政治社团的作用》，《理论与改革》2013 年第 1 期。

③ 他指出："理想协商的目标是实现理性推动的共识——发现对所有承诺其行为依据在于平等公民对各种选择所做的自由、理性评估结果的参与者具有说服力的理由。"参见［美］詹姆斯·博曼、威廉·雷吉《协商民主：论理性与政治》，陈家刚等译，中央编译出版社 2006 年版，第 56—57 页。

识、优化决策起到作用。"① 在习近平看来，有不同意见是自然的、正常的，凝聚共识"很重要"，在各方思想认识不统一时找寻哪些可以"求同"，哪些可以"存异"，哪些有望成为"最大公约数"，从而形成合力。②

共识既包括外在的、有形的法制、制度层面的共识，也包括内在的、无形的价值层面、文化层面的共识。从一定意义上说，后一种共识更加重要。只有基于一定价值共识基础的共同行动才更加恒久，即使出现利益之争也更容易协商、相互妥协。协商民主的一个重要取向是达致一定的共识。一般而言，协商民主理论家关注的是最后决策行为之前的正式或非正式的协商过程，而非单纯聚焦于投票者偏好的加总、聚合过程。对于他们而言，民主的合法性并不单单来源于投票行为，更重要的是，来源于导致投票行为的更广泛的过程之中。③ 这种共识的主要成果，要么表现为法律法规，要么表现为公共政策，要么表现为妥协协议，不一而足。

美国政治学者达尔认为，小规模的、具有高度同质性的政治体系较易达致政治共识。随着劳动的分工、社会的分化以及政治体系规模的庞大化，异质性因素越来越多，社会冲突的风险加大，这对政治共同体和政治生活方式的转型提出更高的要求。因而，如果政治共同体不想淹没在混乱的海洋中，就必须有效运用更加高度组织化的机构来参与化解社会矛盾冲突，从而增强社会的弹性和适应性。④ 对于我国而言，人民团体正是这样一种在分化社会参与化解社会冲突的组织载体和组织机制，对于转型中的中国而言非常重要。

### （三）通过人民团体集聚社会组织有序参与协商民主

在现代社会，社会组织是具有个性的公民的社会活动空间。在这个社会空间里，伟大的思想、鲜活的创意、突发的灵感也许会不断闪现。正如

---

① 中共中央文献研究室编：《习近平关于社会主义政治建设论述摘编》，中央文献出版社2017年版，第75页。

② 中共中央文献研究室编：《习近平关于全面深化改革论述摘编》，中央文献出版社2014年版，第31—32页。

③ Kenneth Baynes, "Deliberative Democracy and Public Reason", *Veritas*, Vol. 55, No. 1, Jan./Abr. 2010, pp. 135-163.

④ [美] 罗伯特·A. 达尔：《规模与民主》，唐皇凤、刘晔译，上海人民出版社2017年版，第86—87页。

有的学者所说的,"或许一个社会构成的全部意义在于,为那些极少数的伟大天才创造足够的社会空间"①。随着市场经济的成熟与现代社会的发育,社会组织应运而生并呈现蓬勃生机。每个社会组织都有自己独立的发展场域、独特的关注取向、独到的工作手法,因而,要把这些差异化、多样化的社会组织聚合成为一个有机的共同体,就成为一个不得不面对的难题。解决这个难题的关键在于,寻求差异化的不同社会组织之间的共同属性及其背后所蕴含的共通之处。因此,当这些社会组织聚合在一起的话,单个社会组织的存在就不单单是原子化的个体的存在,而是体现、实现了共同体的存在。单个社会组织因这种共同体的存在获得了更多的资源、更大的能量。对每个社会组织而言,这种共同体的存在形态,不仅是实现生存的需要,也是实现发展的需要。与此相应,维系这种共同体的纽带,需要一定的规则体系、规制体系、秩序结构。通过这些规则、规制、秩序的维护,共同体的存在与存续才会有坚实、厚实的现实基础,各个社会组织的多样化发展样态才会有现实的可能空间。人民团体,从其结构方位来看,位于政党与社会之间。这个结构方位,使其具有显著的方位优势:既能与政党有制度化的联结通道,彰显一定的政治权威性和严肃性,又能与社会有直接沟通的群体基础,呈现一定的社会合法性和正当性。尤其是对处于现代化进程中面临社会日益分化的中国社会而言,人民团体所具有的组织动员结构和能力更显得异常关键。

随着协商民主从国家层面向社会层面的拓展,人民团体的结构优势更加突出,主要体现为人民团体类型丰富,有不同层级,可基于所联系群体的不同以及不同群体利益之间的殊异开展充分协商。这主要有以下三种类型:其一,不同类型的人民团体之间可就共同性问题开展协商。比如,工会与工商联可就劳资矛盾化解、劳动条件保护、工资等议题开展协商,妇联与共青团可就未成年少女权益保护议题开展协商,科协与青联可就青少年科普宣传议题开展协商。其二,同一种类型的人民团体可在不同层级围绕共同开展的项目议题开展协商。比如,关于如何做好青年社会组织的联系、服务与引导工作,中央层面、地方层面、基层层面的共青团可根据自身实际进行协商。又如,关于如何服务、凝聚外出务工流动青年议题,流

---

① [德] 罗曼·蓝道:《创新的社会性》,唐宗丽、陈鸣祥译,商务印书馆2017年版,第125页。

入地与流出地的共青团组织可开展协商，合力做好这项工作。其三，人民团体与相关领域社会组织围绕特定议题开展协商。比如，妇联与女性社会组织可围绕如何治理妇女儿童拐卖、维护留守妇女儿童正当权益、防止家暴等议题开展协商，适时把协商成果报送相关部门决策参考。

## 第四节　本章小结

人民团体是兼具"双重嵌入"结构的组织形态：第一重嵌入结构是上级人民团体对下级人民团体的"嵌入"，第二重嵌入结构是同级党委对同级人民团体的"嵌入"。这种双重"嵌入"结构，具有现代社会所要求的组织的复杂性、适应性、灵活性、自主性等要求，是其有效参与协商民主建构及其建设的内在保护性机制和基本素质支撑要素，主要体现在具有接近政治权力中枢的便利机会和通道、影响公共决策的制定与执行以及维系社会有机团结三个方面。

无论是人民团体，还是协商民主，均基于人民这个基点、这个主体展开建构其活动体系、目标体系、价值体系。基于共同基点生成的发展形态和发展格局，天然具有内在的耦合性和成长性。因而，以人民为主体、主人既是两者的共同本质属性，也是两者共同的逻辑起点。由此，人民团体参与协商民主天然具有正当性、合法性基础，这也是保证这种参与能持续推进的恒久动力。社会主义取向赋予中国现代化发展以独特的历史使命：以人为出发点，推动人的全面发展；坚持以人民为中心的发展，最终实现全体中国人民的幸福。这种价值取向决定了中国的协商民主一定是全体人民共同参与、共同建构、共同享有的民主形态。反过来，人民在协商民主过程中的主体自觉与全面参与，必定会促使协商民主的程序更加细化、制度更加优化、体系更加完备、机制更加规范，其有效性和效度一定大幅跃升。

在马克思主义看来，现实的人是社会建构的现实基础。作为现实的人，既可以作为个体形态存在，也可以作为共同体形态存在。由于人民团体具有政治属性与社会属性双重属性，因此在存在形态上呈现为政治共同体与社会共同体双重共同体的有机统一体。人民团体虽具有政治属性、呈现政治共同体的形态，但不等同于政党、政府，不具有夺取、执掌国家政权的政治目标追求，具有服务特定社会群体、供给社会服务、维护特定社会群体权益等社会主体性功能;虽具有社会属性、呈现社会共同体的形态,但又不等同于一般的社会组织,具有参与政治过程、分配权力资源、影响公共决策议程、建构行动战略框架等政治主体性功能。因而,政治属性与社会属性的有机结合和辩证统一是人民团体独具特色的属性结构化特征。这个特征使其既区别于政党,也有别于社会,成为介于政党与社会之间的一种特殊组织形态,在社会体系中发挥着政党与社会难以完全取代的独特价值,是现代协商民主建构中一股不可或缺的资源、力量。

# 第五章

# 人民团体参与协商民主：
# 制度环境及其特征

　　木桶原理揭示如下道理：如果构造一个木桶的不同板块高低不同，那么，此木桶的存水量则决定于最短的那块木板的高度。这就是所谓的"短板效应"。把这一效应运用于人民团体协商民主实践的运行逻辑，可以得出这样一个结论：决定人民团体协商民主运行质量和运转高度的，不是其独特优势，而是其短板之处。质言之，瞄准短板，就是抓住了主要矛盾和矛盾的主要方面，也就能牵到提升协商民主建构质量的"牛鼻子"。通过对人民团体协商民主这只"木桶"各个构造板块的分析，当前的"短板"主要是其制度环境。只有对其制度环境基本生态、主要特征、根本症结判定准确了，才有可能提升建构的高度和建设的质量。

　　从近年来学界对人民团体的研究成果来看，对人民团体参与协商民主的价值、必要性着墨较多，主要聚焦其在社会治理变迁、合法性结构转型、功能形态重塑等方面的新演展动态。虽然研究内容不同、研究取向不一，但对相关制度环境及其可能引发的行为效果缺乏具体深入剖析，致使学界对人民团体参与协商民主实际面临的激励机制、动力机制以及约束机制、阻滞机制缺乏理性认知，因而无法从整体性层面全面把握、准确识别人民团体参与协商民主所呈现的主要表征，也难以为其良性运行供给有针对性的发展路径指引。因而，需要将人民团体所基于的制度环境作为一个重要研究变量予以检视、考察。可以说，只有正确领解了人民团体所生长的制度环境及其结构性约束、机会、动力形态，才能从整体上深刻把握其在协商民主建构中的主要特征及其发展趋向。同时，只有力图从更多维的视角、更全面的视野来系统考察中国当代人民团体参与协商民主运行的制度环境的复杂性及其结构化表征，才能规避"文本"层面的形式主义的制度逻辑与实际复杂、多样、多变、多向度的制度运行逻辑之间的"落差""鸿沟",避免"学院式"的理论抽象建构与现实行动逻辑的张力。

## 第一节 制度化

崇尚、追求自由是每个人的天性。但是,个人追求自由可能会侵犯他人的自由。那么,如何解决个人自由与他人自由的张力呢?关键是建立一定的社会规范。虽然这些规范可能是烦琐复杂的,但也是必需的,否则,自由只不过是徒有虚名罢了。① 人与动物的主要区别在于有理性而能充分享受"生活和便利的最大好处"②。然而,人的理性有不同的类型,一旦私人理性逾越界限和无限扩张,就会"冒犯"公共理性,冲击既有的公共秩序和公共利益。因而,人的理性也需要节制。其中,制度是人类文明的重要"结晶"和传播载体,是节制人的理性的重要外在要素。要使协商成为促推人民民主的重要资源,首先就要使其成为一种制度化的过程。也可以说,协商民主建设的关键是制度建设和制度创新。③

实际上,关于制度议题的研究,政治学、社会学有非常悠久的历史传承,积累了厚实、厚重的研究文脉。美国公共行政学者彼得斯甚至得出这样一个论断:"政治学源于对制度的研究。"④ 无论是柏拉图的《理想国》还是亚里士多德的《政治学》《雅典政制》,无论是霍布斯的《利维坦》抑或洛克的《政府论》,都无不致力于探讨人类理想的国家制度的起源、演展、嬗变、建构、路径等基本问题。对于其他社会科学而言,制度亦是一个核心且关键的研究议题。⑤ 自从 20 世纪 90 年代以来,"制度"又再次复兴,成为政治学、社会学、历史学等社会科学诸学科的核心概念、

---

① [法]埃米尔·涂尔干:《社会分工论》,渠东译,生活·读书·新知三联书店 2013 年版,第 15 页。

② [英]洛克:《政府论下篇——论政府的真正起源、范围和目的》,叶启芳、瞿菊农译,商务印书馆 1964 年版,第 17 页。

③ 林尚立:《论人民民主》,上海人民出版社 2016 年版,第 140 页。

④ [美]盖伊·彼得斯:《政治科学的制度理论:"新制度主义"》,王向民、段红伟等译,上海人民出版社 2011 年版,第 1 页。

⑤ 比如,社会学就是"关于制度的科学,研究制度的起源与功能"。参见[法]埃米尔·涂尔干《社会学方法的准则》,狄玉明译,商务印书馆 1995 年版,第 23 页。

"关键词"并逐渐生成以"制度"为基本概念、分析单元阐释经济、政治、文化、社会现象的学术流派、理论旨趣、剖析范式、研究取向的"新制度主义"(new institutionism)。

## 一 制度：规制人类行为的规范

关于制度的界定，不仅不同的学科、不同的研究者解说图式不同，甚至同一个学者基于研究对象、分析语境的差别也会有差异化的界定结构，呈现出五花八门、林林总总的制度概念结构、理论脉络、诠释取向以及由此衍生的学术形态。① 新制度主义学者舒尔茨②、拉坦③、诺思④、奥斯特罗姆⑤、杰普森⑥等都有过相关类似的界说。质言之，制度指的是一系列影响人类行为的规制、规则、规矩、规范。

实际上，中国对"制度"的领解非常深刻，对其真谛的考求十分清晰明朗。在《辞海》中，"制度"一词的第一义项是"在一定历史条件下形成的政治、经济、文化等方面的体系"⑦。根据《辞源》对制度的界说，

---

① 江必新、王红霞：《国家治理现代化与制度构建》，中国法制出版社 2016 年版，第 10—29 页。

② 舒尔茨认为，制度是"一种行为规则，这些规则涉及社会、政治及经济行为"。参见 T. W. 舒尔茨《制度与人的经济价值的不断提高》，载 [美] R. 科斯、A. 阿尔钦、D. 诺思等《财产权利与制度变迁——产权学派与新制度学派论文集》，刘守英等译，上海三联书店、上海人民出版社 1994 年版，第 253 页。

③ 拉坦指出："一种制度通常被定义为一套行为规则，它们被用于支配特定的行为模式与相互关系。"参见 V. W. 拉坦《诱致性制度变迁理论》，载 [美] R. 科斯、A. 阿尔钦、D. 诺思等《财产权利与制度变迁——产权学派与新制度学派论文集》，刘守英等译，上海三联书店、上海人民出版社 1994 年版，第 329 页。

④ 在诺思看来，"制度是一系列被制定出来的规则、守法程序和行为的道德伦理规范"。参见 [美] 道格拉斯·C. 诺思《经济史中的结构与变迁》，陈郁等译，上海三联书店 1994 年版，第 225 页。

⑤ 他把制度界定为"工作规则的组合"，意在为公共决策的制定厘清主体以及主体的行动边界，供给相应的激励约束机制和程序。参见 [美] 埃莉诺·奥斯特罗姆《公共事务的治理之道》，余逊达、陈旭东译，上海三联书店 2000 年版，第 82 页。

⑥ 他指出，制度指的是由社会习惯性地建构起来并得以再生产的"规则系统或程序"。参见 [美] 罗纳尔德·L. 杰普森《制度、制度影响与制度主义》，载 [美] 沃尔特·W. 鲍威尔、保罗·J. 迪马吉奥编《组织分析的新制度主义》，上海人民出版社 2008 年版，第 162 页。

⑦ 夏征农、陈至立主编：《辞海》（中），上海辞书出版社 2010 年版，第 2949 页。

主要有两个层面：一是指规定、用法；二是指法令礼俗的总称。① 可以看出，制度包含两种类型：一种是正式制度（或曰"硬制度"），包括法律法规、组织章程、社会规范等"刚性规制"；另一种是非正式制度（或曰"软制度"），包括传统习俗、习惯法②、核心价值、文化传统、宗教、礼仪等"软性约束"。在现代国家语境下，如果说正式制度对应的是法治的话，那么，非正式制度对应的则是德治、共治、自治。无论是刚性规制还是柔性嵌合，不管是硬性约束抑或软性约束，究其实质，就是"制度"的一种呈现形态、表现样态。当然，非正式规范将随着时间的推移为理性化、正式化的法律规制所代替。③

总之，制度是"集体行动控制个人行动"的一种有效实现机制，④ 旨在约束主体福利或效用最大化利益的个人行为，⑤ 从而为规范公民的行为提供基本的框架结构，避免"阿罗不可能定理"所发现的"集体行动"之困境。在制度的框架结构下，公民的行为既有一定的边界、界限，也有相当程度的弹性空间和灵活度，因为制度约束行为，但并不决定行为。制度只是供给制约行动者行为选择的结构性脉络框架，即使在相同的制度约束下也可能出现不同的行为模式。⑥ 在历史制度主义看来，人的行为不仅在制度性的结构化脉络中形成，而且深深嵌入一定的经济结构和社会环境之中。行为是被制度形塑（be shaped）而非决定（be determined）的。质言之，制度是行为的约束性（constraint）要素而非决定性（determinant）要素。⑦

---

① 《辞源》，商务印书馆1979年版，第353页。
② 杜赞奇指出："习惯法即村民们在劳动和生活中达成的一种默契或共识，是一种公认的行为规范或惯例。"参见［美］杜赞奇《文化、权力与国家：1900—1942年的华北农村》，王明福译，江苏人民出版社2003年版，第128页。
③ ［美］弗朗西斯·福山：《大断裂：人类本性与社会秩序的重建》，唐磊译，广西师范大学出版社2015年版，第13页。
④ ［美］康芒斯：《制度经济学》（上册），于树生译，商务印书馆1997年版，第81页。
⑤ ［美］道格拉斯·C.诺思：《经济史中的结构与变迁》，陈郁等译，上海三联书店、上海人民出版社1994年版，第226页。
⑥ Immergut, Ellen M., "The Theoretical Core of the New Institutionalism", Politics and Society, 1998（1），p.5.
⑦ ［韩］河连燮：《制度分析：理论与争议》，李秀峰、柴宝勇译，中国人民大学出版社2014年版，第23页。

## 二 制度化的三重向度

在现代社会,制度最主要的功效在于通过供给稳定的行为预期而使社会实现"有机团结"。① 在制度约束下形塑的个体或组织行为具有相对稳定性和一定的规则性。也就是说,只要制度存在,行动主体的行为和行动主体之间的互动就不会是随机和随意的,而会体现特定的模式和相应的预测可能性,② 制度的存在与存续在于达成"提供一种结构使其成员的合作获得一些在结构外不可能获得的追加收入,或提供一种能影响法律或产权变迁的机制"的目标。③

制度是影响个体行为、组织行为的结构性制约因素,"若是没有约束,我们将生存在霍布斯主义的丛林中,也就不可能有文明存在"④。因此,基于对确定性、稳定性的追求,⑤ 在亨廷顿看来,制度化是组织和程序获取价值和稳定性的过程。⑥ 换言之,制度化主要指的是组织、结构的存在方式、运行方式从特别化、特殊化、不固定的形态向一般化、普遍化、固定化的形态转型。制度化的水平和程度,是评判一个组织、一项制度成熟与否以及成熟度高低的重要标尺。

国内外学者关于制度化的研究,主要存在以下三种取向:①聚焦于制

---

① 亨廷顿认为,传统社会是个"简单的共同体",建立在纯粹的种族、宗教和职业基础之上,人与人之间的联结是一种"机械团结",而现代社会的成分多样、复杂,社会集团林立、纵横、交错,这种复杂政治共同体的形成和维持越来越依赖于政治制度的有效性,亦即人与人之间的关系是一种"有机团结"形态。参见[美]塞缪尔·P.亨廷顿《变化社会中的政治秩序》,王冠华、刘为等译,上海人民出版社2008年版,第7—8页。

② [韩]河连燮:《制度分析:理论与争议》,李秀峰、柴宝勇译,中国人民大学出版社2014年版,第5页。

③ [美]L.E.戴维斯、D.C.诺斯:《制度变迁的理论:概念与原因》,载[美]R.科斯、A.阿尔钦、D.诺思等《财产权利与制度变迁——产权学派与新制度学派论文集》,刘守英等译,上海三联书店、上海人民出版社1994年版,第271页。

④ [美]道格拉斯·C.诺思:《经济史中的结构与变迁》,陈郁等译,上海三联书店1994年版,第227页。

⑤ 在不少学者看来,制度能够生产出规则性以及结果的可预期性,从而有利于制度之下的所有参与者。参见[美]盖伊·彼得斯《理性选择理论与制度理论》,载何俊志、任军锋、朱德米编译《新制度主义政治学译文精选》,天津人民出版社2007年版,第77页。

⑥ [美]塞缪尔·P.亨廷顿:《变化社会中的政治秩序》,王冠华、刘为等译,上海人民出版社2008年版,第10页。

度化嵌入的局部"场域",如经济场域的制度化;②聚焦于制度化的某一特定阶段,比如制度的施行;③聚焦于制度化的时间次序推展逻辑。① 这三个研究取向各有侧重,从一个特定向度阐释了制度化的逻辑与理路。

综合学术界关于制度化的界定,从运行逻辑的维度看,制度化可分为三个既相互独立又相辅相成的过程体系:

第一步是,有意识地为特定目的而建构正式制度安排,使人们的行为有规可守、有章可循。②

第二步是建构出来的制度经由内化、社会化的过程得到切实执行并有效发挥制度的真正功效。③

第三步是制度运行一段时间"浸染"某些特定的价值并生成非正式制度而固化于人们的日常行为习惯之中并在一定条件下"成文化""法定化"而生成正式制度安排。④

由此,制度化的过程体系呈现出制度建构→制度社会化→制度价值沉淀的运行逻辑结构。这三个要素实际上与新制度主义所建构的"规制性要素""规范性要素"和"认知性要素"这三个基本要素存在对应关系。制度建构对应于"规制性要素",意在限制个体选择的过度自由以及由此对社会带来的危害;制度社会化对应于"规范性要素",意在把行为规范让全体社会成员习得并内化于心、外化于行,从而规定所有成员的行动边界;制度价值沉淀对应于"认知性要素",意在建构共同的价值与信念体系。⑤

由图 5-1 可以看出,社会生活系统中需要建构一定的规则体系以规范人们的生产秩序与生活习惯,然而现实逻辑表明,制度一经建构、生成并非立马可以形塑生活结构,一定需要个体内化、社会化的持续反复过程

---

① 江必新、王红霞:《国家治理现代化与制度构建》,中国法制出版社 2016 年版,第 131—132 页。

② [美] B. 盖伊·P. 彼得斯:《政治科学中的制度理论:新制度主义》,王向民、段红伟译,上海人民出版社 2016 年版,第 35 页。

③ 李汉林等:《组织和制度变迁的社会过程——一种拟议的综合分析》,《中国社会科学》2005 年第 1 期;谢志岿、曹景钧:《低制度化治理与非正式制度——对国家治理体系与能力现代化一个难题的考察》,《国外社会科学》2014 年第 5 期。

④ 凡勃伦认为:"制度实质上就是个人或社会对某些关系或某些作用的一般思想习惯。"参见 [德] 凡勃伦《有闲阶级论》,蔡受百译,商务印书馆 1997 年版,第 139 页。

⑤ [日] 青木昌彦:《比较制度分析》,周黎安译,上海远东出版社 2001 年版,第 14 页。

```
┌─────────────────┐
│   制度建构      │
└────────┬────────┘
         ▼
┌─────────────────┐
│   制度社会化    │
└────────┬────────┘
         ▼
┌─────────────────┐
│   制度价值沉淀  │
└─────────────────┘
```

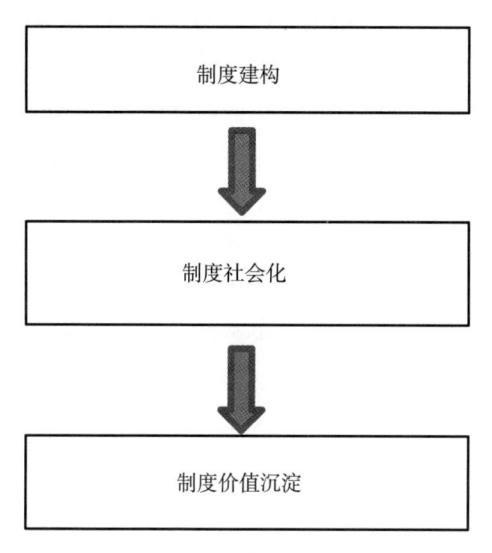

图 5-1　制度化的过程体系

才能最终形塑成人们的日常"惯习"。因而，制度在运行的"长时段"中会逐渐生发特定的价值、理念并形成"非正式制度"。由此，非正式制度与正式制度在社会结构中以各种方式的生产和再生产，并在相互之间的矛盾运动中逐渐实现良性互动、有机循环。制度化的核心取向在于：既发挥正式制度的威慑警戒作用，又发挥非正式制度的助推激励功效，最终发挥国家治理效能的最大化和最优化。

### 三　制度化是国家治理现代化的根本要素

国内外学界关于国家治理指标已有一些重要的研究成果，比如，福山认为可通过程序、能力、产出、官僚自主性这 4 个维度予以测度。[①] 国际上比较有代表性的国家治理测评体系主要有一些第三方机构开发的指标体系。[②] 国内学术界关于国家治理的研究已经在与国外政治学研究前沿进行平等对话，但存在偏重理论思辨、概念不统一以及操作性不强等突出问

---

① [美] 弗朗西斯·福山：《什么是治理》，刘燕、闫健译，《中国治理评论》2013 年第 2 期。

② 主要是以下四类：①联合国开发计划署治理评价指标体系，②多边机构治理评价指标体系，③双边机构的治理评估，④独立机构的治理评估。参见俞可平《关于国家治理评估的若干思考》，《华中科技大学学报》（社会科学版）2014 年第 3 期。

题。因此，不少学者呼吁建构国家治理的评估体系以强化国际比较的研究共识。从21世纪初开始，中国学者开始探索尝试提出符合中国国情的国家治理评估指标体系。概括而言，这些观点主要有两种类型：一种是要素论，即划分成若干个板块予以具体阐释；① 另一种是指数论，即用"商数"② 和"指数"③ 等形式予以直观呈现。

其中，国内具有代表性的是俞可平2008年领衔的课题"中国国家治理评估框架"正式出版的研究成果。④ 在他看来，衡量国家治理体系现代化至少有五个标准：①制度化，要求政府治理、企业治理和社会治理有完善的制度安排和规范的公共秩序；②民主化，公共治理和制度安排必须保障主权在民、体现人民主体地位；③法治化，宪法和法律成为公共治理的最高权威，法律面前人人平等；④效率化，着力提高行政效率和经济效

---

① 比如，有的主张，衡量国家治理现代化的标准包括制度化、民主化、法治化、高效化、协调化。（徐勇、吕楠：《热话题与冷思考——关于国家治理体系和治理能力现代化的对话》，《当代世界与社会主义》2014年第1期。）有的认为，衡量标准至少有四条：民主化、法治化、文明化、科学化。（何增科：《理解国家治理及其现代化》，《马克思主义与现实》2014年第1期。）有的认为，一般标准有理性化、制度化、法治化。（张涵：《推进国家治理体系和治理能力现代化——访北京大学政府管理学院副院长徐湘林》，《中国国情国力》2014年第4期。）有的提出，要基于全球化时代国家治理现代化的总体趋势和我国的具体国情建构一个中西融合的标准体系，即民主化、法治化、制度化、科学化、效能化、公平化。（虞崇胜：《科学确立中国国家治理现代化的衡量标准》，《中州学刊》2014年第10期。）有的指出，民主化、法治化、系统性、开放性和发展性是衡量国家治理体系是否现代化的主要标准。（梁芷铭、徐福林、许珍：《国家治理体系现代化：理论源流、衡量标准及基本内容》，《理论导刊》2014年第12期。）

② 国家治理商数可在两种意义上界定。在形式规范意义上，国家治理商数是以商数形式衡量国家治理水平的数量指标。在实质规范意义上，它是在量化治理思想的锻造下，借助"大数据"和"云计算"技术平台，采用特定的指标体系和计算法则，以量化的形式对国家治理状况作出全面、系统和客观评定的现代治理手段。参见江必新、邵长茂《论国家治理商数》，《中国社会科学》2015年第1期。

③ 有的提出，国家治理指数的指标体系由基础性指标（设施、秩序和服务）、价值性指标（公开、公平和公正）和持续性指标（效率、环保和创新）三大类内容构成。参见游腾飞、霍佳佳《现代化进程中的国家治理理论及其指数化建构》，《学习与探索》2017年第10期。

④ 该研究成果把评估框架设立为12个维度：公民参与、人权与公民权、党内民主、法治、合法性、社会公正、社会稳定、政务公开、行政效益、政府责任、公共服务和廉洁。其中每一个维度下面又有若干个具体指标，构成一个系统完整的评估指标体系。参见俞可平主编《国家治理评估——中国与世界》，中央编译出版社2009年版。

益；⑤协调化，各种制度安排作为有机统一体相互协调。①

上述五个维度作为衡量国家治理现代化的标准是比较合适的。接下来第二节，拟以这五个维度中的"制度化"作为标尺，衡量改革开放以来人民团体参与协商民主建设之不足、短板，以此促推其制度化的有效建构。

## 第二节　人民团体参与协商民主的制度环境的基本特征

制度主要包含两个层面：一是由国家政权机关认可、颁布予以强制执行的正式行为准则、活动规范、规章规制，具有很强的刚性约束、硬性规定，没有任何讨价还价的余地和空间；二是非正式、不成文、尚未经国家政权机关正式颁布、潜移默化影响人们行为的隐形规制和约束，或曰"隐规则""潜规则"。② 无论哪个层面的制度安排，都具有长期性、相对稳定性，深刻影响一定社会关系结构下人们的生产、生活形态和关系格局。基于对制度环境③的界定，人民团体参与协商民主的制度环境，大体包括正式制度和非正式制度这两大层面：

从正式制度层面看，主要包括：一是宪法关于人民团体的基本定性，宪法关于协商民主这种民主形式的基本定位，中国共产党章程关于人民团体、协商民主的基本定向；二是相关法律关于人民团体参与协商民主的基本制度安排，比如《工会法》《劳动法》《劳动合同法》关于工会参与劳资协商的具体规定；三是相关行政法规关于人民团体的功能定位及对其参与协商民主的制度安排；四是中国共产党的决定、决议、

---

① 俞可平：《推进国家治理体系和治理能力现代化》，《前线》2014年第1期。

② 在新制度主义的主要代表诺思看来，制度是一个社会的游戏规则，更规范地说，它们是决定人们的相互关系的系列约束。制度是由非正式约束（道德的约束、禁忌、习惯、传统和行为准则）和正式的法规（宪法、法令、产权）组成的。参见［美］道格拉斯·C.诺思《经济史中的结构与变迁》，陈郁等译，上海三联书店、上海人民出版社1994年版，第3页。

③ 所谓制度环境，指的是"一系列用来建立生产、交换与分配基础的基本的政治、社会和法律基础规则"。参见［美］L.E.戴维斯、D.C.诺思《制度变迁的理论：概念与原因》，载［美］R.科斯、A.阿尔钦、D.诺思等《财产权利与制度变迁——产权学派与新制度学派论文集》，刘守英等译，上海三联书店、上海人民出版社1994年版，第270页。

报告、意见、通知、办法等规范性文件对人民团体参与协商民主的具体部署和倡导。

从非正式制度层面看，主要包括：一是党和国家领导人关于人民团体及其参与协商民主的基本看法、主要态度，散见于一些重要讲话、内参批示、调研报道之中；二是社会信任、规范、网络等社会资本存量的质量、充分度、影响范围；三是党内政治文化、行政文化、地域文化、公民文化、习俗、传统等文化因素潜移默化的影响。

正式制度与非正式制度并非相互排斥、互相否定，相反，相辅相成、相互补益、相得益彰，共同型构成一个多样、多层、多维且较为严谨、完善、丰富的制度体系结构，在一定程度上决定了人民团体参与协商民主的空间、形态、品质、格局。换言之，人民团体参与协商民主建设的广度、深度、效度，在很大程度上受到相关的、相应的制度环境的正式或非正式、直接或间接的制约。通过对以上制度环境要素整体上的把握以及进一步的细分并对这些要素进行详细翔实的剖析，从中可以探寻制约人民团体参与协商民主建设的症结所在，进而为今后更好地建构激励约束制度安排、规范、矫正人民团体在协商民主中的角色、定位，形塑人民团体与协商民主共生共融的耦合性功能结构形态奠定基础。从总体上看，人民团体参与协商民主的制度环境，呈现以下主要特征。

## 一 强制性制度变迁是根本动力源

从根本意义上而言，制度存续的主要缘由是制度运行的收益大于成本，从而使制度处于"均衡"状态。一定的"均衡"是必要的，有助于给行动者稳定的行为预期，使行为的不确定性最大限度得以减少。然而，制度一旦"滞固"，其活性必将式微，适应性必然衰退，正当性基础定会减弱，合法性资源定将缩减。在历史制度主义看来，个体偏好由历史上形成的国家与社会的宏观制度结构所形塑，是在制度的脉络中生成，并非既定不动，也非难以移易。[①] 作为"因变量"的制度、个体、团体、集团的选择、取向会使制度发生一定的变迁。制度发生变迁的主要原因在于制度

---

① ［韩］河连燮：《制度分析：理论与争议》，李秀峰、柴宝勇译，中国人民大学出版社2014年版，第26页。

的"非均衡"状态,即预期的收益开始小于成本,"搭便车"和"外部性"① 问题开始凸显,制度的运行逐步出现低效或无效的情形等。② 从外在结果来看,制度的变迁是其创立、演变基于时间变量的变化而得以突破的方式。③

### (一) 制度变迁的两种基本路径

从制度创新的动力维度来看,制度变迁可划分成两大类型:自下而上的诱致性制度变迁与自上而下的强制性制度变迁。前者是一个人或一群人在响应由制度不均衡导致的"获利机会"时经由自下而上的倡导、组织进而变更、代替现成的制度安排或者建构新型的制度体系,具有一定的自发性。后者是以自上而下的方式通过法律、政府规章、命令体系、符号意义等予以强力推行,具有一定的自觉性。对于人民团体而言,其参与协商民主的制度安排也需适时、适度转型和变迁,这不仅有助于增强参与的有效性,也有利于其自身活力的激发、焕发。从人民团体参与协商民主制度建构的历史轨迹来看,呈现出鲜明的强制性制度变迁的印痕。为了深入、形象地说明人民团体参与协商民主的实践逻辑,以下主要以工会参与集体协商为例进行分析。

任何一项制度安排的生成、运行及其转型,主要取决于特定主体的需要和特定环境的需要,而政府是解决供给制度不足的最重要的主体,这就是强制性制度变迁的存在依据所在。④ 强制性制度变迁具有以下几个特点:①外生性,即制度的创新源于政府等外在力量的推拉,并非源自行动

---

① "外部性"指的是"有些成本或收益对于决策单位是外在的事实"。参见 L. E. 戴维斯、D. C. 诺思《制度变迁的理论:概念与原因》,载 [美] R. 科斯、A. 阿尔钦、D. 诺思等《财产权利与制度变迁——产权学派与新制度学派论文集》,刘守英等译,上海三联书店、上海人民出版社1994年版,第280页。

② 从某个起始"均衡点"起,有四种情形可引发制度不均衡:①制度选择集合的改变;②技术创新;③制度服务需求的改变;④其他制度安排的变迁。这四种情形的任何一种本身又由不同的因素形成。参见林毅夫《关于制度变迁的经济学理论:诱致性变迁与强制性变迁》,载 [美] R. 科斯、A. 阿尔钦、D. 诺思等:《财产权利与制度变迁——产权学派与新制度学派论文集》,刘守英等译,上海三联书店、上海人民出版社1994年版,第384页。

③ [美] 道格拉斯·C. 诺思:《经济史中的结构与变迁》,陈郁等译,上海三联书店、上海人民出版社1994年版,第225页。

④ 林毅夫:《关于制度变迁的经济学理论:诱致性变迁与强制性变迁》,载 [美] R. 科斯、A. 阿尔钦、D. 诺思等《财产权利与制度变迁——产权学派与新制度学派论文集》,刘守英等译,上海三联书店、上海人民出版社1994年版,第374页。

主体的内在主动自觉；②激进性，即由公共权力主体以法律、规章、政策等形式瞬时推进，并不一定完全契合基层、组织、特定群体的利益需求，甚至会出现利益之间的冲突和张力；③节约性，通过政府自上而下的强力推进，提升制度运行的便捷性，节约交易成本、协调成本、组织成本，克服机会主义、"搭便车"等集体行动的困境。①

强制性制度变迁与诱致性制度变迁既相互区别又互相联系。从区别的方面来看，两者的适用领域有所不同，强制性制度变迁主要适用于自觉性"求利"行为以及"搭便车"与"外部性"现象相对而言较严重的领域，诱致性制度变迁则与之相反。因而，两者的比较优势也不同，强制性制度变迁能以时间最小化、成本最少化、效率最优化实现制度的转型、更替，诱致性制度变迁基于社会同意原则所建构的制度则具有合法性基础充分、认同度高、执行有力的优势。从相互联系的方面来看，两者并非截然分开、互相对立：一些强制性制度变迁的推行是以一定范围的诱致性制度变迁的有效实践为前提，某些诱致性制度变迁的实践以一定程度的强制性制度变迁的促成为现实基础。这两种形态的制度变迁在一定情况下可以互相转化、协同推进。② 因而，在实际运行实践中，这两种制度变迁样式常常交替使用，互为基础，共同推进制度结构实现整体性转型。从人民团体参与协商民主的制度建构来看，呈现强制性变迁有余而诱致性变迁不足的明显表征。

(二) 强制性制度变迁的基本特征

综观改革开放 40 年来工会参与集体协商的制度建构及其变迁可以发现具有典型的强制性制度变迁的基本特征，主要体现在：

1. 中国共产党是制度变迁的最为重要的推动力量

东西南北中，党是领导一切的。对于人民团体参与协商民主而言，党的意志和意见具有决定性的意义，是推动制度变迁最重要的主体力量。中国共产党作为执政党，通过发布文件、意见、决定、通知等形式，为人民团体参与协商民主建设"赋权"。主要体现在以下几个方面：

第一，通过中央领导人的讲话为人民团体参与协商民主"赋权"。比

---

① 金仁淑、冯志：《强制性制度变迁与明治维新的二元效应》，《日本学论坛》2004 年第 4 期。

② 尹振涛：《历史演进、制度变迁与效率考量——中国证券市场的近代化之路》，商务印书馆 2011 年版，第 28 页。

如，1979年9月29日叶剑英代表党中央在庆祝中华人民共和国成立30周年大会上的讲话中就明确强调要强化人民团体的"代表性"功能，让其"有职有权有责"以维护所联结社会群体的利益。① 自此以后，"维权"就成为改革开放以来人民团体的一项新的重要社会职能，为其参与协商民主提供了最基本的政治依据。

第二，党代会政治报告赋予"桥梁"和"纽带"的功能定位，使其成为连接党与社会、沟通政府与社会群体的中介性平台，为其在党→政府→特定群体→群众之间协商提供了政治空间。②

表5-1 改革开放以来历次全国党代会关于工青妇的功能定位表述

| 届次 | 相关表述 |
| --- | --- |
| 十二大 | "必须大大加强党在工会中的工作，使工会成为联结党和工人群众的强大纽带。""党要进一步加强对共青团的领导，支持它按照青年的特点进行工作，使它充分发挥党的助手和后备军作用，真正成为广大青年在实践中学习共产主义的学校。""妇联应当成为代表妇女利益，保护和教育妇女，保护和教育儿童的有权威的群众团体。"③ |
| 十三大 | "工会、共青团、妇联等群体团体历来是党和政府联系工人阶级和人民群众的桥梁和纽带，在社会主义民主生活中具有重要作用。"④ |

---

① 他指出："工会、共青团、妇联等团体是广大群众的重要代表者，一定要积极主动地、独立负责地工作，动员和组织工人、青年、妇女群众积极参加社会主义现代化建设，努力学习政治、技术和文化，维护国家和集体的利益；同时，一定要坚决维护自己所代表的群众的利益，积极解决他们日常生活中的切身问题，反对不关心群众痛痒的官僚主义。社会主义国家的各种机构和党所领导的各种组织都应当有职有权有责，都不是装饰品。党的正确有效的领导，就是要保证这些机构和组织富有生气地、相互协调地工作，充分发挥它们各自的首创精神。"参见中共中央文献研究室编《三中全会以来重要文献选编》（上），中央文献出版社2011年版，第213页。
② 比如，中共十三大报告指出："在党和政府同群众组织的关系上，要充分发挥群众团体和基层群众性自治组织的作用，逐步做到群众的事情由群众自己依法去办。"参见中共中央文献研究室编《十三大以来重要文献选编》（上），中央文献出版社2011年版，第33页。
③ 中共中央文献研究室编：《十二大以来重要文献选编》（上），中央文献出版社2011年版，第45—46页。
④ 中共中央文献研究室编：《十三大以来重要文献选编》（上），中央文献出版社2011年版，第38页。

续表

| 届次 | 相关表述 |
| --- | --- |
| 十四大 | "加强和改善党对工会、共青团、妇联等群众组织的领导，充分发挥他们作为党联系群众的桥梁和纽带作用。"① |
| 十五大 | "工会、共青团、妇联等群众组织要在管理国家和社会事务中发挥民主参与和民主监督的作用，成为党联系广大人民群众的桥梁和纽带。"② |
| 十六大 | "要加强对工会、共青团、妇联等人民团体的领导，支持他们依照法律和各自章程开展工作，更好地成为党与广大人民群众联系的桥梁和纽带。"③ |
| 十七大 | "支持工会、共青团、妇联等人民团体依照法律和各自章程开展工作，参与社会管理和公共服务，维护群众合法权益。"④ |
| 十八大 | "支持工会、共青团、妇联等人民团体充分发挥桥梁纽带作用，更好反映群众呼声，维护群众合法权益。"⑤ |
| 十九大 | "推动工会、共青团、妇联等群团组织增强政治性、先进性、群众性，发挥联系群众的桥梁纽带作用，组织动员广大人民群众坚定不移跟党走。"⑥ |

第三，中共中央文件的直接"赋权"。中共中央文件是中国共产党集体政治意志的集中体现和鲜明呈现，在"党建带群建"的取向下，人民团体的绝大多数工作都是在完成执政党交付的使命、任务和"命令"。比如，中共中央召开全会后，时隔一两个月，工青妇等人民团体中央机关都

---

① 中共中央文献研究室编：《十四大以来重要文献选编》（上），中央文献出版社2011年版，第36页。
② 中共中央文献研究室编：《十五大以来重要文献选编》（上），中央文献出版社2011年版，第28页。
③ 中共中央文献研究室编：《十六大以来重要文献选编》（上），中央文献出版社2011年版，第26页。
④ 中共中央文献研究室编：《十七大以来重要文献选编》（上），中央文献出版社2013年版，第23页。
⑤ 中共中央文献研究室编：《十八大以来重要文献选编》（上），中央文献出版社2014年版，第40页。
⑥ 习近平：《决胜全面建成小康社会 夺取新时代中国特色社会主义伟大胜利——在中国共产党第十九次全国代表大会上的报告》，人民出版社2017年版，第69页。

会召开自身组织系统的全会贯彻中共中央全会的精神。迄今为止，中共中央已发布两个文件对人民团体参与协商民主给予深度关怀，即1989年的中央"十二号"文件①和2015年的中央"四号"文件②。

因而，执政党的意志在人民团体系统可以获得及时的呼应、有力的执行、具体的落实。但是，不可避免的问题是，如果人民团体自身的主体性没有得到生产、再生产与有效激发，将会导致自身的转型缺乏内生动力的持续、有力支撑。因而，这种制度供给，对人民团体的政治属性强化而言是一种必要的制度供给，而对于保障人民团体社会属性的激发方面，则出现制度供给不足甚至匮乏的窘境。

2. 政府是制度变迁的重要助推力量

基于对集体协商的重视，政府（主要是原劳动部）通过部门法规、政策等形式予以规范，力图用强制性制度规范集体协商实践，不仅供给基础性制度安排，而且供给具体性的细化规范，为工会参与集体协商提供了基本遵循。其好处在于：①以最快的速度、最少的成本、最短的时间实施劳资集体协商，避免劳资矛盾的激化；②不仅为工人提供稳定的工资预期，而且对资方稳定企业劳动关系、避免企业发生大规模的动荡提供了现实基础。

政府提供的制度供给主要是两种形式，一是单独以政府主管部门名义

---

① 该文件指出："工会、共青团、妇联应当成为广大群众有组织、有纪律、有领导地参政议政的民主渠道。各级政府应当逐步建立和完善工会、共青团、妇联对政府工作民主参与的制度。当前应当做到：（1）政府及其有关部门，在研究制定经济和社会发展计划，制定教育、劳动、工资、社会保障、物价、住房以及其他涉及职工、青年、妇女切身利益的重大政策、措施时，要有同级工会、共青团、妇联的代表参加，在充分听取他们的意见后再作出决定。（2）各级政府设立的工资、物价等有关职工切身利益的专门机构，应吸收工会的代表作为正式成员参加工作。各级政府设立的其他有关群众切身利益的专门机构，应视需要吸收工会、共青团、妇联的代表作为正式成员参加工作。（3）某些涉及群众切身利益的重大问题，各级政府或政府有关部门可以与工会、共青团、妇联分别或共同联署发布文件。（4）各级政府可以指定一位负责人加强同工会、共青团、妇联的联系，帮助它们解决一些具体问题。工会、共青团、妇联应将有关情况向政府反映，以取得支持。（5）省、自治区、直辖市以及大中城市的人民政府，可以定期、不定期地通过与同级工会召开座谈会或联席会议等形式，通报政府的一些政策、法规及重要工作部署，研究解决工会反映职工群众的一些问题。"参见中共中央文献研究室编《十三大以来重要文献选编》（中），中央文献出版社2011年版，第223—224页。

② 中共中央文献研究室编：《十八大以来重要文献选编》（中），中央文献出版社2016年版，第291—300页。

颁布相关规章制度，比如，原劳动部曾于1994年、1997年、2000年、2004年制定《集体合同规定》《工资支付暂行规定》《外商投资企业工资集体协商的几点意见》《工资集体协商试行办法》等（参见表5-2），二是与其他相关部门联合发文件推进、规范集体协商，比如人社部（劳动部）与中华全国总工会、中国企业联合会/中国企业家协会等于1996年、1998年、2001年、2005年、2006年、2008年、2009年、2010年联合发文就工会参加工资集体协商予以激励和规范（参见表5-3）。

表5-2　　　　　　　　　劳动部颁布的相关规章

| 时间 | 规范 | 内容 |
| --- | --- | --- |
| 1994年12月 | 《集体合同规定》 | 首次对集体合同作出界定，突出劳动报酬问题在集体合同中的地位 |
| 1994年12月 | 《工资支付暂行规定》 | 首次在部门规章中提出劳动关系双方应通过协商方式制定工资的制度 |
| 1997年2月 | 《外商投资企业工资集体协商的几点意见》 | 首次在部门规章中界定工资集体协商的内涵 |
| 2000年11月 | 《工资集体协商试行办法》 | 以部门规章的形式进一步明确职工代表与企业代表要进行平等协商，并提出工资协议的效力问题 |
| 2004年1月 | 《最低工资规定》 | 为工资集体协商提供一条保障底线 |
| 2004年1月 | 修订《集体合同规定》 | 详细分解劳动报酬内容 |

表5-3　　　　　　　　　相关部门联合颁布的相关规章

| 时间 | 规范 | 颁布部门 | 内容 |
| --- | --- | --- | --- |
| 1996年 | 《关于逐步实行集体协商和集体合同制度的通知》 | 劳动部、国家经贸委、全国总工会、中国企业联合会/中国企业家协会 | 推动劳动法集体合同制度落地、落实 |
| 1996年 | 《工会参加平等协商和签订集体合同试行办法》等 | 全国总工会 | 举工会系统全力抓集体合同签订 |
| 1998年4月 | 《工会参加工资集体协商的指导意见》 | 全国总工会 | 指导、规范工会在工资集体协商中谈什么、如何谈 |
| 2001年11月 | 《关于进一步推行平等协商和集体合同制度的通知》 | 劳动部、国家经贸委、全国总工会、中国企业联合会/中国企业家协会 | 强调把工资集体协商作为平等协商工作的重点 |
| 2005年 | 《关于进一步推进工资集体协商工作的通知》 | 劳动部、全国总工会、中国企业联合会/中国企业家协会 | 首次提出推进区域性行业性工资集体协商 |

续表

| 时间 | 规范 | 颁布部门 | 内容 |
|---|---|---|---|
| 2006 年 | 《关于开展区域性行业性集体协商工作的意见》 | 劳动部、全国总工会、中国企业联合会/中国企业家协会 | 第一个关于区域性行业性集体协商工作的指导意见 |
| 2008 年 6 月 | 《关于开展集体协商要约行动的意见》和《关于建立集体协商指导员队伍的意见》 | 全国总工会 | 把工作重心放在工资集体协商方面 |
| 2009 年 7 月 | 《关于积极开展行业性工资集体协商工作的指导意见》 | 全国总工会 | 明确、规范行业性工资集体协商的意义、范围、主体、程序、内容、重点 |
| 2010 年 5 月 | 《关于深入推进集体合同制度实施彩虹计划》 | 人社部、全国总工会、中国企业联合会/中国企业家协会 | 力争用 3 年时间基本在各类已建工会的企业实行集体合同制度 |

3. 法律是制度变迁的重要"制度装置"①

从保障人民团体参与协商民主的有序有效运行的维度来看,法治的要素具有深刻价值。一方面,法治为人民团体的存在提供法律支撑,使其具有法律上的人格和主体地位,保障了协商主体的权威性。比如,《工会法》为工会参与工资集体协商提供了最基本的法律依据,使得中国境内的任何企业不得排斥工会的介入与参与。另一方面,法治使得协商民主的开展有了制度化的平台、空间和机制,使得协商民主的运行有了相对固定化的场域、领域和环节,使得协商民主的发展有了切实的实践过程和深化空间。从这个意义上看,法治建设的程度决定了人民团体参与协商民主的制度化水平。

霍布斯指出:"赋予政治团体代表的权力的限度可以从两方面看出来,一方面是主权者发与的命令或证书,另一方面是国家的法律。"② 从一定意义上可以说,法律是推动人民团体参与协商民主的有效、有力的制度性保障。以工会参与集体协商为例,主要是《劳动法》《工会法》《劳

---

① 在新制度主义看来,制度装置是"行动团体所利用的文件和手段"。当这些装置被应用于新的安排结构时,行动团体就利用他们来获取外在于现有安排结构的收益。参见[美]L.E. 戴维斯、D.C. 诺斯《制度变迁的理论:概念与原因》,载[美]R. 科斯、A. 阿尔钦、D. 诺思等《财产权利与制度变迁——产权学派与新制度学派论文集》,刘守英等译,上海三联书店、上海人民出版社 1994 年版,第 273 页。

② [英]霍布斯:《利维坦》,黎思复、黎廷弼译,商务印书馆 1985 年版,第 175 页。

动合同法》三部法律从外部强力推进工会在参与集体协商尤其是工资集体协商方面要有所作为（参见表5-4）。

表5-4　　　　　　　　　工会参与集体协商的制度规范

| 时间 | 规范 | 颁布部门 | 内容 |
| --- | --- | --- | --- |
| 1995年1月 | 《劳动法》 | 全国人大 | 正式确立集体合同制度 |
| 2001年10月 | 《工会法》 | 全国人大 | 明晰工会在平等协商和集体合同制度中的法律地位和主要职责 |
| 2008年1月 | 《劳动合同法》 | 全国人大 | 对集体合同作出特别规定，首次把工资专项集体合同的实践经验上升到法律层面 |

强制性制度变迁有利于通过法制、政治等外力强力推行某项制度安排，有助于人民团体从制度层面参与具象化的协商民主实践。

（三）诱致性制度变迁是人民团体协商民主建构与建设的额外补充

新制度主义认为，现有制度安排不能有效回应制度的需要之时，制度变迁就具有内在的可能性和机会空间。基于经济体制改革的深化以及基于此的社会结构之变迁，不同社会群体之间、同一社会群体的不同阶层之间的利益摩擦、张力逐渐凸显。在政府的制度供给迟滞之时，基于"预期收益大于预期成本"这种预期的自下而上的诱致性制度供给就会出现，并在一定区域、一定范围、一定时期存续，为强制性制度变迁奠定实践基础。

在人民团体参与协商民主的诱致性制度变迁方面，最突出的表现是一些地方探索尝试行业性、区域性集体协商实践，后经实践证明有效上升为国家层面的统一性实践。比如，邳州开展板材行业工资集体协商起步于一企一户，后逐步发展成规模性、开放性的行业工资集体协商，一个重要经验是加强行业工会建设，突出上一级（行业）工会代行下一级（企业）工会维权职责，从而改变了"资强劳弱"的格局和劳资双方信息不对称的困局，让职工协商代表"敢谈""会谈""善谈"。由于近些年涌现出像邳州板材行业、武汉餐饮行业、海南餐饮行业和注册会计师行业以及大连机械制造行业和软件行业等行业集体协商的典型经验，才诱发了国家层面的强制性集体协商制度变迁的强力推行。

在基恩看来，民主是一个按比例分配权力、配置资源的困难重重的过程，需要在各式各样的社会力量与国家制度框架下公开实施监督权。① 因此，德雷泽克强调，社会力量对协商民主建构的最大好处在于：对公共问题进行直截了当的理性商讨。回顾过去三四十年可以发现这样一个有意思的现象：一些替代性选项的提出，更多源于社会力量型构的公共领域。因而，很难想象如果协商民主没有由社会力量所型构的公共领域"会是什么样子"。② 在中国，诱致性制度变迁引发强制性制度变迁是渐进、缓慢的。③ 目前，中国人民团体参与协商民主的诱致性制度变迁相对而言还较少、较慢，尚未广泛步入为强制性制度变迁供给基础、提供经验的阶段，这主要源于两个方面的原因：一方面，人民团体的政治性遮蔽了其社会性，更多对上负责而非对下负责，主动开展制度变迁的内生动力不足；另一方面，从协商民主的结构体系来看，人民团体在其中所发挥的作用空间比较有限，协商功能的开发尚未形成具有开拓性的氛围，协商的生态也有待进一步优化。

## 二 制度结构的缺失化

制度是由多种要素复合、型构的有机的结构性、整体性的存在形态。斯科特尤其注重制度具有"多重面向"的结构性特质，认为制度涵括"符号性要素、社会活动和物质资源"三大支撑性要素。④ 人民团体要能有效参与到协商民主生活中来，既需要人民团体自身的主体自觉，亦要依赖相应制度结构的及时保障和维护。制度供给结构是确保既有多样性又有最大"公约数"、既有活力又有秩序、既有多数人意志表达的介体又有少数社群反映意见的平台的协商民主生活必不可少的资源要素。因而，充

---

① [英] 约翰·基恩：《市民社会：旧形象 新观察》，王令愉、魏国琳译，上海远东出版社2006年版，第6页。

② [澳] 约翰·S. 德雷泽克：《不同领域的协商民主》，王大林摘译，《浙江大学学报》2005年第3期。

③ 早期的历史制度主义认为，制度变迁不可能是渐进、持续的，而是激进、突发的，只有在军事战争、政变、经济危机等外力冲击之时，制度变迁才会有可能的生长空间。正是基于这样的认识逻辑，克拉斯纳提出"断裂均衡"（punctuated equilibrium）这个概念，意即在发生关键性转折点之后生成的制度在崭新的结构化路径之中持续运行并逐渐固化。

④ [美] W. 理查德·斯科特：《制度与组织——思想观念与物质利益》，姚伟等译，中国人民大学出版社2010年版，第56页。

分、均衡、公平、有效、系统化、优质化的制度供给结构，对于提升人民团体参与协商民主建构的正当性、有效性大有裨益。

制度供给并非越多越好，主要不在于数量，而在于质量。衡量制度供给的标准，关键指标是有效性。① 诺思认为，衡量制度有效性有两个层面：一是制度形式的有效性，二是制度效果的有效性。② 只有有效的制度供给结构，才能对人民团体协商民主建构起到促推、增进的功效，而无效的制度供给，则会起逆向的、阻滞的作用，适得其反。制度供给结构只有适应多元、多样、多层、多变、多维的需要的变化，才是有效率、有效果的。中国往昔的发展经验表明，中国的现代化建设不缺钱和人才，最欠缺的就是及时、优质且有效的制度供给。③ 当现有的制度在满足其形成时所能满足的需求出现某种"失败"之时，就会出现制度的变迁以及时满足需要的变化。④ 可以说，制度供给的"失灵"乃至"失效"是潜存和现存各类矛盾的症结之所在。⑤ 被动员起来参政的社会成员随着各种社会参与渠道的拓宽，必然会对政治参与权利提出新的诉求，尤其是政治参与的制度化。政治制度化的发展落后于社会和经济变革，这是问题的根本症结所在。扭曲化的制度供给容易释放错误的"信号"而具有误导性。制度供给的深刻重要价值在于：赋予社会关系以规范化的秩序，减少个体行为

---

① 对制度有效性的理论关怀是新制度主义在其发展征程中逐步形成的一个深刻发现。在诺斯于1971年出版的《制度变迁与美国经济增长》以及1973年出版的《西方世界的兴起：一种新经济史》这两部经典专著中，曾乐观预期道：制度不仅重要，并且总是有效。经过后来10年来对经济生活中一些制度生成及其运行阻滞原因探寻的持续深入研究，他发现其观点存在片面之处，在1982年出版的专著《经济史中的结构与变迁》中提出新的判断：制度虽然是重要的，但并总是有效。前后观点的根本差异之处在于，对制度有效性的关怀。在他看来，不少制度都存在有效性这个问题。

② [美]道格拉斯·C.诺思：《制度、制度变迁与经济绩效》，杭行译，上海三联书店2008年版，第12页。

③ 刘志彪：《政府的制度供给和创新：供给侧结构性改革的关键》，《学习与探索》2017年第2期。

④ [美]盖伊·彼得斯：《理性选择理论与制度理论》，载何俊志等编译《新制度主义政治学译文精选》，天津人民出版社2007年版，第89页。

⑤ 亨廷顿在分析现代社会动荡和暴乱的症结时曾深刻洞见道："在很大程度上，这是社会急剧变革、新的社会集团被迅速动员起来卷入政治，而同时政治体制的发展却又步伐缓慢所造成的。"参见[美]塞缪尔·P.亨廷顿《变化社会中的政治秩序》，王冠华、刘为等译，上海人民出版社2008年版，第4页。

随机性、任意性并限制其片面追求私益最大化而给社会中的"他者"带来的危害甚至破坏社会秩序。① 当前，在人民团体参与协商民主的制度供给建构方面，存在不足与过剩同时并存的格局。

缺失化是制度供给结构匮乏的典型表征，主要存在两种形态：一是完全的制度供给缺失，即在制度体系中根本没有考虑到相应制度安排的必要价值设定和存在空间；二是不完全的制度供给缺失，即制度体系的整体性无以彰显，有些制度安排有而有些制度安排没有，制度安排之间缺乏衔接、匹配的可能性，某些保障性制度安排的"缺席"则易使既有制度执行的有效性大打折扣甚至难以奏效。具体观照人民团体参与协商民主制度的缺失化，存在以下几种情形值得警惕。

**（一）"元制度"缺失**

"元制度"规约了制度建构的基点、基本原则、内在取向、基础价值，是一个制度体系得以构建并有序运行的基石。从总体上来看，改革开放以来尤其是党的十八大以来，中国的宏观政治环境对人民团体的自然成长和日益成熟起到了关键性的促发作用。目前，人民团体参与协商民主"元制度"的缺失表现在缺乏一部完善系统的《协商民主建设法》《人民团体法》。现有的制度安排主要是中共中央的政策文件层面，今后需要从政策层面提升至法制层面，从而使人民团体参与协商民主切实实现有法可依、力避法制"真空"的境遇。

建立"元制度"的主要好处在于：为不同类型的人民团体参与协商民主提供公平的制度环境。唐斯认为，即使在一个完全确定的世界中，不同社会群体、不同利益集团对公共决策的影响力、影响程度不尽相同，不同的政策议题对不同集团的重要性也不尽相同，不同集团影响公共政策的力度、深度、欲求也不尽相同。因而，这种不确定性破坏了公共政策影响力的平等性。② 只有建立一统化的"元制度"，才能从根本上破解这一问题。

**（二）制度层级：宏观层面倡导得不到微观层面有效支撑**

在霍尔看来，制度可以从宏观、中观、微观三个层面予以细化。宏观

---

① [美]詹姆斯·马奇、约翰·奥尔森：《新制度主义详述》，允和译，《国外理论动态》2010年第7期。

② [美]安东尼·唐斯：《民主的经济理论》，姚洋等译，上海人民出版社2017年版，第85页。

层面的制度指涉的是与社会基本价值、意识形态相关的社会结构性组织架构，如宪法、选举、所有制结构安排等。中观层面的制度更多观照的是国家与社会之间的组织结构体系，规制组织机构之间的权力关系、官僚制组织结构形态，从中集中呈现各国政策取向的差别和不同。比如，反映工会组织化与集权化程度的劳动组织结构、官僚制组织模式等。微观层面的制度侧重于对正式或非正式的组织规则、程序、惯习的规约，变动较快，稳定性不足。① 当前对于人民团体参与协商民主而言，缺乏联结宏观层面与微观层面之间的中观层面的制度安排，导致宏观层面倡导得不到微观层面的有力支持、有效支撑。比如，《妇女权益保障法》虽然"赋权"妇联有参与公共政策制定的权力和制度化通道，但由于操作运行层面欠缺中观层面的行政法规、部门规章，更没有具象化的运行"流程图"，致使这项法定权力的施行出现有名无实、形同虚设的现象。②

### （三）缺乏具体类型人民团体参与协商民主建构的制度安排

在福山看来，传统社会向信息社会的转型纵然破坏了既定的社会规范，但一个高度现代化的社会须臾难以离开社会规范而有序运行。③ 只有建构体系化的社会规范，才能对相关社会行为产生引导约束功能。当下从总体上看缺乏法律的规制与激励，具象化的人民团体，比如共青团，其参与协商民主尚无明确的法律支持，导致其在参与立法协商、政策协商方面没有一定的"话语权"和协商空间，参与协商民主的机会、效度、信度很有限。

### （四）缺乏与政策相匹配、配套的保障性制度安排

"清晰性要求是合法性的一项最基本的要素。"④ 现有的许多政策大都具有原则性、笼统性、模糊性的特征，鲜有具象化、具体化、细化、明晰化的规定和规范，导致在执行中往往走样变形。比如，关于党章第 52 条

---

① 一般而言，历史制度主义更多关注的是霍尔界定的联结微观个体行动者与宏观脉络的中观层面的制度结构。参见［韩］河连燮《制度分析：理论与争议》，李秀峰、柴宝勇译，中国人民大学出版社 2014 年版，第 24—25 页。
② 黄粹：《当代中国妇女组织发展的制度创新研究》，人民出版社 2016 年版，第 52 页。
③ ［美］弗朗西斯·福山：《大断裂：人类本性与社会秩序的重建》，唐磊译，广西师范大学出版社 2015 年版，第 11 页。
④ ［美］富勒：《法律的道德性》，郑戈译，商务印书馆 2005 年版，第 75 页。

之规定,① 调研中发现落实得并不理想。这既与地方执行不力有关,也与制度本身的规定比较软性化("可以"的表述意味着也可以"不可以")、缺乏刚性的惩戒性规范有一定关系。

制度结构的缺失化,特别是基础性层面"元制度"的缺乏甚至缺失,不仅会削弱人民团体自身转型的合法性基础和社会空间,而且会制约其参与协商民主的政治功能的激发,最终将使其参与的效能、效果、有效性大打折扣。

### 三 制度供给的单向度

制度供给基于制度需求,因循"需求→供给"的内在运动逻辑,决定于社会中各种势力、各种集团、各种利益之间的对比结构及其"博弈"。制度需求的结构及其变迁,是制度供给源源不断的不竭动力。制度供给的有效性,在很大程度上取决于以下两个方面:一是制度供给主体的多元化,二是制度供给过程的上下良性互动。前者确保制度的制定能够广泛吸纳各方的意见、意志以集聚"最大公约数"、凝聚共识,后者确保制度的制定及其实施有广泛的民意基础和高效的执行力、落实力。实践表明,只有双向度乃至多向度的制度生产及其供给,才能使制度的有效性、活性得以提升,包容性、拓展力得以彰显,整合度、认同力得以强化。基于这样的评判基准,当下人民团体参与协商民主存在单向度的弊端,主要体现在以下几个方面。

#### (一) 制度供给主体的单一化

合法性基础的拓展和深化是任何一项制度得以真正立足并长期存续的现实前提。这种合法性基础的获得,主要基于两条路径的开掘:一是供给主体的多元化建构所生成的多维利益的有机耦合,二是创设的制度能充分内化于社会成员的灵魂深处并自觉外化为行为"惯习",得到最大程度的遵守和遵循。纵观改革开放以来人民团体参与协商民主的制度供给主体,主要是党和政协。比如,中共十三大提出要形成"社会协商对话"制度,使得上情可以下达,下情亦可上传,上下左右互相沟通理解,并要求工青

---

① 即团的县级和县级以下各级委员会书记,企业事业单位的团委员会书记,是党员的,可以列席同级党的委员会和常务委员会的会议。

妇等人民团体积极参与"社会协商对话"。① 应该说，这些规定的出发点是好的，然而，由于各种原因，党的十三大明确要求制定的具体化落实规范迟迟没有出台、颁布，致使上述要求在实际执行中难以落实、落地。

由于八大人民团体是政协的固定界别，各级政协赋予人民团体相应的协商权力，参与民主协商成为各级人民团体的应然职责。相比之下，各级人大和政府对此的相关制度规定付之阙如。同时，各人民团体中央机关对本系统内如何参与协商民主的推进力度也不尽一致。比如，全国总工会对工会系统如何参与工资集体协商有比较细化的规定，而共青团对如何参与青少年权益保护、如何在政协中反映青年心声等则鲜有非常具象化、具体化的制度规范。

**（二）制度供给过程的单向度**

制度供给过程的单向度，主要体现在两个方面：一方面，在制度生产过程中，主要采取自上而下的方式制定，主要反映上级机关及其领导的意志和意见，在一定范围和时间听取普通工人、青年、妇女等相关社会群体的协商机制尚未完全形成；另一方面，在大部分中央文件、通知中，经常把人民团体视为党政机关，② 导致人民团体在实际工作中按照党政机关的特点和逻辑运行，"机关化"和"行政化"有余而社会化、群众化色彩不足，在参与立法协商、政策协商之前缺乏与群众的沟通、交流，没有体现人民团体之与党政机关的独特特点和内在价值。缺乏与相关社会群体的协商，人民团体不仅会逐渐脱离群众，社会合法性基础必将式微，而且其代表性也将受到质疑，代表所联系群众参与协商会缺乏正当性基础和社会根基，其意见建议并不能充分反映民意呼声。

制度的单向度供给，使得党能对人民团体的治理和领导统一化、直接化，有利于降低制度成本、提高制度效能、减少制度间相互摩擦，有利于对人民团体的全面控制。但同时也带来一些弊端：由于信息的不对称，难以全面及时满足人民团体以及其所联系的群众的具体诉求、预期、偏好，

---

① 中共十三大明确要求："当前首要要制定关于社会协商对话制度的若干规定，明确哪些问题必须由哪些单位、哪些团体通过协商对话解决。"参见中共中央文献研究室编《十三大以来重要文献选编》（上），中央文献出版社2011年版，第37页。

② 比如，中办、国办于2017年12月5日下发的《党政机关公务用车管理办法》第2条明确指出："本办法适用于党的机关、人大机关、行政机关、政协机关、监察机关、审判机关、检察机关，以及工会、共青团、妇联等人民团体和参照公务员法管理的事业单位。"

导致制度供给滞后于制度需要;由于权力关系的不平等,相关群体的利益诉求难以通过制度化的渠道向人民团体及时反映,往往采取"制度外"甚至情绪化、非法、极端、非理性的方式表达利益,导致合理利益表达与非法利益表达方式的结构性失衡发展而危及社会公共秩序的建构;由于社会科学知识的促进效应已使制度变迁的"供给函数"右移,即社会科学知识对代价更大的真伪学习过程的替代使制度创新的成本降低,① 假若人民团体没有及时学习"充电",势必难以胜任协商民主的重任和使命;由于缺乏双向互动、沟通的环节和过程,制度供给的民意基础孱弱,在实践推行中将面临政治社会化不足、主体自觉不彰、"中梗阻"掣肘诸困境,制度执行的效果不尽如人意。

## 四 制度运行的"工具主义"逻辑

哈贝马斯等现代社会理论家认为,现代社会的发育及其生长在很大程度上基于理性化的根本逻辑,这一逻辑由两个维度构成、具有双重性:一是工具理性的增长,导致现代社会经济和技术的进步,由此逐渐出现社会分化的过程和迹象以及关键性社会功能的专门化——系统和生活世界的界分;② 二是价值理性或沟通理性的增长,使社会的道德水准和政治成熟度极大提升,使建构一个平等、开放、公正的社会成为可能。这两种理性模式共同支撑着现代社会的分化与整合。③ 人民团体参与协商民主,不仅有工具理性的考量,也有价值理性的追寻。工具理性注重外在功能的优先性,主要体现在:协助政府消解棘手的事关特定社会群体的社会矛盾,充当"灭火队员"作用纾缓社会危机性事件,扮演政府与社会之间的"缓冲带"角色。价值理性的追寻主要体现在:培育社会妥协、合作、互助文化,增进利益共识和价值共识,张扬弱势群体的人民性和增强社会成员偏好自由表达的能力,建构相互信任的社会网络结构。这种价值理性追寻

---

① [美] V. W. 拉坦:《诱致性制度变迁理论》,载[美] R. 科斯、A. 阿尔钦、D. 诺思等《财产权利与制度变迁——产权学派与新制度学派论文集》,刘守英等译,上海三联书店、上海人民出版社1994年版,第352—353页。

② 在哈贝马斯看来,系统包括经济组织、管理组织等,其突出特点是广泛的经济性;生活世界由教育体系、媒介体系、家庭生活体系型构,其突出特点广泛的文化性和社会性。

③ [英] 尼格尔·多德:《社会理论与现代性》,陶传进译,社会科学文献出版社2003年版,第131页。

的是更深沉、更持久的东西，是现代民主政治的发展趋向，正如加藤节所言：希望通过在社会共同体中寻找人的"自我实现"的场所，为民主政治的复兴创造出某种条件。①

制度运行的"工具主义"逻辑，意指过分偏重工具理性而忽视价值理性的涵育。对于人民团体参与协商民主而言，主要体现在：过分注重协商的程序、形式要件而忽视民主的主体性构成要素，对特定社会群体的利益结构缺乏准确的分析和及时的回应；机械照搬政治协商的要素套用到人民团体身上而忽视人民团体之与政治机构的差别和差异之处，人民团体的人民代表性功能并未得以充分激发；人民团体协商之与一般社会组织协商的独特优势没有深度呈现，协商过程的形式化、表象化掩盖了协商的真实效度、有效性。

制度运行的"工具主义"逻辑，没有彰显特定群体、特定群众的主体性和利益表达权利，没有体现人民团体之"人民性"的本质属性，使相关社会协商制度安排衍化为民主政治生活的"摆设"。从这个意义上看，"工具主义"的制度运行逻辑，掩盖、遮蔽了协商民主的本真价值意蕴，逾越、僭越了个体公民的诉求代表权利和制度化表达空间，对社会协商、利益妥协、关系协作、个体协同文化的涵养十分不利。

## 五 制度执行的"软政权化"

诺贝尔经济学奖获得者、瑞典经济学者谬尔达尔在《世界贫困的挑战》这本经典著作中提出"软政权化"这个概念，意指已制定的法律法规和政策文本由于缺乏相应的保障性制度，导致制度执行能力"退化"，致使出现选择性执行、变相执行、变形执行、变通执行、变样执行、"异化"执行甚至不愿执行、不能执行诸现象，制度的公信度、权威性、正当性备受质疑，难以落地生根、开花结果。比如，劳动关系"三方协商"机制的开启，是化解劳资矛盾的一种制度性机制，但在实践运行中，有的工会干部反映落实的实际效果并不理想：

> 被访者 I：三方协商机制原本是三方，后来加了工商联，变成三方四家，一般每年就是开会一次，大家坐下来议一议，聊一聊，感觉

---

① [日] 加藤节：《政治与人》，唐士其译，北京大学出版社2003年版，第155页。

实际意义并不大。你想想看，一年只开一次会，能解决什么问题呢？我看更多是象征意义甚于实质意义，形式价值甚于实质价值。①

一些劳资协商的制度规定往往停留于文本层面、纸上，没有真正发挥普通工人的主体自觉，工会在代表工人的合法权益方面缺乏应有的担当和情怀，致使完备的劳资协商制度安排流于形式、限于表面。

制度执行的"软政权化"，主要原因有以下三个方面。

其一，外在制度约束尚未完全转化为主体的内在自觉和内生动力。豪尔和泰勒认为，制度影响个体、团体行为的主要机制在于通过改变其预期得以实现：当某一行动主体开展某项行动之后，制度会改变其所持的有关其他行动者可能对此所作反应的期待。② 从这个意义上看，行动主体的主观意识、主体自觉对制度的运行起着比较重要的作用。假若行动主体尚未形成对制度的良好"预期"的话，其行动的主动性、效率性就会受到影响。对于强制性制度变迁而言，这种制度的主体内化、内生认同更显重要。有的人民团体负责人表示，开展协商民主，向政府提意见、提要求，可能会影响自身的政治"前途"。③ 比如，有的企业工会主席坦言，工资集体协商弄不好，不仅会得罪企业经营者，也会给当地的营商环境、投资生态带来不利影响，可能会阻碍当地 GDP 增速，可能会引起地方"主官"的不满，在思想上对法律政策明确倡导的集体协商存在畏难甚至抵触，不愿协商、不敢协商的主观认知偏差较明显。

其二，相关强制性制度规范过于笼统，可操作性不强。比如，规范工会参与集体协商的《劳动法》《工会法》《劳动合同法》的相关规定比较原则化、粗线条、模糊化，刚性化的惩戒约束不足、不强，对企业主、地方政府的震慑力比较有限。相关法律对工会的提法大多是"应当""可以""有权"等表述，更多从应然的视角提要求，可问题在于：假如工会所提的意见，企业主不予采纳怎么办？对于工会所提的协商要约请求，资方不予回应或有意甚至恶意拖延的，有何法律强制性约束手段？这些问题的要害在于，有没有从制度层面强硬有效保障工会的集体协商权利。有的

---

① 对全国总工会 A 部 C 处某副处长的访谈记录，访谈笔记 20170722。
② [美] 彼得·豪尔、罗斯玛丽·泰勒：《政治科学与三个新制度主义流派》，载何俊志等编译《新制度主义政治学译文精选》，天津人民出版社 2007 年版，第 49 页。
③ 对 H 省 C 市总工会办公室主任的访谈记录，访谈笔记 20171011。

学者曾做出这样一个比喻:如果说集体协商是一只猛虎的话,那么,集体协商权的实现机制、保障机制则是虎口之尖牙。也就是说,假若集体协商权无具体的保障性、强制性制度体系予以落实,犹如"无牙的猛虎",徒具摆设罢了。①

其三,与上述原因相关,由于缺乏有效的内化机制,在西方市场经济国家普遍有效的平衡劳资矛盾、维护劳资关系稳定的集体协商制度在中国遭遇"失灵"的风险。应该说,中国集体合同的签订比率还是比较高的。2016年度人力资源和社会保障事业发展统计公报显示,经人社部门审查的集体合同的数量、覆盖的企业数、职工数量都不可谓不高,然而,无论是劳动争议的数量还是涉及的金额,都呈上升态势。② 个中缘由,关键在于落实机制的欠缺。因而,及时制定一部专门化的《集体合同法》以对集体合同的内容、程序、实现机制、法律责任等予以明晰,显得尤为迫切。

制度执行的"软政权化",一方面损害了制度的严肃性和权威性,使制度成为"稻草人";另一方面也偏离了制度的预期,背离了制度确立的初衷,久而久之,滞后于制度的需要结构及其层次变迁,难以体现制度"应然"的功能结构。

## 六 制度文化:非正式制度安排的掣肘

协商民主的建构倚赖于正式制度安排的有效供给及其合理配置,而正式制度安排的有序运行则需要一系列非正式制度——制度文化的有力支撑。这些制度文化之于正式制度的建构、生成、运行而言,犹如空气之于人之生活一般,用知不觉,失之痛惜。对于人民团体参与协商民主而言,最重要的就是由各种制度文化支撑的社会秩序的规范与运行。一个良善的

---

① 沈同仙、董寅:《破解企业工会在集体协商中尴尬困境的制度探索》,载杨鹏飞主编《劳动关系集体协商制度研究》,上海社会科学院出版社2012年版,第86页。

② 公报显示:截至2016年年末,全国经人力资源社会保障部门审查并在有效期内的集体合同累计为191万份,覆盖企业341万户、职工1.78亿人。与之相反的数据却显示,全国各地劳动人事争议调解仲裁机构共处理争议177万件,同比上升2.9%;涉案金额471.8亿元,同比上升29%;全年共查处各类劳动保障违法案件32万件。通过加强劳动保障监察执法,共为372.2万名劳动者追讨工资等待遇350.6亿元,其中为290.1万名农民工追讨工资等待遇278.3亿元。共督促用人单位与劳动者补签劳动合同202.7万份,督促3万户用人单位办理社保登记,督促3.8万户用人单位为63.3万名劳动者补缴社会保险费17.3亿元,追缴骗取的社会保险待遇或基金支出261.6万元。

社会秩序之建构和维续，主要取决于两大要素：一是制度规范的有效供给为人民的利益表达提供充分的制度内表达空间，二是国家供给的制度规范体系能够得到全体公民的尊崇和自觉践行，最大限度避免骚乱、动乱等"制度外"的非理性行为。① 前者主要取决于制度供给的及时性和有效性，后者在很大程度上则取决于制度文化潜移默化的规约和濡化。

根深蒂固，根深叶茂。对于制度体系而言，这个"根"主要指涉的是基于组织环境需要的制度文化。制度文化是在制度生成、创设、构建及其运行过程中产生的，通过社会成员后天的"社会化"过程习得并内化为内心深处的信念、规范、态度、取向、认知，同时通过行动过程外化为行为习惯、生活范式、团体规约。新制度主义，尤其是社会学制度主义，对制度文化给予高度关注。如果说历史制度主义、理性选择制度主义聚焦的是制度的结构约束，因循的是"结果性逻辑"的话，那么，社会学制度主义②侧重关怀的则是制度的文化要素的承继和影响——认知、象征、仪式、符号、规则、意义框架、共享价值，遵循的是"适当性逻辑"。在社会学制度主义看来，社会秩序是文化、认知、象征层面的，其生成、建构、再生产以及被社会大众广泛共享、认可、认同的过程就是"制度化"的过程。这种"制度化"的过程使得制度具备自我生产与再生产社会秩序之能力和可能性，使得共享行为之价值逐步得以确立、确认并成为对社会秩序进行诠释的合理框架。经由共享诠释实现的制度化，社会成员就会理所当然地予以认肯并"内在化"为自身的行动自觉。③ 良善且合宜的制度文化，具有重要的价值：①不仅可以强化社会成员的规制意识、角色互换意识，亦可增促和涵养公民的团体协作、相互妥协、共同合作精神，是社会良性运行的积极"助推器"。②有助于涵养制度的权威。制度权威是支撑制度持续生存和有效运行的精神力量和信仰体系，其功能主要在于：维护组织架构的协调性，规范社会成员的行动边界，凝聚社会团体的共同意志，推进多元价值的整合，匡正社会成员的不良行为。制度权威的建构及其正当性的维持，既需要制度本身的合理性，亦需要制度文化的激励与约束。当前，在制约人民团体参与协商民主的制度文化方面，主要存在以

---

① 郭丽兰、伍俊斌主编：《中国协商民主：理论与实践》，人民出版社2017年版，第5页。
② 历史制度主义、理性选择制度主义、社会学制度主义是新制度主义的三大流派。
③ ［韩］河连燮：《制度分析：理论与争议》，李秀峰、柴宝勇译，中国人民大学出版社2014年版，第54—57页。

下问题：

### （一）政府"包打天下"的旧观念根深蒂固

诺思认为，社会强有力的道德和伦理法则是增促社会稳定的重要因素。正是宪法与相互关联的道德伦理、旧有理念、行为规范的结合，构成了制度稳定的现实基础并使其变迁减慢。① 长期以来，中国社会公众对政府有天然的依赖性和归属感，遇事第一时间找政府，导致政府包揽一切、统揽天下的格局。与此相应，相关社会群体碰到涉及自身利益的事项，一般找政府处理而非找相关人民团体帮忙解决。比如，关于促进社会性别平等，一些调查数据显示大多数人第一时间想到的是政府而非妇联。② 实际上，政府在满足不同群体的多样化、多层次、多变化需求方面的功能是有限的，并非"万能"。一味强调发挥政府的"包打天下"的旧观念，不仅不利于政府职能的转型，也不利于为人民团体参与协商民主创造机会与空间。更重要的是，不利于公民公共责任意识的培养。正如萨贝蒂所指出，市民社会中的民主实践能够产生公民文化，但不会自动铲除宏观政治秩序中的威权结构。③

在当今世界，公民身份不仅意味着一个人享有参与国家政治生活的基本权利，也肩负着相应的义务与使命以及在政治共同体范围内应有的职责。④ "凡事找政府"，那么公民的公共责任何在？公民之间的互助网络何在？公民的公共精神何在？长此以往，公民意识迟早会弱化甚至缺失。

### （二）意识形态的趋同化

意识形态是非正式制度的重要因素，是一个团体、组织所秉持的基本信仰、基本取向、基本价值。在诺思看来，意识形态不可避免地使个人在观察客观世界、反思客观世界时对公正所持的道德和伦理评价相互交织在

---

① ［美］道格拉斯·C.诺思：《经济史中的结构与变迁》，陈郁等译，上海三联书店、上海人民出版社1994年版，第51、229页。

② 根据"在国际劳工组织机制中提高社会性别主流化能力"全国妇联项目组哈尔滨调查的结果，54.1%的受访者认为推进男女平等主要是政府的责任，只有13.9%的受访者认为是妇联的责任。参见张永英《试析妇女联合会组织在推进社会性别主流化中的责任》，《中华女子学院山东分院学报》2010年第2期。

③ ［美］菲利波·萨贝蒂：《导论》，载［美］罗伯特·E.戈定主编《牛津比较政治学手册》（上），唐士其等译，人民出版社2016年版，第348页。

④ ［英］克里斯多夫·皮尔逊：《论现代国家》，刘国兵译，中国社会科学出版社2017年版，第32—33页。

一起，通过这种"世界观"的导引，个体可以深刻体认其所处的环境，当其经验与其思想不相符时会自觉改变其观点，从而能够使公共决策更加公开化、简单化、民主化，能够更容易达致共识。由于人民团体在意识形态、核心价值等维度与党高度一致，都以共产主义为核心取向，都共同拥有共产主义这个"基因"和"密码"，也可以说，拥有共同的意识形态作支撑，因而两者之间无论在内在结构上还是功能形态上，都具有深刻和密切的耦合性，这具有积极的面向，可以使人民团体和党形成"一体化"运行的体系和机制，但存在的问题也是明显的：①过分依赖于党的意识形态建构体系而丧失了自身的自主性和自由作用的空间，导致人民团体"自选动作"的内生激励机制越来越弱，且有趋同化的倾向，衍化为党的一个工作部门而没有体现自身的独特品格。②难以做到下情上传。社会公众的利益、需求是分化的，执政党的一个重要功能是及时反映并反馈这些分殊化的诉求，与党同质化的人民团体如果不能发挥桥梁和纽带的作用，其存在的价值就会遭受质疑。③缺乏自身核心价值引领的人民团体，其内部不仅会丧失凝聚力，而且对外也会逐渐失去代表性。①

**（三）社会资本结构的不平衡**

在 20 世纪 90 年代初期，社会资本对支撑民主政治的有效性，在帕特南的著述中再次被提及。他认为，各类社会资本的发育和培育，不仅对支撑现代民主国家的良性运行具有关键性功效，而且有助于促成公民形成牢固的文明观与强烈的信任感。② 福山认为，社会资本的累积、嬗变是一个极其复杂甚至可以说是神秘莫测的文化过程，价值共享规范的不足意味着共同体精神的缺失，价值共享缔造信任，而信任则具有巨大且可测度的经济价值和社会价值。③ 真正的协商过程会生成信任，而信任的生成又会提

---

① 霍布斯曾指出："群体纵使再大，如果大家的行动都根据各人的判断和各人的欲望来指导，那就不能期待这种群体能对外抵御共同的敌人和对内制止人们之间的侵害。因为关于力量怎样运用最好的意见发生分歧时，彼此就无法互相协助，反而会互相妨碍，并且会由于互相反对而使力量化为乌有。这样一来，他们就不但会易被同心协力的极少数人征服，而且在没有共同敌人的时候，也易于为了各人自己的利益而相互为战。"参见 ［英］ 霍布斯《利维坦》，黎思复、黎廷弼译，商务印书馆 1985 年版，第 129 页。

② 参见 ［美］ 安东尼·奥罗姆《政治社会学导论》，张华青、何俊志、张嘉明等译，上海人民出版社 2006 年版，第 231 页。

③ ［美］ 弗朗西斯·福山：《信任：社会美德与创造经济繁荣》，郭华译，广西师范大学出版社 2016 年版，第 15—16 页。

升协商的效度和信度。① 那些嵌入社会结构之中的信任、公民网络、互惠等社会资本形态对人民团体的成长、成熟发挥着难以小觑、不可低估的深刻影响,有时甚至是决定性的影响。与其他事物一样,社会资本也是一个结构性的存在。对于人民团体参与协商民主而言,当前社会资本的结构不平衡状态对其有较大影响。

第一,人民团体内部成员之间的关系愈益呈现"浅度社会资本"的形态。② 由于计划经济时期"单位制"的式微以及人民团体相关活动的减少,人民团体成员之间的联系较少,仅限于"点头之交"甚至老死不相往来,虽说属于同一人民团体,但实际上根本没有团体的归属感和皈依感。因而,人民内部不仅难以有协商民主的氛围,外部更难代表本社会群体"发声"。

第二,不同人民团体之间的互动、合作愈益减少。有的学者通过研究发现,在改革开放之初到20世纪90年代,人民团体之间的合作是比较日常化、常态化的,但进入21世纪以来,人民团体之间的项目合作越来越少。换言之,内向型社会资本越来越多,而外向型社会资本则越来越少,③ 桥联性社会资本与黏合型社会资本难以实现有机互动。④ 实际上,不同类型人民团体之间开展协商,不仅有助于人民团体自身协商能力的提

---

① [美]查尔斯·蒂利:《民主》,魏洪钟译,上海人民出版社2015年版,第91页。
② 深度社会资本指的是联结、联系紧密、密切的社会组织形态,比如钢铁行业工人团体周一至周五一起在工厂劳动,周六出去喝酒,周日一起去教会。浅度社会资本指的是联系不多甚至只有点头之交的偶然、微弱的相互关系。如果说深度社会资本类似于格兰诺维特所说的"强关系"的话,那么,浅度社会资本则类似于"弱关系"。
③ 内向型社会资本指的是侧重于增促内部组织成员的利益、价值,对组织外成员的利益、公共利益则考虑较少,比如商会、劳工团体、各类俱乐部等共益性组织。外向型社会资本指的是考虑的基点在于维护和增进社会公共利益的实现,而非仅考虑组织内部的利益,如红十字会、环保组织等公益性组织。参见[美]罗伯特·帕特南、克里斯丁·高斯《导论》,载[美]罗伯特·D. 帕特南主编《流动中的民主政体:当代社会中社会资本的演变》,李筠、王路遥、张会芸译,社会科学文献出版社2014年版,第9页。
④ 桥联性社会资本指的是把拥有相似特征、相同背景的同质性强的人聚集在一起,主要供给特殊化的、有差别的互惠和信任。黏合性社会资本指的是开放性、包容性的社会网络把具有不同特征、不同背景、互不相识的人聚集在一起,提供的是普遍性的、无区别的道德规范和社会信任。参见[美]罗伯特·帕特南、克里斯丁·高斯《导论》,载[美]罗伯特·D. 帕特南主编《流动中的民主政体:当代社会中社会资本的演变》,李筠、王路遥、张会芸译,社会科学文献出版社2014年版,第10页。

升，也有助于化解不同群体之间的利益纠葛，避免将矛盾"上交"给政府。

## 第三节 本章小结

丹麦学者诺格德基于对苏东国家转型的比较分析得出了这样一个结论：利益团体、市民社会组织的参与与介入，既可能成为制度变革的"财富"，也可能成为制度变革的负担。① 其中，制度体系的合宜供给、制度环境的良性生态、制度文化的包容共生是非常重要的支撑性因素。对于人民团体参与协商民主而言，同样需要建构一系列有约束力、有强制性的保障制度体系，否则，其正当性、有效性会备受怀疑。② 作为人民民主的一种有效实现形式，协商民主的开展、发展既是广泛、多层的，更是制度化的。因而，人民团体参与协商民主建构的质量与水平，在很大程度上取决于其制度环境，主要取决于两大因素：一是人民团体自身发展的制度环境及其运行的制度化水平，二是协商民主建构、建设的制度化程度。这两大因素不可或缺、相辅相成，其有机互动共同影响并在很大程度上决定了人民团体协商民主的运行质量、参与品质、建构水准。

从当前现实运行情势来看，人民团体参与协商民主的制度环境呈现以下六个基本特征：强制性制度变迁是根本动力源、制度结构的缺失化、制度供给的单向度、制度运行的"工具主义"逻辑、制度执行的"软政权化"以及非正式制度安排的掣肘。只有通过制度环境的优化，才能使参与协商的利益攸关方能同频共振参与商谈，促使不同观点、主张、创见、视角深度交锋，从而有助于增促共识的达成。

---

① ［丹］奥勒·诺格德：《经济制度与民主改革：原苏东国家的转型比较分析》，孙友晋等译，上海世纪出版集团2007年版，第144页。

② 2006年3月，由约瑟夫·朗特瑞信托资助的研究英国民主状况的独立报告《权力属于人民》直言不讳指出英国协商民主的虚假性："根据我们所掌握的证据材料……人们对公共协商普遍存在强烈的讥讽心态。该程序被普遍视为毫无意义，因为人们常常搞不清，一项协商程序如何能够对官员或代表们的最终决策产生影响。"参见 The Power Inquiry, *Power to the People*, York：York Publishing Distribution, 2006, p. 233, 转引自［英］保罗·金斯伯格《民主：危机与新生》，张力译，中国法制出版社2012年版，第60页。

# 第六章

# 阻滞人民团体参与协商民主制度变迁的主要症结

当前人民团体参与协商民主制度化方面存在的问题，既有其内在的原因，也有其外在的影响。总概而言，主要有代表的"泛化"、"层累"的"积淀"逻辑、角色定位的"错置"、制度供给的"时滞"四大方面。

## 第一节 代表的"泛化"

市场经济的发展促使公民个体的个体性得以不断发育、生长。随着市场经济的深入以及现代社会的发育所激发出来的自由性要素资源和创造出来的社会空间，特定时代的总体性社会结构关系开始松动，总体性治理逻辑面临"失灵"的风险，权力的分配、资源的配给、社会成员间的"庇护"关系、官僚的科层逻辑乃至群众的生活样态、乡村伦理等都面临分化、多样化、多层级逻辑的冲击。由此，社会群体的同质性结构同样也面临分化的境遇：以往由"单位制"逻辑主导的单一化的群体分布结构开始转向多元化、多层面、弥散化的分布结构，社会统合和集聚的使命越来越迫切。[①] 美国学者布劳指出，市场竞争和社会分化会给社会发展带来一定的张力，这些张力增加了对社会群体中"整合纽带"的需求。因而，植根于伙伴关系中的社会团结对具有工具性目标以及那些基本上是社交性

---

① 渠敬东：《项目制：一种新的国家治理体制》，《中国社会科学》2012年第5期。

的群体都作出了重要贡献。① 由是，人民团体所联结的社会群体结构也发生了深刻变化，这主要体现在相关社会群体的个体分布状态以及个体的组织化载体的崛起这两大方面。然而，人民团体在代表这些具象化、具体化的群体利益方面不够精细、精准，面临代表性"泛化"的困境，突出体现在实际功能的运行与社会群体结构的分布存在不相耦合、不对称、不合宜的格局。

## 一 人民团体如何代表不同形态的社会个体

人民团体作为性别代表、职业代表、年龄代表、行业代表等的代表型组织，其代表性的有无、大小、高低是衡量其组织功能的核心指标。以往在计划经济条件下，城乡、区域之间的社会流动性不是很强，随着产业结构的变化，会有越来越多的社会成员流向服务业、流向新经济组织就业，会有越来越多的人从农村流向城镇。人民团体所联系的社会群体在市场经济的大社会逻辑下发生深刻分化，群体的分布结构发生深刻"位移"。以青年群体的分布为例，正如一位团省委书记所提炼的呈现固体、液体、气体三种形态：

> 被访者 J：当前，青年分布形态格局呈现固、液、气三种形态：固态，主要指高校、中小学、机关事业单位、国企等传统领域的青年；液态，主要指村、社区、合作社、非公企业、社会组织、楼宇商圈等领域的青年；气态，主要指原子化青年，以兴趣、交往、诉求等集合在一起的青年群体。这三种形态与青年的学习工作空间、生活空间、交往空间有机对应、互相结合，具有一定的内在规律性和时代趋势性。②

青年群体分布形态的变化，为像共青团这样的人民团体的运行方式、联结方式提出了新的挑战。对于青年这支社会现代化建设的"生力军"，运用得好，就能使其成为积极的建构性资源，运用得不好，则会成为国家

---

① ［美］彼得·M. 布劳：《社会生活中的交换与权力》，李国武译，商务印书馆 2012 年版，第 100—101 页。
② 对 H 省团委书记的访谈记录，访谈笔记 20170912。

治理的消极性力量。正如莱文所揭示的美国现象：青年本应成为国家中为市民社会和立国原则而奋斗的最庞大和最有力的社会群体，然而如今的美国年轻人却极为被动，"对二流公民那样的生活并不排斥；更糟的情况是，如果受到政府的鼓动，他们会团结起来，毫不犹豫地投入到自我毁灭的运动中去"①。作为党联系青年群体桥梁和纽带的共青团，对优秀青年的吸引力、感召力的提升，应最大限度规避青年群体的这种消极效应，努力使青年个体在共青团的聚集下成为推进协商民主的积极资源和有效力量。

在社会主义市场经济体制环境下，人民团体代表的社会群体结构出现两个显著的变化特征：其一，从自在向自为的转变。市场经济的推行使社会分工越来越精细，人与人之间的联系越来越紧密，人的主体自觉性明显加强，社会群体更多呈现松散的、碎片化的、分散的、多元的自为的存在状态。其二，从整合到分化的转变。扬指出，在特定的社会团体中，虽然团体成员存在共同利益和共同关怀，但还是会经常出现分歧甚至相互冲突的利益。②对于人民团体而言，其联结的是一个具体化的现实的社会群体及其具象化的现实的利益与诉求，呈现分化、不平衡状态，主要体现在：工人、青年、妇女等社会群体既有因共同利益而聚合在一起的现实需要，也因其职业、阶层、收入、城乡、区域、族群、社群等要素的不同在某些方面、某些维度、某种程度拉大了距离，造成群体内部的结构性差别，造成群体内部的利益分化、差异、博弈甚至矛盾、冲突、对抗。有的学者甚至提出，群体内部已出现"强势群体"与"弱势群体"的显著分化之别。③特别是随着非公经济的成长，新经济组织成为就业的"主战场"。以工会所联结的"工人群体"为例，在新时期、新时代的分布形态、利益结构发生深刻变化，存在明显的分层和分化，大致可以分为：处于上层的企业主，处于中层的担任一定业务管理职务的骨干职员，处于下层的职业雇员。处于不同层次的群体，既

---

① ［美］马克·莱文：《民主的假面：即将逝去的美国光环》，赖超伟译，中信出版集团2017年版，第183—184页。

② ［美］爱丽丝·马里恩·扬：《作为民主交往资源的差异》，载［美］詹姆斯·博曼、威廉·雷吉主编《协商民主：论理性与政治》，陈家刚等译，中央编译出版社2006年版，第288页。

③ 王小波：《试析我国女性群体的分化与分层》，《妇女研究论丛》2005年第9期。

面临基于自身群体特点的普遍性、一般性成长"壁垒"和发展"极限",也有不同的利益取向、偏好结构、需要层级、期望值。比如,处于上层的企业主,往往关心的是企业的整体发展、长远发展、可持续发展以及发展的经济效益和社会效应,关注的是整个行业的动向、走向和趋向,关怀的是企业利益的最大化、最优化,对中层、下层雇员的需求往往会有意无意地漠视、疏忽甚至拒斥、排斥,由此造成非公经济组织内部不同层次群体之间的利益区隔、分立乃至矛盾、冲突。这些不同群体之间矛盾的生长,为工会、共青团等人民团体的介入、参与提供了机会、机遇和空间。如何满足、契合非公经济组织中不同社会群体的个性化的、特殊化的、差异化的具体需要,如何基于平等、公平的取向在不同社会群体中开展利益协商,如何协调不同社会群体之间的矛盾纠葛,成为新时代人民团体协商民主功能激发的现实境遇。

现代社会是风险社会,不同的群体基于所处的阶层、地位、利益等因素的考量,都力图通过对风险的界定维护自身利益,并据此规避可能影响到其利益的任何风险,因而,"风险的紧迫性和存在随着不同的利益和价值而变化不定"①,"在各种各样的利益后面,风险的现实威胁着、增长着,根本不管社会的和国家的区别"②。面对风险社会的现代衍化以及当前社会群体的分化甚至分立的态势,人民团体在利益代表方面临代表"泛化"、难以有效聚焦的新挑战、新冲击,主要表现在:①基于什么样的原则和取向将具象化、个性化、个体化的利益有效表达出来并进行整合、梳理进而凝练、凝结为该同质性社会群体的集体意志、共同意向?②面对同质性群体内的不同利益诉求,基于什么样的标准进行筛选、甄别、提炼、整合?有无优先次序、轻重缓急、重点非重点之别?③如何将同一社会群体内的分化的利益需要"输入"并转化为国家公共机构的政策议题、决策议程,如何使这些议题设置进行有效的系统化政策"输出"?这些挑战和冲击,都是人民团体能否有效参与协商民主不得不关注的问题,主要涉及其能否精确代表、有效代表、精准代表的问题。③这些挑战和冲击,使得人民团体的群体代表属性弱化,有时甚至会脱离所代表

---

① [德]乌尔里希·贝克:《风险社会》,何博闻译,译林出版社2003年版,第31页。
② 同上书,第52页。
③ 梁丽萍:《政治社团的发展与社会主义民主政治建设》,中央编译出版社2015年版,第160—161页。

的群体反而为其他群体"立言"。①

综合起来看，目前人民团体的代表困境主要体现在四个方面：一是不愿代表，即由于群体的利益分化，代表某一层面就有可能得罪另一层面，为了当"老好人"而不愿意得罪人；二是不会代表，即由于调研的不足、责任使命担当意识的薄弱、利益提取机制的不健全等各种主客观因由，代表的主体智识严重退化；三是不敢代表，即由于利益羁绊、思想顾虑等原因不敢理直气壮、旗帜鲜明地维护特定群体的利益，有名无实，回应政府的角色期待甚于回应社会群体的角色期待，对上负责优先于对下负责；四是不能代表，由于自身资源的有限、知识的欠缺特别是能力的不足，如何代表群体利益存在能力障碍。

综上分析，社会群体的分布的结构性变迁，必然使人民团体的组织体系建构与建设面临新的挑战。如何使人民团体的运作覆盖其所涉领域、行业及其不同层级的社会群体，成为新时代人民团体协商民主的新使命。积极适应时代变化和群体结构的深刻变化，强化人民团体的政治功能和组织功能，提升适应新时代新要求的新本领、新能力。

## 二 人民团体如何满足相关领域社会组织的预期

在哈贝马斯看来，公共领域的崛起为协商民主之建构提供了新的空间和平台：一方面，公共领域的交往结构，不仅广泛参与立法方面的协商，而且由于其专业性能够深度参与公共政策协商，因此行政部门应始终同其保持联系，这不仅仅有助于对政治权力之运行进行监督，而且也为其提供纲领、指明方向；另一方面，公共意见的生成过程、建制化的选举过程、立法的决定之间形成的"交往之流"确保能够通过立法过程而把舆论影响和"交往权力"转译为行政权力，这个交流的过程有助于增强社会团结、社会整合。② 社会组织是公共领域的核心主体，其成长的历史趋势不可阻挡。人民团体如何因势利导其有序参与协商民主实践，是新时代人民团体不得不面对的新议题。

---

① ［美］爱丽丝·马里恩·扬：《作为民主交往资源的差异》，载［美］詹姆斯·博曼、威廉·雷吉主编《协商民主：论理性与政治》，陈家刚等译，中央编译出版社2006年版，第288页。

② ［德］哈贝马斯：《在事实与规范之间：关于法律和民主法治国的商谈理论》，童世骏译，生活·读书·新知三联书店2014年版，第370—372页。

## （一）相关领域社会组织的生长与成长是不可逆转的历史潮流

上层建筑基于经济基础,① 并随着经济基础的变更以及社会结构的变迁发生相应的变化②。基于社会主义市场经济体制的成长、成熟以及由此带来的社会结构的转型、重构，公民的组织化需要不仅没有式微反而有强化的趋向，相关群体建构、创立的社会组织纷纷应运而生并展现出生生不息、春意盎然的发展态势，不仅数量庞大、规模不一、品类繁杂，而且创新性强、活跃度高、影响面广，是现代公民关怀社会、服务社会、参与社会、回报社会的重要空间和不可或缺的平台。现代社会既是高度分化的，又是高度组织化的。③ 然而，这种组织化不是传统社会的"铁板一块"，而是经由分化之后的有机整合、流动过后的"汇合"。改革开放以来，无论是社会团体，还是社会服务机构，抑或基金会，都得到很大程度的成长，而且这种成长的趋向有进一步强化、增强的趋向。④ 这一方面固然与中国社会主义市场经济的深度生长有直接的关联；另一方面与基于经济基础的深刻变迁所引发的人民群众的需要结构的转型息息相关。

人的需要受制于一定的经济、社会、历史条件，并随着经济社会的发展而不断变化。欲望的产生及其满足是永不止息的。著名心理学者马斯洛曾指出："一个欲望满足之后，另一个迅速出现并取代它的位置；当这个被满足了，又会有一个站在突出位置上来。"⑤ 旧的需要满足了，新的需要又不断产生，满足人们的需要是一个动态的不断发展的过程。随着经济社会的发展，人们的生存生活条件得到极大改善，人们的需要结构由以生存性需要为主向以发展性需要为主转变，对需要的层级提出更高要求，充

---

① "每一历史时代主要的经济生产方式和交换方式以及必然由此产生的社会结构，是该时代政治的和精神的历史所赖以确立的基础。"参见《马克思恩格斯文集》第 2 卷，人民出版社 2009 年版，第 591 页。

② "随着经济基础的变更，全部庞大的上层建筑也或慢或快地发生变革。"参见《马克思恩格斯选集》第 2 卷，人民出版社 2012 年版，第 3 页。

③ ［以色列］S.N. 艾森斯塔德：《现代化：抗拒与变迁》，张旅平等译，中国人民大学出版社 1988 年版，第 5 页。

④ 市场经济催生市民社会的发育与发展。在福山看来，经济增长与社会组织发展之间存在"正相关"关系：现代市场经济成长所要求的流动性和开放性，逾越了很多传统形式社会权威的藩篱而代之以更有弹性的自愿组合。参见［美］弗朗西斯·福山《政治秩序的起源：从前人类时代到法国大革命》，毛俊杰译，广西师范大学出版社 2014 年版，第 426 页。

⑤ ［美］马斯洛：《动机与人格》，许金声等译，华夏出版社 1987 年版，第 29 页。

满更多期待，还有很大的提升空间。概言之，人民群众之需要愈来愈呈现出"多样化多层次多方面"① 这"三多"的特点。

其一，基于人民群众的需要呈现多样化的特点，社会组织的成长具有广阔的社会空间。改革开放以来，人民群众的需要形态发生深刻转变：从单一向多元发展，由统一向分散转变，从整合向分化衍化。人民群众的需要不再是集中统一的同质化样态，而是具有差异化、个体化、特色化的异质化样态。因此，对待同一方面的需要，呈现不同的实现形式。比如，对于养老服务的需要，有的偏好机构养老，有的期盼居家养老，有的希望社区养老。对于教育的需要，有的倾向于在公立学校就学，而有的则对民办学校情有独钟。因而，需要在政府主导下有效激发各类市场主体、社会主体的力量和活力，调动它们参与公共服务、供给公共产品的积极性。可以打个形象的比喻，满足人民群众多样化需要这场"演出"，是多元主体的"交响乐"而非单个主体的"独奏曲"，是跳"多人舞"而不是"单人舞"。从职能定位来看，政府主要提供的是统一化、标准化的基本公共服务，不可能"包打天下""包揽一切"，个性化、差异化、特殊化、定制化、"菜单式"的社会服务有赖于市场主体和社会组织的"包罗万象"的有效供给。改革开放以来随着社会主义市场经济的不断发展，政府越来越有为，市场越来越有效，社会的发育还有较大的空间和潜力，尤其是社会组织的成长愈益成为社会建设的突出"短板"和明显"弱项"。

其二，基于人民群众的需要呈现多层次的特点，社会组织的比较优势、独特价值得以彰显。事物由于大小、高低、价值等不同会形成区别，由此形成不同的先后顺序。对于人民群众的需要而言，同样如此。因为需要的产生及其满足是具体的历史过程，永无止境，所以应对其区分层次②、区别轻重缓急。只有低层次的需要满足了，才能有更高层次的迫切需要。实际上，这些层次的需要可以化约为两个层次：基本需要与非基本需要。所谓基本需要，主要指的是基本的生存需要、生计需要、安全需要，让人民群众不愁吃、不愁穿、享受义务教育、基本医疗、住房安全等

---

① 参见《人民日报》2017年7月28日第1版。
② 早在1943年，美国心理学家马斯洛就提出了经典的需要层次理论，即把人的需要按由低至高依次排列为五个层次：生理需要→安全需要→归属需要→尊重需要→自我实现需要。国外经验表明，社会组织作为介于私人领域与政治权力的公共空间，是人们各层次的需要的重要满足载体。

保障，可以对应于第一、第二层次的生理需要、安全需要。人的基本需要的满足，是实现人的解放的现实前提，因为"当人们还不能使自己的吃喝住穿在质和量方面得到充分保证的时候，人们就根本不能获得解放"①。所谓非基本需要，指的是在满足了基本需要后的更高层次的需要，可以对应于第三、第四、第五层次的归属需要、尊重需要、自我实现需要。政府重点保障的是人民群众的基本需要，对于非基本需要，则应该调动市场、社会以及人民群众自身的力量去满足。基本需要更多关注的是生存层面的困境，以"保障"为着力点，而非基本需要更多聚焦的是发展层面的境遇，以"改善"为着力点。基本需要侧重于数量层面，力图实现"从无到有"的飞跃，非基本需要侧重于质量层面，希冀实现"从有到优"的转型。满足基本需要主要是做"雪中送炭"的事，应该尽力而为、全力以赴，满足非基本需要主要是做"锦上添花"的事，政府应该量力而行、适可而止。因而，政府侧重解决保底性、兜底性、基础性、普惠性的基本需要的保障问题；对于非基本需要，则给社会组织发挥自身的比较优势提供了施展平台。

其三，基于人民群众的需要呈现多方面的特点，社会组织的活动场域有极大的拓展空间和生长机遇。马克思曾指出："人以其需要的无限性和广泛性区别于其他一切动物。"② 动物虽然也有一定的需要，但从广度、深度等方面均不及人类。可以说，需要内容的多方面性是人之所以为人的显著标识和重要表征。人民群众的需要受制于一定的社会历史条件，并随着经济社会的变化发展而不断变化发展。因而，不同历史时期会有不同的需要内容，比如 20 世纪 70 年代末，中国经济濒于崩溃，满足温饱的问题成为首要需要。随着社会生产力的发展，温饱的需要逐步得以满足。现在，对于大多数中国人而言，主要的需要不是吃不吃饱的问题，而是吃得是否安全、放心的需要，更加青睐绿色、低脂、少油的食物。③ 随着中国特色社会主义事业的不断拓展，人民群众的需要也在不断拓展，这需要我们准确把握并及时回应。习近平总书记"7·26"讲话在 2012 年 11 月 15

---

① 《马克思恩格斯文集》第 1 卷，人民出版社 2009 年版，第 527 页。
② 《马克思恩格斯全集》第 49 卷，人民出版社 1982 年版，第 130 页。
③ 更重要的是，旧的需要满足了，新的需要又不断产生，因为"已经得到满足的第一个需要本身、满足需要的活动和已经获得的为满足需要而用的工具又引起新的需要"。参见《马克思恩格斯文集》第 1 卷，人民出版社 2009 年版，第 531—532 页。

日同中外记者见面时提出了"更好的教育、更稳定的工作、更满意的收入、更可靠的社会保障、更高水平的医疗卫生服务、更舒适的居住条件、更优美的环境",在这"七更"的基础上增加了"更丰富的精神文化生活"这个"更"。[①] 人与其他动物的最大区别就在于人还有精神层面的需求。随着物质产品的极大满足、生活水平的不断提高和生活质量的逐步改善,人民对精神文化生活的需要与日俱增、不断"高涨"。目前所提供的基本精神文化产品、服务只能说差强人意,而高品质、高品位的精神文化产品、服务的供给还非常匮乏,离让人民精神文化生活迈上新台阶的要求还有相当大的差距。这八个"更",不仅有经济方面的需要,也有社会方面的需要;不仅有生态文明方面的需要,也有精神文化方面的需要,可以说是全面性的需要结构。群众"多方面"需要之满足,既是发展中国特色社会主义事业的必要条件和现实基础,亦是社会主义现代化全面发展的根本目的和必然结果,社会组织在这方面大有可为,也必将大有作为。

托克维尔曾对美国公民结社的动因作过精辟的分析,认为主要有二:一是显示自身的存在和力量,以整合的力量削弱其他非正义的力量;二是通过联合以求有更大的竞争力。[②] 实际上,在任何一个社会,个体不能脱离"他者"而独立生存。恩格斯在《路德维希·费尔巴哈和德国古典哲学的终结》中深刻指出:"如果一个人只同自己打交道,他追求幸福的欲望只有在非常罕见的情况下才能得到满足,而且决不会对己对人都有利。"[③] 这是社会组织存在的内在依据。通过参与社会组织及其活动,个体能够培育公民的德行和品格,能够展现自身存在的价值,从而助力、助益社会团结、社会整合。

### (二) 相关领域社会组织的崛起对人民团体带来的深刻挑战

相关领域社会组织的成长,自然而然对人民团体带来挑战。主要体现在以下三个方面:

第一,从功能形态维度分析,社会组织在某些领域替代了人民团体的某些功能。在计划经济体制中,社会结构单一化,利益分殊不明显,个体以"单位"为主要生存、生活依靠,因此,以单位为依托、基于单位空间的人民团体在动员、组织、凝聚、整合相关社会群体方面功能较为突

---

① 参见《人民日报》2017 年 7 月 28 日第 1 版。
② [法] 托克维尔:《论美国的民主》(上),董果良译,商务印书馆 1988 年版,第 218 页。
③ 《马克思恩格斯文集》第 4 卷,人民出版社 2009 年版,第 292 页。

出、明显、有效。随着社会主义市场经济体制的逐步确立以及由此催生的现代社会力量的发育、成长,个体的自主性、独立性、"原子化"逐步彰显,对单位的依赖性开始衰减。与之相应,单位中的人民团体组织对职工等的影响力也逐渐式微。同时,在人民团体高度行政化的条件下,其也没有强烈的愿望、有效的内在动力去联系群众、联结社会,从而造成其与社会之间的鸿沟越拉越大、越来越远。人民团体"科层化"的等级结构体系,在因应分殊化、差别化社会群体的利益偏好方面显然会出现"时滞""时差",因为其主要对上级领导负责而非对基层群众负责。关于这一点,塔洛克曾有过这样一段精彩的、惟妙惟肖并入木三分的深刻"描绘"①:

处于严格"政治"关系中的典型政府雇员,只能寄希望于通过取悦上级得到提升。如果他使上级不悦,或者上级本来就很讨厌他,他的升迁机会就十分渺茫了。他不能轻易更换雇主。换个部门或处室也会难以安排。因此,大多数公务员,特别是处于高层的公务员,都把投上级所好当作分内的工作(通常还不是件容易办的差事),而且抱着希望这么做,期盼上级以后会用晋级来奖励这类行为。②

与之相反,社会组织另辟蹊径自发组织各类活动契合公众五花八门、千变万化的结社需求、精神需求、生活追求、利益诉求等,于是相关社会群体出现自组织化、再组织化的新表征。因而,改革开放以来尤其是21世纪以来,这个"鸿沟"刚好为相关领域的社会组织所填补。这些自下而上建立起来的具有高度社会性的社会组织不同于人民团体,有具体且明确的偏好、旨趣、价值观、利益取向,更直接代表相关群体的特殊利益,也更充分及时回应、满足不同群体的不同需要和诉求,因而,很多群众对

---

① 在布坎南为此书所写的"前言"中,曾对塔洛克的突出贡献作出这样的评价:"塔洛克的主要贡献之一,或者说是我看到的他的主要贡献,在于他有能力赋予这个官僚人物鲜活血肉,让他运用自己的权力去决策、去行动。据我所知,迄今为止官僚体制的理论家们,在用人物来说明其等级制方面,尚未取得真正的成功。在现代管理理论中,什么是激发官员们行动的动机?我猜想,人们得花费很长时间才能找到一个像塔洛克说得这么清楚明白的答案。"参见[美]詹姆斯·M.布坎南《前言》,载[美]戈登·塔洛克《官僚体制的政治》,柏克、郑景胜译,商务印书馆2012年版,第5页。

② [美]戈登·塔洛克:《官僚体制的政治》,柏克、郑景胜译,商务印书馆2012年版,第18页。

这类组织的归属感、"共同体"感明显增强。相关领域社会组织的勃兴，使社会群体多样化的偏好、诉求有了多元化的表达渠道和展现平台，也对人民团体的代表性、权威性带来深刻挑战。从某种意义上说，社会组织的发育、发展给人民团体成长带来的深刻挑战，深层原因在于其替代了人民团体既定的、预期的部分功能：在人民团体服务所联系群体不到位的地方，相关领域社会组织通过其公益性的、个性化的甚至定制化的社会服务供给，在一定范围、一定程度上替代了原本属于人民团体的功能。这种替代，对社会群体、普通公众而言没有实质性影响，但在一定程度上冲击了相关领域社会组织与人民团体的关系结构，所产生的政治效应在于：削弱人民团体的社会基础、合法性资源、正当性根基。据调查，共青团组织发起的青年志愿者活动曾广受欢迎，但由于较多形式化的做法，现在还不如某些青年社会组织的服务形式多样而倍受欢迎。面对青年社会组织的崛起，一些"形象团组织""空壳团组织""充场面团组织"因缺乏创新而吸引力式微。①

第二，从活动空间维度分析，人民团体与相关领域社会组织存在交叉、重叠和竞争。以工会为例，在原有的经济结构和社会结构中，其组织体系占据了职工活动的大部分生产、生活空间，能够轻而易举把大部分职工群体聚合在其周围。随着市场经济的发育发展以及由此所带来社会的结构性变迁，涌现了大量高度异质性、差异化的利益群体，出现了互联网、新经济组织、社会组织等体制外空间。在这些体制外空间，劳工团体活动活跃，吸纳聚合能力较强，在一定程度上挤占甚至替代了工会的社会活动空间，打破了计划经济时期只有工会才是职工群体利益"代言人"的一元化结构格局。更重要的是，由于劳工团体具有相当的共益性或公益性，在部分职工群体中具有较强的影响力，因此，在其所占据的社会空间中集聚了相当一部分职工精英、网络"意见领袖"等，从某种意义上说影响了工会的群众基础。从世界范围来看，20 世纪 60 年代以后出现的"新社会运动"的基本特点是边界更模糊，联盟网络更松散，组织结构更分散。这些松散的联盟之间非集中化、网络化的交流是相对扁平化的"横向"而非"纵向"的组织结构以及非正式的成员归属形式。人们可以通过

---

① 共青团广东省委组织部、广东青年职业学院：《广东省共青团员先进性调查》，载共青团广东省委员会编《广东共青团与青少年发展蓝皮书（2013）》，中山大学出版社 2014 年版，第 12 页。

"露面"或在一个具有可以自由出入的边界的组织中表达共有的政治情感、表达自己的归属,而不必依靠缴纳会费"正式"成为组织一员。① 这其中,由相当一部分是"自组织"在推动甚至主导的。因而,对于人民团体而言,如何从"组织动员"个体群众向"动员组织"相关领域社会组织、自组织,成为人民团体新时代参与协商民主不得不直面的重要现实议题。

第三,从本质属性上看,人民团体比一般社会组织更丰富,也更复杂。② 属性,是一个事物的内在规定性,通过属性的分析,可以判定其特征和趋向。在对属性的分析中,关键是寻找其内在本质性的属性。政治性和社会性的有机统一是人民团体的本质属性。政治性是人民团体之内生性要素,是其区别于一般社会组织的独特之处。不仅呈现在理论的界定层面,更体现在现实生活实践之中,即坚持正确的政治方向,自觉贯彻执行党的意志、意见,可从两个维度把握:一方面,从人民团体的维度看,始终把自己置于党的领导之下,在思想上、政治上、行动上始终同中国共产党保持高度一致,坚决贯彻党的意志和主张。主要体现在各人民团体承担起引导群众听党话、跟党走的政治任务,为夯实党执政的阶级基础和群众基础作贡献。③ 另一方面,从党的维度看,各级党委从党和国家工作大局出发,切实加强和改进对人民团体工作的领导,为人民团体开展工作创造有利条件、提供支撑保障,不觉得人民团体太活跃会给自己惹麻烦。

同时,人民团体是党直接领导的群众组织,依法依章程独立自主开展

---

① [美]皮帕·诺里斯:《政治行动主义:新的挑战与机遇》,载[美]罗伯特·E. 戈定主编《牛津比较政治学手册》(下),唐士其等译,人民出版社2016年版,第631页。

② 约翰·斯图亚特·密尔在其专著《逻辑体系》中曾指出,定义一个事物,就是从这一事物所有的属性中,选取那些被理解为由其名称所指代且宣示的特定属性;而在我们足以能够确定选取哪些属性作为定义之用最为合适之际,这些属性必须是我们耳熟能详的。转引自[美]加里·戈茨《概念界定:关于测量、个案和理论的讨论》,尹继武译,重庆大学出版社2014年版,第1页。

③ 值得指出的是,坚持党对人民团体的领导,不是说人民团体自己什么也不要干了,一切照党政部门依样画葫芦,那样人民团体就没有特点了。如果人民团体只喊口号而不做有声有色的工作,没有通过自身努力把党的意志和主张落实到广大人民群众中去,那也不能说是坚持了党的领导,因为没有为坚持党的领导发挥自己的职能作用。参见中共中央文献研究室编《习近平关于社会主义政治建设论述摘编》,中央文献出版社2017年版,第192页。

工作，社会性是其根本特点。人民团体的社会属性，使其与一般社会组织有直接的交融性、联通性、兼容性。人民团体联系群众，在动员群众、组织群众、宣传群众、反映群众诉求、维护群众权益、规范群众行为方面发挥了特殊重要的功能。职工、青年、妇女等特定社会群体需要通过各自的组织表达和维护自身的合法权益，党和政府也需要人民团体经常反映这些群体的利益诉求以助于改进工作、提升合法性。这种建立在紧密联系之上的利益代表结构是一般社会组织难以企及、无法取代的。对于人民团体而言，社会性和政治性是有机统一的：政治性是统摄社会性的轴心，失去政治性的人民团体将会失去主心骨、迷失前行方向；社会性是政治性的基础，失去社会性的人民团体将会脱离群众、丧失活力。这种统一性，既是人民团体的鲜明特点，也是其独特优势。把握得当，就能有效推动工作开展；把握不当，可能使其步履维艰、饱受诟病。社会性是一般社会组织的本质属性。社会组织是生活在一定社会形态的一定个体基于共同的爱好、偏好、利益、情感等内在需求自发创建的社会共同体，其赖以生存与发展的基础是群众特定的偏好、利益需求与组织化的社会旨趣，其本质属性是社会性而非政治性。理由主要有二：①以互益性或公益性为核心取向，既可为特定弱势社会群体提供特殊化的公共产品与公共服务，也可为社会全体成员提供普适性的公共产品与公共服务。服务社会而非掌握政权是其根本使命。②以社会化而非行政化为其主要运行方式。大多数社会组织在资源汲取、资源配置、项目策划、人员管理、服务机制等方面注重依靠社会力量、动员社会参与施行，较少倚重行政力量的推动。

## 第二节 "层累"的"积淀"逻辑

"层累"，顾名思义，就是为既存的制度增加新的价值或结构层次，以求在不对现有模式做出激烈改变的情势下产生变迁。这从一个侧面反映了组织的历史"积淀"：一个组织可能随着时间的推移而改变，但仍会留存历史的印痕和符号，并非与往昔彻底决裂。① 彼得斯对这种"积淀"予以形象的描绘："如果组织或制度以图像形式表现出来的话，那

---

① ［美］盖伊·彼得斯：《政治科学中的制度理论：新制度主义》，王向民、段红伟译，上海人民出版社2016年版，第79页。

么它们可能像礁石，来自一层一层积淀物的堆加和凝固的海底。"① 制度的变迁不仅体现在新制度替代旧制度，也体现在制度内部结构性要素的重新排序、聚合。因而，在制度形态上呈现为旧有制度形式与新型制度形态并存的结构样式，这就是坎贝尔所谓的"存续变形"（bricolage）。

当前阻滞人民团体参与协商民主的一个重要原因在于"层累"的"积淀"逻辑使然，主要体现在以下两个方面。

## 一 "科层制"组织结构的掣肘

据考证，1745年德·古尔耐最早把法语词汇"bureau"（指办公室或办公桌）和希腊语"kratos"（意即统治）联结在一起创造了"科层制"这个概念，原初指涉的是"政府职员的统治"，尔后逐步延伸至其他组织形态的管理模式。从学术史的演展脉络看，马克斯·韦伯是最早对"科层制"进行系统阐释的学者。在他看来，科层制具备五大表征：①有明确的权威等级；②在组织的各个层级、各个层面都有相应的成文化的、建制化的"规制"对其成员的行为予以规约；③成员是全职且拿薪水；④组织成员的生活"内外有别"（即在组织内的工作任务与组织外的私人生活有显著差别）；⑤组织成员并不拥有所调配的物质资源。他常常把科层制比喻为一架基于理性原则操作的精密机器，因而，难以应对需要特殊对待和考量的情势是其主要弱点。② 基于以上五个维度测度人民团体，可以发现，其是一类非常典型的"科层制"组织形态。

首先，从组织结构维度来看，人民团体内部有明确、具体的权威等级结构。美国中国问题研究专家汤森、沃马克通过考察发现，共青团等人民团体从上到下建构起了科层化、等级化的管理体制。③ 不同层级的人民团

---

① ［美］盖伊·彼得斯：《社会学制度主义》，载何俊志等编译《新制度主义政治学译文精选》，天津人民出版社2007年版，第251页。
② ［英］安东尼·吉登斯、［英］菲利普·萨顿：《社会学》（下），赵旭东等译，北京大学出版社2014年版，第785—795页。
③ ［美］詹姆斯·R. 汤森、布兰特利·沃马克：《中国政治》，顾速、董方译，江苏人民出版社2007年版，第73—74页。

体组织负责人享受不同的行政等级。① 比如,省级妇联主席是正厅长级,省级妇联副主席是副厅长级,市级妇联主席是正处长级,县级妇联主席是正科长级,等等。此外,同一层级的人民团体组织内部有不同分工,不同科室也对应不同的等级。由是观之,人民团体的组织架构呈现"金字塔"式的行政化、层级化、等级化的结构形态。这种组织结构,使其在实际运行过程中,更多是对上负责,而非对所联系的社会群体负责。同时,这种结构形态,使其与同层级的政府部门之间是一种平行的工作关系,在"互相给面子""官官相护"②等传统思想的指引下,与相关政府部门开展协商往往图形式、走过场,难以做到"真协商"。

其次,从组织成员维度看,各人民团体正式工作人员是全职且参照或适用公务员法管理,有稳定的收入来源,"旱涝保收","衣食无忧"③。因此,人民团体正式工作人员"参照"或"适用"④《公务员法》管理⑤,有持续稳定的收入来源。相应地,组织成员在组织内的任务与组织外之生活殊异较大,组织成员并不拥有足够的"公权"分配公共资源,且应随地随时接受相应的审查和监督。从这个角度看,人民团体工作人员更多按照政治的标准、行政的标准要求自身,没有足够的动力去"冒险"开展协商实践,更多遵循的是"命令—执行"的工作逻辑。

最后,从组织制度架构来看,人民团体在其每个层次、每个层级都有成文的规章制度、行为规范约束、规制其成员行为。这种"体制内"的

---

① 根据1983年中共中央办公厅转发的中共中央组织部、劳动人事部党组《关于人民团体级别问题的几点意见》"除已经确定为相当于中央部级单位的人民团体外,其余的和以后成立的人民团体,不再确定它们相当于党、政领导机关的哪一级",至此,工会等7个人民团体的中央领导机构被明确确定为正部级的中央机构,确立和巩固了人民团体在国家治理体系中的地位。参见华世勃《人民团体若干问题的研究》,《学会》2007年第1期。

② 被访者K:对Z省L县妇联主席访谈记录,访谈笔记20170812。

③ 被访者L:对S市(直辖市)J区共青团某部部长访谈记录,访谈笔记20170717。

④ 八大人民团体除了工商联是"适用"公务员法管理外,其他7个是"参照"公务员法管理。

⑤ 自1993年《国家公务员暂行条例》颁布后经中共中央批准,工青妇等使用行政编制或由中央机构编制部门直接管理机构编制的群众团体机关列入"参照"试行该条例范围。2006年,中共中央组织部和人事部根据《中华人民共和国公务员法》的规定精神联合印发的《工会、共青团、妇联等人民团体和群众团体机关参照〈中华人民共和国公务员法〉管理的意见》再次确认工青妇等使用行政编制或由中央机构编制部门直接管理机构编制的群众团体机关"参照"公务员法管理。

身份结构设置，使其安心按照行政化的逻辑而非社会化的逻辑运行。除非有非常明确的定量化考核，否则没有足够的积极性参与协商。

以上组织结构、组织成员、组织制度三个维度的分析表明，人民团体呈现出"科层制"组织的一般性典型表征。这种组织结构，对其参与协商民主带来双重的影响：一方面，会削减其动力去参与协商民主实践，而习惯安于现状；另一方面，会带来事实上的不平等关系，阻碍协商民主的平等性要求。① 久而久之，就会形成"路径依赖"而变得积重难返。"路径依赖"过程的主要特征在于，在路径早期某一时刻中呈现出相对的"开放性"和"随意性"，然而一旦特定路径确立后就会面临限制较多的"选择集"（choice-set），制度具有"自我强化"② 的内在趋向，"自我强化"过程就会倾向于固化和制度化，后期就表现为"封闭"或"强制"的性质。③ 同时，这种原先设定的法律框架和制度安排结构的改变，也非一日之功。④ 正如涂尔干所言，任何一种制度实施一段时期后都会"蜕化变质"，这主要基于时间和空间双重维度的变化：从时间维度看，它没有在适当的时候发生改变而变得"顽固不化"；从空间维度看，只是朝着单

---

① 达尔认为，即使存在多头政体的制度保证，并且国家政治制度十分民主，组织的多元主义也是与广泛的不平等始终并存的。而且，组织的影响力和权力在其他资源方面存在的不平等决不仅仅是表面上的那些。组织本身就是一种资源。它直接把好处赋予其领导人，通常间接地至少赋予其某些成员。参见［美］罗伯特·A. 达尔《多元主义民主的困境——自治与控制》，周军华译，吉林人民出版社2011年版，第33页。

② 由于制度限制了决策者的自由裁量空间，所以对于行动主体而言，遵循制度规范正是其利益之所在。制度的自我强化必须满足以下两个基本要素：其一，能使特定行动主体有可能、有能力、有条件变革制度；其二，能揭示缘何行动主体没有足够的动力去变革既定的制度。只有同时满足这两个要素才可以认为，这个制度具有"自我强化"的趋向。参见［美］巴里·维恩加斯特《政治制度：理性选择的视角》，载何俊志等编译《新制度主义政治学译文精选》，天津人民出版社2007年版，第103页。

③ ［美］保罗·皮尔逊：《时间中的政治：历史、制度与社会分析》，黎汉基、黄佩璇译，江苏人民出版社2014年版，第61页。

④ 原因主要在于"居先的法律和其他安排结构的存在，不仅影响安排革新的形态，而且还影响安排创新需要酝酿的时间。人们可以预料，如果法律必须改变，或在一项新的革新之前已形成的原有安排仍能被采纳，那么，酝酿一种新安排的时间必定会延长"。参见［美］L. E. 戴维斯、D. C. 诺斯《制度创新的理论：描述、类推与说明》，载［美］R. 科斯、A. 阿尔钦、D. 诺思《财产权利与制度变迁——产权学派与新制度学派论文集》，刘守英等译，上海三联书店、上海人民出版社1994年版，第304页。

一的方向发展而变得"面目全非"。①

## 二 行政化的运行逻辑

新制度主义认为，制度既是因变量，也是自变量。作为"自变量"的制度影响行动主体的行为模式、政策选择；约束政府制定政策和执行政策的能力；通过提供机会空间或制约行为，决定政治行为体、经济行为体的方略；通过影响权力分配结构，决定行为体对政策结果影响力大小；通过影响行为主体对自身偏好、利益的界定，使其目标取向具象化。② 制度一旦生成，就会有存续甚至固化的趋向，主要原因在于：①制度的建构迎合了部分利益集团、特权阶层的利益、预期、偏好，在制度实际运行中会使这种制度化的"赋权"得以强化；②制度运行主体对既定制度的实践逻辑、行动逻辑驾轻就熟、熟门熟路，并在既定历史结构中形成一定的"路径依赖"；③变革既定制度的成本、"交易费用"不甚明确，且变革后的制度形态存在难以预期性、偶然性，"破旧"后在何时立新、立何新、如何立新尚待确证；④无论是在制度的形塑过程中还是在制度的施行过程中都会有一定的不平等权力关系的存在，这是各类政治势力与社会力量博弈、互动的历史产物，短期内难以消解；⑤既定制度形态的维持和存续不仅取决于内部多样化、异质性、多维化、非共时性要素的共存、张力或"断裂"，也受外在现实环境、风险复杂性的制约。以上因素表明，制度的转型、变革、调适、进化需要一定的条件方可具备可能性、空间。在长期的制度性"赋权"中，人民团体逐渐演化为科层化的组织结构。与科层化的组织结构相关，人民团体在实际运行、项目开展中遵循行政化的逻辑。主要表现在三个方面：

其一，在工作作风方面体现出明显的行政化色彩。不少人民团体与政府部门同在一座"大院"里办公，日常运行不可避免与其他政府部门相类似。

---

① ［法］埃米尔·涂尔干：《社会分工论》，渠东译，生活·读书·新知三联书店 2013 年版，第 26 页。

② Pontusson, Jonas, "From Comparative Public Policy to Political Economy: Putting Political Institutions in Their Place and Taking Interest Seriously", *Comparative Political Studies*, 1995 (1).

被访者 M：行政化、机关化、贵族化、娱乐化这"四化"，最明显的是行政化积弊根深蒂固，说到底，还是脱离群众问题。很多人民团体的干部太把自己当回事，行政化特别明显。看我们的一些人民团体干部，在普通群众的眼中，那种官僚主义作风还是比较严重的。直接联系群众，我们要从走"近"变成走"进"。光是到基层、到田间地头靠近群众还不行，我们还要再打通"最后一公里"，要进得去。①

这种行政化的机关作风，显然与人民团体之人民性的本质属性背道而驰、南辕北辙。习近平总书记曾对此给予深刻批评，殷殷告诫道："下去了，不要走马观花，不要蜻蜓点水，不要前呼后拥，而是要深入基层群众，掌握第一手材料，推动解决群众需要解决的问题。我在福建工作时，坚持抽时间交各种群众朋友，其中有农民、司机、炊事员，还有修脚师傅。"② 这个饱含深情的论述，一针见血，切中肯綮，直指人民团体的行政化作风积弊。

其二，在具体的项目运行中不做深入、扎实的群众工作，走过场、图形式、重数字、轻实效等现象还比较突出。项目活动是人民团体开展工作的基本载体，很多群众是通过相关项目活动认识、了解人民团体的。人民团体的不少项目都有一定良好的口碑，如共青团的"希望工程"项目、妇联的"双学双比"项目等。然而，在调研中我们发现，当下人民团体的不少项目存在一定的形式主义，重行政效果倾向比较严重。以共青团近年来开展的"1+100"项目来说，调研中不少共青团系统干部多有抱怨。

被访者 N：我自己做了 100 个，把我所有相关领域的只要能联系到的都弄到一个微信群，有一半的人是我绑定的，但你不能强迫他去绑定你。他很可能会今天被绑定，明天就退出了。另外，我只要去中介，去美发，我都跟人加微信。反正必须得凑 100 个嘛！③

被访者 O：弄一个 100 人的微信群得 24 小时看着，很累。你不

---

① 对 Z 省 K 县妇联副主席访谈记录，访谈笔记 20170816。
② 中共中央文献研究室编：《习近平关于社会主义政治建设论述摘编》，中央文献出版社 2017 年版，第 200 页。
③ 对 B 市（直辖市）C 区团委某部部长的访谈记录，访谈笔记 20170711。

在，群就死了。上一次我还去发动了一下，但是参加的"贼"少，所以很多困难都在这里摆着。自己平时这么多工作都忙不完。我觉得这个一加一百摊子铺太大了！如果是扎扎实实的，不着急，慢慢来往里录就好了。但是，有时间规定，必须要尽快录进去。所以，为了完成任务，我只好随便找人先绑定后再说。①

应该说，共青团开展"1+100"项目的初衷是好的，希望尽可能多地把青年凝聚在共青团周围。但是，过犹不及，急于求成往往会走弯路。实际上，习近平总书记对共青团干部的要求是交"二三十名贴心的青年朋友"②，并非广撒网、面面俱到，关键在于增强群众工作的实效性。

其三，由于人民团体的大部分资源源于财政拨款，因而这些资源的使用都必须严格遵照财政基金的规定。根据对 Z 省 L 县团委书记的访谈时介绍，团县委 80% 的工作经费源于政府财政，来自社会和团员所交的团费甚少。③ 根据资源动员理论，集体行动需要考量成本—收益的平衡：从成本的维度分析，集体行动的成本随着政治机会结构的开放度大小而变化；从收益的维度分析，资源泛指有利于集体行动的各种条件和要素，需要通过动员才能奏效，而动员可能发生在受到影响的群体之内，也可从其他途径获致。理性权衡成本—收益的比值，是集体行动得以有效建构的现实基础。④ 因而，人民团体在实际工作运行中，基于成本—收益的权衡，以行政化逻辑运作的动力和依据较充足，在"政治上也比较保险和稳妥"⑤。

"科层制"组织结构的掣肘和行政化的运行逻辑，严重压抑了人民团

---

① 对 B 市（直辖市）C 区团委某部副部长的访谈记录，访谈笔记 20170711。

② 2013 年 6 月 20 日，习近平在同团中央新一届领导班子集体谈话时指出："千万不能官气很重、架子很大，要同青年交朋友、心连心，真正赢得广大青年信任。如果每个团干部都有二三十名贴心的青年朋友，那做工作就不一样！"参见中共中央文献研究室编《习近平关于社会主义政治建设论述摘编》，中央文献出版社 2017 年版，第 180 页。

③ 被访者 P，对 Z 省 L 县团县委书记的访谈记录，访谈笔记 20170802。

④ ［美］艾尔东·莫里斯、卡洛尔·麦吉拉·吉缪勒：《社会运动理论的前沿问题》，刘能译，北京大学出版社 2002 年版，第 382—384 页。

⑤ 被访者 Q，对 H 省 M 县科协主席的访谈记录，访谈笔记 20171011。

体的自治空间,这种"反作用力"势必对民主的有序性带来冲击。① 因而,在一定程度上给人民团体一定的自主运行空间,为其参与协商民主供给一系列现实条件和要素的有力保障,优化社会群体的利益表达结构,显得很有必要。

## 第三节 角色定位的"错置"

"角色"原本指的是"戏剧、影视剧中演员扮演的剧中人物"。② 从20世纪二三十年代开始,米德、林顿、戈夫曼、特纳等社会学者把"角色"一词引入社会互动分析,并逐渐发展成为社会学理论的一个基本分析概念。角色是社会地位的外显形态,是权利与责任有机统一的规范体系,是社会组织存在的重要现实基础。由于角色处于一定的社会关系之中,到底适合不适合、适当不适当、合宜不合宜,存在一个精准有效的"定位"③ 问题。对于人民团体在协商民主建构与建设中的作用而言,存在角色定位是否清晰、准确、妥适的问题。然而,调研中发现,有的人民团体存在角色定位不清、不明甚至严重模糊的现象。

### 一 对人民团体之角色结构的认知偏差

对人民团体功能结构的明晰和明确,实际上是对往昔其游离不定、含混不清社会角色结构的厘清、廓清。其工作开展建基于这样一个坐标轴上:横轴是关怀社会、代表群众,纵轴是服务党、协助政府。在社会和党两端架起"桥梁"、系上"纽带",既服务群众,又作用于社会,既维护群众利益,又担当政治社会化使命,顶天立地,左右逢源,有效承载起中间者、协调者的角色期待,填补社会网络中的"结构洞"。然而调研了解到的实情是,人民团体的政治逻辑发挥得较充分,而群体逻辑则激发得不

---

① 达尔认为,组织自治的压力就像卷曲的弹簧,被国家的反作用力压制得很不稳定,一俟这种体制有所松动,它马上就会弹开。参见[美]罗伯特·A. 达尔《多元主义民主的困境——自治与控制》,周军华译,吉林人民出版社2011年版,第3页。

② 中国社会科学院语言研究所词典编辑室编:《现代汉语词典》,商务印书馆2016年版,第712页。

③ 所谓"定位",指的是"把事物放在适当的地位并做出某种评价"。参见中国社会科学院语言研究所词典编辑室编《现代汉语词典》,商务印书馆2016年版,第309页。

足，对社会群体主体性的培育不够重视。

人民团体的特殊双重角色结构，一端连着政党、政府，一端连着特定社会群体，因此，可把人民团体置于与政治、群体的关系结构维度中考察，由此型构人民团体功能的政治逻辑、群体逻辑这两大逻辑。

```
                              个体化公众
        政治  →   人民团体  →   社会群体
                              组织化公众
```

**图 6-1　人民团体的政治逻辑与群体逻辑**

从人民团体与政治这个维度来看，人民团体具有政治社会化的功能。政治社会化功能，其基本要求是在现行制度结构框架中坚持党对人民团体的绝对领导并在这种绝对领导下对社会群体实施全面有效的思想引领、政治引领，其基本取向是实现巩固党的社会群众基础的目的。由此，需要建构一系列行之有效的政治意识形态灌输教育体系，有效开发人民团体这所社会群体政治社会化学校的功能。

从人民团体与特定社会群体这个维度来看，人民团体不仅要联结个体化群众，也要联结组织化群众。联结个体化群众，人民团体需要发挥两个最基本的功能：一是代表、维护群众合法权益，二是全面、全方位服务群众。这两个基本功能以专业性、社会化、行业化为核心表征。联结组织化群众，是基于21世纪以来互联网的飞速发展以及由此所引发的社会群体积聚方式、集聚形态、聚合模式的深刻变化的内在需要，其基本功能是有机整合碎片化、网络化的个体公众"自组织"，使这些"自组织"实现再组织化。

从角色结构维度看，人民团体是政治角色与社会角色的有机统一体。人民团体的成长与成熟，就是要有效平衡政治属性与社会属性的关系，防止顾此失彼、厚此薄彼、畸轻畸重、忽轻忽重的可能性。因而，人民团体的发展可基于两个取向来擘画：一个是基于政治角色来建构人民团体的发展空间以及由此创造的政治共同体，在这个取向上，更多考量的是如何通过一系列政治制度安排、设计来保障人民团体的政治定位、政治方向，使其在合理的制度边界内寻求政治合法性资源与动力；另一个是基于社会角色来规划人民团体的发展空间及由此创造的社会共同体，在这个取向上，更多关怀的是如何架通人民团体与相关社会群体、群众的联结平台和沟通渠道，使其在与社会的勾连中彰显价值，体现群众需求结构及其变化趋向，从而发挥中介体的功能、提升社会正当性基础。如果说前一种取向更多体现的是人民团体的工具理性的话，那么，后一种取向则更多彰显的是其价值理性。在很长一段时间里，人们更多关注的是人民团体的工具理性，而有意无意地疏忽其还有价值理性的面向，导致其政治角色有余而社会角色不足的失衡格局。而实际上，人民团体要能实现有效发展，必须适度平衡其工具理性与价值理性、政治角色与社会角色。

## 二 社会角色发挥不充分

人民团体的社会角色是具体的、历史的、多样的，这意味着其在开展协商民主实践中，要坚持以人民为中心，充分尊重所联系群体、群众的主体地位及其对群体共同利益的社会认同建构逻辑。人民团体的政治角色是既定的、强制的、外生的，这意味着其在开展协商民主实践中，要坚持以社会公共利益为取向，以强化国家的政治合法性和有效性为使命，将碎片化的、个体化的社会意见及时表达并进行有序整合，使所联结的社会群体凝结成建构协商民主的积极资源。作为政治共同体的人民团体，其基本使命是追求"公意"的最大化，而作为社会共同体的人民团体，其基本使命是追求"众意"的最大化。在一定的时间、一定的空间、一定的条件下，"众意"与"公意"存在一致的"交集"。然而，假若出现两者不一致甚至出现"张力"时，到底如何平衡呢？主要有两种可能的选择路径：一种是基于对立的思维一方强制、压倒、吞噬另一方，另一种是基于和解的思维建构双方协商协调的机制以寻求互促共融。在现代社会，很显然，更多要采用后一种路径。在这种路径中，关键要创设一定的协商平台开展及时、理性的沟通以促使矛盾的"消融"和消解。

帕吉特和安塞尔认为，制度化产生了特定的角色，角色继而形成了一定的利益结构，这些利益结构倾向于维持既有的制度体系。[①] 但是，制度

---

① 转引自［美］B.盖伊·彼得斯《政治科学中的制度理论：新制度主义》，王向民、段红伟译，上海人民出版社2016年版，第79页。

的运行过程中可能会对个体、团体等的利益带来影响。① 囿于既得利益结构，在现实运行中，人民团体的政治角色发挥得较充分，而社会角色的发挥还有较大的拓展和提升空间。在调研中发现，不少地方对人民团体的绩效考核，更多延循政治的逻辑而非社会的逻辑。比如，以妇联为例，L县对其的考核要求如表6-1所示。

表6-1　　　　　　　L县对妇联的年度履职考核项目

| 考核项目内容 | 完成时间 |
| --- | --- |
| 深度提升"××模式"，完成全县255个村垃圾兑换超市全覆盖，垃圾分类达标村达100%，示范村达60%的建设目标；开展利用×××APP推进垃圾分类试点工作；建立"××模式"垃圾分类路长制；协助农办完成全县41个中心村阳光房或机器堆肥房等垃圾终端处理设施建设工作 | 9月底前 |
| 开展乡韵庭院创建工作，培育15个示范村、500户示范户、5000户创建户 | 9月底前 |
| 推进来料加工工作，召开来料加工行业总会会员大会；制定2017年度来料加工以奖代补项目申报文件，完成2017年度来料加工以奖代补资金发放工作 | 12月底前 |

资料来源：L县督查考绩委员会办公室，2017年11月。

从某种意义上说，量化考核是一种"指挥棒"。从表6-1可以看出，L县妇联的主要任务是完成党委政府交代的垃圾分类、美丽乡村建设、来料加工三大工作，而与妇联相关的服务妇女权益、增进儿童福利、推进妇联组织建构等与妇联本质功能紧密相关的工作并未列入其中，其社会角色被政治角色遮蔽，背离了其原初的角色定位。这在其他人民团体中也比较常见，人民团体俨然成为党委政府的一个工作部门。之所以会出现这样的现象，主要原因有以下两个方面：

其一，从外因来看，人民团体的人、财、物等资源主要依赖于党政部门，可以汲取充足、充分的政治资源。当其工作重心与党委政府的工作重点相契合时，可以源源不断从中获得必要的政治资源、经济资源和社会资源，而不必像一般的普通社会组织那样依赖市场或社会求生存。当然，与

---

① 一个制度的改变可能涉及一个单独的个人，也可能涉及由自愿的协议组成的团体，或涉及被结合在一起或其影响决策的权力被置于政府管理的这类团体。尽管在任何时候，安排的技术状态都可能减少"可选择的菜单"，但原则上，一个安排的创新者会面临着在三个层次中选出一个或全部这样的安排的抉择。参见［美］L.E. 戴维斯、D.C. 诺斯《制度创新的理论：描述、类推与说明》，载［美］R. 科斯、A. 阿尔钦、D. 诺思等《财产权利与制度变迁——产权学派与新制度学派论文集》，刘守英等译，上海三联书店、上海人民出版社1994年版，第302页。

此相应，其工作必然要受党政部门的指挥。从理论上分析，中国的人民团体面临着"双重性"的难题或困境：一重是行政性或官僚性，另一重是自治性。这种"双重性"在实践中易生成两个互相对立的取向：回归政治场域的行政化取向，趋向社会的自治化取向。由于既定利益结构的制约和掣肘，往往趋于前一种取向，这在很大程度上造成其"路径依赖"，也在很大程度上限制了其主体性的生产与再生产。具体来分析，人民团体主动自觉依附于政府而非相关社会群体，主要原因是从中可以较低的"成本"获得较大且稳定的"收益"。

其二，从内因来看，由于人民团体系统的工作人员在编制、薪酬、职级、户籍等方面参照（或适用）公务员管理，工作相对安稳且职业发展空间、潜力较大，因而，大多数人民团体工作人员安于现状，习惯于传统的行政化运行逻辑和思维逻辑。同时，有的人民团体干部把自己当成公务员，把人民团体的职位当作"跳板"，内心深处并没有把之当作毕生追求的事业，"准备烧几把火，火一火，引起上面的领导关注马上转岗"[1]。尤其是共青团系统的干部，"跳板思维"更为突出。

> 被访者S：团干部的"跳板思维"很严重！也许我这个用词不是很准确。为什么用"跳板"这个词？很多团委书记在同行政级别中是最年轻的。在县里面他可能是最年轻的科长，在市里面也许是最年轻的处长，省里面可能是相对比较年轻的正厅局。很多团委书记把这个职位当作一个"跳板"。反正很年轻，已经到了这个层级了，今天来明天就想着要走，要去担重任，要去干县长书记什么的。很多团干部其实有这个想法，因此就没有稳下心来一步一个脚印地把共青团这个事业当成自己终生的事业来做，而是把它当作一个职业，并且是把它当作自己仕途升迁的一个有力的"跳板"。[2]

在访谈中也发现，共青团系统转岗的岗位较多，频率也较快。据一位团区委干部介绍：

---

[1] 被访者R，对A省C市工会办公室主任的访谈记录，访谈笔记20171013。
[2] 对Z省Q市工商联主席的访谈记录，访谈笔记20170708。

被访者 T：这几年我们团委有去党委组织部的，有去党委统战部的，有去区政府的，有去文明办的，有去党校的，有去企业的，也有去自主创业的，团干部流动，基本上什么方向都可能会有，涉及面很广。①

人民团体社会角色的式微，从某种程度上意味着其代表性的弱化。组织的存在的主要目的在于增进其成员的利益。② 代表意味着为他人"代言"、说话。从某种意义上说，要成为"代表"，就必须来自某一群体并分享该群体的特性、信仰、价值观、取向。因而，只有来自某一特定群体才能真正代表、表达该群体的利益与欲求。这主要基于两个原因：其一，一个人的认识水平和认知程度主要受其社会结构背景所决定，没有意愿也没有能力去领解不同于其群体的人们的想法和看法；其二，没有对他人所经历的生活的直接切身体验，不可能引发深层次的"情感共鸣"。③

当然，人民团体代表性的弱化，跟互联网的勃兴有一定关联，虽然互联网不是决定性因素。卡斯特认为，互联网的迅猛发展以及由此带来的网络社会的崛起，深刻改变了人类社会的生产、生活、权力和文化逻辑，创造了一种前所未有的社会样态，愈益成为一种新型的社会结构形态和发展趋向。④ 互联网的兴起，使人民团体的整合方式日益从"社会整合"趋向"系统整合"。⑤

被访者 U：十年前的妇女群众的凝聚方式和现在的凝聚方式完全

---

① 对 B 市（直辖市）D 区团委某部部长的访谈记录，访谈笔记 20170717。

② 这一观点在经济学中既不新鲜，也非特别，其实古希腊的亚里士多德早就提出这一观点。参见［美］曼瑟尔·奥尔森《集体行动的逻辑》，陈郁等译，上海三联书店、上海人民出版社 1995 年版，第 6—7 页。

③ ［英］安德鲁·海伍德编：《政治的常识》，李智译，中国人民大学出版社 2014 年版，第 225—226 页。

④ ［美］曼纽尔·卡斯特：《网络社会的崛起》，夏铸九等译，社会科学文献出版社 2006 年版，第 2 页。

⑤ 社会整合意味着面对面互动层次上的系统性；而系统整合则指的是与那些在时间或空间上身体不在场的人之间的关联。系统整合的机制无疑是以社会整合的机制为前提的，但在某些关键方面，前者与共同在场关系里包含的那些机制也会有所差异。参见［英］安东尼·吉登斯《社会的构成：结构化理论纲要》，李康、李猛译，中国人民大学出版社 2016 年版，第 26 页。

不一样。所以这个也给妇联现在参与协商民主带来了很大的问题。十年以前我们的妇女更多的是集中在机关、社区、农村，我们再说远点是 20 年前也差不多。那么现在我们的妇女群众凝聚在什么呢？聚集在天上。对，聚集在互联网上，聚集在手机终端，是不是这个道理？所以现在我们怎么样把妇女群众有效凝聚起来，要通过互联网，要通过新媒体。所以我们推出微博、微信、公众号、妇女之声，所以我们要把妇女在网上进行有效的凝聚、影响、服务。[①]

人民团体作为双重共同体所呈现的角色结构的复合性，决定了其在协商民主建构中要有效发挥作用，必须处理好与国家机关、所联系群体的关系，在关系的调处中找寻"阿基米德基点"，以此促推社会的良性运行和平衡生长。人民团体之政治角色和社会角色唇齿相依、共生共存、彼此平衡。因而，既可以从政治角色出发进行建构，亦可以从社会角色出发进行开发。然而，不论以哪个角色为基点，都必须关照另一角色，不能厚此薄彼、顾此失彼甚至非此即彼。只有采取均衡化的发展路径，才能使人民团体既能为所联结的社会群体提供政治"输入"的机会空间，又能为政治系统合法性资源的拓展提供社会支撑。

## 第四节　制度供给的"时滞"

在福山看来，国家能力的贫困是贫困国家面临的最核心难题。因此，国家建构之关键在于增强国家能力，可以从国家职能范围和国家力量强度两个维度考量。所谓国家职能范围，主要用来描述政府所致力的目标和所承担的各种职能；所谓国家力量强度，主要用以表征国家执法的能力特别是透明的、干净的执法能力以及制定并实施政策的能力。国家职能范围和国家力量强度这两个维度都很重要，但相比较而言，"国家力量重于国家职能"，因为"有证据表明，国家制度的力量大小从广义上讲比其职能范围宽窄更重要"。国家建构的理想愿景是：在缩减国家职能范围的基础上提升国家力量的强度，建构"小而强的国家"。而要提升国家力量的强度，核心路径就是增强制度建设的能力，因为"如果制度能力是解决问

---

① 对 Z 省 J 县妇联副主席的访谈，访谈笔记 20170823。

题的核心之所在，我们便能够从制度的供给角度入手"①。福山关于国家建构的观点对于思考中国人民团体协商民主建设不无启发价值。

"制度改变的方式总是新的要求逐渐产生。"② 这种"新的要求"，无非是"外在的需要"和"内在的用意"这两个方面。③ 实践表明，制度供给与制度需求相互支撑，有何制度需求，一定会产生与之相匹配、嵌套、衔接的制度供给。制度供给"时滞"的实质是，制度供给滞后于制度需求，使得现实需要与预期设定取向脱节。当制度资源匮乏、缺失时，人民团体参与协商民主就会面临激励约束结构的"空心化"、兼容促推机制的"空洞化"、评价标尺的"空虚化"，难以发挥实际功效。由于信息的不充分或不对称、理性的限度、资源的有限性以及实施成本诸方面的因由，制度供给会出现一定程度的"时滞"。关于"时滞"的类型，不少学者进行了具体研析。④ 从其动因结构看，大致可分为自发性"时滞"和自觉性"时滞"两种类型。

作为最为重要的制度要素与制度资源，法律对人民团体参与协商民主的发育与发展发挥着至关重要的影响和作用。在有限资源、有限信息、有限理性等约束性条件下，正式法律规制由于其高度的稳当性、自洽性、逻辑性、成文化要求，决定了其内容变更需要一定的时间积累和空间检验。具体到人民团体参与协商民主的实践历程，由于具体实践的周期还不长、成效还有待于检视、相关配套制度体系不健全以及反馈传输链条的"时差性"，立法机构的反应与回应难免存在"时滞"，这是十分正常并难以完全规避的，可称为"自发性时滞"。比如，在全国 23 个省、自治区、

---

① [美] 弗朗西斯·福山：《国家建构：21 世纪的国家治理与世界秩序》，黄胜强、许铭原译，中国社会科学出版社 2007 年版，第 7、19、23 页。

② 《马克思恩格斯全集》第 1 卷，人民出版社 1956 年版，第 315 页。

③ 钱穆：《中国历代政治得失》，生活·读书·新知三联书店 2001 年版，第 2 页。

④ 比如，诺斯认为，存在四种时滞类型：①认知与组织的时滞——从辨识外部利润到组织次级行动团体所需要的时间；②发明新技术的时滞——如果不知道的安排可以使外部利润内部化，或者如果它们只能以成本侵蚀全部所得为代价而被内部化，那么，需要一段时间来发明一种新技术；③"菜单选择"时滞——搜寻已知的可替换的单子和从中选定一个能满足初级行动团体利润最大化的安排的时间；④可选择的最佳安排和开始旨在获取外部利润的实际经营之间存在时滞，或称为"启动"时滞。参见 [美] L.E. 戴维斯、D.C. 诺斯《制度创新的理论：描述、类推与说明》，载 [美] R. 科斯、A. 阿尔钦、D. 诺思等《财产权利与制度变迁——产权学派与新制度学派论文集》，刘守英等译，上海三联书店、上海人民出版社 1994 年版，第 316 页。

直辖市党委政府出台关于侨联工作的相关意见后,中共中央办公厅于 2014 年 3 月出台《关于加强和改进新形势下侨联工作的意见》。① 从推进人民团体持续参与协商民主建构而言,当下存在的主要问题在于自觉性"时滞"这个方面。造成当前自觉性制度供给"时滞"的原因主要有:

## 一 制度要素生成的非同步性

构成制度的多种要素,是在不同时期基于达致特定的目的、解决特定的问题而引入的,因而不同要素之间是并发(intercurrence)的关系,相互之间存在异质性,不同时期反映不同制度需求、权力关系形成的异质性、多元化制度要素潜藏着在一定时间、一定空间场域下可能会有矛盾甚至冲突的可能性。比如,关于工商联参与劳资集体协商的制度安排,很多是基于市场经济深入发展带来的新问题而逐渐建构起来的,前后制度之间难免存在一定的不一致甚至冲突之处。制度变迁与创新需要充分且自由的时间积淀和空间承载,因而,在制度空白的"夹缝地带"甚至"间隙"往往会有效生长其新的制度要素。

同时,基于对协商制度实践不确定性的考量和顾虑,往往习惯于对地方的创新性探索先"不表态",给予一定的试验时间甚至"试错"空间,待实践积累到一定程度再在全国层面铺开推广,由此必然产生自觉性制度供给"时滞"。当然,这种人为的制度"时滞",有助于保持社会稳定,但如果久拖不决,往往会制约制度变革的时机和效应。比如,全国层面的集体协商法律的制定相关方面已呼吁了十余年,至今尚未进入立法规划,不能不说是一种制度供给的自觉性"时滞"。②

## 二 协商有余而民主不足

关于民主的功效,自由主义视之为公共权力运行的合法化,共和主义视之为凝聚社会个体为政治共同体,对于"话语理论"而言,民主在使

---

① 中国侨联编写组:《〈关于加强和改进新形势下侨联工作的意见〉学习问答》,中国华侨出版社 2014 年版,第 19 页。

② 全国已有 29 个省(自治区、直辖市)出台了集体协商地方性法规或政府规章,有的省(自治区、直辖市)人大还颁布了集体合同条例。参见中华全国总工会课题组《关于集体协商国家和地方立法情况的报告》,2015 年 11 月。

国家的行政行为合理化、理性化方面的作用比共和主义构想的要弱，而比自由主义设想的要强。哈贝马斯认为，"话语理论"（discourse-theoretical）取向可以在自由主义民主和共和主义民主之间找寻相互交通、交融的一条路径，能够超越二者之间相互对立、相互排斥的境遇。① 在许多协商民主理论家看来，当代民主政治的主要病症或病因是协商不足，或曰"协商赤字"。而对中国而言，恰恰相反，是协商过程中的民主不足。现实政治生活中，人民团体也会参与到一定形式的协商实践之中。然而，这种协商实践对公共政策所施加的影响力比较有限。主要原因在于，这种协商实践究其实质而言是咨询，协商发起主体与协商对象之间的地位不平等。

况且，假若人民团体与特定公共政策议题的利益关联度不是"强相关"的话，那么，它们或许可以参加政策的制定过程，但对最终政策的制定、出台、施行并没有什么根本性的实质影响力。② 根据奥尔森的集体行动理论，基于公共产品的非排他性和非竞争性的特质，潜在的行动主体基于自身利益最大化的盘算，往往会采取"搭便车"的行动逻辑。这种"机会主义"的行为路径，将会出现集体行动的困境。人民团体在参与国家机关组织的协商民主实践中，也容易出现这种"机会主义"思想和行为，觉得这个群体的利益维护和增进并非仅仅靠自身的努力就能促成，也许其他党政部门也会做这个事，因而参与协商的内生动力不足，其公共理性没有得到充分彰显。

### 三 不适当的制度转化

人民团体在协商民主过程中的利益代表功能主要有二：一是吸纳民意，把存在于社会中的"碎片化"诉求及时收集起来、整理出来；二是过滤民意，对无序化、零散化的民意诉求基于一定的判准予以筛选、甄别。在现实中，各方面往往对吸纳民意较重视，而有意无意疏忽了过滤民意这个功能的激发，使得在制度的"输入"与"输出"之间进行转换、

---

① ［加拿大］弗兰克·坎宁安：《民主理论导论》，谈火生等译，吉林出版集团有限责任公司2010年版，第212页。

② ［澳］约翰·S. 德雷泽克：《协商民主及其超越：自由与批判的视角》，丁开杰等译，中央编译出版社2006年版，第89页。

"转译"或转化的环节的缺失化。转化得好,制度需求能够得以有效表达、充分体现;转化得不好,制度需求难以深度呈现、及时满足。正如拉坦所言:"不适当的制度转化会导致制度变迁供给的偏向,这类似于不合适的技术转化所导致的技术变迁供给的偏向。"① 人民团体如何把相关社会群体的合理化诉求通过"适当"的制度转化机制予以转换,事关相关公共政策"输出"的质量、效能和效率。

导致转化的无效,主要有以下两个原因:一是知识的不足。受制于所处的环境和主观等原因,人们始终会意识到自身知识的局限性。② 尤其是随着现代政治的日趋复杂性,人们会陷入"知识危机"。③ 对于人民团体而言,如果不及时掌握最新的知识、技术、信息,在对相关诉求的转化中会无从下手、手足无措。二是良性互动的不足。人民团体作为一个"枢纽",既需要与所联结的群体及时互动,亦需要与相关国家机构互动,同时要在两端搭建起互动的"桥梁"。假若一端不畅甚至堵塞,都会使互动体系难以良性循环。

## 第五节 本章小结

"建制化"直接牵涉合乎规范的预期行为,即一个社会成员应清楚在什么时候、在什么样的条件下可以彼此提出要求。④ 人民团体参与协商民主的效能、有效性,在很大程度上取决于其制度环境的"建制化"水平。效能不高、有效性不强,必须对其症结准确"号脉"。

这个症结的"确诊",可以从内外两个维度进行剖解。从内在维度看,主要体现在人民团体的结构—角色的失衡:在结构方面,存在代表性的聚焦度不足而出现"泛化"的弥散结构,难以精准反映群体之诉求、要求;在角色方面,由于社会角色的激发欠缺内生动力机制导致角色结构

---

① [美] V. W. 拉坦:《诱致性制度变迁理论》,载 [美] R. 科斯、A. 阿尔钦、D. 诺思等《财产权利与制度变迁——产权学派与新制度学派论文集》,刘守英等译,上海三联书店、上海人民出版社1994年版,第350—351页。
② 《马克思恩格斯文集》第4卷,人民出版社2009年版,第299页。
③ [美] 乔·萨托利:《民主新论》,冯克利等译,东方出版社1998年版,第135页。
④ [德] 哈贝马斯:《在事实与规范之间:关于法律和民主法治国的商谈理论》,童世骏译,生活·读书·新知三联书店2014年版,第215—216页。

的非均衡性。实践表明，这种结构—角色的失衡，不是一日生成的，具有深沉的历史积淀和沉积，难以在短期内扭转和消解。从外在维度看，主要体现在制度的有效供给存在一定的滞后性，难以及时满足制度之所需。

概言之，造成人民团体参与协商民主之制度困境的主要症结主要在于：人民团体的代表性出现"泛化"不聚焦、"层累"的"积淀"逻辑造成"路径依赖"、自身角色定位的"错置"造成属性结构的失衡、制度供给的"时滞"影响制度的有效性。这些症结，既有正式制度安排层面的不当设置，也有非正式制度安排方面的历史积弊。如何从制度层面予以深度破解以实现人民团体对多元社会力量的整合，如何包容多元化的个体理性以提升公共理性的主导价值，如何精确代表民意民情以强化民众对政治共同体的忠诚度，是人民团体参与协商民主建构之重要使命。

# 第七章

# 推进人民团体深度参与协商民主：
# 发展战略与生长路径

人民团体协商民主突出展现了中国特色社会主义民主区别于西方资本主义民主政治的特有形式和独特优势。工会、共青团、妇联等人民团体以及其他群团组织，作为中国共产党与人民群众密切联系的桥梁和纽带，是具体实现人民群众在日常政治生活中广泛持续参与民主决策、民主管理、民主监督的重要组织载体之一，有着其他组织形态难以相比的群众动员优势，是中国共产党的一大创举。但是，在经济社会结构深刻变革的冲击下，人民团体的适应性与创新性问题日益突出，偏离主业主责、脱离人民群众的趋向愈发严峻，特别是在协商民主这个功能向度上尤其薄弱：从关乎国家和社会治理的重大问题，到涉及所联系群众切身利益的具体事项，存在协商不足甚至是不协商的弊端。对核心议题的"无视"或者说"回避"，其消极结果不仅表现为人民团体的日益边缘化，更严重的影响是削弱执政党社会动员的真实性、层次性和有效性，消解基层社会凝聚的意愿和动力。基于这一现实，有的学者认为，人民团体功能效用的衰微是中国经济社会结构深刻转型的必然结果，随着社会部门发育的不断成熟，人民团体这种在特殊历史时期发挥特殊历史作用的组织形态应当退出历史舞台，要么由党政部门整合吸纳，要么向社会组织转型——这恰恰是本书所反对的观点。人民团体代表执政党和政府上情下达、代表联系群众下情上传的"双重代理"功能，是党组织直接动员群众或社会组织自主利益表达均无法替代的一种"中间性"协商逻辑。这种协商逻辑从正面理解是执政党与社会情感增进的纽带，反面理解也可以说是利益碰撞的一个缓冲平台。如果摘除了这种中间性组织，将会加剧社会摩擦甚至断裂的风险。此外，将政府、社会、市场部门间的大量组织形态简单归并到三大部门当中的解决方法，也不符合现代国家治理的复杂化、精细化趋向。现代国家治理体系越完善，中间性组织形态会越丰富。基于此，本书认为，人民团体"失灵"的主要问题出在中观层面的制度创新不足和微观层面的内部治理瘫痪，并非这种组织形态的存在失去合理性。在现代国家治理逻辑下，执政党与社会互动的代理型组织异常重要。① 而人民团体社会动员能力或者说"代理"能力的重塑，最终要依赖其参与协商民主的质量和效能。也就是说，对人民团体参与协商民主质量和效能的考量，应当成为人民团体转型成功与否的核心指标。

推动人民团体深度参与协商民主，主要要从两个维度加以推进：一是从人民团体自身维度加强转型，即从形态、结构、角色、机制诸方面实现整体转型；二是从外在制度环境方面优化，为其参与协商民主建构优质的制度保障体系。

## 第一节　形态转型：重构人民团体自身的组织体系

现代社会秩序的建构有赖于国家与社会之间有一定空间和界面的"舒缓"。如果一方侵蚀甚至同化另一方，虽可暂保短时的稳定，但这只是表象，因为"紊乱和不满就会在暗中滋长"②。暂时的静态稳定终究不是社会发展的常态，只有动态的均衡稳定才有可能使社会永葆发展活力。从理想的定位和方位看，人民团体居于国家与社会的"中间"，具有平衡两者关系的独特"位势"。然而，其存在的机关化、行政化、贵族化、娱乐化，表面上看是作风问题，实际上是主体方位偏置和组织网络脆化这个根本"病灶"的具体表现。因此，人民团体的形态转型关键在于矫正主体方位和重织各级网络，从而在外部形态和内部形态两个维度重构组织体系。

---

① 这也是以习近平同志为核心的中共中央高度重视人民团体改革发展的缘由所在，举行中共历史上第一次由中共中央召开的群团工作会议，并明确要求"党的群团工作只能加强、不能削弱，只能改进提高、不能停滞不前"。参见习近平《习近平谈治国理政》（第二卷），外文出版社2017年版，第307页。

② ［法］杜尔凯姆：《自杀论》，冯韵文译，商务印书馆1996年版，第210页。

## 一 主体方位矫正：从"偏上"调整到"中间"

人民团体作为执政党与社会互动的"血管通道"，天然具有政治性与社会性的双重属性。这种双重属性决定了人民团体的主体方位必然要居于国家与社会中间，具有独立的组织构造和运行系统。而在实践中，由于组织地位和人事安排等方面的保障过度化，人民团体往往"嵌入"党政机关当中，呈现出与党政机关的"体制同构性"特征。在这样的组织结构下，人民团体形成了层层对上级负责的科层体制运转逻辑，与被联系群众之间的"代理—代表"关系被抽空，其独立性和群众性也仅成为一种符号象征，参与协商民主只能是空谈、纸上谈兵。实际上，政治性并不等于行政性，以高行政级别"认证"人民团体政治地位的制度安排，实际上反而扭曲了其作为党的"外围"组织的政治功能的真正发挥。当前，亟须矫正人民团体的主体方位，从偏于甚至嵌入党政机关调整到国家与社会中间，以达成政治性与社会性的协调与平衡，赋予人民团体在协商民主过程中"真协商"和协商"真问题"的动力来源。需要指出的是，人民团体主体方位的调整切忌转型过度：过于"偏下"转向社会化，则会陷入利益表达碎片化、片面化的泥潭。如图 7-1 所示。

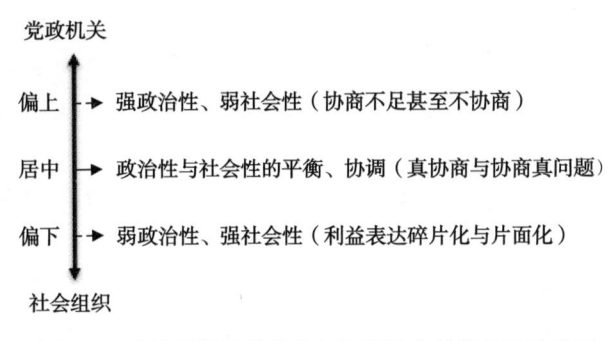

```
党政机关
  ↑
偏上 → 强政治性、弱社会性（协商不足甚至不协商）
居中 → 政治性与社会性的平衡、协调（真协商与协商真问题）
偏下 → 弱政治性、强社会性（利益表达碎片化与片面化）
  ↓
社会组织
```

图 7-1　人民团体主体方位与协商民主效能的变动关系

那么，如何将嵌入党政机关当中的人民团体拉回到国家与社会中间呢？这就需要人民团体在组织结构上进行"党进政退"的改革。"党进"指的是加强党组织与人民团体之间的联系；"政退"指的是人民团体的"去行政化"转型。

一方面，建立同级党委和人民团体党组织的议事协商制度。虽然目前工会、共青团、妇联等均有列席同级党委会议的制度规定,但实际落实不到位或流于形式,不能在党委中心工作中形成"有事真协商"的常态化机制。而其他人民团体和群团组织更缺乏参与党委议事协商的制度支持。这就导致人民团体对党的理论创新成果和政策文件精神学习不到位、传达不到位,对人民群众的意愿和诉求向党组织上传不及时、表达不通畅。因此,应当尽快出台关于加强同级党委与人民团体议事协商的制度文件,推进人民团体切实参与到同级党委的中心工作和重大相关事项决策的制定过程当中。

另一方面,下决心推动人民团体"去行政化"改革。假若过度"行政化",人民团体势必难以真正参与协商民主实践,因为其权力与权利结构出现失衡,难以公正平衡各种利益张力。人民团体"去行政化"是回归其"双重代理"与"双重负责"组织本质的必由之路,是提升其组织认同力和社会动员力的现实基础,更是克服官僚惯性、提升协商品质、规避协商低效乃至"失灵"应该重视的议题。因而,有的认为,人民团体有别于基层的民主协商和高层的政治协商,必须去除其"行政化"趋向。[①] 基于现实情势,人民团体"去行政化"转型不能一蹴而就,而应由易向难、分步骤分阶段改革。

第一阶段,解决人民团体的财源转型问题——从直接由财政拨款转向专项"基金池"拨款模式,率先从经费来源上实现"一臂间距"。"基金池"的经费来源以党费、财政经费为主,同时充分吸纳社会资金。经费来源结构的多元化与间接化,有助于拉开政府机关与人民团体之间的距离,使其逐渐从依附走向独立和自主。

第二阶段,建构开放包容的队伍结构,实现人员的社会化转型,尤其要充分吸纳被联系群众进入人民团体决策机构的比例。一个组织要有持续的生命力和强大的内生动力,应该具有开放的结构,应该能够包容、吸纳异质性的个体、群体的加入并使其在一定空间发挥"鲶鱼效应"。否则,长此以往会使组织成员产生惰性、缺乏创造力。因此,人民团体要以提升活力、增强包容力为取向,探索建构突破学历、年龄、身份、职级等壁垒

---

① 刘冰、布成良:《人民团体在中国协商民主中的作用》,《山东社会科学》2015年第4期。

和界限的干部队伍体系,① 推行"专挂兼"相结合,以使其决策结构、治理结构、项目运行更加民主化。这种改革取向,主要特点在于突出基层导向、群众取向,其核心在于突破体制边界,加强体制内外交流,在更大视域、更广场域、更宽视野吸纳人才、集聚资源、积聚力量以推动人民团体工作向纵深拓展。同时,适时理顺人民团体机构人员的人事关系,渐次逐步取消人民团体工作人员的行政级别和公务员编制。

简言之,通过经费的"间接"保障和人员的"社会化"转向,实现人民团体主体方位的矫正和调整。

## 二 组织网络重塑:"扁平化"结构密织基层组织

如果说人民团体主体方位的调整主要为了解决其与党政机关的关系,那么,人民团体组织网络的重织,则要着重解决其脱离被联系群众的问题。正如前文所述,人民团体的组织网络存在着"上层组织机关化、中层组织边缘化、基层组织空壳化"的问题,重构组织网络体系则要从以下三方面入手:一是充分利用互联网技术推动人民团体组织结构扁平化;二是通过资源下移密织基层组织,基于线上与线下渠道的联动消除人民团体与被联系群众沟通的盲点以实现直接联络到个人的全覆盖体系;三是推动组织架构从"科层制"向"扁平化"转型。

### (一) 以互联网为载体建构人民团体与所联系群众之间的即时沟通平台

互联网是推动社会变革的先导性要素,也是人民团体开展协商民主的新空间、新场域。截至 2017 年 12 月底,我国有 7.72 亿网民,比欧洲人口总数还多。互联网普及率为 55.8%,超过全球平均水平。② 以互联网为代表的数字技术正加速与经济社会各领域深度融合,"互联网+"成为促进经济社会转型的重要"推手"。"互联网+"的实质,就是跨界融合,实

---

① 值得关注的是,为了解决来源于基层且具有职工群众工作实践经历的工会干部较少、活力不足、来源单一、与基层脱节等问题,上海探索试行"遴选制"的干部选录机制:从基层组织、企事业单位、社会组织中遴选德才兼具、工会经验丰富、有工会工作激情的人员充实到工会机关。通过"遴选制",为基层工会干部创造了晋升空间和发展平台,让他们看到未来的希望和愿景,也使工会干部这"一池水"得以激活。

② 中国互联网络信息中心:《第 41 次中国互联网络发展状况统计报告》(2018 年 1 月),第 1 页。

现不同行业、不同业态、不同产业之间基于互联网这个媒介的融通融合、结构重塑、开放共享。① 当前，互联网已经深刻改变了社会互动的沟通方式与联系渠道，现实世界中的地理空间距离已经完全不成障碍。如果说在传统社会互动方式中，人民团体脱离群众的问题还存在着客观条件制约的话，那么在互联网时代，如果还存在"门难进""脸难看"的现象，则只能说人民团体办事机关的官僚主义作风，早已与人民群众产生了遥远的"心理距离"。因而，应充分运用和开发互联网的独特价值。基于对"互联网+"理念的关注，全国总工会、上海、重庆等地工会以互联网为依托建构与职工群众的联结纽带和运行机制。②

随着信息时代的来临，某些组织的结构发生"松动"，边界愈加模糊，各种传统的科层化组织结构不再能够主导政治信息的生产、传播，在实践中导致"大众政治"与多元主义之间的张力，"后科层"的政治组织成为集体行动和公共政策制定的组织基础。③ 当然，"互联网+人民团体"不是人民团体"+互联网"，不能简约化地把互联网技术仅仅运用于人民团体业务的开发、运行层面。更重要的是，运用互联网思维实现人民团体工作流程再造、创新服务供给新模式、提升维权能力。④ 其关键点在于：对群众的利益诉求能在最短时间内通过互联网渠道获取，并在最短时间内予以"消化"解决，使人民团体的服务更精细、更精准。⑤

---

① 王明哲编著：《互联网+工会：现代工会干部互联网思维与改革创新意识》，中国言实出版社 2016 年版，第 2—5 页。

② 比如，全国总工会把打造互联网工作平台作为推进自身转型、提升服务职工能力的重要平台和有力抓手，以"一片心、一沓卡、一张网、一个家"为抓手构建全国工会系统服务职工网络，实现联系网、工作网、服务网三网合一，通过互联网这个平台与职工走得更近，回应需求也更及时。参见全国总工会《关于全国总工会改革试点工作的总结报告》，2017 年 3 月 28 日发布，参见全国总工会门户网站（http：//www.acftu.org/template/10041/file.jsp？aid=93826）。

③ ［美］布鲁斯·宾伯：《信息与美国民主：技术在政治权力演化中的作用》，刘钢等译，科学出版社 2011 年版，第 20—21 页。

④ 蔡志峰等：《互联网+工会：移动互联网时代的改革创新思维》，中国工人出版社 2016 年版，第 52—53 页。

⑤ 比如，上海自贸区保税区工会把法律服务中心建在微信等新媒体平台上，既依托法律服务中心的专业性，以图文并茂的形式细致梳理高温费、带薪年假天数、加班费等职工关心但还不是非常清楚的政策，又在互动板块中把职工提出的各种困难、困惑、难题及时反馈给专业社工或律师予以解答，真正实现了及时且双向的互动沟通。参见王剑明等《"互联网+"工会的理论与实践研究——以上海自贸区保税区工会为例》，《工会理论研究》2016 年第 6 期。

**（二）通过资源下移激活基层人民团体组织的"神经末梢"**

在阿尔蒙德和维巴看来，所有政治体系的绝大多数成员都生活在基层社会的紧密团体之中，并在其中发现、发展、表达他们的感情和愿望。① 人民团体所联系的群众主要在基层。基层，是人民团体运行项目、开展活动、联结职工的基础性平台和基本性空间。② 基层组织犹如人民团体的"细胞"，人民团体是否具有活力、活性以及参与协商民主的效果、效度，也要通过基层组织这个"细胞"来体察、洞悉。可以说，基层是人民团体开展协商民主工作最广阔的天地、最直接的舞台、最现实的平台。

由于基层矛盾多发、频发、突发、并发，工作量大，责任性强，因此所需的力量和资源需要有效供给、有机整合，才能职权匹配、物事相宜。③ 长期以来，人民团体基层工作资源和工作力量不足，整合社会资源能力比较欠缺，普遍存在活动经费不足的问题，高质量、多层次的活动和培训难以有效开展。④ 因而，注重激活人民团体组织"神经末梢"、疏通人民团体在基层的"毛细血管"显得尤为重要。坚持重心下沉、下移是人民团体参与协商民主建构的发展趋向。

首先，应健全基层人民团体组织网络，改变"倒金字塔"型的人员结构模式，把人、财、物向基层倾斜，使人民团体组织网络延伸到各个阶层、各个群体、各个层面、各个领域，尤其要延伸到社会最底层、最基

---

① ［美］加布里埃尔·A. 阿尔蒙德、西德巴·维巴：《公民文化——五个国家的政治态度和民主态度》，张明澍译，商务印书馆 2014 年版，第 110 页。

② 习近平非常重视基层的地位和价值，在《之江新语》中有不少关于基层重要性的丰富论述。他对基层重要价值的判断和把握，喜欢用打比方的方式予以形象生动的说明。例如，他把基层视为社会的"细胞"，社会是否和谐要通过基层这个社会的"细胞"来观察。由于大量的信息在基层交流，各种思潮在基层激荡，各种矛盾在基层汇集，甚至一些矛盾纠纷和冲突也在基层酝酿、爆发，因而他把基层比喻成既是产生各种社会矛盾的"源头"，也是疏导各种社会矛盾的"茬口"，非常具象具体，抓住了问题的关键要害。

③ 习近平总书记在多个场合都强调，推动社会治理重心下移，把经常性具体服务和管理职责落下去，尽可能把人、财、物和权、责、利下沉到基层，使基层有职有权有物，更好为群众提供精准有效的服务和管理。对于人民团体而言同样如此，只有服务基层群众的能力提升了，人民团体的群众性才会有厚实、厚重的支撑，参与协商民主也才能更有底气。

④ 基于这种现实情势，全国总工会把全年经费收入的 95% 留在地方和基层工会，由全总本级集中 5%，并把其中的 70% 用于对下级工会的补助，重点投向基层工会。参见全国总工会《关于全国总工会改革试点工作的总结报告》，2017 年 3 月 28 日发布，参见全国总工会门户网站（http：//www.acftu.org/template/10041/file.jsp? aid = 93826）。

层。要把检查人民团体基层组织是否有活力作为一个必要的考核标准。对那些软弱涣散、丧失活力的基层组织要采取有效措施切实整顿，限期改变面貌。

其次，创新基层人民团体构建、创设形式，切实加强村（居）、企事业、流动人口人民团体组织建设。尤其是，要积极探索新区、开发区、产业园区和新经济组织、社会组织的人民团体基层组织建设新路径、新形态，促推基层人民团体工作规范化、程序化、制度化。

最后，构建基层人民团体运行的保障性制度安排，免除后顾之忧。切实帮助基层人民团体解决干部报酬待遇低、人员流动快、工作经费不足等实际困难，在基层组建能够有效开展协商民主、公共服务的专业化、职业化的队伍，力争做到有人干事、有钱办事、有章理事、有阵地做事。

### （三）推动组织架构从"科层制"向"扁平化"转型

从人民团体组织的内部架构来看，其层级结构呈倒"金字塔"形态：中央机关几百人，省级机关几十人，地级机关十几人，县级机关几人，乡镇没几人。"上宽下窄"，"上面千条线，下面一根针"等俗语，就是对这种组织结构不对称、不均衡状态的形象描述，在实践中导致人民团体直接面对所联结群众的"无力感"，难以有效因应基层群众的具体需要。① 因此，延展人民团体的"基础部位"，延伸其在基层的工作手臂，是人民团体实现组织转型的永恒课题。在访谈中，一位团委书记这样谈道：

> 被访者 V：共青团在基层感觉"没腿"！我去一些村调研，发现全都是留守老人、妇女、儿童诸类，年轻人大部分都到外面打工赚钱呢！村里虽有名义上的共青团组织，可那是个"空壳"啊！连有几个共青团员都不知道。而且，即使在乡镇层面，共青团组织也是虚设的，团委书记基本上由其他部门领导兼任，日常工作根本不是青年工作而是其他，比如拆迁啊、征地啊、招商引资啊……②

---

① 1984 年在全国团校共青团工作理论讨论会上，宋德福曾把共青团组织系统形象比喻成人的整体：团中央和省、市、区级相当于人的头部，地、市、县级相当于人的腰部，县以下的基层组织相当于人的脚。如果没有基层组织的积极有效作为，腰就摆不动，头会不清醒，脚就站不牢、走不稳。参见宋德福《共青团工作与理论研究——在全国团校共青团工作理论讨论会上的讲话（摘要）》，《团校学报》1984 年第 2 期。

② 对 S 市（直辖市）团委书记的访谈记录，访谈笔记 20160602。

科层制是现代社会提高组织运行效率的一种重要组织结构形式。但是，其规模必须限制在一定范围内，否则增加新的要素对整个组织的效率可能会带来破坏性影响。在塔洛克看来，一旦一定的组织规模过于膨胀，效率下降必然大幅度增加，最终会使其蜕化成"官僚自由企业"，改革的路径就是大幅缩减组织的规模或专门创设新的机构。① 也就是说，要使组织结构趋向"扁平化"②，推动实现从"千条线、一根针"到"千条线、一张网"转型。③

基层人民团体处在群众工作最前沿，是凝聚和服务群众的第一阵地和第一平台，工作力量不足一直是困扰基层人民团体的"瓶颈"。多年来，工青妇等人民团体的组织结构形态呈现"头重脚轻"、倒"金字塔"形，上宽下窄的组织架构使得基层资源严重不足而且运行效率较低、回应群众需求不及时。基层是人民团体开展协商民主最基本的空间，"倒挂"的组织结构是阻滞其协商民主功能开发的主要原因。因此，人民团体结构转型要解决的一个基本问题是，把颠倒的倒"金字塔"形重新倒转过来。④

首先，人民团体领导机关转型的基本轴心是职能导向，即依据职能设定机构，因事设人、因事找人。该整合的要整合，该裁并的要裁并，该精简的要精简，优化人民团体的利益代表功能，使群众能更方便得到人民团体的及时帮助和服务。只有这样，人民团体参与协商民主才能更加有效力、有支撑、可持续。

其次，在不同层级实行不同组织形态。伯恩斯和斯塔尔克以结构和运行逻辑为基准把组织划分为机械式和有机式两种品类。机械式组织等级森严，遵循命令→执行的运作逻辑，信息来源垂直分布，资源分配垂直调配，"上层人"和"下层人"很少沟通。有机式组织以松散的结构为表

---

① ［美］戈登·塔洛克：《官僚体制的政治》，柏克、郑景胜译，商务印书馆2012年版，第243页。

② 组织"扁平化"往往被认为是优化决策质量、简化治理结构、缩减科层组织层级、架设沟通路径、实施有效赋权、提升回应敏感度的一种有效的手段和机制。

③ ［英］约翰·查尔德：《组织：当代理论与实践》，刘勃译，华夏出版社2009年版，第88—89页。

④ 比如，全国总工会把精简下来的1/4机关和事业单位编制充实到任务重、资源少、力量弱的县级工会。上海市总工会内设机构从原有的13个整合为9个，重庆市总工会内设机构从原有的19个整合为13个。参见张锐、彭文卓《工会改革创新在路上——盘点2016年全国工会改革创新年的故事》，《工人日报》2017年1月13日第7版。

征，信息流和指示更具发散性，组织的整体目标优先于狭隘界定的责任，决策并非"上层人"的专属权力，每个组织成员均有解决问题的能力和权力。因而，有机式组织更适宜处理创新性市场不断变化的需求，而机械式组织则更适合于传统的、稳定的、对市场波动不甚敏感的生产形式。机械式组织与有机式组织并非截然对立。究竟是机械式组织抑或有机式组织更有益，主要取决于组织所处的不同发展阶段。在组织发展的早期阶段，机械式结构是有益的，尤其是处在变化不堪的环境之中。但是，对于已有例行程序和实践基础的成熟组织而言，向一个更为有机、更加灵活的结构转变则可以有效防止其停滞不前，使其能够适应组织环境的快速变迁。①因而，在人民团体的不同层级应建构不同的组织形态。在人民团体的中央和省级层级，更多的是一些宏观层面的事务，因此宜实行机械式组织形态。在省级以下，则适宜有机式组织形态，以直接接触群众，以专业化、社会化的运作逻辑替代机关化、行政化的工作逻辑，秉承开放、包容、共享、共商的价值理念，尝试借鉴、吸纳社会工作等专业化工作手法，提升服务群众的人文关怀、价值关怀、知识关怀、生命关怀，铲除固有的机关封闭化、居高临下的思维范式，最大限度使各样、各类社会资源获致最优化使用，以期推动群众工作事务社会化运行。当然，旧体制的结构、转型，新体制的确立、健全，需要一个长期的历史过程，需要付出艰辛的努力，有时甚至是巨大的代价，不可能是风和日丽、顺风顺水、一帆风顺。

## 第二节　结构转型：以统合主义型构"人民团体—社会组织"共同体

在古代，国家与社会是一体的。国家与社会的分离是现代社会发展的历史必然。② 哈贝马斯指出："社会的国家化与国家的社会化是同步进行的，正是这一辩证关系逐渐破坏了资产阶级公共领域的基础，亦即，国家

---

① ［英］安东尼·吉登斯、［英］菲利普·萨顿：《社会学》（下），赵旭东等译，北京大学出版社 2014 年版，第 790 页。

② 马克思对古典市民社会与政治社会高度同一的性质作出准确的描述："中世纪的精神可以表述如下：市民社会的等级和政治意义上的等级是同一的，因为市民社会就是政治社会，因为市民社会的有机原则就是国家的原则。"参见《马克思恩格斯全集》第 1 卷，人民出版社 1956 年版，第 334 页。

和社会的分离。从两者之间,同时也从两者内部,产生出一个重新政治化的社会领域,从这一领域摆脱了'公'和'私'的区别。它也消解了私人领域中那一特定的部分,即自由主义公共领域,在这里,私人集合成为公众,管理私人交往中的共同事务。"① 由于市场经济的不断发育以及由此催生的现代社会的诞育,国家与社会的边界逐渐清晰,市民社会逐步成为政治国家的现实基础并从根本上决定国家权力运行的方向和取向。② 在现代社会,人们对建构、创设、运行社会组织的益处有着非常清醒的认识,因为这是现代性的重要特征。③ 人们试图通过自发并且非强制性建构起来的社会结合的多层次、多结构网络,为实现人的价值和尊严供给场所和空间,这无疑将使现代民主理论产生"新的转折的可能性"④,原因主要在于:经由这种个体之间的联合行动,创造出社会主体间协同治理的结构形态,给自上而下的僵化等级体制注入新的活力"因子"。⑤ 更重要的是,这些组织提供了从社会关怀到政治关怀的"纽带"。⑥

相关领域社会组织的涌现及其踊跃,不仅直接影响人民团体自身组织体系的重构,也直接影响其与所联结社会群体之间的关系建构。因此,如何处理好人民团体与相关领域社会组织之间的关系,不仅关乎社会组织作为一种"社会势力"的生长空间,也关乎人民团体的结构转型和功能转型,日益成为协商民主体系建构的重要现实议题。由是,人民团体参与协商民主建设需要重视与相关社会组织的联结、"连接"。

---

① [德]哈贝马斯:《公共领域的结构转型》,曹卫东等译,学林出版社 1999 年版,第 171 页。

② 即"决不是国家制约和决定市民社会,而是市民社会制约和决定国家"。参见《马克思恩格斯全集》第 21 卷,人民出版社 1965 年版,第 247 页。

③ [美]罗伯特·A. 达尔:《多元主义民主的困境——自治与控制》,周军华译,吉林人民出版社 2011 年版,第 31 页。

④ [日]加藤节:《政治与人》,唐士其译,北京大学出版社 2003 年版,第 154—155 页。

⑤ 无独有偶,美国学者唐·艾伯利曾言:"在 21 世纪来临之际,一个最重要的变化也许是市民社会的非政府部门(有人也称作志愿部门、社会部门)的重新发现。如果说 20 世纪目睹的是市民社会受到有意无意的忽略以至于日趋没落的过程,21 世纪也许代表了它的元气的恢复。"(参见[美]唐·艾伯利主编《市民社会基础读本——美国市民社会讨论经典文本》,林猛、施雪飞、雷聪译,商务印书馆 2012 年版,第 3 页。)21 世纪以来社会组织的生长态势似乎验证了这一研判的战略前瞻性。

⑥ [美]伊森·里布:《美国民主的未来:一个设立公众部门的方案》,朱昔群、李定文、余艳红译,中央编译出版社 2009 年版,第 152 页。

## 一　社会组织的成长：积极抑或消极

由于现代社会的复杂性、风险的多变性、主体的多元性，观念的形塑、共识的达成、理念的熔铸、价值的协调更多发生在公共空间、公共场域的互动之中。哈贝马斯一再强调，公民通过在公共领域交往行动而生成的公共舆论，为协商民主之建构提供了空间和可能。① 质言之，协商民主的建构和建设，需要基于一定的社会基础。这个社会基础主要包括三个方面：一是社会主体，即形色各异的社会组织、各具特色的"自组织"、五花八门的传媒介体；二是社会结构，有广泛包容性、适度流动性、相对稳定性的阶层结构，有庞大的、均质化的中等收入群体，有相对平衡的利益协商结构，有公平与效率有机统一的收入分配结构；三是社会心理，即在社会层面培育相互妥协、宽容、支持、增益的心理结构，避免对抗、冲突、势不两立的消极戾气和非此即彼、非黑即白的形而上学思维范式。社会基础犹如金字塔的基座、底盘，给位于塔尖、顶部的协商民主提供厚实深重的支撑，使其坚如磐石、坚不可摧。社会基础又如树根一般，越积越厚，越积越深，为协商民主提供源源不竭的资源补给。② 树大根深。协商民主要长成参天大树，其社会基础一定要非常深广、深厚，这为社会组织的深度发展提供了深邃的发展空间。社会组织是协商民主有效运行的现实社会基础。在协商民主的诸条件中，社会基础是最具基础性的条件。它既不如经济条件具有决定性的作用，为协商民主的建构、建设提供持续不断的资源支撑，也不如政治条件具有先导性的作用，对协商民主的运行直接产生影响。相反，如果社会组织不能有序致力于协商民主建设，将会使协商民主制度有效运行的社会基石"风化"甚至遭受破坏。比如，当代泰国就面临此突出问题。③ 正如达尔所言，社会组织的有序运行在很大程度

---

① ［澳］约翰·S. 德雷泽克：《协商民主及其超越：自由与批判的视角》，丁开杰等译，中央编译出版社 2006 年版，第 17 页。

② 徐行主编：《当代中国协商民主的制度化建设》，南开大学出版社 2017 年版，第 282—283 页。

③ ［加拿大］埃里克·马丁内兹·库恩塔、艾姆·辛朋：《泰国民主的倒退：公民社会与政治体制的矛盾角色》，姚健、邓丽娜译，《南洋资料译丛》2015 年第 4 期。

上取决于民主程序的优化和健全。①

从现实的维度来看,改革开放以来特别是中共十八大以来,党和国家事业发生历史性变革、取得历史性成就,中国特色社会主义进入了新时代。与此相应,中国社会组织发展也进入新时代,呈现出以下三个特点:第一,社会服务机构"异军突起",于2016年在总量上首次超过社会团体,占据社会组织"半壁江山",日益成为最有生长潜力、最具开掘空间的社会组织形态。社会服务机构从2012年的22.5万个增加到2017年的39.7万个,短短5年间增加了17.2万个,年均增长量从之前的1万多个增长到近年来的3万多个,年均增长率达12%。从其内部结构看,民办学校与民营医院加起来占到近七成。民营医院的发展较为平稳,从2012年的2.1万个增加到2016年的2.5万个,只增加了0.4万个,然而从其在整个社会服务机构总量上的比重来看却呈现出逐年下降的趋势,从2012年的9.3%降至2016年的6.9%。相对而言,民办学校的发展较快,从2012年的11.7万个增加到2016年的19.9万个,增加了70%,占到了整个社会服务机构总量的55.1%,已经成为中国教育事业的重要一极。根据2016年全国教育事业发展统计公报,民办幼儿园占所有幼儿园总数的64%,民办普通高中占全国普通高中总数的20.8%,民办中等职业学校占全国中等职业学校总数的19.4%,民办高校占全国普通高校总数的28.6%。② 可以看出,在高级中等教育、职业教育、高等教育尤其是学前教育领域,民办学校已是中国教育事业名副其实的重要组成部分。第二,基金会尤其是非公募基金会发展异常迅猛。全国基金会数量从2012年的3029个增加到2017年的6323个,年均增长率在两位数以上,增长速度快,增量明显。尤其是自2011年非公募基金会的数量首次超过公募基金会的数量后,以较快的速度继续发展,年均增长20%以上,已是公募基金会数量的2倍多。当然,非公募基金会的发育、发展与一个地区的经济

---

① 只要民主程序在像民族国家那样大规模的国家当中被采用,自治的组织就一定会产生,然而,这些组织并不仅仅是民族国家政府民主化的直接结果,它们对于民主程序自身的运行、对于使政府的高压统治最小化、对于政治自由、对于人类福祉也是必需的。参见[美]罗伯特·A. 达尔《多元主义民主的困境——自治与控制》,周军华译,吉林人民出版社2011年版,第1页。

② 参见教育部门户网站(http://www.moe.gov.cn/jyb_sjzl/sjzl_fztjgb/201707/t20170710_309042.html)。

发展存在明显的"正相关"关系：经济发达地区非公募基金会发育早、发展快，反之亦然。第三，社会团体平稳发展，工商服务类、社会服务类、文化类、体育类发展较快。社会团体数量从2012年的27.1万个增加到2017年的35.2万个，年均增长万把个，与往昔的年均增长几千个相比有一定飞跃。服务农业农村发展领域的社团一直以来是社团的"第一大户"，占据社团总数的一成以上。进入新时代，工商服务、社会服务、文化、体育这四大类政治性较不敏感的社团发展较快，近年来社团的增量主要靠这四大类在支撑。工商服务类社团从2012年的2.7万个增加到2016年的3.8万个，社会服务类社团从2012年的3.8万个增加到2016年的4.8万个，文化类社团从2012年的2.5万个增加到2016年的3.5万个，体育类社团从2012年的1.5万个增加到2016年的2.5万个。① 这四类社团活力较强，展现出旺盛的生命力，这与相关部门相关政策的推动、培育有一定关联。目前，国际上衡量一个国家社会组织发育程度的核心指标是每万人拥有的社会组织数量。按照这一指标计算方法，中国每万人仅拥有5个社会组织，不仅远低于发达国家50个的平均数，也低于发展中国家10个的平均数。同时，当前无论是社会服务机构抑或基金会，均把主要资源用在教育领域。一半以上的社会服务机构是民办学校，非公募基金会六成以上的项目、公募基金会近四成的项目，总共加起来基金会一半的项目聚集于教育事业发展。这种"扎堆"聚焦教育场域对于推动教育事业持续发展意义重大。然而，社会事业的发展是全面的，今后社会组织的项目领域应不断拓展，服务品类应更加多元化，服务项目应更加多样化，服务结构应更加多维化，从而更好推动社会全面进步、人的全面发展。

从思想史的维度看，对于社会组织的认识和理解，不同思想家的思想倾向不一。比如，卢梭称为"派系"或"社团"，对其存在忧心忡忡，而托克维尔则称为"协会"并赞扬其对民主、平等、文明的不可或缺的独特价值。② 对于马克思主义研究者而言，应秉持辩证思维，理性客观看待

---

① 《2016年社会服务发展统计公报》，参见民政部门户网站（http://www.mca.gov.cn/article/sj/tjgb/201708/20170815005382.shtml）。

② ［美］罗伯特·A. 达尔：《多元主义民主的困境——自治与控制》，周军华译，吉林人民出版社2011年版，第23页。

社会组织的功能结构,尽量克服对其的极端认识、"极化"认知。① 极端化倾向是一种形而上学的观点,难以做到中立、客观,其消极效应是明显的:如若仅关注其消极效应而看不到其积极功能,就会对其悲观失望、严加防范;只注重其正向功能而遮蔽甚至漠视其负面效应,就容易对其预期偏高、脱离实际。依据唯物辩证法,基于社会组织在中国的成长现状,以发扬其积极的面向,规避其负面的效应,予以理性客观对待。

在中国,社会组织与政府不是对立的对手关系。社会组织是公共服务供给的重要资源和关键要素,不要狭隘地、主观地将社会组织与政府片面对立起来。这种形而上学的思维逻辑要不得。在高度多元的当代社会,作为各类社会利益结构的重要组织"节点",人民团体在实现分化利益的整合、协调方面具备扎实的社会基础和组织基础。当然,一个朝气蓬勃的市民社会和功能完备的共和政体,只有在公民具有高尚的道德和坚定的意愿的条件下才有存在的可能。②

## 二 建构社会组织共同体

在社会网络理论看来,一个组织的存在,不是一个孤立实体的实存形态,相反,与其他组织、其他介体发生千丝万缕、难以割舍的勾连。可以说,组织是一种"网络",这种"网络"由不同的"网点"构成的不同"网格"紧密织就。③ 组织之间的关系构成社会网络的本质和实质。④ 人民团体并非生活在真空之中,也有一定的社会网络,其中,相关领域的社会组织(比如劳动关系领域的劳工 NGO,青年事务领域的青年社会组织,女性事务领域的女性社会组织,科技领域的科技社团,侨界领域的涉侨组

---

① 当下,在有的人的思维范式中,把社会组织视为"反政府组织",因此对之培育发展心存疑虑甚至芥蒂。同时,有的过分夸大社会组织的积极效应,把其看得"神通广大"、无所不能,给予过高的道德期待、神圣光环。这种期待、期许一旦形成"思维定式",当现实中社会组织的某些问题被曝光,其"恶名"势必过分"放大","污名化"就在所难免。

② [美]马克·莱文:《民主的假面:即将逝去的美国光环》,赖超伟译,中信出版集团2017年版,第11页。

③ Barnes, J. A., "Graph theory in Network Analysis", *Social Networks*, 2003 (5), pp.235-244.

④ 在社会网络理论看来,行动者之间的关系是首要的,行动者自身的属性则退居其次。也就是说,社会网络理论的关注焦点是深入分析行动者之间的关系。这种分析方法,消解了社会学中长期以来存在的个体与社会、行动与结构、主观与客观的二元分立问题,社会网络构成了弥合二元分立的纽带、枢纽。

织等）就是一个重要的"行动者"。如何型构人民团体与相关领域社会组织之间的关系，要善于借船出海、借梯登高、借势发力。经过反复思考，笔者认为统合主义的思想要素值得借鉴。统合主义与自由主义的最大差别在于凸显国家与公民社会的"中间层"——功能团体的价值和功能。在统合主义看来，市民社会虽必接受国家的干预，但国家非经改良仍可以为恶，改良的办法在于建立以产业、行业为基本单元的功能性团体。功能性团体的建立，构建了纵条有机结合的组织体系，割裂、切断了以利益、地位为基础的横面块状的组织联合，将影响政治秩序的矛盾分配到各功能团体内部去"消化"、化解。① 涂尔干以前的模型是"个体—社会"，后来改成"个体—次级群体（职业团体、法人团体）—国家"，这个次级群体就是现在所谓的法团（国家法团或社会法团）。②

因而，可以把人民团体与相关领域社会组织的关系用统合主义的框架进行框定，由此型构"人民团体—相关领域社会组织"共同体。这种共同体的建构至少有以下五点好处：

其一，有利于人民团体与相关领域社会组织之间相互信任、合作关系的建构。不得不承认，当前两者之间存在一定程度的互不信任甚至敌对的情绪，人民团体不信任社会组织，社会组织亦不信任人民团体。长此以往，十分不利于两者在社会公共事务方面的有效合作，也不利于特定社会群体的健康成长。互不信任感和狭隘的忠诚感意味着社会组织化的缺失。③ 在滕尼斯看来，共同体是一种"生机勃勃的有机体"，成员在此持续互动、共同生活、和睦相处。④ 因而，最有机的生长形态一定不是通过理性自利的个体而是由个人组成的群体实现的，因为他们本就是一个道德共同体，从而相互合作起来更有效率。⑤ 因此，在人民团体这个共同体平

---

① 张清等：《非政府组织的法治空间：一种硬法规制的视角》，知识产权出版社2010年版，第33页。

② ［法］涂尔干：《职业伦理与公民道德》，渠敬东译，商务印书馆2015年版，第1—60页。

③ ［美］塞缪尔·P.亨廷顿：《变化社会中的政治秩序》，王冠华、刘为等译，上海人民出版社2008年版，第31页。

④ ［德］斐迪南·滕尼斯：《共同体与社会：纯粹社会学的基本概念》，林荣远译，北京大学出版社2010年版，第45页。

⑤ ［美］弗朗西斯·福山：《信任：社会美德与创造经济繁荣》，郭华译，广西师范大学出版社2016年版，第25页。

台建构相互信任的社会机制很有必要。帕特南通过考察意大利公共生活的盛衰史提醒道:"对于公民共同体来说,至关重要的是,社会能够为了共同的利益而进行合作。"① 从某种意义上说,人民团体也是一种公民共同体,是"在一种或几种共同的态度基础上,为了建立、维护或提升具有共同态度的行为方式的团体"②。因而,基于共同的态度、共同的行为方式结合在一起的团体能够就有关共同关注的议题表达意见、参与倡议、提出诉求,在某种程度上能深度影响公共决策的制定与执行。

其二,可以凝聚、整合成一种"新力量",正如恩格斯所指出的"许多人协作,许多力量融合为一个总的力量,用马克思的话来说,就产生'新力量',这种力量和它的单个力量的总和有本质的差别"③。人民团体与社会组织之间合作关系的建构,能够使双方均获得好处,这种好处是他们不合作或合作"失败"时难以获致的,而"作为这一合作的一种必要手段,政治组织曾经是且将仍然是有益的"④。由是,人民团体在这种合作关系建构中的独特主导价值更需加以激活。

其三,能够为民主政治创造社会基石。公民是现代政治参与的重要主体,离开公民参与的政治体系是不完整、不健全的。科恩和阿雷托也高度关注市民社会中制度化的"权利结构",认为现代市民社会的组织原则既不是与正式法律制度相联系,也不是与实在法的制度化相关联,而是与基本权利的制度化相联结,可以市民社会的制度化领域为焦点划分出五种"权利综合体"。⑤ 这五个"权利综合体"的内在关联,从某种程度上决定着制度化了的市民社会的类型。因此,以人民团体为轴心、以相关领域

---

① [美]帕特南:《使民主运转起来——现代意大利的公民传统》,王列、赖海榕译,江西人民出版社 2001 年版,第 215 页。

② [美]杜鲁门:《政治过程论》,陈尧译,天津人民出版社 2005 年版,第 37 页。

③ 《马克思恩格斯文集》第 9 卷,人民出版社 2009 年版,第 133—134 页。

④ [英]丹尼斯·C. 缪勒:《公共选择理论》,韩旭等译,中国社会科学出版社 1999 年版,第 48 页。

⑤ 即涉及文化繁荣的权利综合体(思想自由、出版自由、言论自由、沟通自由),保障社会整合的权利综合体(结社自由和集会自由),保证社会化的权利综合体(保护隐私、私人关系以及人身不受侵犯),位于市民社会和市场经济(财产权利、契约权利和劳动权利)之间的权利综合体,位于市民社会和现代科层制国家之间的权利综合体。参见[美]简·科恩、安德鲁·阿雷托《社会理论与市民社会》,邓正来译,载[英]J. C. 亚历山大编《国家与市民社会——一种社会理论的研究路径》,中央编译出版社 1999 年版,第 25 页。

社会组织为外围构造出来的社会网络，能为公民参与现实协商民主生活提供基本平台和渠道，能为统治权力获得"承认"和规避合法性危机、认同危机提供新的可能。①

其四，可以建构有序博弈的利益协商平台。在马克思看来，市民社会不仅是不同个体私利之间互相争斗的"战场"，亦是个体私利与群体共同体利益角逐的"舞台"，也是个体私利、群体共同体与政治国家博弈乃至冲突的直接平台。② 可以说，在市民社会这个空间里，充满了无数的利益博弈和冲突，是个"是非之地"，因而需要一定的结构与制度的约束、规约，否则，纷争难以避免。③ 福山指出，高度发展的市民社会也可能成为民主的危险因素，甚至可以导致政治衰败。比如，基于民族或种族的"沙文主义"群体会散播不容忍的极端化偏见，利益群体会尽力追求"零和"的租金，经济冲突和社会冲突的极度政治化会使社会瘫痪并破坏民主制度的合法性基础。④ 无独有偶，阿尔蒙德也认为，当一个社会的公众难以经由建构组织或使用现成的组织载体有效表达利益诉求时，即使一个非常偶然的因素都可能引发公众以非理性甚至出乎意料的方式把长期郁积的不满情绪予以发泄。⑤ 对社会组织的这些劣根性和破坏性，只有建构组织化的整合平台进行有机协调，才能增进社会秩序的构建和维系。

其五，使人民团体成为党联结社会组织的一个重要"介体"。党对社会各方面的领导不仅点多而且面广，难以统筹考虑到各种不同类型的社会组织。如果能使这些大大小小的社会组织成为人民团体的"眼线""触

---

① ［法］让·马克·夸克：《合法性与政治》，佟心平、王远飞译，中央编译出版社2002年版，第12页。

② 马克思在《黑格尔法哲学批判》中曾深刻指出："市民社会是个人私利的战场，是一切人反对一切人的战场，同样，市民社会也是私人利益跟特殊公共事务冲突的舞台，并且是它们二者共同跟国家的最高观点和制度冲突的舞台。"参见《马克思恩格斯全集》第1卷，人民出版社1956年版，第295页。

③ 有的学者认为，结构不仅限制人的行动，而且也使人的行动成为可能；个体的自由或行动的能动性正是由于受到结构的制约才成其为可能；如果没有对于个体行动一定程度的制约，人类个体的自由实际上也将由于缺乏必要的合作游戏规则而终归于无。参见谢立中《社会理论：反思与重构》，北京大学出版社2006年版，第136页。

④ ［美］弗朗西斯·福山：《政治秩序的起源：从前人类时代到法国大革命》，毛俊杰译，广西师范大学出版社2014年版，第427页。

⑤ ［美］加尔里埃尔·A.阿尔蒙德等：《比较政治学：体系、过程和政策》，曹沛霖等译，上海译文出版社1987年版，第202页。

须"的话,那么,党对社会的领导力、控制力、整合力、动员力将会进一步增强。

基于上述分析,构建以相关领域社会组织为支撑、以人民团体为"纽结"的组织体系很有必要。在斯托克看来,实行治理将会使参与者形成自治性的结构化网络,这有助于基于功能区分化而把不同利益群体予以联结。[1] 人民团体与相关领域社会组织既存在竞争空间,也具有互补际遇:竞争性预示着两者在特定议题、特定领域需要相互妥协、协商,互补性蕴含着两者具有合作的机会结构和共治空间。[2] 因而,以人民团体为轴心的社会组织共同体的有机建构,对于及时回应群众诉求、协调群体冲突、优化利益分配结构具有基础性价值。

## 三 搭建以人民团体为轴心的社会协商平台

在涂尔干看来,如果想在各式各样的经济职业中确立共同的职业道德和法律准则以替代支离破碎、混乱一团的法人团体的话,就要建立一种更加完善的组织群体。[3] 也就是说,基于分化、分离、分立、失范的行业、职业、产业情势,需要对组织进行"再组织化"。在现代社会、市场经济环境下,对社会的组织化程度、要求越来越高。在当代中国,人民团体是担负这个"再组织化"的最合宜的组织载体。

社会组织与人民团体具有不同的价值基础和利益取向,既有一致的面向,亦有张力的时刻。以特定共同体成员偏好为取向的社会组织,自然而然要保全其成员的共同利益。以更大范围群体成员利益为取向的人民团体,理所当然也要关照其社会群体的期望。在张力之

---

[1] [英]格里·斯托克:《作为理论的治理:五个论点》,华夏风编译,载俞可平主编《治理与善治》,社会科学文献出版社2000年版,第43页。

[2] 有效处理人民团体与相关领域社会组织之间的关系存在深刻的竞合关系,对于实现社会良性治理、有序运行具有积极意义。从人民团体自身组织结构建构机理来看,社会组织愈益成为其活动场域的新平台、新对象:社会组织对个体化群众进行"一次方"整合,人民团体对社会组织进行"二次方"整合,既契合、满足了人民群众个体化的多元、多层的利益偏好,又有机整合了多样化、异质性强的社会组织样态。人民团体之组织使命,决定了其功能和角色不仅体现在其组织架构的强大或拥有资源的禀赋,更应体现在自身素质的提升与引领相关社会力量的"能量"层级上。

[3] [法]埃米尔·涂尔干:《社会分工论》,渠东译,生活·读书·新知三联书店2013年版,第19页。

时，理性的纾缓路径是公共协商，即通过建构一定的协商空间就共同关怀的议题自由讨论、理性争辩，以增进公共权威的合法性基础。以人民团体为轴心平台，搭建公民与人民团体、社会组织与人民团体以及社会组织与国家机关的协商界面，对于国家协商民主体系和秩序的建构与拓展大有裨益。

第一，搭建公民参与人民团体工作的协商平台。在新公共服务看来，公民参与并不局限于政府优先考虑的事项，更应鼓励普通公民积极参与政策制定、政策运行、维护公民权益过程的各个方面、各个环节、各个阶段。通过公民的主动有效参与，逐渐激发公民的主体自觉，使公民感受到自己是国家的公民而非国家的"顾客"。正是在这种公民与公共部门的有机、良性互动中，公共服务才真正有价值、有意义。① 公民是否有兴趣、能否有机会参与人民团体组织的协商活动，最根本的是要有合适的协商平台、瞬即的交流通道、充分的展示空间。②

第二，注意在"联系""服务"中完善"引导"机制。调研访谈过程中我们觉得在基层人民团体的实际运行中存在这样一个突出问题，即过于注重对相关领域社会组织的"联系"和"服务"而忽视"引导"的战略价值，主要表现在：项目运行娱乐化色彩浓，忘记"吹拉弹唱"背后的导引功能；人民团体的标识没有在项目活动中显现，没有在联系群众过程中留下人民团体的印痕；没有让通过竞争性购买服务的社会组织在项目运行中突出人民团体的资助符号，导致受助群众误以为只是这些社会组织在做事。这样做，很容易使社会组织"异化"甚至衍化为利益集团，对此人民团体必须保持高度警惕，决不能被它们"绑架"，甚至成为它们的"俘虏"。如果人民团体的干部成了它们的"代理人"，则必会被人民抛弃！所以，在购

---

① ［美］珍妮特·V. 登哈特、罗伯特·B. 登哈特：《新公共服务：服务，而不是掌舵》，丁煌译，中国人民大学出版社 2004 年版，第 110—111 页。

② 比如，上海闵行团区委大力建设"青年议事会"，围绕党政所需、青年所急、共青团所能创造性地设计青年参与、惠及青年的工作项目，广泛开展青年关心问题大讨论，梳理出公共交通、区域环境、外来人口、公建配套、社会治安、公共文化、养老就医、青年创业、商业配套、心理健康十大问题，为区委区政府决策提供参考。又如，上海团市委把 2015 年 20 项重点工作放到网络让青年直接评议，基于评议结果确定 2016 年十大重点工作项目。参见共青团上海市委办公室编《夯实平台立足社区巩固阵地——闵行团区委打造工作链条激发基层工作活力》，《上海共青团改革动态》2016 年第 5 期。

买服务项目中要灵活实现对社会组织的引导和把控。① 人民团体在加强与相关领域社会组织的协商时，应突出服务和政治引领这两个基本定位。如果只注重服务而忽视政治引领，协商民主就会跑偏方向；如果只注重政治引领而忽视服务，协商民主的弹性、韧性、活力可能会不足，难以契合社会组织的内在需求。所以，明智的方略是在服务中巧妙进行引领。②

第三，准确界定和厘定人民团体在相关领域的独特优势和作用空间，不宜"眉毛胡子一把抓"，该"抓手"的场域和群体要牢牢握在手心，该"放手"的领域"赋权"给相关领域社会组织去抓，有所为有所不为，有退有进，有入有出。尤其是，在当下要强化其社会角色的复归和社会功能的开发，使人民团体的人民性更加彰显。只有人民团体实现对相关领域社会组织的有机协调并形成有吸引力的纽带时，才能对社会具有吸引力和凝聚力。③

第四，搭建党委、政府相关部门与相关社会组织的制度化"枢纽"协商机制。④ 有效激发人民团体在现代国家治理结构体系中"中介"功能，及时把社会的声音传递给国家系统。同时，从人和物两个方面对社会组织进行"政治吸纳"和"经济吸纳"：从人的政治吸纳方面看，鼓励人民团体把德才兼备、对经济社会发展贡献大、社会公信力高的社会组织负责人吸

---

① 事实上，如何实现服务和引导的有机统一，也是考验人民团体工作业绩、工作品质、工作能力的重要衡量标尺。联系→服务→引导，缺一不可，是一个前后相连、互相渗透的"链条式"结构，既不可互相替代，也不能互相对立。

② 因此，在政府相关部门、人民团体购买服务项目中必须要把握好对社会组织的有效引导，坚持政治站位。在做好联系、服务的同时始终要紧绷"引导"这根弦，促进社会组织坚持正确政治方向。

③ 正如美国学者布劳所指出："一个群体的形成包含着整合纽带的发展，这种纽带将个体们团结在一个集体单位中。这些就是社会吸引的纽带。个体们彼此之间的吸引力以及作为一个整体的群体对个体们的吸引力越大，特别是如果交往对他们的内在吸引力引起了共同的认同，那么这个群体就越凝聚。同样，对于一个想融入一个现存群体之中的新成员来说，要求在他和群体的其他人之间形成社会吸引的纽带。一个群体对一个人的吸引力激起他成为其成员的愿望，但只有当他证明了自己对群体的其他成员具有吸引力时，他才能实现这种愿望并获得社会承认。"参见［美］彼得·M. 布劳《社会生活中的交换与权力》，李国武译，商务印书馆 2012 年版，第 77 页。

④ 调研中不少社会组织负责人反映，政府部门往往把社会组织看作客体、被管理对象，对社会组织在协商民主中的地位没有给予应有的尊重和重视，征求意见往往图形式、走过场，即使社会组织提了意见建议也没有反馈。"逐步探索社会组织协商"不应仅停留于口号倡导层面，而应在实践层面搭建制度化的平台，人民团体在这方面可以发挥"牵线搭桥"的作用，有效引导社会组织有序开展协商。

收到其组织体系之中并给予重点培养；从物的吸纳方面看，倡导人民团体以以奖代补、委托服务、购买项目诸多创新性方式培育社会组织健康成长。

## 第三节 角色转型：促进人民团体角色衡平

人民团体要在协商民主建设中发挥作用，自身的角色定位、角色转型也非常必要。近年来，随着中央"四号文件"[①]的印发以及相关学者的解读，学界关于人民团体参与协商民主的相关研究逐渐"升温"。虽然研究视角不一、研究取向不同，但在以下两个视点方面几乎存在高度共识：①人民团体既非属于"国家"结构，亦非完全属于"社会"力量，而是介乎"国家"与"社会"之间的中介性平台、"中间地带"，在国家治理、社会治理、协商民主、公共服务、文化复兴诸领域均可发挥效能、施展"能量"，因而，推动其有效转型至关必要，其存在和发展的价值蔚为可观并值得乐观预期；②基于人民团体的"体制内"制度结构定位以及由此生成的"官方"身份，其在运行过程中呈现出高度的行政化、官僚化"色彩"，因而，这在相当大程度上触发其功能的结构化转型。[②] 从这两点共识出发，研究者往往乐观地预期：只要去除人民团体的"官方"身份结构，还原其本真的社会组织的社会性，中国的人民团体将能以更主动的姿态、更自觉的状态、更有为的形态参与协商民主并展现其独有的历史底蕴、独特的行动价值、独到的运行逻辑。然而，从实际的运行情势来看，人民团体的转型远非理论预设的那般单一化，其"实然"的功能形态与运作取向是非常复杂且多样化、多向度、多层次的。对这种复杂性的剖解，首先需要对其功能结构进行深度分析。

组织社会学认为，一个组织的功能并非亘古未变，相反，必须基于历史的演展、时代的变迁、社会的形塑而不断转型。作为一类具有中国特色的社会组织形态，人民团体的功能要素自然而然要与其生存、生活环境保持适度的适应性，方能葆有旺盛的活力、成长力。根据对改革开放以来人

---

[①] 即《中共中央关于加强和改进党的群团工作的意见》，2015年1月8日印发。

[②] 相关研究成果参见：褚松燕《在国家和社会之间——中国政治社会团体功能研究》，国家行政学院出版社2014年版；梁丽萍《政治社团的发展与社会主义民主政治建设》，中央编译出版社2015年版。

民团体功能要素及其结构的演变轨迹的考察可以得出这样一个明确的结论，其角色结构经历了3次深刻转型：第一次转型是从以政治社会化角色为轴心转向以维权为轴心，第二次转型是从以维权为轴心转向以服务群众为轴心，第三次转型是从以服务群众为轴心转向以组织整合群众为轴心。如果说政治社会化、组织整合角色对应的是政治角色的话，那么，维权、服务群众则对应的是其社会角色。

第一次角色转型是从以政治社会化角色为轴心转向以维权为轴心。中共十一届三中全会尤其是20世纪80年代末90年代初，人民团体开启了自身功能结构化转型的历史性征程、迈出了深化改革创新的第一步。这一阶段功能转型的关键词是"维权"，核心取向是维护所联系群众的合法权益，重视开发作为人民团体的代表、维护功能。这次功能转型的理想图景集中呈现在1988年的《工会改革的基本设想》《关于共青团体制改革的基本设想》《关于妇联体制改革的设想》之中。这些设想的总体框架结构主要包括基本目标和实现路径两大板块。根据原初的构想，从1988年到1993年这五年，既是人民团体体制改革的"过渡阶段"，也是人民团体实现角色结构由政治社会化为轴心向以维权为轴心转型的关键时期。然而，由于人民团体体制改革是整个国家政治体制改革的一个重要方面，之后由于1989年"政治风波"的影响，人民团体体制改革基本停滞，其突出体现是中国共产党加强对其的全面统一领导和积极控制，在某些方面修正了设想中的"设想"。这主要体现在以下两个方面：一方面，在国内重要场合突出强调党的领导的优先重要性；另一方面，及时回应一些社会主义国家人民团体转型的新动向，把维护群众权益基于党的领导之下。① 因而，这次角色转型的深刻价值是提出了维权的议题，维权角色仍服务于政治角色。人民团体的角色定位更多呈现的是政党的政治逻辑。由此，从20世纪90年代初开启了第二次角色转型的征程。

第二次角色转型是从以维权为轴心转向以服务群众为轴心。如果说人民团体第一次角色转型的关键词是"维权"，即代表和维护群众的具体利益的话，那么，第二次角色转型的关键词则是"服务"，即服务群众。只有提供的服务是有效的、优质的，才能在特定群体中站稳脚跟、赢得人

---

① 参见中共中央党史研究室《中国共产党的九十年》，中共党史出版社、党建读物出版社2016年版，第766—780页。

心。事实上，提倡服务的价值取向，这也是当代新公共服务所倡导的核心价值理念。①"服务"成为这个历史阶段人民团体功能形态的核心"关键词"，成为区别于80年代人民团体功能的一个鲜明表征。在20世纪90年代，人民团体的维权角色得到继续强化、加强，在有的维权具体场域迈出了大步伐，而服务则成为这个阶段的新取向、新趋向、新生长点，这正是唐斯所谓的"官僚组织"职能的多样化是其持续生存的"密码"所在。②以服务群众为角色定位，是当代人民团体的核心价值追求。这种追求，不仅基于社会主义市场经济的发展所引发的社会群体结构的分化，而且基于执政党的执政转型及其对人民团体转型的客观需要。因此，基于服务群众为取向的人民团体之转型，不是一般意义上的角色转型，而是包括结构形态、价值形态、制度形态在内的全方位转型。显然，这种转型不是单靠人民团体自身的力量和资源所能达到的，而必须实现与经济体制改革、社会体制改革等的有机衔接，并充分借助这些体制性改革所创造的要素、资源推进其全面转型。

进入新时代，人民团体开启了第三次转型的新征程，从以服务群众为轴心转向以组织整合群众为轴心。在新时代，人民团体面临的重大挑战就是基层组织在组织建构方面薄弱之状况尚未得到根本改观，而且组织网络的有效覆盖面之不足依然突出。由此，从2015年11月始，全国总工会以及上海、重庆等地的人民团体改革正式拉开帷幕，希冀加强并强化、夯实基层人民团体的力量、资源，希冀改变基层力量薄弱、地位不彰的困境，采取的主要举措有：组织架构从"科层制"向"扁平化"的初步转型，实行人民团体干部"专挂兼"相结合，创设鼓励群众参与的有效机制，建立人民团体干部直接联系群众制度安排，探索联合工会、共青团、妇联等人民团体创建一体化的服务阵地等。

社会角色与政治角色并非相互替代、非此即彼，而是相互支撑、相辅相成、相互促进、相互增能。值得指出的是，强调某一角色的优先性并非忽略其他角色的重要价值，实际上，人民团体的四大角色相互依存、相伴相生、相得益彰、辩证统一：政治社会化是核心，从根本上决定着维权、

---

① ［美］珍妮特·V. 登哈特、罗伯特·B. 登哈特：《新公共服务：服务，而不是掌舵》，丁煌译，中国人民大学出版社2004年版，第25—26页。

② ［美］安东尼·唐斯：《官僚制内幕》，郭小聪译，中国人民大学出版社2017年版，第21页。

服务、组织整合角色的方向、取向、性质；维权、服务角色是关键，确保政治社会化角色的有效运行和组织整合角色的高效践履；组织整合角色是基础，是体现、实现政治社会化、维权、服务角色的最终标尺。在实践中，这四大角色缺一不可、不可偏废。人民团体如果片面强调政治、组织整合角色，就会脱离社会、脱离青年，就会丧失社会属性和根基，就会成为无本之木、无源之水；如果片面强调维权、服务角色而忽视组织整合、政治社会化角色，就会动摇其与党的特殊政治关系，迷失前行方向。

人民团体作为党联系、服务、协调、引导特定社会群体的桥梁和纽带，意味着人民团体协商民主是党的群众路线在政治领域的具体体现，[①]意味着人民团体既要对下负责——联结群众意愿、意见，代表所联系社会群体大声发音，又要对上负责——在社会转型中增强系统整合功能，贯彻党的意志、意图。这种双重角色定位如果需求内在一致的话，当然皆大欢喜，如若需求不一甚至存在矛盾时，则给人民团体的实际工作开展带来结构性张力。在大多数情景下，作为执政党的"外围组织"的人民团体，自然而然会偏向党这一端，致使其维护、代表的职能虚化，群众对其的角色期待也慢慢失望、落空。当前，人民团体的政治角色与社会角色存在发展不平衡的矛盾，主要表现在政治角色发挥得还不够全面，社会角色激发得还不够到位，社会角色与政治角色存在不相匹配、不相协调的弊端，政治角色的优势尚未转化为社会角色的价值，社会角色的激发尚未转化为政治角色的取向。因而，处理好"顶天"与"立地"、"引导"与"服务"、"公转"与"自转"是人民团体参与协商民主必须要处理好的三对基本关系。

## 一 既要"顶天"也要"立地"

人民团体既要"顶天"，也要"立地"，真正做到"顶天立地"。所谓"顶天"，就是人民团体要从主观和客观两个维度自觉坚持党的领导，所谓"立地"，就是要密切关怀所联结的社会群体群众的疾苦冷暖。[②]

### （一）"顶天"是"立地"的前提

应该明确的是，政治性是人民团体的首要属性，不少人民团体在其成

---

[①] 李俊：《论人民团体的民主协商功能》，《中州学刊》2014年第9期。

[②] 中共中央文献研究室编：《习近平关于社会主义政治建设论述摘编》，中央文献出版社2017年版，第203页。

长征程中曾经走过曲折弯路,其中重要原因在于忽视了这个要求。比如,在中国科协成立和发展初期,曾过度强调其"科技属性"而漠视了更根本的政治属性,中共中央及时发现了这一倾向并予以纠偏。① 历史与实践表明,人民团体的成长与党的领导具有内在一致性;党的领导使得人民团体的健康发展有切实的方向引领和组织保障。我们既要坚持党对人民团体的领导不动摇,又要加强和改善党对人民团体的领导,不断提升党领导人民团体的能力、素质和水平。②

(二)"立地"是"顶天"的基础

人民团体不仅要上接"天线"以"顶天",也要下接"地气"以"立地",多服务群众,多代表群众利益。如果只是"顶天"而没有真正"立地",那就会成为盘旋半空的"漂浮物"和无根的"浮萍",缺乏坚实的根基。关于这一点,1994年6月26日,尉健行在全国总工会十二届三次主席团会议上讲得非常直白。③ 作为"桥梁",最基本要求是要打通两个端口,如果只有一个端口畅通,另一个端口不畅通,这个"桥梁"充其量只是"半成品"或是"装饰品",很容易坍塌。作为"纽带",最基本的功能是通过纽扣把衣服系紧,如果不系或系而不紧,这个纽带的价值就失去作用或大打折扣。因此,作为"桥梁"和"纽带"的人民团体具有双重性,既要围绕党和国家大局搞好"公转",也要聚焦服务群众搞好"自转",不能把两者割裂开来,也不能畸轻畸重,最终做到"顶天立地",形成"众星拱月"的发展结构。如果以牺牲群众的利益换取政治资本,这种组织的"生命周期"肯定是极其有限的,也不可能真正有政治地位。作为执政党,需要倾听不同群体的呼声,与执政党同质化的人民团

---

① 1979年12月31日,中共中央对科协性质的批复是:"科协是科学技术工作者的群众团体,是党领导下的人民团体之一。它是党团结和联系科学技术工作者的纽带,是党领导科学技术工作的助手。"参见何志平等《中国科学技术团体》,上海科学普及出版社1990年版,第25页。

② 不能把党的领导与人民团体的发展对立起来,更不能以人民团体的自主性、独立性来动摇和否定党的领导,这样做不仅在思想上是错误的,在政治上也是十分危险的。在坚持党对人民团体的领导这样的大是大非面前,一定要保持政治清醒和政治自觉,任何时候任何情况下都不能有丝毫动摇、丝毫懈怠。

③ 他指出:"如果工会不能密切联系职工群众,不能代表维护职工的利益,不能为职工说话办事,不仅与工会的性质相悖,而且从根本上脱离了职工群众,发挥党密切联系职工群众的桥梁纽带作用也就无从谈起。"参见尉健行《工会的基本职责》,中国工人出版社2009年版,第331页。

体早晚会失去存在的价值。

1939年5月1日,毛泽东在为延安出版的中共中央机关报《解放》写的纪念五四运动20周年的文章中提出了这样一个具有本质性价值的深刻论断:判断一个真假马克思主义者的唯一标准是其与广大工农群众的关系如何。① 同理也可以认为,评价一个真假人民团体的标准是其与所联系群众的关系的紧密程度。人民团体应该把所联系群众的具体利益放在心中重要位置,大胆反映群众心声、诉求,主要依据在于:共产党作为中国唯一执政党,其重要功能是利益整合,而利益整合的基础是利益的分化。没有利益的充分分化,谈得上利益整合吗?因此,让共青团代表青年的利益说话、办事,让工会代表工人的利益说话、办事,让妇联代表妇女儿童的利益说话、办事,经由这些人民团体的利益代表后再进行全面综合考量,就能寻求"最大公约数",也才能充分反映不同群体的不同诉求。否则,都是同质化的诉求,根本就不需要整合了。因而,人民团体如果不代表特定社会群体中的群众的利益,就难以发挥"桥梁"之功能和"纽带"之效用。

同时,作为国家政权的重要"社会支柱",直接联系群众是人民团体最基本的使命。比如对于工会而言,不仅要直接联系"精英"知识分子,更要联系农民工等底层职工;既要联系"体制内"职工群体,更要联系"北漂""海漂""创客"等"体制外"职工群体。在联系职工群众的具体过程中,不仅要体现工会的关怀,还要彰显党的关爱,让职工群众真真切切体验、体会到党的"温度"和"热度"。因此,人民团体转型要考虑的核心议题是如何更好地代表和维护普通群众的利益、需求,不宜提不切实际的口号、开难以兑现的"空头支票"。可以说,在新的历史发展节点,人民团体强调群众性,一个非常重要的工作就是增强与代表相关群体诉求的社会组织的联系、服务与引导。一方面,要主动联系相关领域的社会组织,与之建立常态化、制度化的沟通渠道和交流平台,通过多种方式使大大小小的社会组织成为人民团体的"二传手""三传手""四传手",像毛细血管一样延伸到社会各领域;② 另一方面,要善于将其运营模式、资源禀赋、价值理念有效融入、融合到人民团体的工作体系之内,使之成

---

① 《毛泽东选集》第2卷,人民出版社1991年版,第566—567页。

② 中共中央文献研究室编:《习近平关于社会主义政治建设论述摘编》,中央文献出版社2017年版,第202页。

为人民团体开展群众工作的重要支撑性要素。

## 二 既要"服务"也要"引导"

当前,社会大众的理念、认知图式、分布形态更为多样,社会流动加快,群体分化明显,如何把握不同产业、不同行业、不同企业、不同领域群体的特点,根据群众的不同需求,更好地为其服务,是人民团体转型必须重视的问题。同时,人的欲望是无穷无尽的,对群众的偏好、爱好要理性恰当分析并积极加以引导。一味迎合或完全排斥,都不可取。对群众不感兴趣的活动,如果是不适合其特点的,应该及时调整;如果是脱离实际、要求过高的,应该改变;如果是契合群众特点,要求也合理的,应该认真说服引导。否则,要么失去了人民团体应有的先进作用,要么失去了广大群众的支持。总之,既要服务,又要引导,不能把服务和引导简单片面对立起来,也不能简单片面等同起来,而要把服务群众和引导群众有机结合起来。

科恩认为,偏好有两种类型:一种是"适应性偏好",偏好随着行动主体所处环境的变化而变化;另一种是"顺从性偏好",偏好虽是经过协商后形成,但行为主体不具有自主抉择能力,只是被动地屈服、屈从于外界环境。① 对于"顺从性偏好",需要协商主体的协商能力实践要有适宜的条件。在现代分化、多元化的现代社会情势下,人民团体引导的成效如何,能否引导好所联系群体的"顺从性偏好",在很大程度上取决于其协商能力的高低。所以,切实采取各种方式大力提升人民团体的协商能力和水平。鼓励有条件的人民团体建立"新闻发言人"制度,于关键时刻、重要节点在传统媒体、新媒体上及时"发声亮剑",努力提高表达能力和引导水平,确保所讲的话有分量、所作的判断有依据、所提的意见有价值,用公心建言献策。

## 三 既要"公转"也要"自转"

所谓"公转",就是人民团体围绕党和政府的中心、大局开展工作,所谓"自转",就是人民团体依法依章程自主、独立开展聚焦服务群众的工作。处理好"公转"和"自转"之间的关系,既是一个传统的老问题,

---

① [美]乔舒亚·科恩:《协商与民主合法性》,载[美]詹姆斯·博曼、威廉·雷吉主编《协商民主:论理性与政治》,陈家刚等译,中央编译出版社2006年版,第59页。

也是一个新的现实课题。之所以说这是一个传统的老问题，因为在人民团体的成长史上，这个话题始终伴随着其发展进程。之所以说这是一个新的现实课题，因为这个问题在当下仍没有得到有效解决。

搞好"公转"，关键是处理好人民团体与党的关系。理顺人民团体与党的关系，不仅是一个理论层面的问题，更是一个实践层面的议题。过往，由于这方面关系没有理顺，在人民团体工作中产生不少弊端。比如，与党的关系没有理顺，导致党团不分，误把工青妇等人民团体当作党委的一个职能部门，凡事必请示党委，导致只对党负责不对所联结群众负责的问题。以共青团为例。《中共中央关于建立中国新民主主义青年团的决议》明确指出其"在政治上接受中国共产党的领导，但在组织上应当保持自己的独立系统，党无权直接命令青年团"①。这里实际表明两点意思：一方面，青年团政治上依赖于党，不具有独立性，必须无条件听从党的领导；另一方面，青年团在组织上具有自主性，在组织结构、组织体系、组织建制等方面上享有一定的自主空间。② 这种定位，给实践中的青年团与党的关系建构带来一定的两难矛盾：如果强调政治上的依赖性，组织上的自主性可能就会受到影响；如果强调组织上的自主性，政治上的依赖性可能会式微。于是，如何有效平衡依赖性与自主性这对矛盾成为青年团的直接现实问题。在实践操作层面，往往以政治性压倒自主性，自主性的生长空间往往有名无实、名难符实、名实背离。事实上，经过几年的实践，毛泽东已经注意到这个问题的苗头倾向。③ 1953 年 10 月，中共中央关于加强对青年团的领导给各级党委的指示在对四年来新民主主义青年团的工作

---

① 中共中央文献研究室、中央档案馆编：《建党以来重要文献选编（一九二一——一九四九）》第二十六册，中央文献出版社 2011 年版，第 3 页。

② 当然，这种自主性还是有一定的限度、界限。该决议同时指出："青年团内的党员，必须服从党的一切决议，并以不疲倦的说服教育工作和自己的模范行动，来巩固党在青年团中的领导。"也就是说，虽然党无权直接命令青年团，但有权直接命令青年团中的党员。党通过命令青年团中的党员执行党的意志、意见。参见中共中央文献研究室、中央档案馆《建党以来重要文献选编（一九二一——一九四九）》第二十六册，中央文献出版社 2011 年版，第 3 页。

③ 1953 年 6 月 30 日，他在接见中国新民主主义青年团第二次全国代表大会主席团时一开头就开门见山指出："青年团对党闹独立性的问题早已过去了。现在的问题是缺乏团的独立工作，而不是闹独立性。"因此，"青年团要配合党的中心工作，但在配合党的中心工作当中，要有自己的独立工作，要照顾青年的特点"。参见中共中央文献研究室编《建国以来重要文献选编》第 4 册，中央文献出版社 2011 年版，第 235 页。

业绩充分肯定的基础上指出存在"只注意党的统一领导,而不照顾团的系统领导"等突出问题,因此要求各级党委要特别注意掌握"在党的统一领导下建立团的独立活动和加强团的系统领导"的必要性。①

如何处理好党的领导与人民团体自主性的关系,关键要把握两条:①基于人民团体与党的特殊历史渊源、政治关系,人民团体坚持党的领导具有内在必然性。这种领导主要体现在政治维度方面,即在政治原则、政治取向、政治方向、政治道路、重大决策上与党保持高度契合。除了政治领导之外,在组织体系、项目运作、制度建制等方面应给人民团体一定的自主空间,不能事无巨细干涉人民团体的内部事务。② ②人民团体接受党的领导主要体现在被动接受领导和主动接受领导两个方面。被动接受领导,主要指的是完全听从党的意志、命令。主动接受领导意味着人民团体要主动为党分忧,特别是协同党处理好特定群众事务。这需要人民团体不仅要创造性地贯彻执行党的意志、意见,而且要契合群众需要、特性开展有针对性的工作。从这个意义上也可以说,人民团体增强群众性也是坚持党的领导的体现。因为如果人民团体脱离了特定群体和群众,不能帮助党解决群众问题,人民团体的存在之于党而言的现实价值必将大打折扣。

综合上述分析,协调好"顶天"与"立地"、"引导"与"服务"、"公转"与"自转"这三对基本关系,核心取向是使人民团体协商民主在党的领导下有序运行和开展。实践充分证明,党的领导是保证人民团体协

---

① 这个指示澄清了两个认识误区:①一个误区是团的独立活动会妨碍党的中心工作。指示明确认为,团的独立活动"并不与党的中心工作相矛盾,恰恰相反,青年团愈能采取多种多样的适合于青年特点的方法在青年中进行工作,就愈能团结和教育广大青年群众来积极参加党的中心工作"。②另一个误区是加强团的系统领导会削弱党的统一领导。指示明确提出,团的"系统工作与组织独立性的加强并不会削弱党的统一领导,恰恰相反,正因为充分发挥团的组织作用,便能够更广泛地联系青年群众,便能够更加发挥团作为党的助手的作用"。参见中共中央文献研究室编《建国以来重要文献选编》第4册,中央文献出版社2011年版,第422—425页。

② 1943年2月20日,邓小平在中共中央太行分局高级干部会议上的讲话中对党与群众团体的关系作了十分深刻的辩证分析:"所谓群众团体的独立性,是在组织意义上讲的,在政治上必须保障其在党的政治领导之下。党对群众团体,应加强其政治领导,不应在组织上去包办。群众团体的工作,应由群众团体自己去讨论和执行。党对群众团体的政治领导,也不能直接下政治命令,而是经过党团去实现。过去各地对群众团体的认识是不清楚的,一般是包办与放松政治领导两个毛病都有的,今后应加以纠正。同时,在提出群众团体的组织独立性时,又要防止群众团体脱离党的政治领导的倾向,防止党团脱离党的领导的闹独立性的倾向。"(参见《邓小平文选》第1卷,人民出版社1994年版,第72—73页)这段话在当前仍有很强的现实指导意义。

商民主在正确无误的航向上前行的不二"导航仪"。人民团体协商民主建设必须在各级党组织的精心组织、有效领导下有秩序、分阶段、分步骤顺势推进。同时,要激发人民团体的积极性和内在潜能,使其参与协商民主活力足、韧性强。

## 第四节 运行机制转型:强化社会化取向

人民团体参与协商民主,除了自身形态转型、结构转型和角色转型之外,运行机制亦需转型。运行机制转型的核心取向是强化社会化取向,着力破除"机关化、行政化、贵族化、娱乐化"积弊,其实质是强化群众性。离开了群众性,人民团体就容易走向官僚化、空壳化。假若长此以往,人民团体势必失去自身的社会基础。这种倾向应高度警惕!一位共青团干部在访谈时精辟指出:

> 被访者W:我认为机关化,实质就是空转,组织对组织,空对空;行政化实质就是"慢转",效率不高,衙门作风;贵族化,实质就是"寡转",服务部分少数精英活动;娱乐化,实质就是"盲转",或者说"乱转",满足于表面的轰轰烈烈,其实没实效。针对"四化"问题,要用"四化"方法来解决,一是要用项目化来解决机关化,推出一批创新性、标志性、牵动性强的改革示范项目来服务大局、服务群众,达到"实转"效果;二是要用扁平化来解决行政化,运用"互联网+"手段,减少中间层次,不搞叠床架屋,实现"快转"效果;三是要用社会化来解决贵族化,在社会组织、社会项目、社会资源、社会人才、社会评价等方面最大限度服务群众,实现"群转"效果;四是要用思想化解决娱乐化,开展的思想引导教育活动做到正能量充沛、主旋律高昂,实现"公转"效果。①

### 一 参与社会化:创设鼓励群众参与的有效机制

在秘鲁学者托莱多看来,需要追求的是民主的深度而非具象的形式

---

① 对共青团E省团委书记的访谈记录,访谈笔记20170912。

（比如常规化的实践选举）。"深度民主"的核心指向在于：创设让每个社会成员平等参与政治生活进程的包容性的制度体系和权利体系。这意味着，将允许"本地社团通过政治动员和政治行动保护自己的利益"，每个公民都有信息渠道和公平的机会参与"在地化"的政治生活。① 联合国社会发展研究所充分认识到共同体自治对社会建构的深刻价值：参与性活动能够促使参与主体增强选择空间，共享发展成果。②

在毛泽东看来，联系群众主要有两条路径：一条是基于群众的实际的、具体的需要，而不是从任何"良好的个人愿望出发"；另一条是群众的自觉、自愿参与，"如果没有群众的自觉和自愿，就会流于徒有形式而失败"③。这个观点对人民团体的社会化转型同样适用。群众是人民团体的力量源泉。人民团体不仅要满足群众的需要，也要尊重群众的主体性。离开群众的参与，人民团体就会丧失安身立命的根基。④ 原因主要在于：不同社会群体在交往、互动过程中难免会发生摩擦、产生矛盾，而这些矛盾和问题累积起来会形成一定的能量并越来越大，如果不及时释放出来，到时候总爆发就可能产生破坏性的影响。因此，如果能够经由工会等人民团体的渠道反映意见、宣泄负能量，就可以最大限度减少矛盾的累积、激化。⑤

群众要能实质性地参与到人民团体的决策、项目、活动等工作中来，关键要有政治参与的正式渠道和平台。这个渠道和平台在当前就是人民团

---

① ［秘鲁］亚历杭德罗·托莱多：《共享型社会：拉丁美洲的发展前景》，郭存海译，中国大百科全书出版社2017年版，第39页。

② 真正的参与能提升参与者对价值、争端及各种选择可能性的意识，能够影响发展工作的内容，能够产生新的做事方法，能够保障参与者在发展成果中享有平等的一份权利。因此，参与是一种发展类型不可或缺的中心，这种发展类型能使一个社会长期为其成员谋福利。转引自阿莫斯·索耶《普图发展协会：一个错过的机会》，载［美］V. 奥斯特罗姆、D. 菲尼、H. 皮希特编《制度分析与发展的反思——问题与抉择》，商务印书馆1992年版，第209页。

③ 《毛泽东选集》第3卷，人民出版社1991年版，第1012—1013页。

④ 邓小平曾要求工会"为工人的民主权利奋斗，反对形形色色的官僚主义，它本身就必须是民主的模范"。1989年7月26日，江泽民在同中华全国总工会第十一届执行委员会第三次主席团扩大会议的全体同志座谈时明确要求工会成为"发扬社会主义民主的渠道"。参见中华全国总工会、中共中央文献研究室编《毛泽东邓小平江泽民论工人阶级和工会工作》，中央文献出版社2002年版，第126页。

⑤ 中华全国总工会、中共中央文献研究室编：《毛泽东邓小平江泽民论工人阶级和工会工作》，中央文献出版社2002年版，第163页。

体的会员大会、代表大会、全委会、执委会等制度性安排。① 因而,要增强人民团体各级委员会及其代表的包容力、代表性,一个重要表现就是大幅提高基层一线代表在人民团体各级代表大会、全委会、常委会中的比例。②

除了在正式政治制度设计中提高基层代表的比例外,在人民团体的日常项目、活动开展中也应广泛吸纳普通群众的参与热情,建构一系列让群众当主角、作主体的制度安排,搭建群众参与人民团体日常工作的平台。从一定意义上说,群众是否有兴趣参与人民团体的工作,关键在于能否"搭台唱戏",即创设合宜的交流空间,着力在回应预期、反映偏好、满足需要上下功夫。③

## 二 激励约束社会化:建构"群众说了算"的机制

实践表明,假若没有压力,干事做事就容易逾越法律、制度的边界,难以给予人们一个公平、透明的心理预期,从而破坏社会公序良俗;如果丧失动力,则易停滞不前,缺乏发展的"后劲"和可持续机能。从这个意义上看,要使人民团体实现有效的结构转型,一方面,要将转型的压力依据行政等级化组织体系层层传递至最基层,构建以上率下、上下一体的压力传导体制;另一方面,应着力创设调动社会各界创造潜能、充满社会

---

① 正如习近平总书记在中央党的群团工作会议上明确指出:"群团组织要更多把普通群众中的优秀人物纳入组织,多一点'下里巴人',少一点'阳春白雪'……各行各业的知名人士、杰出人物可以发挥作用,也应该支持他们更好发挥作用,但不一定都要聚集到群团组织中来,可以发挥作用的地方多得很!"参见中共中央文献研究室编《习近平关于社会主义政治建设论述摘编》,中央文献出版社 2017 年版,第 202—203 页。

② 比如,工会系统在改革中的一个重要举措就是全总执委中增加劳模和一线职工 12 名,比例由 11.6%增至 15.4%;主席团成员中增加劳模和一线职工 3 名,比例由 9.9%增至 13.5%;各驻会全国产业工会全委会委员、常委中劳模和一线职工比例均提高到 9%以上。参见全国总工会《关于全国总工会改革试点工作的总结报告》,2017 年 3 月 28 日发布,参见全国总工会门户网站(http://www.acftu.org/template/10041/file.jsp?aid=93826)。

③ 比如,重庆市总工会把 15%的"五一劳动奖状"(奖章)、"工人先锋号"的推荐名额权赋予社会,江北区工会建立"服务对象点单、联席会议派单、各方参与办单、服务对象评单"的订单式服务机制。这些探索实践,初步构建起"职工提出—工会主导—社会力量承办—职工参与—职工评价"的新型活动运行机制,显著提高了职工的活动参与面、参与度。参见黄仕强、谭耀青《三个清单、三个创新、三个突出:重庆工会改革持续"放招"》,《中国工人》2016 年第 8 期。

活力的激励兼容制度体系，以期形塑左右、上下同向发力、勠力同心的格局。因而，建构"压力—动力"相容共生的约束激励机制很有必要。① 政治属性与群众属性是人民团体的核心属性，既不能以政治属性压倒群众属性，也不能以群众属性掩盖政治属性。② 当下，存在的突出问题是属性结构发展的非均衡化、非平衡化，其中最突出的短板是其群众属性的式微。③

人民团体要在协商民主建设中有效发挥作用、体现功效，一定要强化群众性，让群众有评价权，因为"知屋漏者在宇下"。可以说，群众的满意度是测度人民团体参与协商民主实际效度的根本标准。其中，最核心的是对绩效的考评。④ 绩效之"绩"，主要指通过做事而取得的实绩、业绩；"效"指的是这些事、这些业绩、这些成绩哪些群体、哪些人获得了益处、在服务群体中是否产生效果以及效果的程度。因而，光有"绩"远远不够，关键还要有"效"的评估。通过重奖严惩的方式建立激励约束导向及其机制，将价值层面的内在认可、认肯、认同转化为社会成员外在行为层面，保障人民团体参与协商民主的制度文化的活力长盛不衰。比如，重庆市工会、共青团系统把群众的满意度视为工作的重要标尺，各级干部切实服务群众切身利益，积极培育并引入社会组织和社会资源，通过"体制外"力量的"鲶鱼效应"、适度的竞争、考评机制的重构倒逼人民

---

① 1989年7月26日，江泽民在同中华全国总工会第十一届执行委员会第三次主席团扩大会议的全体同志座谈时对工会的政治性与群众性之间的内在逻辑作了十分辩证的分析：一方面，工会要自觉坚持接受共产党的领导，"在党的统一领导下开展工作"，这是工会政治属性的突出表现形态；另一方面，工会不等同于党委的一个工作部门，要有一定的相对独立性和自主空间，这主要体现在其要真正代表工人的利益和需求并依法维护工人的合法权益，因为"如果工会不能代表工人群众的利益，工人群众还要工会干什么？"参见中华全国总工会、中共中央文献研究室编《毛泽东邓小平江泽民论工人阶级和工会工作》，中央文献出版社2002年版，第161—163页。

② 它们是相辅相成、相得益彰、辩证统一的，不是相互替代、相互否定、非此即彼的，都需要坚守。参见康晓强《论习近平的群团观》，《社会主义研究》2017年第1期。

③ 有鉴于此，习近平一针见血地指出：要建立服务群众满意度评价制度，服务做得怎么样要让群众说了算，并且要根据群众意见不断提高服务水平。参见中共中央文献研究室编《习近平关于社会主义政治建设论述摘编》，中央文献出版社2017年版，第204—205页。

④ 著名管理学家德鲁克曾指出："我们所能评估的只有绩效。我们所应该评估的也只有绩效。"参见［美］彼得·德鲁克《卓有成效的管理者》，许是祥译，机械工业出版社2005年版，第65页。

团体的社会化转型。从 2016 年开始，重庆市总工会以提升基层职工的"获得感"为取向探索构建"职工说了算"的评价机制，增加并提升基层职工的评价权重。①通过考核评价体系的客观化建构，让人民团体及其干部真正眼睛向下、走近群众、走进基层并把精力更多聚焦到群众的现实需求上，有效倒逼基层人民团体的功能转型，使得群众在人民团体工作中的主体地位在制度层面得以落实。②

### 三 资源汲取社会化：善于吸纳和整合资源

人民团体要在协商民主中"发声"有人听、提要求能获得及时回应，自身的力量和资源积累是基础。因而，人民团体要在协商民主建构中有效发挥作用，单靠自身的力量是不足、不够的，需要联合其他组织的力量、资源开发服务职工的活动项目，善于吸纳和整合③资源。

第一，通过灵活设置"项目组"等"机动部队"，解决人民团体自身编制有限、资源有限、力量有限的壁垒，为其参与协商民主提供基础性支撑。一位妇联干部在接受访谈时指出：

> 被访者 X：我们始终有一个感受，妇联的工作重心往往随着党政中心工作而不断调整。然而，因为编制管理机构对我们要定编制、定岗位、定职能什么的，这使得我们的任务比较固定。每年的工作清单小同大异，而且经常有一些临时性的任务布置下来，时间又比较急要解决。因此，我们采取的方法是设立临时性的"工作小组"，灵活配置干部力量，促进工作和项目管理的扁平化。④

---

① 参见李国《重庆工会考核将由"职工说了算"》，《工人日报》2016 年 7 月 4 日第 2 版；李国、叶晚秋《重庆工会"职工说了算"考核结果亮眼》，《工人日报》2017 年 5 月 3 日第 2 版。

② 罗静雯、黄乔、周尤：《重庆共青团吹响改革号角》，http://news.cqnews.net/html/2016-05/12/content_36899731.htm。

③ "整"意即整顿、整理，"合"为组合、聚合之义。"整合"的基本要义是通过整顿、协调，将无序、零散、碎片化的事物变为有序、有机的整体，其主要功能在于优化资源配置，提升资源使用效能，其价值取向是实现功能耦合、结构融合。

④ 对 Z 省 L 县妇联副主席的访谈记录，访谈笔记 20170913。

第二，加强人民团体之间的合作及其力量整合。① 基层人民团体之间可以就相关议题、共同服务对象开展联合性项目，也可以在基层组建"群团服务站"等。人民团体在基层层面的协同"作战"，具有三重意义：其一，服务群众的"最后一百米"有了具象化的场所；其二，促使有限救助资源的集约化、最大化使用，也减少了对同一救助对象的重复救助；其三，加强不同人民团体的信息交流和资源互通。②

第三，在强制性制度供给层面，政府要加大对人民团体有社会"外部性"功能的项目的支持、支撑力度，提高国家在资源配置方面的及时性、灵活性、敏锐性。

实践证明，人民团体参与协商民主的过程，不仅是人民团体自身组织结构体系优化的过程，也是自身社会化运行能力强化的过程。

## 第五节　制度转型：优化协商制度环境

制度变迁及其创新是优化、完善制度的历史必然和轴心路径。当前，人民团体参与协商民主的一个重要瓶颈是缺乏规范化的制度保障。人民团体参与协商的形式往往限于征求意见，协商成果的应用没有制度化法治化的反馈、约束机制。许多决策未能实现协商于决策之前和决策执行之中。协商对象的选择具有随意性，老面孔多，新面孔少。有的人民团体花了很大气力、下了很大功夫调研后呈交的研究报告，得不到相关部门的及时反馈，不回复、回复不及时现象经常发生，影响了人民团体参政议政的积极

---

① 比如，为解决人民团体资源、力量分散难题，重庆市总工会联合团市委、市妇联依托党群服务中心、乡镇（街道）公共服务中心、村（社区）便民服务中心和各类社会组织等联手开展服务项目。这些群团服务站、服务中心推行错时上下班、周末值班制和职工预约制以适应职工群众的现实需要。参见严页《市总工会围绕"五个起来"推动工会改革落地开花》，《重庆日报》2016年6月14日第7版；魏寿阳《工会改革 筑起职工的家——市总工会改革试点工作综述》，《重庆与世界》2017年第5期。

② 比如，上海市在职工集聚性强、流动性大、工会覆盖不到位的商圈、园区、楼宇、开发区等地通过整合群团组织资源就近建立了180多个"职工服务站"，围绕职工个性化、多样化的服务需求开展网上网下联动的服务活动，希望把服务站打造成为工会组织的"宣传站"、困难职工的"帮扶站"、法律维权的"援助站"、职工心理的"疏导站"和健康生活的"传播站"。通过服务站的设立与服务，让工会与职工想在一起、融合在一起。参见何惠娟《上海工会：改革夯实工会基层基础 创新激发基层工会活力》，《中国工运》2017年第4期。

性。因而，应从拓展协商渠道、搭建协商平台、强化内部协商、注重协商成果转化、优化协商保障机制、涵养协商文化等方面着力。

## 一 拓展协商渠道

通过民主的协商过程实现社会公义，需要具备两个基本条件：一是民主的讨论和决策过程应囊括社会上尽可能广泛的观点，二是参与讨论的各方必须对社会关系、行为结果以及相对优势弱势群体给出一种普遍的、客观的解释，而非从局部、部分的立场出发。没有不同组织之间差异化观点的交流和交通，这两个基本条件不可能实现。因此，恰当的理解、充分的讨论以解决集体问题的共同责任，是民主交往的重要资源。① 从这个意义上看，协商民主的有效性在很大程度上取决于不同交往主体之间的商议。因而，人民团体协商民主建设，应尽可能开辟多样化的协商渠道，尤其要开辟更多的人民团体与国家之间的协商民主渠道。

之所以强调人民团体与国家之间的协商，主要原因有二：一是国家的权力属性和运行取向。在恩格斯看来，创立国家的根本目的在于：在利益分化、冲突的社会维护和保全秩序，使利益冲突各方免遭同归于尽的厄运。② 因而，"社会创立一个机关来保护自己的共同利益，免遭内部和外部的侵犯。这种机关就是国家政权"③。二是政治权力是实现经济利益、平衡物质关系矛盾的重要力量。正是在这个意义上，恩格斯认为国家权力也是"一种经济力量"④。通过与国家政权机关的协商，人民团体可把所联系群体的诉求"输入"政治系统，对于加强政策制定"话语权"和止讼息争具有促推作用。

从当前的实际情况来看，人民团体缺乏多样化的协商参与渠道，主要存在以下问题：①各级党代会、人大中人民团体的委员、代表较少，还常以其他特定身份而非人民团体的名义出现；②各级政府及其相关领导虽建立了与人民团体的联系机制，但在联系过程中随意性大、制度化程度不

---

① ［美］爱丽丝·马里恩·扬：《作为民主交往资源的差异》，载［美］詹姆斯·博曼、威廉·雷吉主编《协商民主：论理性与政治》，陈家刚等译，中央编译出版社2006年版，第286页。
② 《马克思恩格斯文集》第4卷，人民出版社2009年版，第189页。
③ 同上书，第307—308页。
④ 《马克思恩格斯文集》第10卷，人民出版社2009年版，第600—601页。

高，常常发生想协商才找来协商、不想协商就不与之联系的选择性协商"症候"；③有的人民团体经过长时期调研所提交的研究报告以反映所联系群体的利益诉求，但相关部门并没有及时予以回应和调处。基于以上存在的问题，有如下建议：

第一，各级党代会、人代会代表应留出一定的比例给对经济社会发展有重要贡献的人民团体。根据现在的社会结构重新设计代表比例，每个人民团体都要有足够的代表名额。建议由党委统战部门负责人民团体党代表、人大代表人选的推荐、推举。

第二，建议在各级党委办公厅（室）设立专门的"人民团体信息要报"，直送地方党委书记。同时，要建立程序化、制度化的问责机制、督办程序、反馈环节，确保件件有回音。同时，在各级地方政务信息网专设"人民团体协商民主"板块，为人民团体参政协商提供网络平台。

第三，对于关涉相关社会群体切身利益、有可能引发重大社会矛盾、危及政治安全的重要事项，在党委决策之前、人大通过之前、政府实施之前必须经过与相关人民团体协商这个环节，否则就不具有合法性基础。

第四，基于人民团体联系群众的广泛性，建议各级人大相关法律法规的制定、修订过程应把相关人民团体列为必要的协商对象，认真听取其建议、反映。建议人大各专门委员会建立制度化、规范化的与人民团体会商程序、制度安排，充分激发相关人民团体在法律协商方面的专业化、专门化作用。

第五，在人民团体参与协商民主建设方面，政府要及时建构规则、修订规则、创新规则，建立政府与人民团体的定期沟通协商机制，推动制度供给体系创造，以期使原有的制度体系、规制体系、行动体系臻于完善并不断拓展生长空间。在事关产业转型、妇女事务、青年事务、科普教育诸领域，相关政府部门要召集工青妇科等人民团体参与论证、咨询，进行沟通协商。

第六，政协的各种协商形式应充分邀请相关人民团体的参与。尤其是八大人民团体界别的政协委员更应发挥政治优势和制度优势，代表所在人民团体所联系的社会群体的利益理性"发声"，以期引起体制内外的关注和帮助。对人民团体界别的优秀提案和办理人民团体界别提案工作做得好的部门给予通报表扬、鼓励，对没有积极办理人民团体界别提案的单位公开通报批评。

## 二 搭建人民团体之间的制度化协商平台

不同团体在现实生活中的互动难免会有摩擦甚至矛盾。化解矛盾的关键在于协商。罗尔斯曾举例说，各种宗教集团相互对峙，某拥护政府的宗教集团支持公共教育，而另一个拥护政府的宗教集团支持教会学校。两个团体关于教育的公共政策存在不相容的取向。在此情势下，解决之道在于双方在公共论坛上讲明道清其"完备性学说"到底是如何支撑这些政策取向的。[1] 可以说，协商民主是公共决策具有合法性、合理性的必要条件。协商民主的理念植根于民主联合的直觉性理想愿景：基于自由平等社会成员之间公开的讨论、以理服人的论辩等方式达致的联合才具有正当性基础。[2] 人民团体是具有一定同质性、相似性的社会成员的"联合"，加强相关人民团体之间的沟通协商，对于更好地达成社会共识、提升决策的正当性具有重要价值。因此，要搭建制度化的人民团体之间的协商平台，通过专题协商会、联席会议、论坛、沟通通气会、研讨会等形式多互动、多对话、多商量，减缩分歧，增促共识。国外在这方面已有成功的实践经验，把不同利益集团之间的协商作为制定政策的基本依据，从而降低了政策的执行成本，防止了民意的扭曲化，促进了社会有机团结。比如，1918年德国工会联盟与钢铁企业家协会谈判达成8小时工作协议，1938年瑞典雇主联合会（SAF）与瑞典工会联合会（LO）通过谈判制定"萨尔雪堡协议"。[3]

第一，开展横向协商。强化代表不同行业群体利益的人民团体之间基于共同关注的问题建构协商平台，及时反映所联系社会群体的不同诉求。比如，工会代表工人的利益进行理性维权，与代表非公经济人士的工商联就劳动环境、劳动保护、劳工权利、工资薪酬等进行协商乃至谈判，劳资纠纷就由工会和工商联通过专题协商会的形式参与协调，从而避免矛盾的升级、激化。

第二，以互动论坛等形式加强具有相同、相近业务领域的人民团体的

---

[1] [美]约翰·罗尔斯：《政治自由主义》，万俊人译，译林出版社2011年版，第249—250页。

[2] [加拿大]弗兰克·坎宁安：《民主理论导论》，谈火生等译，吉林出版集团有限责任公司2010年版，第212页。

[3] 张洪武：《非营利组织与协商民主》，《中共石家庄市委党校学报》2008年第4期。

交流、协商，以实现资源整合、优势互补、协同配合。比如，侨联、台联、黄埔军校同学会可以携起手来共同开展活动宣传"和平统一、一国两制"的对台方针政策，联络、团结祖国大陆的台湾侨胞、同胞、黄埔同学，为促进两岸交流交往交融做出应有的贡献。又如，对外友好协会、外交学会、欧美同学会可以一起开展合作项目加强对外经济、科技、人文交流。

第三，倡导能力强、形象佳、传统深厚的人民团体及其附属社会组织创建世界性的非政府组织或相关国际论坛，主动与国外"同行"进行协商，主动参与全球性事务治理，提升中国人民团体在处理国际事务、应对全球性问题、制定国际规则过程中的制度性话语权和议题设置权。全球化将市民社会的理念推广到世界各个角落，正如图海纳所反问："我们如今难道不是生活在一个世界化和全球化的大社会里，大多数的私人生活和公共生活不都遭到它的干预吗？"[①] 因而，人民团体要强化国际视野和全球眼界，在全球化的空间中主导协商实践。比如，全国总工会可发起设立专业性的国际劳工组织，全国妇联可考虑设立国际性的女性组织联盟，共青团中央可考虑建构发起国际性的青年社会组织论坛。[②] 同时，鼓励相关人民团体积极"走出去"参与全球事务协商对话。比如，全国工商联可"组团"相关商会开展同国外行业协会商会之间的协商，发展多种形式的商会间的多边和双边协商关系。[③]

---

① ［法］阿兰·图海纳：《我们能否共同生存——既彼此平等又互有差异》，狄玉明等译，商务印书馆2003年版，第3页。

② 当今世界，国际非政府组织已经成为参与全球治理的一支不容忽视、不可或缺的重要力量。但是，中国的社会组织尚处于发展的起始阶段，与中国在国际上的第二大经济国地位很不相称。根据联合国非政府组织处的统计，截至2014年9月，享有联合国咨商地位的社会组织共4361个，其中享有一般咨商地位的144个，专门咨商地位3283个，入册咨商地位979个，而我国在联合国经社理事会享有咨商地位的社会组织才50个（含港、澳、台），只占全部咨商地位社会组织的1.1%。NGO Branch, Consultative status, http：//esango.un.org/civilsociety/displayConsultativeStatusSearch.do。

③ 2014年，中国企业海外投资首次超过外商对中国投资。随着全球化的深入发展，行业协会商会在国际经贸交流中扮演越来越重要的角色。实践表明，在国际贸易争端调处中有效发挥行业协会、商会协商的作用，可以起到与政府协商联动、互补的作用。

### 三 强化人民团体内部的协商民主

人民团体作为相关群体的利益"代言人",关键是能否以及在什么程度上代表民意。要形成真正的民意,需要具备两个最基本的条件:一是信息的充分公开,二是利益的平等、自由、真实、充足表达。民意代表的不足甚至缺失,就会影响人民团体协商民主的合法性和正当性。因此,为了最大限度反映民意、代表民意,就需要在团体内部开展建制化的协商实践。在一定意义上,团体内部的协商也是社会秩序的"推进器"。在团体内部,成员之间的平等沟通、交流、合作,既建构了平等、合作、和谐的社会关系网络,又培育了公民的品格和德形,能将相关的法律规范内化为自身的行动准则,将服务于社会公共利益的目标转化成具体的行动逻辑,从而最大限度增促社会秩序和动态稳定。比如,在18世纪的英国,虽然并不是所有的团体都能对公共决策过程产生相同程度的影响,但是,这些团体存在本身的事实证明,当时的政治制度承认各种各样的社会集团并允许它们之间相互竞争,这在很大程度上避免了革命的发生。① 所以,强化和优化人民团体内部协商民主建设显得尤为必要。

其一,优化人民团体法人治理结构,建立理事会、监事会等机构,在会员大会、会员代表大会、执委会、理事会等就组织发展规划、重大人事安排、重要项目谋划等开展民主协商。同时,就所联系社会群体会员、成员之间的矛盾问题开展公开协商,尽力在内部"摆平"内部纠纷。

其二,坚持"能公开尽公开"的原则推进内部民主机制建构。协商民主是参与式民主在当代的新发展形态,对公开性有很高的要求,因为只有具备充分程度的公开性,人民才不会成为"临时性的选举公民"②,才不会仅仅是政治治理的客体和公共事务的"旁观者"。因而,在人民团体内部推行协商民主机制,首要的一条就是确保其内部事务、事项的公开化运行,让人民来监督和评判人民团体的项目运行。

其三,开发会员的智力资源,集聚智力优势。人民团体在某一方

---

① [英] H. T. 迪金森:《十八世纪英国的大众政治》,陈晓律、宋涛等译,商务印书馆2015年版,第92页。

② [德] 奥特弗利德·赫费:《全球化时代的民主》,庞学铨、李张林、高靖生译,上海世纪出版集团2007年版,第101页。

面特长明显，比如，工商联集聚了众多商界精英，科协会聚了顶尖级科学家。所以，可以建构良性的激励制度安排和制度结构，为这些人民团体搭建智力贡献平台，为相关公共政策的制定提供知识支持、智力支撑。

其四，健全内部决策规程、议事规则、协商规制。倡导所联系群体不同阶层成员的意志表达和意见代表，在内部就广泛关注的议题开展理性商略，着力促进内部问题的内部"消化"。在内部协商的内容方面，主要包括人民团体年度报告、财务报告、年度预算、自律规则等。

## 四 注重人民团体协商成果的转化

人民团体协商民主能否切实发挥作用以及所发挥作用的大小，关键在于解决协商成果能否转化、如何转化以及转化的程度等问题。协商成果的转化效力，主要取决于三个要素：一是协商结果是否具有强制力、制约力、执行力、约束力，二是协商共识建议能否适时转化为国家层面的建制化实践，三是协商成果是否为公共决策所吸纳、吸收。[①] 假若协商成果没有得到应有的重视和运用并建立一定的反馈机制和程序结构，协商主体之间难以建立良性互动的关系，不仅会消解人民团体参与协商民主的主体性，也会使相关机构的权威性式微。建议：

第一，每次协商应有固定的程序规范，并以录音、录像等形式储存备查。同时，协商结束后要有正式意见并详细整理成书面材料，以协商会议纪要、共同声明等形式体现协商共识。向相关领导呈送会议纪要、意见建议，争取党政领导的支持。同时，对会员提出的诉求要有及时的回应，让参与者清楚了解自己的意见是否得到采纳、哪些得到采纳、哪些未予采纳，从而增强参与者的主体自觉和担当意识。

第二，建立跟踪督办落实机制。党政领导特别是主要领导，对协商后形成的会议纪要、意见建议等要认真阅批、研究，明确相关部门办理落实，并对相关部门的办理落实情况进行检查督促，对不重视、

---

[①] 有的学者指出，在西方一些国家，协商民主与公共决策没有有效衔接，协商归协商，决策归决策，协商民主并未对公共决策产生实质性影响。参见［英］朱迪思·斯夸尔斯《协商与决策：双规模式中的非连续性》，载［南非］毛里西奥·帕瑟林·登特里维斯主编《作为公共协商的民主：新的视角》，王英津等译，中央编译出版社2006年版，第79—99页。

不办理或办理不好的部门要限期整改。对协商不成的事项，可以经过充分的准备、酝酿，在时机成熟时再进行协商，着力推动相关问题的解决。

第三，创设问责机制。只有对协商事项的办理和协商成果的落实有刚性的规制约束，协商的成效才能显现。因此，相关部门要设立专门负责人民团体协商事项的人员，对协商结果的处理及时跟踪反馈。对协商成果落实不力的，依规予以惩处。

当然，要推动人民团体协商成果进入公共决策议程，既要靠党政部门的重视，切实把人民团体协商民主纳入决策必经程序，也要靠人民团体自身积极主动，形成高质量的协商报告，对问题抓到点子上、要害处，切实做好协商民主的前期准备等基础性工作。同时，注重把协商经验予以提炼、提升，抽象化为具有普遍性和可操作性的行为规程，以提升协商民主的制度化水平。

## 五 优化协商保障机制

"徒善不足以为政，徒法不足以自行。"人民团体参与协商民主的有效性，从一定意义上看，取决于协商保障机制的健全程度、精细程度。

### （一）健全程序

程序正义不逊于结果正义。哈贝马斯认为，在人类复杂的社会关系中，人们的整体性不再由某种确定的实在性的价值来维系，而要通过一些合法的立法程序和行政流程加以确认。① 因而，商议性政治的程序构成协商民主过程的核心。② 协商的过程充满争论、辩论，在不同的时间、空间、条件下，聚焦不同议题的协商民主的具体程序不尽相同。因此，要建立健全操作规程，使各项协商活动都要认真抓好协商计划的制订、协商前的基础准备工作、协商会议的召开、协商成果的汇总梳理、协商成果的落实反馈等环节的工作，形成闭合的协商制度"程序链"。在制度安排上，要保证有充分的准备时间、规范的运作程序、具体的协商要求，从形式和

---

① ［德］哈贝马斯：《包容他者》，曹卫东译，上海人民出版社2002年版，第260—261页。
② ［德］哈贝马斯：《在事实与规范之间：关于法律和民主法治国的商谈理论》，童世骏译，生活·读书·新知三联书店2014年版，第367页。

程序上保证协商的质量和成效。

一是提前确定、确认拟协商议题。在很多协商民主理论家看来，每一次协商会议对公民之间的对话与交流虽没有什么固定结构，但都须聚焦一个细小的特定主题，否则，难以深入开展商谈，也难以作出任何决定。① 对议题的抉择，应充分发挥大数据等现代科技手段的作用，集中选择社会反映强烈、公众关注度高、人民团体职责所在的议题。同时，提前将协商会议的时间、地点、议题、召开方式等以书面形式通知协商代表，让其有充分的时间事先熟悉情况和深入思考。

二是保障协商过程的非强制性。协商民主的"初心"是不断探寻民主的真实性。民主的真实性意味着公民在无强制的情势下对偏好进行理性省思，意味着排除因运用权力而形成的支配、掌控乃至胁迫等不平等的关系结构。② 只有在非强制的友善氛围下，才可以既获取必要的信息，又以相互尊敬的方式发言和耐心听取他人发言，这才能真正彰显协商的民主性。③ 正如哈贝马斯所指出的，辩护的对话方式只有随着社会系统接近于"没有统治"的状况才能起积极有效的作用。④ 因此，程序应确保可能的妥协的公平性，这些程序所调节的主要包括参与的权利、代表的选择、代表团的组成；必要时，还包括这样一些问题，比如谈判如何进行，谈判周期和时间有多长，谈判主题和发言是什么，进行制裁是否可以考虑，等等。⑤

三是信息的充分化和对称性。协商代表要尽可能地收集相关的内外部资料和信息，因为一个合理结论的得出需要有充足的信息，不仅是关于事

---

① [美] 伊森·里布：《美国民主的未来：一个设立公众部门的方案》，朱昔群、李定文、余艳红译，中央编译出版社 2009 年版，第 154 页。

② [澳] 约翰·S. 德雷泽克：《协商民主及其超越：自由与批判的视角》，丁开杰等译，中央编译出版社 2006 年版，前言第 1—2 页。

③ [美] 布鲁斯·阿克曼、詹姆斯·菲什金：《协商日》，载 [美] 詹姆斯·菲什金、[英] 彼得·拉斯莱特主编《协商民主论争》，张晓敏译，中央编译出版社 2009 年版，第 22 页。

④ [德] 哈贝马斯：《重建历史唯物主义》，郭官义译，社会科学文献出版社 2000 年版，第 328 页。

⑤ [德] 哈贝马斯：《在事实与规范之间：关于法律和民主法治国的商谈理论》，童世骏译，生活·读书·新知三联书店 2014 年版，第 216 页。

实的信息，而且还有相关价值和选择的信息。① 同时，要扎实认真调查研究，拓展协商面和范围，推进在网络空间上人民团体协商民主的有序开展，充分听取人民团体内部成员的意见和建议，在充分论证的基础上制订协商方案，确定好协商的力争目标和底线目标。

四是细化协商程序，严格按程序开展协商，备份协商书面证据材料，协商完结后及时拟定协商决议草案、议案。

五是应根据协商决议文本全面履行规定的义务，各级纪委对协商决议的执行情况进行检查，及时解决执行中出现的问题。

### （二）强化法治保障

作为权利体系的法，其核心功能是"稳定行为期待"②。法制是制度的基本形态，具有较强的稳定性、恒久性。在新制度主义看来，"不管什么时候，现存法律限制着制度安排的演化范围。尽管法是可以变化的，但至少在短期里，它制约了安排的选择"③。因而，人民团体协商民主建设，从长远来看，要强化和优化法治的支撑性价值。目前，除了工会、妇联等外，大部分人民团体主要依靠相关政策和各自章程开展工作，随意性较大，缺少相关法律的刚性规制。建议制定一部专门的人民团体基本法，明确规范人民团体的权利义务、类型类别、职能定位、注册登记、活动规范、信息公开、监督管理、法律责任等，为其参与协商民主建设提供法制支撑。同时，在修订相关法律法规过程中应当明确人民团体参与相关事务的权利和义务，以立法形式保障人民团体参与协商民主的主体地位，对协商的具体内容、形式、程序、机制等予以明确规范，最大限度做到纲目不疏。

### （三）探索多样化的实现形式

人民团体协商民主建设，应根据实践不断拓展实现形式。比如，实行"互联网+协商民主"，通过互联网技术的广泛运用，提升协商议题的可及

---

① ［美］卡斯·桑斯坦：《团体极化法则》，载［美］詹姆斯·菲什金、［英］彼得·拉斯莱特主编《协商民主论争》，张晓敏译，中央编译出版社2009年版，第102页。

② ［德］哈贝马斯：《在事实与规范之间：关于法律和民主法治国的商谈理论》，童世骏译，生活·读书·新知三联书店2014年版，第165页。

③ ［美］L. E. 戴维斯、D. C. 诺斯：《制度创新的理论：描述、类推与说明》，载［美］R. 科斯、A. 阿尔钦、D. 诺思等《财产权利与制度变迁——产权学派与新制度学派论文集》，刘守英等译，上海三联书店、上海人民出版社1994年版，第303页。

性、便捷性、民主性。又如，可借鉴菲什金的"协商日"探索设计人民团体"协商日"。①

## 六 涵养协商文化

当下，一些党政干部对人民团体协商民主建设的认识不到位，存在不知、不愿、不会这"三不"的问题：有的不知道人民团体是协商民主建设的重要平台、渠道，认为协商民主建设对人民团体而言可有可无，甚至认为这纯粹是一种摆设；有的党政干部虽然知道人民团体协商民主建设的重要性，但在实践中不愿意给人民团体参与协商民主的空间和机会，认为人民团体协商民主有可能给敌对势力钻空子，影响社会和谐稳定；有的党政干部知道人民团体协商民主建设的重要性并愿意给其空间和机会，但在实践中不会操作，不知道通过什么渠道、采取什么样的方式进行规范运作。同时，一些人民团体的干部对自身开展、参与协商民主的意识不强，认为协商民主与自身无关，积极性不高，主动性不足。针对以上存在的问题，要逐步规范协商的体制机制并涵养协商文化，以使协商民主能真正"落地生根""开花结果"。建议：第一，真正确立人民团体在协商民主建构中的主体地位，而非只是形式、工具理性层面的"道具"。第二，对人民团体给予应有的尊重和重视，征求意见不能图形式、走过场，对其反映

---

① 斯坦福大学菲什金教授设计了"协商日"的制度安排。"协商日"在中期选举的前一周举行，登记的投票人被召集到一个会场，15 人一小组或 500 人一大组讨论竞选中提出的中心议题。只要参与者参与下周的投票，都会获得 150 美元的酬金作为这一天行使公民权的回馈。"协商日"分为四个阶段。第一阶段是 8 点到 9 点之间公民到邻近的学校或社区中心报到后被随机分配到 15 人的小组中观看候选人就国家重要议题进行的现场电视辩论。第二阶段是 10 点 30 分到 12 点，每个小组先选出一个组长主持讨论会，15 名参与者围绕相关议题展开圆桌讨论，并提出提请下午大组会议讨论的议题。在讨论结束后，组长将所有问题进行汇集并大声宣读。每个问题念过之后，小组成员进行"是"与"否"的无记名投票，最后确定 3 个票数最多的问题提请下午大会讨论。第三阶段是 12 点 15 分到下午 4 点，大组协调人汇总各个小组提出的问题并通过抽签的方式从中选出 15 个问题供下午大会讨论。下午 2 点开始大会邀请两到三个政党地方代表莅临回答，每个问题每个代表大约有 2 分钟时间回答。在回答完 15 个问题后，每个代表还有 5 分钟时间进行总结或提出一些受忽略的问题。第四阶段从下午 4 点开始，协商者又回到上午讨论的地点，每人发言 5 分钟，对大组会议上政党地方代表的回答进行评价。最后组长宣布会议结束。参见［美］布鲁斯·阿克曼、詹姆斯·菲什金《协商日》，载［美］詹姆斯·菲什金、［英］彼得·拉斯莱特主编《协商民主论争》，张晓敏译，中央编译出版社 2009 年版，第 7—32 页。

的意见建议要有及时的反馈机制。第三，确立不同类型人民团体之间的平等地位，不能使有的挤占了大量政治资源和社会资源而有的因所拥有的资源有限导致参与协商民主的空间、机会很有限。更重要的是，要在协商民主的实践中涵养和培育协商的文化和氛围。具体来说，有以下几个方面：

### （一）涵养公共理性

理性是人区别于其他动物的一个明显标识。对于人而言，理性的优越并不在于其是一个大而空洞的名词，而在于其力量，在于其广泛的运用效力和透彻的理解力。所以，一个尘土的心灵，如果在无数难以把握的概念中间一眼便能看出它们之间的关系和次序的话，显然其比一个任凭用什么最贵重的材料拼起来的但是蠢笨的心灵要好得多。[①] 人的理性基于关怀的"场域"结构，大致可分为个体理性与公共理性两大类型。对于人民团体协商民主而言，要更加注重的是公共理性的激发和张扬。

公共理性是罗尔斯在其后期政治哲学著作《政治自由主义》一书中提出的一个重要概念。在他看来，公共理性是民主国家的基本特征。公共理性是共享平等公民身份的人的理性，以追求公共善、公共利益为取向。公共理性之所以是"公共"的，原因主要有三：其一，从主体维度看，是公民自身的理性；其二，从目标维度看，追求公共善和社会公正；其三，从本质和内容维度看，是基于社会的政治正义观念表达的理想、理念和原则。[②] 公共理性有其内在规定性，主要在于：其一，具体规定着某些基本的权利、自由和机会；其二，赋予这些权利、自由和机会以特殊优先性，尤其是相对于普遍善和完善论价值的优先性；其三，认肯各种手段以确保所有公民能满足他们的各种需要，并有效运用其基本自由、机会。[③] 公共理性的关键点在于：公民在每个人视为政治正义观念（建基于那些可以合乎理性地期待他人认可的价值和每个人准备真诚捍卫的观念之上）的框架内展开讨论。[④] 公共理性是超越私人个体理性的一种更高层级的理性形态，其现实基础是多元主体的共在、共生、共和。在从个体理性转向公共理性的征程中，不少构想之所以能完美实现，是在很长一段时间的相

---

[①] ［法］拉·梅特里：《人是机器》，顾寿观译，商务印书馆1959年版，第15页。

[②] ［美］约翰·罗尔斯：《政治自由主义》，万俊人译，译林出版社2011年版，第196—197页。

[③] 同上书，第206页。

[④] 同上书，第209页。

互妥协、协商后取得的。如果每个个体都固执己见、寸步不让，显然这种妥协将难以达成。① 人民团体参与协商民主，不能仅仅从公民的个体理性出发，也不能从小团体的团体理性出发，而应基于公共理性开展协商，使个体理性与公共理性的张力能得以有效平衡。这是人民团体协商区别于个体协商在立足点方面的最大差别。反过来，公共理性的孕育与生长，在很大程度上取决于公共领域与公共空间的发展、拓展。基于人民团体这个平台涵养公共理性，有两点至关重要：

一是平等对待"他者"的意见和关怀。作为人，在人性、个性、尊严诸方面，是平等的，不存在程度方面的差别。② 协商对社会成员的平等参与权利有其内在的需要。这种平等的要求，不仅确保"所有有关的利益和价值取向在谈判过程中都能够得到同等的重视"，而且把输入政治系统的各种偏好视为论据交换并可以通过商谈加以转换的东西。③ 每个参与主体都有影响协商结果的平等之权利。④ 通过不同群体之间的协商，使人民团体成为寻求沟通、实现合作、达成共识、塑造公共话语的平台。当然，"平等对待并不排除差别，即并不产生平等结果（无论在机会的利用还是在其他方面），这一事实如今已得到公认"⑤。同时，参与协商的主体并非越多越好，而应基于不同的议题选择与之相关度高、关联度大的人民团体、社会群体参与，这样才能使协商过程更加聚焦、协商效率更加高效、协商质量更有保证。

二是避免"团体极化"。"团体极化"指的是，一个协商团体中的成员必然会在协商之前的倾向所暗示的方向的指引下走向一个更为极端的观点。⑥ 极化是一种极端化的倾向，显然是片面、形而上学的思维范

---

① ［美］科恩：《论民主》，聂崇信、朱秀贤译，商务印书馆1988年版，第185页。

② ［美］艾德勒：《六大观念》，郗庆华译，生活·读书·新知三联书店1998年版，第200页。

③ ［德］哈贝马斯：《在事实与规范之间：关于法律和民主法治国的商谈理论》，童世骏译，生活·读书·新知三联书店2014年版，第220页。

④ ［美］卡罗尔·佩特曼：《参与和民主理论》，陈尧译，上海人民出版社2006年版，第67页。

⑤ ［美］乔·萨托利：《民主新论》，冯克利、阎克文译，东方出版社1998年版，第396页。

⑥ ［美］卡斯·桑斯坦：《团体极化法则》，载［美］詹姆斯·菲什金、［英］彼得·拉斯莱特主编《协商民主论争》，张晓敏译，中央编译出版社2009年版，第85页。

式。通过协商,更多是在公共理性的指引下平衡、协调各种利益关系,使利益相关方的利益"交集"更加聚集。要避免这种"极化"现象,关键是促使参与协商的成员要有一种"相互性"的价值关怀。所谓相互性,指的是公民由于其集体通过的相互约束的法律和公共政策应当互相给予正当性的确认,其取向是以那些拥有达成一致目标的人可以相互证明其正当性这一原则为基础寻求政治上的共识。相互性的一个重要意涵在于,民主协商是相互给出理据的过程,并非仅在书斋中开展,更要在公开的论坛中进行。相互性对于公平的意义,犹如重复对于真理的意义一样。① 因而,人民团体协商民主的开展,应在公开的情境下通过协商主体之间的"相互"理性商谈,这样有助于观点的偏颇的及时矫正,确保所有相关利益得到同等考量,谨防因不平衡、不平等的权力运行结构而使协商结果偏于一方。

### (二) 涵养公民身份②意识

从本质意义上说,在现代社会,公民是协商民主能够良性有序运行的最基本主体。涵养公民的公民身份、公民品格和公民意识,对于人民团体协商民主具有深刻战略价值。只有涵养公民品格,提升全社会成员的公共精神,协商民主的建设才会有扎实的社会基础。如果社会成员只关注自己的"一亩三分地",如果只基于自身个体私益的算计而不顾社会整体利益,那么,协商民主将只会是也只能是个人私利的"角逐场"。

亚里士多德曾意味深长地指出,"公民"是一个经常引起争论的问题,关于其单一特性是什么,人们始终没有达成普遍共识。公民身份作为权利与义务的有机综合体,本身就赋予国家一种责任。③ 不论是谁,如果对这些权利有所触犯都将会受到制裁,因为国家是公民身份所蕴含权利的

---

① [美]艾米·古特曼、丹尼斯·汤普森:《超越程序的协商民主》,载[美]詹姆斯·菲什金、[英]彼得·拉斯莱特主编《协商民主论争》,张晓敏译,中央编译出版社2009年版,第33—56页。

② 在英语中,与"公民身份"对应的单词是"citizenship",牛津词典的英文解释是"status of being a citizen, esp of a particular country, with the rights and duties that involves",可以看出,该词的核心意涵在于:公民权利与责任的内在统一。如果译成"公民权利"则难以体现公民责任、义务的面向,译成"公民资格"给人的感觉是达到公民的基本条件,不能完全体现该词的本真意蕴。

③ [美]迈克尔·沃尔泽:《正义诸领域:为多元主义与平等一辩》,褚松燕译,译林出版社2002年版,第39页。

维护者。① 可以说，公民身份是个人在民族国家中，在特定平等水平上，具有一定普遍性权利与义务的被动及主动的成员身份。②

公民身份的本质意涵，主要是在与"臣民"身份的比较中得以体现。卢梭曾指出："作为主权权威的参与者，就叫作公民；作为国家法律的服从者，就叫作臣民。"③ 质言之，臣民是传统社会中人的一种无主体性、依附性的存在，而公民是现代社会中社会成员的一种主体性、平等性、对等性的存在。④ 值得指出的是，T. H. 马歇尔（Thomas Humphrey Marshall）于 1950 年在剑桥大学纪念阿尔弗雷德·马歇尔的年会上作了题为"公民身份与社会阶级"的讲座。从一定意义上可以说，当代关于公民身份理论的研究以此为肇端。他认为，公民身份大体由公民的三种不同的权利组成：公民权利或法律权利（civil right 或 legal right）、政治权利（political right）和社会权利（social right）。从终极价值意义上看，公民权利或法律权利的核心价值是自由，政治权利的核心价值是民主，社会权利的核心价值是公义。20 世纪 80 年代中期以后，公民身份问题再一次成为学术界探讨的热点议题，众多理论家从不同视角、向度对马歇尔的理论进行批判或发扬，比较有代表性和影响力的是巴伯。在他看来，强势民主是当代民主的新形态，其核心表征是公民积极主动的参与态度、取向及其行动。他指出："没有持续的讨论就不存在强势民主的合法性。投票是表达个人偏好的静态行为，而参与则是一种要求参与者改变他们看待世界的方式的具有想象力的动态行为。"⑤ 同时，这种参与是公民直接进行的，需要公民间的互动、协商与讨论。

---

① 值得一提的是，"国民"概念通常是从"国籍"的角度对社会成员进行笼统的界定，意味着国家是处于主导地位的，因而有可能在国家的名义下忽略或者掩盖人们之间存在的不平等关系。所以，它没有有效地保障社会成员个人的独立性、成员关系的平等性以及他们在国家中的主体性地位。

② [美] 托马斯·雅诺斯基：《公民与文明社会》，柯雄译，辽宁教育出版社 2000 年版，第 11 页。

③ [法] 卢梭：《社会契约论》，何兆武译，商务印书馆 2003 年版，第 21 页。

④ 《不列颠百科全书》正是基于这样的理解向度对公民身份予以界定。参见《不列颠百科全书》第 4 卷，中国大百科全书出版社 1999 年版，第 236 页。

⑤ [美] 本杰明·巴伯：《强势民主》，彭斌、吴润洲译，吉林人民出版社 2006 年版，第 164 页。

"强势民主需要在邻里和国家两个层次上涉及个人进行共同讨论、共同制定决策和政治判断以及共同行动的制度。"① 由此可见，发挥公民的主体性是激活公民身份的内在动力。

涵养公民身份意识对于人民团体协商民主的价值在于：其一，以人民团体为主体、载体、平台的协商民主建设，是激发公民身份认同和主体意识的有效机制。公民身份通过确立人们在现代国家中的政治地位和法定资格为社会成员参与设计、制定和实施社会规则提供了身份基础，从而有助于将社会利益分配具体量化到每个社会成员身上，使社会公共事务治理具有可操作性与可度量性。其二，有助于培育公民的理性协商精神。强调公民的身份意识，并不意味着公民间不存在利益歧异甚至利益冲突，而是强调公民个人的独立性、公民关系的平等性与公民在国家中的主体性地位，要求公民超越个体私利、部门利益、地方利益等的羁绊，要求公民通过平等对话、和平谈判与理性协商的方式处理分歧与冲突。正如巴伯所言："如果不将政治行动纳入衡量公民身份标准的话，那么公民身份的定义看起来就是薄弱的和没有说服力的；不参与公共行动的公民至多只是一群潜在的公民。"② 公民参与政治行动的形式是多样的，不仅包括自由地投票选举，也包括基于身份平等的协商、商谈、审议。通过参与人民团体协商，不仅公民的身份能得以尊重、确证和强化，而且公民的理性协商能力也能得到提升。

### （三）涵养共识文化

沟是手段，通是目的，沟通的关键在于建构共识。协商民主是基于理性商谈而非暴力的意图达致共识的政治实践。③ 人民团体协商民主建设，不是为协商而协商，为民主而民主。通过人民团体成员之间，人民团体之间以及人民团体与政党、国家之间的沟通以减少、消弭隔阂，探解"最大公约数""交集"，基于公共理性制定符合"公意"的法律、政策、规则、准则、体制。

---

① ［美］本杰明·巴伯：《强势民主》，彭斌、吴润洲译，吉林人民出版社2006年版，第306页。

② 同上书，第228页。

③ ［澳］何包钢：《协商民主：理论、方法和实践》，中国社会科学出版社2008年版，第24页。

协商民主以获致一定的共识为取向,这是这种民主形式的关键性表征。① 正如有的学者所言:理想协商的目标是得到基于理性推动的共识达成及其确证。② 但值得指出的是,协商推动的共识达成,具有不同于其他共识的特质,因为这种共识"不是一致的同意,而是主体对共有对象或一致对象的接受"③。哈贝马斯讲得更透彻深刻,他指出:"在一种成功的自我确认中所达成的共识,既不像通过谈判而达成的妥协那样表达一种协议,也不像在事实问题或正义问题上通过商谈而达成的同意那样是纯粹合理地推动的信念。在它当中,两样东西同时得到了表达:对于自我的认识,以及选择一种生活方式的决心。为此必须满足一些不系统地遭受扭曲的交往的条件,这些条件一方面保护参与者不受压制,另一方面又不使他们撕脱其本真的体验语境和利益语境。"④ 这表明,通过协商的过程,使参与主体的主体性得以最大限度彰显,使主体间的交往能够培养妥协的文化,避免遇到矛盾"硬碰硬"而使社会"断裂"。

米勒认为,理想的协商民主至少要满足三个基本要件:一是包容性,意指利益攸关的所有共同体成员在平等的基础上不受限制地参与决策;二是理性,意指达成共识主要基于协商过程中提出的理据而非个体非理性化的情绪宣泄;三是合法性,意指也许利益相关方并不信服那些支持观点的论据,但都能相互妥协并理解如何达致一定程度的共识。⑤ 通过公共理性、公民品格、共识文化的涵养,理想的人民团体协商民主形态将是可欲的。

---

① 当然,在这个问题上,有的学者也持不同观点。比如,詹姆斯·约翰森、奈特等就没有把达成共识或同意视为协商民主的规范性目标取向,认为过分关注共识会漠视少数群体的偏好和利益。See Kenneth Baynes, "Deliberative Democracy and Public Reason", *Veritas*, Vol. 55, No. 1, Jan./Abr. 2010, pp. 135-163.

② [美]詹姆斯·博曼、威廉·雷吉:《协商民主:论理性与政治》,陈家刚等译,中央编译出版社2006年版,第56—57页。

③ [美]乔·萨托利:《民主新论》,冯克利、阎克文译,东方出版社1993年版,第94—95页。

④ [德]哈贝马斯:《在事实与规范之间:关于法律和民主法治国的商谈理论》,童世骏译,生活·读书·新知三联书店2014年版,第221页。

⑤ 戴维·米勒:《协商民主不利于弱势群体?》,载[南非]毛里西奥·帕瑟林·登特里维斯主编《作为公共协商的民主:新的视角》,王英津等译,中央编译出版社2006年版,第140页。

当然，积重难返，人民团体协商民主之主体地位的全面确立需要时间和过程，协商文化的涵养、保养亦尚需时日。

## 第六节　本章小结

协商民主作为上层建筑，总是基于一定的经济基础。脱离经济基础的协商民主的运行，要么立不住、质量不高，建构不了；要么走不远、不可持续，难以建设，也不可能有大的建树。从某种意义上说，经济基础对协商民主的有效运行具有决定性作用，是协商民主得以建构并持续建设的必要的现实条件。① 如果连饭都吃不饱，参与协商民主就将是一种奢求，很容易受其他因素的搅扰和影响，难以作出客观公正的判断和抉择，而独立、平等、理性的个体是协商民主建构的必备主观构件。经过改革开放这场伟大社会革命的"洗礼"，中国已经实现从"站起来"到"富起来"转变并向"强起来"转型，经济基础不断拓展并深化，这为人民团体参与协商民主提供了最基本的现实前提。

人民团体的组织网络织密、体系庞阔，呈现出"纵向到底、横向到边"的特点，具有一般社会组织难以相比的体量优势。但是，人民团体上层组织机关化、中层组织边缘化、基层组织空壳化的问题，导致执政党和人民团体这一"心血管系统"构造中的"血液循环"不通畅，阻碍了整个国家和社会机体内环境的相对恒定和新陈代谢的正常进行，使整个社会机体活性存在较大风险和隐患。当前，人民团体战略转型的核心目标就是打通、激活其组织网络即"血管"通道，将执政党这个"心脏"所搏出的血液能够畅达输送到整个社会机体的各个组织器官。因此，从具体行动路径来看，应以形态转型、结构转型、角色转型、运行机制转型为重点。

人民团体的转型，不只是促使其部分要素、部分结构、部分机制的单一转变，而是一种整体性、全面性的变革与发展。这种转型，可

---

① 美国政治学者李普塞特曾指出："只有在富裕社会，即生活在现实贫困线上的公民相对较少的社会，才能出现这样一种局面：大批民众理智地参与政治，培养必要的自我约束，以避免盲从不负责任煽动的呼吁。"参见［美］李普塞特《政治人——政治的社会基础》，张绍宗译，上海人民出版社1997年版，第27页。

以有两种发展路径：一种是在既定的政治结构、制度形态下有序推进，呈现为一种循序渐进的组织变革过程；一种是突破既定的政治框架、制度壁垒，呈现为一种突进的、急剧的、高烈度的、革命性质的组织突破、转化的过程。新时代中国人民团体的转型，应采取前一种发展路径，理由主要在于：一方面，中国是一个后发的处于现代化征程关键时期的发展中大国，建构并维持一定的政治秩序是推动现代化持续发展的基本前提。没有一定的政治秩序的有效支撑，现代化进程必然会受挫、延缓；另一方面，中国社会现代化的发展进程离不开中国共产党的引领和"掌舵"，而其"外围组织"的人民团体的转型，绝对不能须臾离开党的领导半步，否则，其存在的现实价值会大打折扣、功能的发挥会受到阻滞、结构的拓展会碰到瓶颈。因而，从这个意义上看，人民团体实现转型的根本逻辑并非改变其既有的本质属性与制度结构，而是变革与发展其运行方式、运作程序、实践机制。这种变革与发展的核心使命在于，使人民团体的行动逻辑发生改变：从基于政党的单向度的行动逻辑转向基于政党与社会的关系维度的双向互动逻辑。任何一个组织形态，都必定是属性、结构与行为方式的有机统一体。人民团体的转型逻辑从一个侧面验证了，通过外在行为方式、运作机制的改变，一个组织的内在属性与基本价值也能得到一定程度的升华和健全。人民团体作为一种具有鲜明中国特色的社会组织形态，其转型方向、转型进程、转型路径、转型逻辑具有不同于一般社会组织改革的特点，需要基于中国自身特有的历史、文化、社会背景结构。同时，制度环境的优化是人民团体参与协商民主的根本性支撑。当前，人民团体参与协商民主的一个重要瓶颈是缺乏规范化的制度保障。应从拓展协商渠道、搭建协商平台、强化内部协商、注重协商成果转化、优化协商保障机制、涵养协商文化等方面着力。

从总体上看，中国人民团体协商民主已取得显著进展和积极进步，但与社会主义协商民主体系建设的整体质量提升相比，与人民群众日益增长的参与需要、民主需要、法治需要相比，尚存不少短板和差距。比如，制度化程度不足，协商流程过于粗糙，程序化、规制化的协商机制有待优化和健全，在协商的主体抉择、议题筛选和设置、内容结构、方式方法等方面尚欠缺相应的明晰化的程序机制规范，导致不会协商、不愿协商、不敢协商以及协商的信度不彰、效度不高、正当性不足、合法性式微等问题。因此，今后应在理论与实践方面进一步深入研究、不断探索，切实把人民团体的独特优势最大限度地激发，把协商民主的中国逻辑充分彰显，努力探求协商民主的人民团体建构路径，为优化中国社会主义民主的质量作出应有的贡献。

# 附　　录

## 一　深度访谈对象清单

| 代号 | 访谈对象相关背景 | 章 | 页码 | 访谈日期 |
|---|---|---|---|---|
| A | 男，共青团长期从业人员，现从事人民团体理论研究的某大学教授 | 1 | 25 | 20170603 |
| B | 男，原团中央青运史档案馆研究员 | 2 | 44 | 20170623 |
| C | 男，某从事协商民主理论研究工作者 | 2 | 59 | 20170605 |
| D | 男，F省Q市工会党组书记、副主席 | 3 | 83 | 20160503 |
| E | 女，J省X市（县级市）某非公企业工会主席 | 3 | 84 | 20170922 |
| F | 女，Z省团委书记 | 3 | 90 | 20170622 |
| G | 女，全国妇联某部副部长 | 3 | 104 | 20170318 |
| H | 男，Y省团委书记 | 4 | 138 | 20170613 |
| I | 男，全国总工会A部C处某副处长 | 5 | 198 | 20170722 |
| J | 男，H省团委书记 | 6 | 207 | 20170912 |
| K | 女，Z省L县妇联主席 | 6 | 220 | 20170812 |
| L | 女，S市（直辖市）J区共青团某部部长 | 6 | 220 | 20170717 |
| M | 女，Z省K县妇联副主席 | 6 | 223 | 20170816 |
| N | 女，B市（直辖市）C区团委某部部长 | 6 | 223 | 20170711 |
| O | 女，B市（直辖市）C区团委某部副部长 | 6 | 223 | 20170711 |
| P | 女，Z省L县团县委书记 | 6 | 224 | 20170802 |
| Q | 男，H省M县科协主席 | 6 | 224 | 20171011 |
| R | 男，A省C市工会办公室主任 | 6 | 229 | 20171013 |
| S | 男，Z省Q市工商联主席 | 6 | 229 | 20170708 |

续表

| 代号 | 访谈对象相关背景 | 章 | 页码 | 访谈日期 |
|---|---|---|---|---|
| T | 女，B市（直辖市）D区团委某部部长 | 6 | 230 | 20170717 |
| U | 女，Z省J县妇联副主席 | 6 | 230 | 20170823 |
| V | 女，S市（直辖市）团委书记，现已转岗到某局当局长 | 7 | 244 | 20160602 |
| W | 男，共青团E省团委书记 | 7 | 267 | 20170912 |
| X | 男，Z省L县妇联副主席 | 7 | 271 | 20170913 |

## 二　部分访谈记录

### 访谈记录一

时间：2017年7月11日下午

地点：B市（直辖市）C区团委会议室

参加人员：甲：课题组成员

乙：C区团委某部部长

丙：C区团委某部副部长

丁：C区团委某部工作人员

甲：像你们基层团组织，各个街乡大概多少个编制？

乙：43个街乡按正常来说有37个单位有自己的团委编制，只有6个街乡是工青妇用两个编制。但是就这个配备来说，现在情况并不乐观，对基层来说，团的工作并不是他们的一个最核心、最主要的工作，因为还有拆迁、稳控、疏解功能等，可能这些才是更核心的功能。

甲：也就是说即使现在一个编制可能也不一定能保证做团的工作是吧？

乙：对，专职的非常少，专职的干这个事情的非常少。大部分都是兼职，再有一个很多是不给你配这个书记的，直接配一个也是别的部门领导兼着，顺便管着你这摊活。对于基层来说，什么最重要？保稳定，保发展，保疏解！咱们团的工作就一定要跟这个去靠，所以，这个基层配备的力量是我们没有一个非常有力的文件去框住它。

甲：现在街乡团员还多吗？

丙：街乡的团员特别少。我们这两年去走访基层，可能有的只有几十个团员。

甲：现在非公经济组织团建还比较薄弱？

丁：非常薄弱。每年都在建，建完之后"死"得也很快。团市委也是想推进这件事情，我们自己也特别想干，因为觉得团建这个事儿是一个打基础的事情，是把你的组织建起来，你的团员找到能够真正服务他们的时候。但是，往往我们各项事务工作非常繁忙，团市委有的时候会有任务下来，区里面会有一些部门任务下来，我们都要配合。还有一些突击的工作。说实话，特别得累，我们经常加班加点！另外我们搞活动比较多，现在团市委弄了一个叫"青年汇"，这个做得还不错，起码能扎到基层、扎到街乡，真正把这些青年找到一部分。这个我觉得试点很好，探索也不错，成果也很明显。

甲：这是一个凝结青年的载体？

丁：是的。我们做的就是想把基层这个腿扎实了。因为我们靠谁？就靠基层，但是现在基层的领导不重视，为什么不重视？他都有他自己的原因，所以我们也特别希望从团中央一级，从顶层设计给我们做好。基层组织这块我们还是想做好。

甲：你们现在是其他工作冲了这一块？

丁：冲得太厉害了，忙不过来！包括"1+100"工作，其实初衷是非常好的，因为团中央是希望你能够一呼百应，出去能当一个"青年领袖"，能走到青年当中当朋友，这特别好。但实际到落实的时候基层哪有时间跟你交朋友去？因为他自己的活都干不完。

甲：一加十个已经不错了，100太多了？

乙：我自己做了100个，把所有相关领域的我只要能联系到的都弄一个微信群里。只要去中介，去美发，我都跟人加微信。

甲：反正你得凑够100个？

乙：对，因为不能光拉朋友，拉朋友的话你这活是虚的！我们这些公务员需要你去联络吗？需要你去服务吗？

甲：如果你密切联系这100个人，估计这一天活都干不完。

乙：对。

丙：而且更重要的是什么呢？我建了微信群之后，得搞活动，那我的时间从哪儿来？我自己的工作还做不完呢。弄一个微信群得24小时看着，很累！因为你不在群里，这个群就"死"了。我当时就嘲讽，我说1加100，100个人，什么叫经常性联系？我一个月一个人联系15分钟算不算？我给你算算一个月我联系一个人15分钟，乘以12个月我乘100个人，你平摊下来我一年花多少工时去做啊？

甲：自己平时这么多工作都忙不完？

丙：对，确实工作压力特别大，也缺人。

甲：您觉得这个"1+100"摊子铺太大了？

丙：如果是扎扎实实做的，如果给我时间也好，我们不着急，我们慢慢来往里录就好了！但是有时间规定，而且每周都得通报。这个感觉有点变味了。

甲：考核就走样了？

丙：对，因为每一个工作上面虽是一句话的事儿，但需要我们付出很多努力。团中央、团市委可能也听到了基层的一些声音，所以也是希望把这些事情不再往虚的方面去做。现在感觉工作特别浮躁，重点工作一年一个，2015年区域化团建，2016年年初的时候还提过一次，前段时间就有街乡团干部问我们，说这个还搞不搞？我说我不知道。后来到了秋季，那个系统就自动瘫痪了！想当初，每周发通报，真的压力非常大！但是到了2016年这件事又没有了，后来就黄了！有很多工作一年一变，这个事儿特别没有安全感。

甲：你们有没有对弱势青年群体的需求，通过共青团这个渠道给党委政府反映？

乙：有，就是共青团有个每年共青团与人大代表政协委员面对面的活动。他们每年会定一个主题，大家要围绕这个主题去做。比如，前年定的是创业的主题。创新创业这个主题，落到下面的时候，尤其是落到街乡再去做这个项目，到哪儿去创业？难度就很大了！

**访谈记录二**

时间：2017年6月22日下午
地点：共青团Z省委书记办公室
参加人员：甲：课题组成员
　　　　　　乙：共青团Z省委书记

甲：您认为目前共青团的主要问题表现在什么地方？

乙：共青团的问题我觉得还是在基层，关键还是基层力量不够的问题。

甲：Z省一个乡镇有一个专职的团干部吗？

乙：专职的乡镇团干部，我觉得应该是没有的。

甲：上海好像现在要求是必须一个？

乙：是的，但它这个乡镇级别比我们要高，是县处级的。我们省乡镇团委书记一般是乡镇党委委员中年纪轻的，相当于兼职的。专职的其实是做不到的。不要说共青团专职，其他要叫他专职，也都是很难的。

甲：基层没有专职的？

乙：基层专职很少。所以我们觉得，关键在基层，这个基层包括团县委，也是有问题的，团县委一般才五个人！五个算标配，少的有的长期干的也就三个人。

甲：可能书记还是兼的，是吧？

乙：团县委书记都是专职的。团县委五个，基本上都是专职的。有的少一点，三个，有的多一点，六七个。各个县也不一样。

甲：现在理论界有种观点认为，不要把共青团把这个后备军的功能过分放大。对于这种观点，不知道您是怎么看的？

乙：这个我比较认同，不要过分强调共青团的后备军功能。就是你这支队伍是后备军，但是不是说你这批干部是后备军，这个我觉得是对的。

甲：现在各层团委作用发挥得怎样？

乙：这要看什么层级。比如说，到了团县委这一级，县这级的党委对共青团是什么要求？他有时候就希望你参与中心工作，帮我党委解决问题。比如，我们拆除违章建筑，你只要参与进来了，发挥作用了，你这个团县委就干得好。但至于基层团组织建设什么的，他就不管了。

甲：这可能跟咱们团的领导机制有关，最终是听同级党委的领导，因为共青团干部是同级党委任命的，共青团系统垂直的是业务指导。

乙：算是协管，但是协管力度是不大的。我们现在上下级这种，业务理论这块叫"落空子"，他们同级党委这种叫"抢空子"，因为管理财政、人事、干部任免等，都是同级党委决定的。因为我也在县里干过，比如说我们的县委书记，觉得团委这件事情干得不错，这个小伙子比较"灵光"，就提拔。到最后，大家都去钻脑袋，为了博取领导的关注。因为最后是谁来评价你？说白了就是书记、副书记评价你嘛。我记得当时我在县里工作的时候，我当县长，团县委搞了一个活动，搞得蛮好的，把我们县里历史上的杰出青年代表都评了一下，还搞了个颁奖晚会。我们都讲，这个做得不错，但是第一年搞完了，第二年怎么办？第三年怎么办？我们那个时候，脑子里就觉得，这个干部还是有思路的，但是他就这么一下子，后面呢？后面在哪里？

甲：没有可持续性。

乙：所以我觉得，共青团的改革，我个人理解，做共青团的工作，最大的问题就在于他所有的可能性跟他所有的能力之间的匹配度。原来叫青年所需，共青团所能。问题是你共青团能不能做得到？你这个也要做，那个也要做，其实你是做不到的。这是我个人理解的第一个矛盾。第二，共青团转型其实要解决的是个什么问题呢？我个人理解，其实是一个"政治吸纳"的问题。现在为什么讲行政化、机关化，然后讲贵族化、娱乐化，问题在哪里？就是我们任命了一批或者我们选拔了一批不那么愿意做群众工作的人进到了群团组织中来。像这样的人选进来之后，八小时以外，他愿意不愿意去干工作？他如果说不愿意，那他等于就把群团工作和党政工作等同起来了。

甲：就机关化了？

乙：就是机关化了嘛！然后你再去看那些社会组织，社会组织做工作就在于平时，越到节假日，越要搞活动。所以为什么现在我们讲"专挂兼"，就是专职的、挂职的和兼职的都要有。人和人之间的个性还是有差距的，有的人就愿意去做这种工作，有的人就不愿意去做这种工作。但是他就觉得，这个好像提拔得快，好像这个单位好，你说这个人到底适合做群众工作吗？我看未必。所以，政治吸纳的概念，我个人理解，就是把那些擅长做群众工作的和愿意做群众工作的人，吸收到我们组织当中来，所以我们现在，像我们团省委，我们是建了三个事业部，一个是创业创新的事业部，就是服务青年就业创业的，还有一个是青少年维权的事业部，还有一个婚恋交友的事业部，你去看我们的婚恋交友事业部，他们最近跟红娘网站合作，然后再去找一批志愿者，这些志愿者，你只需要一天给他50块钱，他就都愿意来干这个活。老头老太太嘛，他就愿意干这个活，包括我们一些社会组织的负责人，有一些人还是很有使命感的，他愿意琢磨这个事情，他觉得干这个活，哪怕钱拿得不多（也愿意干）。当然绝大部分的社会组织的负责人,如果说他专业做社会组织,最后他是要考虑经济问题的。但是我们体制内的人习惯性发文件、开会,就是行政化和机关化这种情形。所以改革最终解决的就是如何把人要吸收进来,所以我们专挂兼。作为一个群团组织,最后能够有一批人跟着你走,首先是这批人信任你,一种天然的信任。另外,要靠我们提供的一些项目和我们里面的人,是实实在在地在为年轻人做一点事情,我觉得这个是最主要的。但是要转型也确实蛮难的。

甲:您如何看待人民团体的行政化?

乙:我觉得作为组织内部运行,行政化是必要的手段,或者说也是一种必要的方式。你对体制内的人,你可以这样子,但是你对工作对象,是不能够用机关化和行政化的方式的。现在有些学者鼓吹,群团全转型为社会组织,其实这走向另一个极端了。

甲:因为这就放弃了政治性?

乙:对,假如转为社会组织,那就控制不了!毕竟这23家群团是我们党缔造的,如果直接推向社会,相当于我们就主动不管了,而且有可能变成反对党,到时候给我们党带来压力,这不是自己给自己找麻烦吗?所以,这绝对是学者幼稚的观点,说明他对群众团体的历史不了解,性质也不懂,就是简单根据西方那些NGO理论。

甲:那党如何实现对人民团体的有效领导呢?

乙:我一直认为,要党建带团建。党重视团,关键一条就是选好团的干部,这是最重要的一条。原来我们团省委,对机关团工委建设也不重视,团省委自己是团的领导机构,自身的团的组织建设也是不够的。所以后来我说我们团工委要加强自身建设,我们的团工委要在全省省直机关团建当中走在前列,逐步地做示范。自己本身是做团工作的人,竟然意识不到要为自己机关的年轻人服务,这是很要命的事情。他没有认识到团的岗位、你的责任在哪里,你的职责就在哪里。我们最近在八个领域准备搞清单,就是清单制,就是企业、学校、机关等团支部书记应该做什么。

甲:搞个清单很明确?

乙:这些是你的底线清单。也可以搞创新,但是这几条必须做到。所以很多团支部书记,你有时候去看,他只需要有一个创新,然后他在领导面前就可以吹了,但是他的基础工作到底做得怎么样?他的团务工作到底做得怎么样?能讲得清楚吗?连这些都讲不清楚,夸夸其谈,又搞了一个什么活动，然后领导很高兴，这个其实是很要命的。当然，这种工作作风，也不光是共青团有，其他群团也有。所以我觉得，共青团改革要正本清源，最后要回到为什么要成立共青团这个角度上，回归性质、本质。做共青团工作，最终目的是要让青年跟着你走，然后最后都跟着党走。心中首先要有服务、团队意识。但我们中间应该说有一部分人，其实心里是没这个概念的，没有这种服务的概念。他就想怎么往上爬，或者说想怎样搞得轰轰烈烈、领导说不错的。

甲：对青年社会组织这一块您是怎么考虑的呢？

乙：青年社会组织这一块，是抓基层组织建设。从去年开始，我们搞了一个青春领航计划，就是抓关键人物。你别看现在青年社会组织多，但是真正能干的其实不多的。我就是一百个，全省一百个，就跟 EMBA 课程一样，每个月过来培训，然后就把这批人抓在手上，建人才库，对他们进行团的知识的培训，底线跟他们讲清楚，不能反党反社会，不能接受国外援助，不能怎么样，有些人稀里糊涂的。然后从当中再来挑优秀的，发展成我们自己人。我觉得，共青团做工作，抓骨干始终是一个很关键很关键的方法。

甲：咱们有没有把这些骨干培养成政协委员啊，人大代表之类的？

乙：现在是这样的，先进到青联中，然后在青联当中再选优秀的。

## 访谈记录三

时间：2017 年 6 月 13 日下午
地点：中央党校校园
参加人员：甲：课题组成员
　　　　　乙：Y 省团委书记

甲：您对当前基层团组织建设的总体现状是怎么判断的啊？

乙：当前从整体上看，团的面貌啊、理念啊等，在团的高层以及省这一级都还是非常明确的，而且方向很清楚，但是，团的基层组织、基层工作人员能否适应这一转变，我心里还是没底。

甲：现在有的人认为共青团等人民团体没权没钱，工作难以开展，对于这种观点，您如何看？

乙：实际上，我们的工作覆盖面广，这是政治安排，制度安排给我们这么高的政治属性。其他部门毕竟是狭隘某一个块，某一个条直接下来，他也就是一个部门。我们如同一个小政协一样，虽然我们没钱，但我们所掌握的资源很丰富，因为我们不仅仅是要影响广泛的青年，我们还有一大波青年精英在我们手上：先进青年，青年文明号集体，优秀青年代表，青联委员，各行各业的青年精英，企业家协会，优秀青年企业家都在我们的服务范围之中，都在我们的整合范围。看怎么来整合资源的问题。只要资源整合得好，就有钱，至少我们开展活动想做工作的钱是不成问题的。同时，团定位很高，是唯一写进党章的一个群众团体。"助手和后备军"的定位，这是党赋予我们的制度安排。党给我们这么大的权，还要其他什么权？

甲：其他人民团体都没有的？

乙：没有的，发改委他有这个权吗？没有的。财政厅有这个权吗？没有的。如果我们一味地看到一些有钱的、有项目、有资金安排人家来求你了，来求你批项目了，这个叫权力的话我说这个叫狭隘。对于青年干部来说，也不能这样想，我们要站在大局上想，要站在一个很高的政治侧面上去想。我们的权力很大，这是我理解的第一个权。第二个权是什么权？我说我们共青团很牛的是什么？我们所开展的工作的覆盖面是任何部门所比拟不了的，我们共青团可以参与到，你说哪块工作我们可以不参加？哪块工作我们不涉及？只要你有心，只要你愿意做，任何一个工作我们都可以介入。青年的群体很庞大。现在哪一个群体不是青年是主力军？所以从这个侧面上来说，我说我们也很有权。第三个权，我们所服务团结凝聚影响的工作对象最具创造力、最具活力、最具朝气，是社会发展的生力军和主力部队，青年这一群体是我们的工作对象，哪个部门可以和共青团比拟？从这个侧面上来说我们也很有权。所以说并非我们无权无钱，共青团开展工作压力很大。总之，两个方面，一个是我们要把权力和大局，和我们的政治属性结合起来，这个是一个方面。另外一个方面，我们所说的权力不是一种狭隘的权力。这个是我从共青团工作十年，出去四年再回到共青团来看待共青团，我觉得给我一个全新的理念，或者一个全新的观点。

甲：不过，据我们调查，基层人民团体确实是运行经费紧张。

乙：是这样子的。我跟团县委书记们说，你们不要一天去找书记县长就是要钱，我说你有本事去要一两千万元给团县委的话，你们天天盯着要我都支持你们要。但你们要又要的不多，今天去要两万元，明天去要两万元,烦死人了。我说你开展一个活动,党委政府你们工作确实做得好他会少你这点钱?我说不要去一天盯着那点小钱,我说你们实在有些工作开展不开了你们来找我汇报,我给你们一点支持。在这个脱贫攻坚任务这么重的情况下,虽然给你10万元,给你20万元,给你5万元,在整个脱贫攻坚的过程当中不会引起大的一些影响。但是你不懂事儿,添乱。我就举了一个很简单的例子给那些团县委书记说,我说现在你们如果写一个报告给县委县政府,要在全县搞一个青年的文艺会演,要花50万元,我说你们那是找死。如果说我们要搞一个全省的建档立卡的青年技能培训、外出务工青年的岗前培训要100万元,党委政府高兴得不得了。我说这个就是我们的脑袋瓜和思路的问题。

甲:您刚才的观点给了我全新的思路去看这个问题。谢谢!当前,您认为共青团在哪些方面有待进一步提升?

乙:我更多希望共青团要走出去,不仅仅要走出去和青年人对接,还要与更多的政府职能部门合作。比如,我们团省委对接的部门很多,现在环保的环保志愿者,我们和环保厅沟通非常顺畅,禁毒防艾我们和禁毒委的沟通非常顺畅,还有我们的农村电商服务平台的建设、农村电商培训,因为农村电商更多是青年人,我们和经信委、商务厅沟通得非常好。然后预防未成年人违法犯罪的问题,我们和人大的法工委,和教育厅,包括政法委也沟通得非常好。所以说,共青团要做好,其实权力也很大,面向各个部门。要是做不好,自己就很狭隘,自己一个圈子。核心的问题是,给了这个权你怎么把它用好,用好以后其他部门都愿意和你合作。

甲:非常感谢您今天拨冗接受访谈!

乙:不客气!

# 主要参考文献

## 一 经典著作

《邓小平文选》第1—2卷，人民出版社1994年版。

《邓小平文选》第3卷，人民出版社1993年版。

共青团中央、中共中央文献研究室编：《毛泽东邓小平江泽民论青少年和青少年工作》，中国青年出版社、中央文献出版社2003年版。

《胡锦涛文选》第1—3卷，人民出版社2016年版。

《江泽民文选》第1—3卷，人民出版社2006年版。

《列宁选集》第1—4卷，人民出版社2012年版。

《列宁专题文集》第1—5卷，人民出版社2009年版。

《马克思恩格斯文集》第1—10卷，人民出版社2009年版。

《马克思恩格斯选集》第1—4卷，人民出版社2012年版。

《毛泽东选集》第1—4卷，人民出版社1991年版。

《习近平谈治国理政》，外文出版社2014年版。

《习近平谈治国理政》第二卷，外文出版社2017年版。

习近平：《摆脱贫困》，福建人民出版社1992年版。

习近平：《干在实处 走在前列——推进浙江新发展的思考与实践》，中共中央党校出版社2006年版。

习近平：《之江新语》，浙江人民出版社2007年版。

习近平：《知之深 爱之切》，河北人民出版社2015年版。

中共中央党史和文献研究院编：《十八大以来重要文献选编》（下），中央文献出版社2018年版。

中共中央党史和文献研究院编：《习近平关于总体国家安全观论述摘

编》，中央文献出版社 2018 年版。

中共中央文献研究室、共青团中央编：《青年工作文献选编》（上、下），中央文献出版社、中国青年出版社 2012 年版。

中共中央文献研究室编：《十八大以来重要文献选编》（上），中央文献出版社 2014 年版。

中共中央文献研究室编：《十八大以来重要文献选编》（中），中央文献出版社 2016 年版。

中共中央文献研究室编：《习近平关于科技创新论述摘编》，中央文献出版社 2016 年版。

中共中央文献研究室编：《习近平关于青少年和共青团工作论述摘编》，中央文献出版社 2017 年版。

中共中央文献研究室编：《习近平关于全面从严治党论述摘编》，中央文献出版社 2016 年版。

中共中央文献研究室编：《习近平关于全面建成小康社会论述摘编》，中央文献出版社 2016 年版。

中共中央文献研究室编：《习近平关于全面深化改革论述摘编》，中央文献出版社 2014 年版。

中共中央文献研究室编：《习近平关于全面依法治国论述摘编》，中央文献出版社 2015 年版。

中共中央文献研究室编：《习近平关于社会主义政治建设论述摘编》，中央文献出版社 2017 年版。

中共中央文献研究室编：《习近平关于社会主义社会建设论述摘编》，中央文献出版社 2017 年版。

中共中央文献研究室编：《习近平关于社会主义文化建设论述摘编》，中央文献出版社 2017 年版。

中共中央文献研究室编：《习近平关于实现中华民族伟大复兴的中国梦论述摘编》，中央文献出版社 2013 年版。

中共中央文献研究室编：《习近平关于协调推进"四个全面"战略布局论述摘编》，中央文献出版社 2015 年版。

## 二 译著

［法］埃哈尔·费埃德伯格：《权力与规则——组织行动的动力》，张

月等译，上海人民出版社 2017 年版。

[法] 埃米尔·涂尔干：《社会分工论》，渠东译，生活·读书·新知三联书店 2000 年版。

[美] 安东尼·奥罗姆：《政治社会学导论》，张华青、何俊志、张嘉明等译，上海人民出版社 2006 年版。

[美] 安东尼·唐斯：《民主的经济理论》，姚洋等译，上海人民出版社 2017 年版。

[英] 安东尼·吉登斯：《社会的构成：结构化理论纲要》，李康、李猛译，中国人民大学出版社 2016 年版。

[英] 安东尼·吉登斯：《失控的世界——全球化如何重塑我们的生活》，周红云译，江西人民出版社 2001 年版。

[英] 安东尼·吉登斯：《现代性的后果》，田禾译，译林出版社 2000 年版。

[英] 安东尼·吉登斯、菲利普·萨顿：《社会学》（上、下），赵旭东等译，北京大学出版社 2014 年版。

[丹] 奥勒·诺格德：《经济制度与民主改革：原苏东国家的转型比较分析》，孙友晋等译，上海世纪出版集团 2007 年版。

[美] 鲍莫尔：《福利经济及国家理论》，郭家麟、郑孝齐译，商务印书馆 2013 年版。

[英] 鲍桑葵：《关于国家的哲学理论》，汪淑钧译，商务印书馆 1995 年版。

[美] 彼得·M. 布劳：《社会生活中的交换与权力》，李国武译，商务印书馆 2012 年版。

[美] 伯特：《结构洞：竞争的社会结构》，任敏、李璐、林虹译，格致出版社、上海人民出版社 2008 年版。

[英] 伯特兰·罗素：《权威与个人》，储智勇译，商务印书馆 2012 年版。

[法] 布迪厄、华康德：《实践与反思：反思社会学导引》，李猛、李康译，中央编译出版社 1998 年版。

[美] B. 盖伊·彼得斯：《政治科学的制度理论："新制度主义"》，王向民、段红伟等译，上海人民出版社 2011 年版。

[美] 戴维·E. 阿普特：《现代化的政治》，陈尧译，上海人民出版

社 2016 年版。

［美］戴维·伊斯顿：《政治结构分析》，王浦劬等译，北京大学出版社 2016 年版。

［美］道格拉斯·C. 诺思：《经济史中的结构与变迁》，陈郁等译，上海三联书店 1994 年版。

［法］笛卡尔：《谈谈方法》，王太庆译，商务印书馆 2000 年版。

［美］菲利普·塞尔兹尼克：《社群主义的说服力》，马洪、李清伟译，上海世纪出版集团 2009 年版。

［德］斐迪南·滕尼斯：《共同体与社会：纯粹社会学的基本概念》，林荣远译，北京大学出版社 2010 年版。

［美］弗朗西斯·福山：《大断裂：人类本性与社会秩序的重建》，唐磊译，广西师范大学出版社 2015 年版。

［美］弗朗西斯·福山：《国家建构：21 世纪的国家治理与世界秩序》，黄胜强、许铭原译，中国社会科学出版社 2007 年版。

［美］弗朗西斯·福山：《信任：社会美德与创造经济繁荣》，郭华译，广西师范大学出版社 2016 年版。

［美］弗朗西斯·福山：《政治秩序的起源：从前人类时代到法国大革命》，毛俊杰译，广西师范大学出版社 2014 年版。

［美］富勒：《法律的道德性》，郑戈译，商务印书馆 2005 年版。

［美］戈登·塔洛克：《官僚体制的政治》，柏克、郑景胜译，商务印书馆 2012 年版。

［德］哈贝马斯：《公共领域的结构转型》，曹卫东译，学林出版社 1999 年版。

［美］赫伯特·马尔库塞：《单向度的人：发达工业社会意识形态研究》，刘继译，上海译文出版社 2008 年版。

［德］黑格尔：《法哲学原理》，范扬、张企泰译，商务印书馆 1961 年版。

［英］霍布斯：《利维坦》，黎思复、黎廷弼译，商务印书馆 1985 年版。

［美］加布里埃尔·A. 阿尔蒙德、西德巴·维巴：《公民文化——五个国家的政治态度和民主态度》，张明澍译，商务印书馆 2014 年版。

［美］加里·戈茨：《概念界定：关于测量、个案和理论的讨论》，尹

继武译，重庆大学出版社 2014 年版。

［日］加藤节：《政治与人》，唐士其译，北京大学出版社 2003 年版。

［英］加雷斯·戴尔：《卡尔·波兰尼：市场的限度》，焦兵译，中国社会科学出版社 2016 年版。

［英］卡尔·波兰尼：《巨变：当代政治与经济的起源》，刘树民译，社会科学文献出版社 2017 年版。

［奥］凯尔森：《法与国家的一般理论》，沈宗灵译，商务印书馆 2013 年版。

［美］科恩：《论民主》，聂崇信、朱秀贤译，商务印书馆 1988 年版。

［美］孔飞力：《中国现代国家的起源》，陈兼、陈之宏译，生活·读书·新知三联书店 2013 年版。

［法］拉·梅特里：《人是机器》，顾寿观译，商务印书馆 1959 年版。

［美］莱斯特·M. 萨拉蒙：《公共服务中的伙伴——现代福利国家中政府与非营利组织的关系》，田凯译，商务印书馆 2008 年版。

［英］莱昂内尔·罗宾斯：《经济科学的性质和意义》，朱泱译，商务印书馆 2000 年版。

［美］理查德·L. 达夫特：《组织理论与设计》（第 10 版），王凤彬等译，清华大学出版社 2011 年版。

［法］列维-斯特劳斯：《图腾制度》，渠敬东译，商务印书馆 2012 年版。

［美］林南：《社会资本：关于社会结构与行动的理论》，张磊译，上海人民出版社 2005 年版。

［法］路易·阿尔都塞：《保卫马克思》，顾良译，商务印书馆 2010 年版。

［美］罗伯特·A. 达尔：《规模与民主》，唐皇凤、刘晔译，上海人民出版社 2017 年版。

［美］罗伯特·E. 戈定主编：《牛津比较政治学手册》（上、下），唐士其等译，人民出版社 2016 年版。

［英］洛克：《政府论》（下），叶启芳、瞿菊农译，商务印书馆 1964 年版。

［美］马克·格兰诺维特：《镶嵌：社会网与经济行动》，罗家德等译，社会科学文献出版社 2015 年版。

［美］马克·格兰诺维特、［瑞典］理查德·斯威德伯格编著：《经济生活中的社会学》，瞿铁鹏、姜志辉译，上海人民出版社 2014 年版。

［澳］迈克尔·A. 豪格、［英］多米尼克·阿布拉姆斯：《社会认同过程》，高明华译，中国人民大学出版社 2011 年版。

［美］曼瑟尔·奥尔森：《集体行动的逻辑》，陈郁等译，上海人民出版社 1995 年版。

［英］梅因：《古代法》，沈景一译，商务印书馆 1959 年版。

［美］帕特南：《使民主运转起来——现代意大利的公民传统》，王列、赖海榕译，江西人民出版社 2001 年版。

［英］帕特里克·贝尔特、［葡］菲利佩·卡雷拉·达·席尔瓦：《二十世纪以来的社会理论》，瞿铁鹏译，商务印书馆 2014 年版。

［法］皮埃尔·布迪厄：《实践感》，蒋梓骅译，译林出版社 2012 年版。

［俄］普列汉诺夫：《论个人在历史上的作用问题》，王荫庭译，商务印书馆 2010 年版。

［美］R. 科斯、A. 阿尔钦、D. 诺思等：《财产权利与制度变迁——产权学派与新制度学派论文集》，刘守英等译，上海三联书店、上海人民出版社 1994 年版。

［美］塞缪尔·P. 亨廷顿：《美国政治——激荡于理想与现实之间》，先萌奇、景伟明译，新华出版社 2017 年版。

［荷兰］桑德拉·凡·蒂尔：《半公营机构：趋势、原因、结果》，汪洋、何志平、张西勇译，社会科学文献出版社 2008 年版。

［加拿大］泰勒：《自我的根源：现代认同的形成》，韩震等译，译林出版社 2001 年版。

［美］唐·艾伯利主编：《市民社会基础读本——美国市民社会讨论经典文本》，林猛、施雪飞、雷聪译，商务印书馆 2012 年版。

［法］托克维尔：《论美国的民主》（上、下），董果良译，商务印书馆 1988 年版。

［法］维克多·孔西得朗：《社会命运》（第一卷、第二卷），李平沤译，商务印书馆 1986 年版。

［德］乌尔里希·贝克：《风险社会》，何博闻译，译林出版社 2003 年版。

［德］乌尔里希·贝克：《世界风险社会》，吴英姿、孙淑敏译，南京大学出版社 2004 年版。

［英］休谟：《休谟政治论文选》，张若衡译，商务印书馆 2010 年版。

［古希腊］亚里士多德：《政治学》，吴寿彭译，商务印书馆 1965 年版。

［秘鲁］亚历杭德罗·托莱多：《共享型社会：拉丁美洲的发展前景》，郭存海译，中国大百科全书出版社 2017 年版。

［英］亚当·斯密：《国民财富的性质和原因的研究》，郭大力、王亚南译，商务印书馆 1972 年版。

［澳］约翰·基恩：《生死民主》（上、下），安雯译，中央编译出版社 2016 年版。

［美］约翰·R.康芒斯：《资本主义的法律基础》，寿勉成译，商务印书馆 2003 年版。

［英］约翰·密尔：《论自由》，许宝骙译，商务印书馆 1959 年版。

［美］詹姆斯·R.汤森、布兰特利·沃马克：《中国政治》，顾速、董方译，江苏人民出版社 2007 年版。

［美］詹姆斯·汤普森：《行动中的组织——行政理论的社会科学基础》，敬乂嘉译，上海人民出版社 2007 年版。

［美］珍妮特·V.登哈特、罗伯特·B.登哈特：《新公共服务：服务而不是掌舵》，丁煌译，中国人民大学出版社 2004 年版。

### 三 年鉴、资料汇编

本书编写组：《中国共产党章程汇编》（一大—十八大），中共中央党校出版社 2013 年版。

共青团中央办公厅编：《党的十一届三中全会以来共青团重要文件汇编》，中国青年出版社 2001 年版。

共青团中央编：《中国共青团年鉴1998—2002》（上、下），中国青年出版社 2004 年版。

共青团中央编：《中国共青团年鉴 2003》，中国青年出版社 2004 年版。

共青团中央编：《中国共青团年鉴 2004》，中国青年出版社 2005 年版。

共青团中央编：《中国共青团年鉴 2005》，中国青年出版社 2006 年版。

共青团中央编：《中国共青团年鉴 2006》，中国青年出版社 2007 年版。

共青团中央编：《中国共青团年鉴 2007》，中国青年出版社 2008 年版。

共青团中央编：《中国共青团年鉴 2008》，中国青年出版社 2009 年版。

共青团中央编：《中国共青团年鉴 2009》，中国青年出版社 2010 年版。

共青团中央编：《中国共青团年鉴 2010》，中国青年出版社 2012 年版。

共青团中央编：《中国共青团年鉴 2011》，中国青年出版社 2013 年版。

共青团中央编：《中国共青团年鉴 2012》，中国青年出版社 2013 年版。

共青团中央编：《中国共青团年鉴 2013》，中国青年出版社 2014 年版。

共青团中央编：《中国共青团年鉴 2014》，中国青年出版社 2015 年版。

共青团中央编：《中国共青团年鉴 2015》，中国青年出版社 2016 年版。

共青团中央青运史档案馆编：《中国共青团历次全国代表大会概览》，中国青年出版社 2012 年版。

李建一主编：《共青团章程汇编——共青团早期临时章程至共青团十七大章程》，江西人民出版社 2015 年版。

《罗琼文集》，中国妇女出版社 2000 年版。

全国妇联办公厅：《中华全国妇女联合会四十年（1949—1989）》，中国妇女出版社 1991 年版。

全国妇联办公厅编：《"六大"以来妇女儿童工作文选（1988 年 9 月—1993 年 6 月）》，中国妇女出版社 1993 年版。

中华全国妇女联合会编：《"四大"以来妇女运动文选（一九七九—

一九八三）》，中国妇女出版社 1983 年版。

中华全国妇女联合会编：《蔡畅邓颖超康克清妇女解放问题文选（1938—1987）》，人民出版社 1983 年版。

中华全国妇女联合会编：《奋发自强　开拓前进——中国妇女第五次全国代表大会文件汇编》，人民出版社 1983 年版。

中华全国妇女联合会编：《各族妇女动员起来进行新的长征——中国妇女第四次全国代表大会文献》，人民出版社 1978 年版。

中华全国妇女联合会编：《自尊自信自立自强　在改革中建功立业——中国妇女第六次全国代表大会文件汇编》，人民出版社 1988 年版。

中华全国总工会研究室编：《中国工会统计年鉴 1991》，中国工人出版社 1991 年版。

中华全国总工会研究室编：《中国工会统计年鉴 1992》，中国社会科学出版社 1992 年版。

中华全国总工会研究室编：《中国工会统计年鉴 1993》，中国社会出版社 1993 年版。

中华全国总工会研究室编：《中国工会统计年鉴 1994》，中国统计出版社 1994 年版。

中华全国总工会研究室编：《中国工会统计年鉴 1995—1996》，中国统计出版社 1997 年版。

中华全国总工会研究室编：《中国工会统计年鉴 1997》，中国统计出版社 1998 年版。

中华全国总工会研究室编：《中国工会统计年鉴 1998》，中国统计出版社 1999 年版。

中华全国总工会研究室编：《中国工会统计年鉴 1999》，中国统计出版社 2000 年版。

中华全国总工会研究室编：《中国工会统计年鉴 2000》，中国统计出版社 2001 年版。

中华全国总工会研究室编：《中国工会统计年鉴 2001》，中国统计出版社 2002 年版。

中华全国总工会研究室编：《中国工会统计年鉴 2002》，中国统计出版社 2005 年版。

中华全国总工会研究室编：《中国工会统计年鉴 2003》，中国统计出版社 2006 年版。

中华全国总工会研究室编:《中国工会统计年鉴 2004》,中国统计出版社 2006 年版。

中华全国总工会研究室编:《中国工会统计年鉴 2005》,中国统计出版社 2006 年版。

中华全国总工会研究室编:《中国工会统计年鉴 2006》,中国统计出版社 2007 年版。

中华全国总工会研究室编:《中国工会统计年鉴 2007》,中国统计出版社 2008 年版。

中华全国总工会研究室编:《中国工会统计年鉴 2008》,中国统计出版社 2009 年版。

中华全国总工会研究室编:《中国工会统计年鉴 2009》,中国统计出版社 2011 年版。

中华全国总工会研究室编:《中国工会统计年鉴 2010》,中国统计出版社 2012 年版。

中华全国总工会研究室编:《中国工会统计年鉴 2011》,中国统计出版社 2012 年版。

中华全国总工会研究室编:《中国工会统计年鉴 2012》,中国统计出版社 2014 年版。

中华全国总工会研究室编:《中国工会统计年鉴 2013》,中国统计出版社 2015 年版。

## 四　中文著作

常宇主编:《北京青年社会结构变化与共青团工作改革》,社会科学文献出版社 2016 年版。

褚松燕:《在国家和社会之间——中国政治社会团体功能研究》,国家行政学院出版社 2014 年版。

邓正来:《国家与市民社会:一种社会理论的研究路径》,中央编译出版社 1999 年版。

费孝通:《乡土中国》,上海人民出版社 2013 年版。

共青团广东省委员会编:《广东共青团与青少年发展蓝皮书(2013)》,中山大学出版社 2014 年版。

共青团陕西省委组编：《陕西社会组织与青年发展蓝皮书》，红旗出版社 2015 年版。

共青团中山市委员会：《共青团构建枢纽型社会组织研究：以中山为例》，上海远东出版社 2015 年版。

共青团中山市委员会：《中山青年及青年社会组织研究》，上海远东出版社 2015 年版。

顾秀莲主编：《亲历妇联这十年：1998—2008》，中国妇女出版社 2008 年版。

广东省妇女联合会等编：《广东省妇联系统优秀调研成果汇编》，广东科技出版社 2004 年版。

何俊志：《结构、历史与行为——历史制度主义对政治科学的重构》，复旦大学出版社 2004 年版。

何增科主编：《公民社会与第三部门》，社会科学文献出版社 2000 年版。

胡献忠等：《共青团与相关团体关系研究：历史的视角》，中国青年出版社 2016 年版。

江必新、王红霞：《国家治理现代化与制度构建》，中国法制出版社 2016 年版。

李亚平、于海编选：《第三域的兴起——西方志愿工作及志愿组织理论文选》，复旦大学出版社 1998 年版。

梁丽萍：《政治社团的发展与社会主义民主政治建设》，中央编译出版社 2015 年版。

林尚立：《协商民主：中国的创造与实践》，重庆出版社 2014 年版。

刘佳义：《协商民主理论讲演录》，中国文史出版社 2017 年版。

马庆钰：《中国社会组织发展战略》，社会科学文献出版社 2015 年版。

彭希哲、[英] 朱迪·豪威尔、王川兰等：《社会组织与国家治理：中外比较研究》，复旦大学出版社 2016 年版。

漆晱生：《民主是个有条件的好东西》，上海社会科学院出版社 2017 年版。

钱穆：《中国历代政治得失》，生活·读书·新知三联书店 2001 年版。

上海市妇女联合会编著：《激情回眸：上海妇联 2003—2008》，文汇出版社 2008 年版。

上海市妇女联合会编著：《跨越世纪的 5 年：上海妇联 1998—2003》，上海人民出版社 2003 年版。

上海市妇女联合会编著：《攀登之路：上海妇联 2008—2013》，上海人民出版社 2013 年版。

宋德福：《共青团体制改革的思考与实践》，中国青年出版社 2007 年版。

唐雄山等：《组织改革与创新：以佛山市社区（村）妇代会改建妇联为研究样本》，中山大学出版社 2017 年版。

唐雄山等：《组织行为动力、模式、类型与效益研究：以佛山市妇联为主要考察对象》，中山大学出版社 2013 年版。

王名：《香港非营利组织》，社会科学文献出版社 2015 年版。

吴庆：《青年政治参与与共青团工作》，中国青年出版社 2015 年版。

吴庆、丁凯：《共青团改革对话录》，中国青年出版社 2016 年版。

吴庆等：《中国共青团发展报告（2015）》，中国青年出版社 2016 年版。

肖百灵主编：《聚焦妇情民意催生公共政策：湖南省妇联调研成果集》，湖南人民出版社 2012 年版。

新疆维吾尔自治区妇女联合会、新疆维吾尔自治区妇女理论研究会编：《探索与发展：新疆维吾尔自治区妇联立项课题汇编》，新疆人民出版社 2008 年版。

杨柯：《反家暴政策制定中社会组织参与模式研究》，中国社会科学出版社 2017 年版。

杨名等：《多学科视角与共青团工作》，中国青年出版社 2016 年版。

于显洋：《组织社会学》，中国人民大学出版社 2009 年版。

俞可平：《论国家治理现代化》，社会科学文献出版社 2014 年版。

俞可平：《社群主义》，东方出版社 2015 年版。

俞可平：《走向善治：国家治理现代化的中国方案》，中国文史出版社 2016 年版。

俞可平等：《中国公民社会的兴起与治理的变迁》，社会科学文献出版社 2002 年版。

俞可平主编：《国家治理评估——中国与世界》，中央编译出版社 2009 年版。

俞可平主编：《推进国家治理与社会治理现代化》，当代中国出版社 2014 年版。

俞可平主编：《治理与善治》，社会科学文献出版社 2000 年版。

张澧生：《社会组织治理研究》，北京理工大学出版社 2015 年版。

张华：《中国共产主义青年团职能研究》，人民出版社 2013 年版。

张静：《法团主义》，东方出版社 2015 年版。

张翼主编：《社会组织与社会治理》，经济管理出版社 2016 年版。

郑洸、叶学丽：《中国共产党与中国共青团关系史略》，中共党史出版社 2015 年版。

郑振清：《工会体系与国家发展——新加坡工业化的政治社会学》，社会科学文献出版社 2009 年版。

《中国妇女》杂志社编著：《法律为女性说话》，南方日报出版社 2002 年版。

中国青少年研究中心主编：《青年与青年社会组织》，中国青年出版社 2014 年版。

中华全国妇女联合会办公厅编：《妇联工作调研报告选编》，中国妇女出版社 2002 年版。

周雪光：《组织社会学十讲》，社会科学文献出版社 2003 年版。

## 五　论文

包心鉴：《国家治理现代化语境中的社会主义协商民主——党的十八大以来社会主义协商民主的新创造新发展》，《学习与探索》2017 年第 3 期。

毕宏音：《网络协商民主研究的三维视角》，《天津社会科学》2017 年第 5 期。

陈炳辉：《国家治理复杂性视野下的协商民主》，《中国社会科学》2016 年第 5 期。

杜欢：《人工智能时代的协商民主：优势、前景与问题》，《学习与探索》2017 年第 12 期。

韩瑞波：《协商民主研究在中国：现状、向度与展望——基于 CSSCI

的文献计量分析》,《社会主义研究》2017年第3期。

何增科:《理解国家治理及其现代化》,《马克思主义与现实》2014年第1期。

和思鹏:《习近平社会主义协商民主思想及其时代价值论析》,《贵州社会科学》2017年第12期。

胡永保、刘世华:《人民团体协商民主发展存在的问题及对策》,《天津行政学院学报》2016年第5期。

李俊:《论人民团体的民主协商功能》,《中州学刊》2014年第9期。

林晓东:《侨联人民团体维护侨益工作的回顾与思考》,《华侨华人历史研究》2004年第4期。

刘冰、布成良:《人民团体在中国协商民主中的作用》,《山东社会科学》2015年第4期。

刘家义:《论国家治理与国家审计》,《中国社会科学》2012年第6期。

马德普、黄徐强:《论协商民主对代议民主的超越》,《政治学研究》2016年第1期。

马一德:《论协商民主在宪法体制与法治中国建设中的作用》,《中国社会科学》2014年第11期。

沈德咏等:《国家治理视野下的中国司法权构建》,《中国社会科学》2015年第3期。

史春玉:《协商民主的边界》,《国外理论动态》2016年第4期。

宋雄伟:《新时代中国特色社会主义协商民主价值、要素和构成体系》,《国家行政学院学报》2017年第6期。

谈火生、于晓虹:《中国协商民主的制度化:议题与挑战》,《华中师范大学学报》(人文社会科学版)2017年第6期。

王岩、魏崇辉:《协商治理的中国逻辑》,《中国社会科学》2016年第7期。

王宇环:《政治代表如何更具回应性:对一种协商民主系统路径的诠释》,《国外理论动态》2017年第8期。

吴平:《刑法中"人民团体"概念辨析》,《法律科学》(《西北政法学院学报》)2000年第1期。

萧鸣政、郭晟豪:《当前社会主义协商民主实践及其完善建议》,《北京大学学报》2016 年第 3 期。

薛美琴、马超峰:《人民团体的独立性与治理转型》,《学习与实践》2016 年第 11 期。

俞可平:《推进国家治理体系和治理能力现代化》,《前线》2014 年第 1 期。

俞可平:《中国公民社会:概念、分类与制度环境》,《中国社会科学》2006 年第 1 期。

俞可平:《中国治理变迁 30 年(1978—2008)》,《吉林大学社会科学学报》2008 年第 3 期。

张文喜:《政治哲学视阈中的国家治理之"道"》,《中国社会科学》2015 年第 7 期。

赵中源、杨柳:《国家治理现代化的中国特色》,《政治学研究》2016 年第 5 期。

郑长忠:《走向政党主导的多元合作:中国公民社会的生成逻辑——基于对中国共青团与青年社会组织关系的考察》,《中国青年研究》2010 年第 8 期。

中国青少年研究中心课题组:《我国城市青年社会组织发展状况研究报告》,《青年学报》2014 年第 4 期。